Sur la cour européenne des droits de l'homme

Rétrospective d'un initié
(1998-2016)

Logiques Juridiques

Fondée par Gérard Marcou
Dirigée par Jean-Claude Némery et Thomas Perroud

Le droit n'est pas seulement un savoir, il est d'abord un ensemble de rapports et pratiques que l'on rencontre dans presque toutes les formes de sociétés. C'est pourquoi il a toujours donné lieu à la fois à une littérature de juristes professionnels, produisant le savoir juridique, et à une littérature sur le droit, produite par des philosophes, des sociologues ou des économistes notamment.

Parce que le domaine du droit s'étend sans cesse et rend de plus en plus souvent nécessaire le recours au savoir juridique spécialisé, même dans des matières où il n'avait jadis qu'une importance secondaire, les ouvrages juridiques à caractère professionnel ou pédagogique dominent l'édition, et ils tendent à réduire la recherche en droit à sa seule dimension positive. À l'inverse de cette tendance, la collection « Logiques juridiques » des éditions L'Harmattan est ouverte à toutes les approches du droit. Tout en publiant aussi des ouvrages à vocation professionnelle ou pédagogique, elle se fixe avant tout pour but de contribuer à la publication et à la diffusion des recherches en droit, ainsi qu'au dialogue scientifique sur le droit. Comme son nom l'indique, elle se veut plurielle.

Dernières parutions

Jackeline Patricia CESPEDES ARTEAGA, *La contribution de la CJUE dans la construction du droit de la Communauté andine*, 2018.
Michaël MARTINEZ, *Le train de vie en droit privé*, 2018.
Hafedh BOUAZIZ, *La conversion des actes juridiques,* 2018.
Gabriel ECKERT et Jean-Philippe KOVAR, *La régulation économique et financière face aux défis de l'information,* 2018.
Adil MOUSSEBBIH, *Le contentieux électoral dans la jurisprudence du Conseil constitutionnel marocain, Étude comparative*, 2018.
CLUB MARC BLOCH, *Citoyen !*, 2018.
Lamine TIRERA, *L'État stratège*, 2018.
Léa CASTELLON, *La place de la victime dans le procès pénal,* 2018.
Soror BAHBOUHI, *Le conflit d'intérêts du banquier*, 2018.
Tenile MASCOLO GIL, *Les droits de l'homme dans le Mercosur,* 2018.
Mohammed BERRAOU, *La responsabilité des acteurs de la gestion publique devant la Cour des comptes. Le modèle marocain*, 2017.
Eric GILARDEAU, *Cicéron, père de la codification du droit civil*, 2017.

Boštjan M. Zupančič

Sur la cour européenne des droits de l'homme

Rétrospective d'un initié
(1998-2016)

L'Harmattan

5-7, rue de l'Ecole-Polytechnique, 75005 Paris

www.editions-harmattan.fr

ISBN : 978-2-343-15739-9
EAN : 9782343157399

Durant ses presque soixante ans d'existence, la Cour s'est trouvée à la croisée de la common law et du formalisme juridique continental, deux modes différents de raisonnement juridique. Le déclin qui la frappe est la conséquence de son incapacité à s'adapter et à adopter le raisonnement par analogie.

Dédié à l'Institut universitaire européen
et à l'incroyable ville de Florence
qui l'ont rendu possible.

Sommaire

A. Prologue

J'écris ce livre en ma qualité de juge le plus ancien, au bout de dix-huit ans passés à la Cour européenne des droits de l'homme à Strasbourg (ci-après la « CrEDH » ou la « Cour »). Le Protocole n° 11 à la Convention européenne des droits de l'homme (CEDH) avait institué ce qu'on a appelé la « nouvelle Cour » permanente : les nouveaux juges, moi compris, ont entamé leur mandat le 1er novembre 1998. Nous étions pour la plupart d'anciens membres de la Commission européenne des droits de l'homme, ce qui signifie qu'à quelques exceptions près, les « anciens juges », dont beaucoup étaient internationalistes, n'avaient pas été reconduits à la « nouvelle Cour » ; les autres membres étaient d'anciens juges, professeurs, avocats ou même diplomates.

Pour ce qui me concerne, ces dix-huit années ingrates ont été une bataille permanente menée contre le formalisme juridique continental[1].

---

[1] La confrontation a commencé dès 1999, avec la célèbre affaire *Selmouni c. France* ([GC], requête n° 25803/94, 28 juillet 1999). Mon expérience d'ancien vice-président du Comité des Nations unies contre la torture (UN CAT) m'avait aidé à obtenir la toute première condamnation d'un pays européen pour violation de l'article 3 de la CEDH. Cette querelle ayant été gagnée en Grande Chambre, je n'ai pas été obligé d'écrire une opinion séparée. Au paragraphe 97 de l'arrêt, la CrEDH a franchement adopté la superbe définition de la torture au sens de l'article 1 de la Convention des Nations unies contre la torture (CAT) : « Article premier – *1. Aux fins de la présente Convention, le terme "torture" désigne tout acte par lequel une douleur ou des souffrances aiguës, physiques ou mentales, sont intentionnellement infligées à une personne aux fins notamment d'obtenir d'informations d'elle ou d'une tierce personne des renseignements ou des aveux, de la punir d'un acte qu'elle ou une tierce personne a commis ou est soupçonnée d'avoir commis, de l'intimider ou de faire pression sur elle ou d'intimider ou de faire pression sur une tierce personne, ou pour tout autre motif fondé sur une forme de discrimination quelle qu'elle soit, lorsqu'une telle douleur ou de telles souffrances sont infligées par un agent de la fonction publique ou toute autre personne agissant à titre officiel ou à son instigation ou avec son consentement exprès ou tacite [...]* »

J'avais acquis mes bases théoriques bien avant, quand je fréquentais encore Harvard dans les années soixante-dix. J'en ai tiré ensuite un livre alors que je me trouvais à la Cour, intitulé *The Owl of Minerva, Essays on Human Rights*.

Le combat que j'ai soutenu pendant dix-huit ans a nécessité de ma part une série d'opinions séparées, pour la plupart dissidentes. Avant même la fin de mon mandat, je les ai rassemblées et publiées dans *The Owlets of Minerva, Human Rights in the Practice of the European Court of Human Rights*. Si l'ouvrage témoigne de certains détails de la lutte, ces opinions séparées, écrites *ad hoc casu*, n'étaient pas propices à un exposé théorique plus large et plus approfondi[2].

Mon but ici est de traiter des succès, des échecs et des tribulations qui ont suivi mes tentatives d'introduire dans la jurisprudence de la Cour non pas mes opinions mais des convictions théoriques mûrement réfléchies. Elles m'avaient valu d'être surnommé *« Sebastiano il contrario »* par Benedetto Conforti, le jovial premier juge italien. Ce n'est que plus tard au cours de mon mandat que j'ai gagné une certaine reconnaissance, mais jamais de la part des juges occidentaux. Pour certains d'entre eux, par exemple, mon élection à la présidence d'une Section a été un choc[3].

---

[2] *The Owl of Minerva, Essays on Human Rights*, Eleven Publishing, Utrecht, 2007, disponible gratuitement à l'adresse https://docs.wixstatic.com/ugd/a060a3_0d0a305fa8bd494280c6339f49898886.pdf, et *The Owlets of Minerva, Human Rights in the Practice of the European Court of Human Rights*, Eleven Publishing, Utrecht, 2011, disponible gratuitement à l'adresse https://docs.wixstatic.com/ugd/a060a3_2810c480b93e4df29869a136bdb431c9.pdf, consulté pour la dernière fois le 15 octobre 2017.

[3] J'en témoigne sans ambages. En quinze ans de vie et de travail aux États-Unis, je n'ai jamais, en tant qu'Européen de l'Est, fait l'objet de préjugés, alors que les années passées à Strasbourg ont été marquées par une série d'incidents paternalistes et condescendants venus à la fois des juges occidentaux et de certains membres occidentaux du Greffe. Je me souviens avoir signalé un jour l'erreur manifeste qui était commise dans l'utilisation de la formule de « l'attente raisonnable en matière de protection de la vie privée » tirée de l'arrêt *Katz v. U.S.*, 389 U.S. 347 (1967). Trente ans plus tard exactement, l'expression avait été mentionnée dans l'affaire *Halford c. Royaume-Uni*, requête n° 20605/92, 25 juin 1997, parce que les avocats anglais, apparemment familiers des bases de données Lexis ou Westlaw dont la CrEDH n'avait pas et n'a de toute façon jamais profité, l'avaient invoquée dans leurs plaidoiries ; toutefois, elle n'avait pas été prise en compte. Le rédacteur du

Les préjugés étaient réels, à l'intérieur et à l'extérieur de la Cour, comme l'a prouvé l'article tristement célèbre de J. F. Flauss[4].

Je n'aurais jamais pu aboutir à mes conclusions théoriques en ayant été simplement juge, cinq ans durant à la Cour constitutionnelle slovène et dix-huit ans à la CrEDH. Comme l'aurait dit E. M. Forster, le luxe de la connaissance approfondie est réservé à l'enseignement : « Comment puis-je savoir ce que je pense si je ne vois pas ce que je dis ? »

Quoi qu'il en soit, les meilleurs juges étaient et sont encore jusqu'à présent d'anciens professeurs de droit, tout comme il est bien connu que les meilleurs généraux ne sont pas ceux qui sont sortis du rang.

---

jugement en l'espèce, un membre influent du Greffe, ne connaissait pas l'origine de mes commentaires mais les avait arrogamment rejetés, sans comprendre que la formule, précisément, aurait été le meilleur argument dans l'arrêt. D'ailleurs, malgré sa force explicative, cette formulation utile n'a été appliquée que récemment, cinquante ans après l'arrêt *Katz v. U.S.*, dans l'examen d'une affaire de protection de la vie privée en vertu de l'article 8 de la Convention. Voir *Bărbulescu c. Roumanie* [GC], requête n° 61496/08, 5 septembre 2017. Je l'ai présentée pour la première fois dans l'avis concordant dans l'arrêt *Von Hannover c. Allemagne*, requête n° 59320/00, 24 juin 2004. Elle a ensuite été reprise dans diverses plaidoiries par les avocats devant la Cour, mais il a fallu encore vingt ans à la CrEDH, après l'affaire *Von Hannover*, pour se rendre compte de son importance.

[4] Voir *infra*, note 10.

B. La Convention européenne des droits de l'homme in *statu nascendi*

1. L'initiative américaine

Au lendemain de la Seconde Guerre mondiale, l'initiative américaine avait produit la Constitution japonaise – toujours en vigueur aujourd'hui – très probablement fondée sur l'hypothèse qu'une adhésion du Japon au « rule of law » anglo-américain renforcerait du même coup la démocratie et empêcherait à l'avenir toute résurgence du régime totalitaire[5]. La différence entre ce contexte et celui de l'Europe a destiné la Cour de Strasbourg à devenir sur le continent la plate-forme de propagande occidentale des « droits de l'homme » vis-à-vis de l'Union soviétique, de l'Europe centrale et orientale, de l'autre côté de ce que Churchill allait appelé le « rideau de fer » : la Convention et la Cour de Strasbourg étaient censées manifester à l'Union soviétique et à ses satellites l'attachement sincère qu'avait l'Occident pour les valeurs démocratiques et le rule of law. Comme nous le verrons, cette plate-forme politique, qui a généré un ensemble juridique varié de *sequellae*, bonnes et mauvaises, allait récolter ce qu'elle avait semé après l'effondrement de l'Union soviétique[6]. En effet, on pourrait soutenir, comme le professeur Luzius Wildhaber l'a fait à maintes reprises, que la Cour était devenue « victime de son propre succès »[7].

---

[5] Voir Cappelletti et Cohen, *Comparative Constitutional Law : Cases and Materials*, Boobs-Merrill, 1979, chapitre I, par Mauro Cappelletti.

[6] Ces *sequellae* (effets secondaires) vont de l'ingérence aveugle de la Cour dans les « affaires intérieures » et du nivellement (standardisation) des systèmes juridiques auparavant souverains des 47 membres du Conseil de l'Europe et signataires de la CEDH, jusqu'au Brexit (2016), qui a eu lieu en réaction à ce qui précède et en a apporté la preuve.

[7] Luzius Wildhaber a été le premier président de la « nouvelle Cour » après l'entrée en vigueur du Protocole n° 11 en 1998.

Si l'influence américaine ne doit pas être surestimée, elle montre néanmoins qu'il convient de chercher ailleurs que sur le continent européen les origines historiques de la CEDH et de la Cour de Strasbourg. Si les racines mêmes de la Convention sont américaines, il n'est pas moins indéniable que le mode de pensée juridique qui sous-tend ce projet des années cinquante était celui de la common law. C'est ce qui est intéressant ici. Toute cette ambition n'était pas seulement une tentative de fédéralisme européen, question tout à fait distincte : il s'agissait d'une tentative d'injecter dans l'Europe continentale une mentalité de common law, radicalement différente.

Alors qu'il avait été impossible de concevoir une nouvelle Constitution pour l'ensemble des États d'Europe occidentale, affaiblis après avoir été impliqués d'une manière ou d'une autre dans la Seconde Guerre mondiale, la solution a été proposée au niveau du droit international, c'est-à-dire par le biais d'un pacte dont le soubassement constitutionnel américain était prévisible. Sur le plan politique, l'intention n'était pas tant de formuler des « droits de l'homme » principalement pour l'idéal qu'ils représentaient, mais plutôt d'opposer un antidote au totalitarisme tel qu'il pouvait refaire surface sous une forme ou sous une autre dans un ou plusieurs États d'Europe continentale. La réponse à ce danger était donc la démocratie authentique et l'emprise ferme du rule of law.

2. L'interdépendance de la démocratie et du rule of law

Il ne s'agit pas ici – ce pourrait être la tâche des historiens du droit dans un avenir lointain – de préciser si la CEDH et la Cour de Strasbourg ont répondu à ces attentes et ont effectivement évité, d'une manière ou d'une autre, la montée entre 1950 et aujourd'hui d'une nouvelle autocratie européenne.

J'ose dire que la tâche est plus complexe que cela.

3. L'esprit de la Convention

Ce livre est une tentative d'atteindre à une compréhension objective – dénuée d'arrière-pensées politiques – de l'esprit de la CEDH telle qu'elle a été mise en œuvre par la Cour de Strasbourg depuis la nomination de la « nouvelle Cour » en 1998 jusqu'à 2017, et surtout pour autant qu'elle *ne l'a pas été*. La Cour, qui avait commencé à fonctionner en 1959, s'est toujours trouvée depuis lors à l'intersection des deux grandes traditions juridiques occidentales : le système de common law dans l'Europe du Royaume-Uni, de l'Irlande, de Chypre et de Malte, et le formalisme juridique des autres systèmes juridiques continentaux[8].

Je vais tenter de prendre la mesure des interconnexions complexes entre la common law et la mentalité juridique qui prévaut dans les systèmes juridiques continentaux. Dans les parties suivantes de ce livre, je discuterai de la tendance, due à cette tradition continentale de formalisme juridique, à percevoir les « droits de l'homme » comme quelque chose de réifié, c'est-à-dire comme quelque chose qui serait doté d'une « essence » authentique et idiosyncratique. Cette tradition, on le comprendra, est plus matérielle que procédurale.

4. Les buts des pères fondateurs de la Convention et de la Cour

Comme le dit Caton l'Ancien, *« quod ab initio vitiosum est, tractu tempore convalescere non potest ! [9] »*. À l'époque de l'établissement de la Convention et de la Cour de Strasbourg, la volonté était de mettre en œuvre un véritable rule of law et ce que j'appellerai plus loin un « raisonnement juridique autonome », choses que l'Europe continentale n'avait jamais connues auparavant. Cela était dû à l'absence de tradition démocratique, un manque qui a fait que l'impact de la common law sur le formalisme juridique continental, évalué après cinquante ans d'histoire juridique, a été beaucoup moins

---

[8] Voir le vaste ouvrage de Harold Berman, *Law and Revolution*, 1983. Il se trouve que j'étais étudiant en doctorat à la Harvard Law School dans les années soixante-dix, alors que le professeur Berman publiait encore des chapitres de son livre sous forme d'articles, par exemple dans la *Harvard Law Review*. J'étais assistant de recherche non rémunéré de Berman, ce qui signifiait de nombreux déjeuners avec lui et quelques autres grands professeurs (Karl Deutsch, John Galbraith, B.F. Skinner, etc.) à Harvard. À l'époque, j'étais fasciné par Nietzsche et je peux me flatter que les références à Nietzsche dans l'œuvre de Berman sont issues de ces conversations fructueuses.

[9] *« Ce qui est faux au départ ne peut pas être validé par le simple passage du temps ! » :* Caton l'Ancien (234-148 av. J.-C.), cité dans Paul, *Digesta*, 50. 17. 29. Voir aussi Hugonis Bonelli, *De jure civili*, Tomus Tertius, Liber XII, Cap. XX, p. 625-626, Florentiae, 1841, citant L. Cetera 41 §, 1. *Digestae de legibus et Digestae de Reg. Jur., regula Catanoiana.*

important que prévu. Alors que la CrEDH devrait faire office aujourd'hui de cour constitutionnelle de l'Europe en fonctionnant de manière non formaliste, la posture mentale formaliste habituelle des juges et des avocats de la Cour n'a cessé de saper l'entreprise.

Dans ce contexte, on ne saurait s'étonner de la montée progressive du formalisme juridique à la Cour. Ce phénomène est également favorisé par les nominations politiques de juges de plus en plus médiocres qui, soixante ans après le lancement du projet sur les droits de l'homme à Strasbourg, tendent à obstruer l'accès à un autre type de tribunal et à une justice digne de ce nom et fidèle à ses objectifs historiques.

5. L'arrivée des nouveaux juges d'Europe centrale et orientale[10]

L'arrivée, dans les années quatre-vingt-dix, des avocats et des juges d'Europe centrale et orientale n'a pas amélioré, à quelques exceptions près, cette situation, car ils sont encore plus éloignés de l'idéal démocratique du rule of law autonome[11]. Néanmoins, les attitudes les

[10] Voir J. F. Flauss, « Radioscopie de l'élection de la nouvelle Cour européenne des droits de l'homme », dans B. Haller *et al.* (eds.), *Law in Greater Europe*, Kluwer Law International, 2000, p. 436. Le regretté professeur Flauss a fait preuve d'une attitude lamentable, presque raciste, face à l'arrivée récente de ce qu'il appelait alors les « juges PECO », c'est-à-dire les nouveaux juges des pays d'Europe centrale et orientale. Il n'empêche qu'aucun de ses pronostics catastrophiques ne s'est réalisé.

[11] Encore une fois, les choses sont beaucoup plus complexes que ne le laissent voir les stéréotypes occidentaux. Les juges provenant d'Europe centrale et orientale (Slovénie, Croatie, Serbie, Monténégro, Bosnie-Herzégovine, Roumanie, Bulgarie, Hongrie, Ukraine, Moldavie, Azerbaïdjan, Estonie, Lituanie, Lettonie, Slovaquie, République tchèque, etc.) appartenaient pour la plupart à la génération qui a grandi et a été éduquée dans un système politique radicalement différent de la formation qui caractérise les juges originaires de l'Ouest. Il était pratiquement impossible pour un avocat occidental, qu'il soit issu d'une juridiction continentale ou de common law, d'imaginer d'où venaient ces gens. Les différences sont apparues dans une certaine mesure à l'occasion de l'affaire *Ždanoka c. Lettonie* [GC], requête n° 58278/00, 16 mars 2006, voir mon opinion dissidente. Les « anticommunistes » les plus affirmés étaient les juges d'Europe de l'Est, convertis devenus fervents croyants. À un moment donné de la discussion, j'en ai eu assez et me suis exclamé, paraphrasant McCarthy : « *Bien ! Ceux qui ont été membres du parti communiste, levez la main, s'il vous plaît !* » Dans la composition de la Grande Chambre, il y en avait au moins quatre. Ces différences peuvent être suggérées de façon légaliste par une référence à un ouvrage d'Evgeny Bronislavovich Pashukanis (1891-1937)

plus formalistes restent le fait des juges de l'Ouest du continent, certains d'entre eux nommés par leurs gouvernements conservateurs et quelques-uns avec la mission sans équivoque de bloquer l'impact du raisonnement juridique autonome et du rule of law – prétendument au nom de la souveraineté nationale[12].

6. La cour constitutionnelle de l'Europe ?

C'est d'ailleurs, comme le montrent les travaux préparatoires de la Convention, cette même adhésion à l'illusion de souveraineté – en fait, à l'étroitesse d'esprit européenne – qui avait d'emblée mis obstacle à l'effet contraignant *erga omnes* des arrêts de la CrEDH.

> Article 41 - Si la Cour déclare qu'il y a eu violation de la Convention ou de ses protocoles, et si le droit interne de la Haute Partie contractante ne permet d'effacer qu'imparfaitement les conséquences de cette violation, la Cour accorde à la partie lésée, s'il y a lieu, une satisfaction équitable.

L'un des pères de la Convention, P. H. Teitgen, était très critique à l'égard du libellé final de l'article 50 de l'époque (aujourd'hui article 41) de la Convention. Dérivé de la protection diplomatique et des accords d'arbitrage interétatiques passés entre l'Allemagne et la Suisse (1921) ainsi que de l'Acte général de Genève pour le règlement des différends internationaux dans le Pacifique (1928), il a été inséré comme ci-dessus à l'initiative du délégué italien T. Perassi afin de

---

intitulé *Law and Marxism : a General Theory*, Ink Links, 1978, dans lequel il propose la soi-disant « théorie de l'échange de marchandises », qui revient essentiellement à la thèse selon laquelle les sociétés capitalistes occidentales reposent sur l'échange de marchandises *quid pro quo*, alors que le marxisme et les sociétés marxistes sont fondés sur une solidarité généralisée et sur une justice matérielle, par opposition à la justice formelle, comme le propose Karl Marx dans sa *Critique du programme Gotha* : « *De chacun selon ses capacités, à chacun selon ses besoins !* » Voir http://www.marxists.org/archive/marx/works/1875/gotha/ch01.htm. D'un point de vue essentiel, nous parlons ici de la différenciation radicale entre la justice simplement formelle, d'une part, et la justice matérielle, d'autre part. Il est évident que les droits de l'homme appartiennent aussi à la première catégorie.

[12] Voir « L'internationalisation du droit : dégradation ou recomposition ? Dialogue entre Mireille Delmas-Marty et Alain Supiot », *Esprit*, novembre 2012, p. 35-51, p. 39, où Delmas-Marty fait explicitement référence à la « négation du droit positif légaliste » : *« La Cour de Strasbourg est sortie de son lit. L'ennui est qu'on ne voit pas comment l'y faire rentrer »* (citant J. Carbonnier, *Droit et passion du droit sous la Ve République*, Flammarion, Paris, 1996, p. 56).

créer, en raison de l'impasse à laquelle avait mené la négociation de la formulation finale, une disposition finale incohérente sur la satisfaction équitable.

Soixante-dix ans plus tard, le sens de l'expression « *et si le droit interne de la Haute Partie contractante ne permet d'effacer qu'imparfaitement les conséquences de cette violation* » n'est toujours pas clair. La Cour ne l'a jamais compris non plus, par exemple quand elle se réfère à cet « effacement imparfait » lorsqu'il s'agit de décider des dommages-intérêts alloués au requérant qui a obtenu gain de cause. À en juger par la critique publique de Teitgen, il est évident qu'on voulait une « cour constitutionnelle de l'Europe » sur le modèle de la Cour suprême américaine, ayant le pouvoir d'abroger les actes législatifs abstraits de l'État partie – plutôt que celui d'accorder de simples dommages-intérêts pécuniaires comme le prévoit l'article 41 aujourd'hui[13].

7. Le haut lieu moral des États d'Europe de l'Ouest

La Convention a été ouverte à la signature des États membres du Conseil de l'Europe le 4 novembre 1950 à Rome. Elle a été ratifiée et est entrée en vigueur le 3 septembre 1953, après sa ratification par le Luxembourg, dixième État à s'engager.

Les dix premiers membres du Conseil de l'Europe étaient : la Belgique, le Danemark, la France, l'Irlande, l'Italie, le Luxembourg, les Pays-Bas, la Norvège, la Suède, le Royaume-Uni (et la Grèce, la Turquie et l'Allemagne en 1952/1953). Au cours de leur histoire, la Belgique, la France, l'Italie, les Pays-Bas et le Royaume-Uni, pour le moins, avaient été loin d'être des modèles en matière de droits de l'homme. Il suffit de se souvenir du roi Léopold de Belgique et de ses pratiques effroyables au Congo belge pour se rendre compte que ce pays, par exemple, n'était pas vraiment justifié à venir donner des leçons d'humanisme aux États d'Europe de l'Est comme la

[13] Voir l'excellente présentation du problème par Andraž Zidar, « The European Court of Human Rights and the Question of Remedies », à l'adresse https://www.academia.edu/31312351/The_European_Court_of_Human_Rights_and_the_the_Question_of_Remedies, p. 343-352, consulté pour la dernière fois le 27 octobre 2017.

République tchécoslovaque, la Pologne, la Hongrie, la Yougoslavie, etc.[14].

Je me souviens – cela devait se passer autour de l'année 2000, à la Section (Chambre) I de la CrEDH – avoir catégoriquement refusé toute forme de leçon de morale de la part de la Suède, un pays qui avait pratiqué la stérilisation des personnes souffrant d'incapacité mentale jusqu'en 1974. Je me souviens du choc provoqué par ma protestation, parce qu'un silence gêné s'était soudain installé dans la salle des délibérations, comme si ce genre de déclaration réveillait d'autres réticences de la part des nouveaux membres, les juges provenant des pays d'Europe de l'Est. J'étais nouveau à l'époque, et encore faiblement conscient des contradictions et incongruités morales dont je parle ici.

Tout cela est cohérent avec les raisons ouvertement politiques qui ont présidé, après la Seconde Guerre mondiale, à la volonté de faire des droits de l'homme une vitrine de la démocratie et des droits de l'homme occidentaux nouvellement inventés. Même à la faculté de droit de Harvard dans les années soixante-dix, les droits de la personne n'étaient pas pris très au sérieux, car tout le monde supposait qu'il s'agissait d'un instrument de propagande occidentale. Ils faisaient partie des études de droit international, mais la plupart d'entre nous, les étudiants étrangers, n'y prêtaient guère d'attention, hormis ceux, peu nombreux, qui s'intéressaient surtout au droit international.

8. L'essor de la jurisprudence internationale

Ce n'est que dans les années quatre-vingt-dix que les droits de l'homme ont commencé à retenir l'attention, principalement parce que la jurisprudence de la CrEDH est devenue une question de droit international, qui plus est très à la mode. En outre, avant que la Cour

---

[14] Voir Joseph Conrad Korzienowski, *Heart of Darkness and Other Tales*, Oxford University Press, Oxford et New York, 2002, p. 1-27 et 101-187, et Adam Hochschild, *King Leopold's Ghost : A Story of Greed, Terror, and Heroism in Colonial Africa*, Mariner Books, New York, 1998, et la critique du livre dans *The New York Times*, 1er septembre 1998, par Michiko Kakutani, à l'adresse http://www.nytimes.com/books/98/08/30/daily/leopold-book-review.html, consulté pour la dernière fois le 26 février 2018.

ne commence à fonctionner comme une cour quasi constitutionnelle à Strasbourg et comme la source juridique d'une véritable jurisprudence, il n'y avait pas de jurisprudence en droit international. Ce qui émanait de divers comités de l'ONU, comme le Comité des Nations unies contre la torture (UN CAT), dont j'avais été vice-président, n'était pas obligatoire pour les États signataires et restait largement ignoré. Une sorte de jurisprudence était produite, mais ce n'était pas véritablement une source de droit. La vieille question subsiste de savoir si le droit international est un droit, puisqu'il n'a pas d'effet contraignant pour les États souverains ; néanmoins, d'une manière ou d'une autre, les États signataires de la CEDH ont été de plus en plus nombreux à adhérer à la juridiction de la CrEDH et à faire un effort pour mettre en œuvre de plein gré ses arrêts – cas typique : même la Turquie, parce que c'était une condition préalable à l'entrée dans l'Union européenne.

La jurisprudence de la Cour, plus que la Convention, a donné corps aux dispositions absolues *(ius cogens)* et autres de la Convention et a donc acquis un intérêt en tant que droit international. En revanche, personne ne semble s'être posé la question des droits de l'homme en tant que tels, c'est-à-dire de savoir s'il existe une chose telle que les « droits de l'homme ». C'est pourquoi j'ai fini par ouvrir la question de l'« essence » des droits de l'homme, puisque pratiquement tout ce qui venait de tout État signataire pouvait devenir une affaire de droits de l'homme une fois que tous les recours internes, y compris les recours constitutionnels, auraient été épuisés et que l'affaire était prête à venir à Strasbourg. En d'autres termes, puisque pratiquement tout ce qui est légal peut devenir « droits de l'homme », les droits de l'homme ne peuvent avoir d'essence, malgré les déclarations propagandistes concernant l'« universalité » des droits de l'homme.

À partir du moment où l'on parle d'universalité des droits de l'homme, cela implique que l'ensemble de la jurisprudence de la CrEDH serait également quelque chose d'« universel » – ce qui, de toute évidence, ne saurait être le cas. Dans ce contexte, je me souviens d'une conférence que j'ai donnée à la future délégation serbe à Strasbourg dans le cadre du processus d'adhésion *de novo* à la Convention. Dans ma conférence, je leur disais que, bien sûr, ils ne signaient pas la Convention en tant que telle. En la signant, ils allaient souscrire à la juridiction de la Cour et ils seraient liés par sa jurisprudence bien au-delà du sens des dispositions particulières de la Convention[15]. Parce que c'est ce que l'on entend par « droits de l'homme ». Cela signifie qu'un pays particulier, par exemple la Russie ou la Serbie, se soumettra à la juridiction de la Cour et adhérera à tout ce que la Cour aura diffusé comme jurisprudence dans des affaires antérieures, au titre de précédents.

Dans cette ligne de pensée, la question suivante est de savoir si, en droit international, un pays peut se lier aveuglément à toutes les affaires *futures* et à la jurisprudence de la Cour de Strasbourg qui en découlera. Indépendamment de la qualité de plus en plus douteuse de cette jurisprudence, il n'est pas logique qu'une entité souveraine renonce à une grande partie de son indépendance judiciaire. Habituellement, la dernière instance dans un pays est sa propre cour constitutionnelle, liée par sa propre Constitution et sa propre jurisprudence. La cour constitutionnelle nationale n'est donc plus le sommet souverain de la pyramide judiciaire locale, mais l'une des quarante-sept pyramides placées sous le sommet international strasbourgeois de la pyramide des quarante-sept juridictions.

9. La qualité de la jurisprudence de la CrEDH

Indépendamment de ce qui précède, la qualité de la première grande jurisprudence du droit international est un facteur décisif. Structurellement, la Cour se situe au-dessus de toutes les autres juridictions en Europe, et on est en droit de s'attendre à ce que ses arrêts aient une forte autorité consultative et explicative, persuasive *per se* et pour les quarante-sept juridictions subordonnées. Ce qui est toujours vrai pour la « branche la moins dangereuse », selon Bickel, à savoir que son pouvoir dépend fatalement de l'aspect persuasif et consultatif de ses déclarations, est d'autant plus vrai pour la CrEDH.

Dans le contexte national, le pouvoir judiciaire dépend, pour ce qui est de l'exécution et de l'application de ses jugements, du pouvoir

[15] Lors de ma conférence à la délégation serbe, quelques bureaucrates du Conseil de l'Europe étaient présents et ils ont été visiblement contrariés lorsque j'ai émis mes avertissements, parce que la vérité fatale sur la ratification des principales conséquences de la Convention sur la souveraineté judiciaire nationale était habituellement dissimulée aux nouveaux et naïfs États signataires aspirants.

exécutif, avec son armée et sa marine, comme aurait dit Noam Chomsky.

Le pouvoir judiciaire n'a pas sa propre police ni aucun autre pouvoir réel. Nous sommes ici confrontés à la relation dialectique entre pouvoir de la logique (judiciaire), d'une part, et logique du pouvoir (le pouvoir exécutif : la « paix du roi »), d'autre part. Ces deux volets sont dans un rapport d'antinomie : ils se requièrent l'un l'autre tout en étant antagonistes, dans le sens où le rule of law est la négation même de l'usage (arbitraire) du pouvoir[16]. Le principe de base est qu'il n'y a bien sûr pas de rule of law sans pouvoir d'exécution de l'État auquel il est opposé. Mais l'inverse n'est pas vrai. Le pouvoir de l'État ne dépend pas du rule of law, comme en témoignent tous les États non démocratiques, de Singapour à la Chine, qui se portent très bien. La fonction judiciaire est un investissement à long terme dans la stabilité sociale, parce qu'elle a pour objet de résoudre pacifiquement tous les conflits, y compris, au niveau de la cour constitutionnelle, les conflits entre, par exemple, le pouvoir législatif et le pouvoir exécutif.

Il est donc conséquent d'affirmer que, métaphoriquement parlant, rule of law et pouvoir judiciaire dépendent des mots, dont le pouvoir de persuasion dépend du « pouvoir de la logique », c'est-à-dire de leur influence consultative, explicative, pédagogique, etc. C'est là que réside ce qu'on appelle la « qualité des arrêts » et la crédibilité du pouvoir judiciaire qui en découle.

Dans la structure interne du pouvoir, les décisions judiciaires sont institutionnalisées, quelle que soit leur force de persuasion. Tant que le rule of law est en vigueur, les institutions de l'État exécutent les jugements.

Mais au-delà de la souveraineté de l'État, au niveau international, la mise en œuvre institutionnelle évoquée ci-dessus n'est pas une évidence. Ainsi chaque arrêt de la CrEDH est-il susceptible de ne pas être exécuté, appliqué, etc. Si le message de Strasbourg est malencontreux, comme, par exemple, dans l'affaire *Zolotoukhine c. Russie*, où la Cour a tout simplement eu tort concernant la double

---

[16] J'ai abondamment étudié cette dialectique dans B. M. Zupančič, *Owl of Minerva*, chapitre 2, p. 13-36.

incrimination *(ne bis in idem)*, son arrêt peut ne pas être appliqué au niveau national, ou bien il peut l'être, comme en République tchèque, d'une manière totalement infondée.

C'est ce que je veux dire quand je parle de qualité des arrêts. Le pouvoir symbolique de la Cour sur quarante-sept juridictions présuppose que la qualité de son arrêt, puisque c'est un exemple qui dépasse le niveau national, sera supérieure à celle de l'arrêt rendu par le plus haut tribunal de chacune de ces quarante-sept juridictions. Que cela soit vrai ou non dépend de l'ensemble de l'opération menée à Strasbourg, en premier lieu de son Greffe et en second lieu des juges.

Cela peut paraître surprenant, mais c'est le Greffe qui continue à rédiger les arrêts de la Cour et très souvent, l'équipe de juges ne fonctionne qu'au titre de *comité de rédaction*, surtout dans les Chambres (Sections) mais aussi, dans une moindre mesure, à la Grande Chambre. Le projet d'arrêt est nominalement préparé par le juge rapporteur et sa contribution est supposée être substantielle. Mais dans la plupart des affaires, le membre du Greffe prépare lui-même le projet après avoir consulté le juge. L'essentiel de l'arrêt, la plupart de ses constatations, est rédigé par l'avocat du Greffe et soumis aux délibérations de la Section ou de la Grande Chambre. Les seuls textes entièrement rédigés par les juges sont les opinions séparées, concordantes ou dissidentes.

À lire ces opinions séparées, on constate très rapidement qu'elles sont d'une qualité supérieure à ce qui a été écrit par les membres du Greffe. Autrement dit, du moins d'après mon expérience, il n'est pas très difficile de détricoter les déficiences de l'arrêt majoritaire, parce qu'il a été rédigé par un avocat du Greffe, moins qualifié. Le contenu des arrêts est généralement simplement approuvé par la Section ou la Grande Chambre, mais la substance même du raisonnement laisse fort à désirer. Et pourtant, c'est bien de la mauvaise qualité des arrêts de la Cour européenne des droits de l'homme qu'il s'agit[17].

[17] Contrairement à ce qui se passe à la Cour de justice de l'Union européenne établie à Luxembourg, à Strasbourg les avocats du Greffe et autre personnel de ce service sont indépendants des juges et de la Cour sur le plan organisationnel, professionnel et financier. L'ensemble de l'opération résulte de l'incompétence du Conseil de l'Europe, organe international dysfonctionnel et sclérosé, largement hors de propos.

Par conséquent, comment de tels arrêts, qui lient les cours suprêmes et les cours constitutionnelles nationales, plus intelligentes, pourraient-ils continuer à être pris au sérieux ?

10. Les quarante-sept pyramides ?

Il s'agit de l'autre anomalie constatée dans la compétence de la CrEDH. Dans une situation normale, aux États-Unis par exemple, le tribunal de dernier ressort fédéral, la Cour suprême, est la seule cour suprême fédérale du pays. Dans le système de common law, ce tribunal crée des précédents qui lient les tribunaux de première instance, les tribunaux fédéraux et, en vertu du quatorzième amendement, les tribunaux d'État[18]. Ainsi la pyramide judiciaire est-elle établie et les messages expédiés du sommet de la pyramide ruissellent jusqu'aux niveaux inférieurs et sont cités comme faisant autorité par les avocats. À long terme, par raisonnement analogique, ces précédents prévalent à tous les niveaux. Dans un monde idéal, un tel système est cohérent à l'interne.

Dans le cas de la CrEDH, en revanche, il n'existe pas de pyramide unique couvrant l'espace territorial de quarante-sept pays. Cela signifie que la Cour de Strasbourg est effectivement le sommet de la pyramide judiciaire, mais seulement cela. Sous ce sommet, on trouve quarante-sept pyramides judiciaires différentes. En ce sens, le message vient de Strasbourg mais est ensuite transmis à quarante-sept systèmes judiciaires différents. Chacun des systèmes « digère » le message à sa manière, et le message final est complètement différent selon qu'il s'agit de l'Azerbaïdjan ou du système juridique du Royaume-Uni.

La direction du Greffe est issue du Greffe et les nouveaux avocats sont choisis par le Greffe, les juges n'ayant aucun pouvoir sur eux, sauf pour l'élection du Greffier en chef et de son adjoint. Il n'est pas question que lè juge ait sa propre équipe d'avocats avec lesquels il pourrait collaborer à long terme. De plus, les juges sont remplacés tous les neuf ans, alors que les membres du Greffe sont permanents et donc d'autant plus ancrés dans leur logorrhée répétitive, de plus en plus autoréférentielle.

[18] Le quatorzième amendement prévoit l'application de la procédure légale régulière quand les droits en jeu sont *fondamentaux*. La Cour suprême fédérale n'interviendra que lorsque ces droits sont suffisamment « fondamentaux » pour être accordés, en fait « imposés » aux États fédéraux des États-Unis.

Nous avons affaire ici à d'énormes divergences entre les différents systèmes, bien que nominalement, nous ayons un seul précédent, supposé affirmer un résultat particulier dans chaque querelle judiciaire particulière dans un pays particulier. Parler de « droits de l'homme » dépend donc totalement de la pyramide locale dans laquelle le message aurait dû, encore une fois, être transmis du haut vers le bas de *ce* système judiciaire national. Aucune uniformité n'est à attendre, vu le fonctionnement radicalement différent des différents systèmes nationaux. Encore une fois, parler de « droits de l'homme » comme s'il s'agissait de quelque chose de cohérent sur tout le continent n'a pas de sens.

Il s'ensuit logiquement deux possibilités extrêmes.

Parler d'universalité des droits de l'homme n'est possible que dans le contexte de la simple Déclaration universelle, de la Convention, etc., et de l'inventaire auquel elles procèdent d'une série d'éléments fondamentaux concernant les droits innés *(iura connata)* – selon le droit naturel. Mais évidemment, il ne s'agit plus d'un concept juridique. L'universalité est idéologique et, en tant que telle, elle est à l'origine même de la Cour et de la Convention. Elle remonte à la source de toute l'idée des droits de l'homme en Europe, ce qui signifie que l'origine était politique et, en ce sens, idéologique. Parler des « droits de l'homme » dans l'abstrait est donc nécessairement une entreprise politique et idéologique.

À l'autre extrême se trouve l'abandon inconditionnel de la souveraineté judiciaire nationale au profit de la Cour de Strasbourg. Cette renonciation peut être problématique du point de vue de la souveraineté de l'État, mais ce n'est pas mon problème ici. Si je dépouille l'idée de tous les détails techniques, j'arrive à la conclusion simple que l'incroyable élargissement et la diversification des « droits de l'homme » par la Cour n'ont finalement rien à voir avec les droits « humains » dans leur configuration politique et idéologique d'origine. La Cour de Strasbourg n'est qu'un autre tribunal de dernier ressort qui impose sa volonté et sa jurisprudence à quarante-sept pays, sans jamais espérer qu'il y aura une plate-forme juridique unifiée, cohérente et congruente à travers le continent. Ce que nous avons ici, c'est un message qui, parti de Strasbourg, diverge dans quarante-sept directions et n'a rien à voir avec un concept unifié, cohérent et congruent de prétendus droits *humains*.

Techniquement parlant, la question est ici celle de la nature contraignante de la jurisprudence de Strasbourg. Dans la Convention, rien n'est dit à ce sujet, qui est laissé au Comité des ministres. La question ne s'est donc posée que lorsque les États eux-mêmes ont prévu d'appliquer les arrêts provenant de Strasbourg, le premier d'entre eux étant typiquement la Suisse.

11. La nature contraignante des arrêts de la CrEDH

La Convention stipule sans ambiguïté que les arrêts de la CrEDH ne sont contraignants qu'*inter partes*, c'est-à-dire qu'ils ne le sont pas *erga omnes* :

> Article 46 - Force obligatoire et exécution des arrêts. 1. les Hautes Parties contractantes s'engagent à se conformer aux arrêts définitifs de la Cour dans les litiges auxquels elles sont parties.

Par cette formulation, les auteurs de la Convention interdisent explicitement, dans les arrêts de la Cour, la référence aux précédents, ce qui, du point de vue continental, où chaque nouvel arrêt *en soi* est une entité nouvelle et indépendante et ne peut se référer qu'à la norme abstraite, n'a rien que de logique. Si l'arrêt n'est contraignant qu'entre les parties, il s'ensuit logiquement qu'il ne doit pas lier d'autres parties ni constituer un précédent dans une nouvelle affaire d'autres parties. Le fait que la disposition ci-dessus soit pratiquement ignorée par la Cour ne peut que signifier que celle-ci s'arroge la position classique de cour suprême de common law et que son fonctionnement est au moins *de jure* en violation flagrante de la Convention. Au minimum, l'intention des auteurs était que les précédents ne soient pas contraignants pour les États.

a) La nature contraignante de facto des arrêts de la CrEDH

Le fait que l'article 46 de la CEDH resterait lettre morte était prévisible :

> Article 46 - Force obligatoire et exécution des arrêts. 1. Les Hautes Parties contractantes s'engagent à se conformer aux arrêts définitifs

de la Cour dans les litiges auxquels elles sont parties. (Soulignement ajouté)

La formulation impose la validité *inter partes* (et non *erga omnes*) des arrêts. Au début, l'hypothèse était que la plupart des affaires portées devant la Cour seraient des affaires interétatiques, où la récurrence d'affaires et de circonstances similaires serait moins probable. Si tel était le cas, le *stare decisis* (les affaires similaires doivent être tranchées de manière identique) et, par conséquent, le caractère contraignant de la jurisprudence antérieure de la Cour ne seraient pas essentiels. À l'époque, personne n'avait prévu l'avalanche de requêtes individuelles. Mais une fois que le nombre d'affaires individuelles a pris l'ampleur considérable que l'on sait, la Cour ne pouvait plus prétendre que ses arrêts ne lient *que les parties*. L'affaire similaire suivante était nécessairement tranchée par analogie et le caractère contraignant *de facto* a vu le jour[19].

b) La nature contraignante des arrêts de la CrEDH

En Suisse, conformément au droit interne, les arrêts de la Cour nécessitaient un nouveau procès ou la réouverture de la procédure en droit pénal, en droit privé et en droit administratif. Ce n'est donc pas la Cour ou la Convention elle-même qui ont prévu la mise en œuvre et le caractère contraignant des arrêts. Jusqu'en 2016, quelques affaires revenues de Suisse et du Lichtenstein avaient examiné les circonstances dans lesquelles l'arrêt de la Cour de Strasbourg n'avait pas été correctement mis en œuvre[20].

---

[19] La notion de « nature contraignante *de facto* », si je ne me trompe pas, a été une innovation de ma part, probablement parce que j'ai été le premier à accorder une attention explicite à la nature contraignante des arrêts de la CrEDH.

[20] Voir *Verein gegen Tierfabriken Schweiz (VgT) c. Suisse* (n° 2) [GC], requête n° 32772/02, 30 juin 2009, où l'affaire est ensuite revenue à Strasbourg sur la base des articles 136 et suivants de l'ancienne loi fédérale sur l'organisation judiciaire, en vigueur jusqu'au 31 décembre 2006, et qui concernait, entre autres, le contrôle juridictionnel des arrêts du Tribunal fédéral. Article 139(a), après que les autorités suisses n'ont pas exécuté l'arrêt de la Chambre huit ans plus tôt, *Verein gegen Tierfabriken Schweiz (VgT) c. Suisse*, requête n° 24699/94, 28 juin 2001. Voir également *Steck-Risch et autres c. Liechtenstein*, requête n° 63151/00, 19 mai 2005, et *Steck-Risch et autres c. Liechtenstein*, requête n° 29061/08, 11 mai 2010. Les requérants se sont plaints, en vertu de l'article 6 de la Convention, que la décision des tribunaux nationaux de ne pas rouvrir

Cela soulève la question de savoir en quel sens et dans quelle mesure les arrêts, même si c'est au travers du droit interne, sont contraignants. Les affaires citées portaient sur cette question, le résultat final étant que les arrêts de la Cour ne sont pas contraignants simplement en raison de leur contenu, des dommages-intérêts accordés et de la *restitutio in integrum* potentielle[21] : la « substance » des arrêts de la CrEDH réside dans leur raisonnement (leur motivation) – sauf que, en droit continental, une vieille maxime veut que l'arrêt ne lie que par son contenu.

Cela a commencé à changer en Europe, car la même question a été posée devant les cours constitutionnelles concernant le caractère contraignant de leurs propres arrêts – parce que, là aussi, le contenu de l'arrêt ne tient pas en une seule ligne. Son essence réside dans le raisonnement, et l'arrêt dans son ensemble a son « esprit », sa signification, etc., qui, comme je l'ai souligné plus haut, est un message transmis aux niveaux inférieurs de la pyramide judiciaire.

c) Les arrêts pilotes

De ce fait, une autre question se pose concernant les arrêts dits « pilotes » de la CrEDH. À l'époque, j'ai essayé de persuader la Cour, sans grand succès, que la question qui se posait dans les arrêts pilotes n'était pas l'application récurrente de l'arrêt, mais sa nature contraignante.

Les affaires pilotes devant la Cour sont celles qui concernent un grand nombre de requérants, parfois proches du recours collectif, en ce sens que les noms des requérants ne sont pas tous personnellement mentionnés dans la requête. Le premier arrêt en ce sens a été rendu dans l'affaire *Broniowsky/Pologne*. Il s'agissait d'un grand nombre de personnes vivant de l'autre côté de la rivière Boug, qui avaient été dépossédées de leurs biens situés entre la Pologne et l'ex-Union soviétique. La population lésée n'avait pas été définie spécifiquement, personne par personne, dans la requête, mais pourtant l'arrêt l'affectait tout entière. En conséquence, la Pologne a été tenue d'indemniser tout le monde, d'une manière ou d'une autre, indépendamment du fait que

---

la procédure d'indemnisation constituait une violation continue de leur droit à un procès équitable et de leur droit d'accès à un tribunal.

[21] *Broniowski c. Pologne* [GC], requête n° 31443/96, 28 septembre 2005.

tout le monde n'était pas spécifiquement mentionné (de la même manière que dans le recours collectif).

En ce sens, le terme « pilote » signifiait simplement, pour les bureaucrates de la Cour, qu'il existait un arrêt censé guider la résolution du problème dans de nombreuses autres affaires où l'arrêt servirait de « pilote ».

Pour quiconque connaît, par exemple, le système américain, où l'arrêt de la Cour suprême est obligatoire pour tous par analogie, il est évident que l'« arrêt pilote » est une appellation erronée, comme on l'a fait remarquer, si l'on se contente de dire que, par une sorte d'effet domino, cet arrêt liera toutes les autres affaires identiques ou similaires dans le système national. En d'autres termes, si l'arrêt avait effectivement un *caractère contraignant*, la procédure pilote ne serait pas nécessaire, simplement parce que, par analogie, l'arrêt serait contraignant pour toutes les situations similaires. Bien sûr, étant donné la diversité des systèmes juridiques, quarante-sept au total, il est peu probable que le raisonnement par analogie soit aussi efficace en Azerbaïdjan qu'au Royaume-Uni.

Dans les situations d'« arrêt pilote », un problème systémique existant dans le système interne est traité et, comme dans les deux affaires slovènes, la Cour demandera au pays en cause de remédier au problème de manière systémique[22].

---

[22] Voir *Kurić c. Slovénie* [GC], requête n° 26828/06, 26 juin 2012, et *Ališić et autres c. Bosnie-Herzégovine, Croatie, Serbie, Slovénie et ex-République yougoslave de Macédoine* [GC], requête n° 60642/08, 16 juillet 2014. La première affaire concernait les résidents « radiés » du registre administratif en Slovénie, anciens citoyens d'autres anciennes républiques fédérales yougoslaves. Dans l'arrêt *Kurić*, la Cour constitutionnelle nationale mettait en cause les pouvoirs exécutif et législatif, et la CrEDH a demandé une solution systémique qui, en fin de compte, s'est transformée en promulgation législative. L'arrêt *Ališić* a résulté d'une véritable intrigue scandaleuse au sein de la Cour, d'une collusion entre les juges Garlicky et Vajić. Initialement, une section spéciale (Chambre) a été composée de tous les juges concernés, qui se sont trouvés provenir des anciennes républiques yougoslaves. Après mon opinion dissidente catégorique, l'affaire a été portée devant la Grande Chambre. Sur la base de cette dissidence (réussie), le gouvernement croate a demandé ma récusation et, sous la pression du président de la Cour, Dean Spielmann, je me suis récusé moi-même. La question en l'espèce concernait une succession et, dans une variante antérieure de la même affaire, le juge Georg Ress, président de la Section III (où je lui ai succédé), avait

Le problème réside donc dans l'incompatible diversité des systèmes juridiques nationaux couverts par la Convention et la Cour et, partant, dans la manière incohérente et incongrue dont ces systèmes nationaux digèrent le message venu de Strasbourg. Idéalement, cette difficulté n'existerait pas si les arrêts et le système lui-même, dans chaque pays particulier, prévoyaient une mise en œuvre obligatoire par analogie de l'arrêt de Strasbourg.

d) La nature contraignante des arrêts en droit interne : *de facto*, *de jure* et comme source de droit

Comme je l'ai souligné, dans certains cas, la loi accompagnant la Constitution relative au fonctionnement de la cour constitutionnelle exigera que les arrêts de la cour constitutionnelle soient contraignants. Cependant, la formule fréquente et ambiguë, « les arrêts des cours constitutionnelles sont contraignants », ne nous dit pas comment et à qui s'applique le caractère contraignant. Il existe en principe trois possibilités.

Premièrement, dans l'exemple le plus souple, les arrêts de la cour constitutionnelle ne sont pas directement contraignants pour les juges qui statuent dans les juridictions inférieures. Dans ce cas, les juridictions inférieures sont libres de statuer sur leurs affaires sans tenir compte des arrêts antérieurs des cours constitutionnelles. Et si elles le font, elles n'agissent pas en violation de la formule ci-dessus. *Deuxièmement*, à un stade intermédiaire, on considère comme allant de soi que les arrêts de la cour constitutionnelle sont contraignants, mais seulement *de facto*. *Troisièmement*, la possibilité la plus forte à cet égard est la position nette selon laquelle les arrêts de la cour constitutionnelle sont une source officielle reconnue de droit. Dans ce cas, nous nous rapprochons de la situation générale en common law.

---

déposé un avis concordant approuvé par la Grande Chambre, selon lequel il s'agissait bien d'une question de succession (ce qui était le cas). Sur le plan économique, il s'agissait d'une affaire concernant le « principe de territorialité » bancaire, à savoir que les économies des Croates lésés étaient toutes investies sur le territoire croate. En fin de compte, le juge rapporteur a adopté la ligne de moindre résistance et la Grande Chambre a décidé sur l'affaire de manière simpliste sur la base de l'article 1, §1, du protocole n° 1, si bien qu'il s'agissait simplement de rembourser les clients de la banque. Cela a été le cas le plus spécieux de ma carrière (1998-2016) à la CrEDH. J'ose dire que l'affaire n'aurait jamais été jugée de manière fallacieuse si la Slovénie n'avait pas été l'un des plus insignifiants des quarante-sept États.

Étant donné qu'en common law, les promulgations abstraites issues du législatif sont toutefois une source régulière de droit, le domaine du droit prétorien est circonscrit. Dans ce système, le caractère contraignant des arrêts, et en particulier des cours d'appel et des cours suprêmes, ne couvre pas l'ensemble du domaine juridique. Il semble qu'en Europe, la position de la Cour constitutionnelle allemande soit très proche de cet état de choses. Dans ce contexte, les arrêts *in concreto* sont contraignants *erga omnes*. Pour que cela soit effectif, tout comme à la CrEDH, le raisonnement analogique (par similarité) est inévitable.

12. Les valeurs résiduelles

Ce manque d'indépendance intellectuelle de la part des avocats et des juges d'Europe continentale est ici ce qui doit retenir l'attention. Il est relativement facile de conclure qu'il s'agit en fait du fardeau historique de ce que l'on appelle les « valeurs résiduelles ». C'est Raymond Williams, l'historien anglais, qui avait introduit cette notion dans les années soixante-dix : l'idée est que toutes les périodes de l'histoire d'une culture particulière déposent leurs sédiments en termes de « valeurs résiduelles » et que ces valeurs résiduelles obsolètes persistent ensuite, bien qu'elles soient devenues dysfonctionnelles depuis longtemps :

> Certaines des sources de significations et de pratiques résiduelles... [sont] les résultats de formations sociales antérieures, dans lesquelles certaines significations et valeurs réelles ont été générées. Si par la suite une phase particulière d'une culture dominante souffre d'un manque, elle a alors un retour aux significations et valeurs créées dans des sociétés réelles dans le passé et qui semblent avoir encore une certaine signification parce qu'elles représentent des domaines de l'expérience, des aspirations et des réalisations humaines que la culture dominante mésestime ou auxquelles elle s'oppose, voire qu'elle ne peut pas reconnaître[23].

J'estime que les « significations et pratiques résiduelles » de Williams s'appliquent également au formalisme juridique continental : celui-ci semble avoir eu de l'importance parce qu'il représentait un mode de résistance contre les chefs monocratiques des États continentaux, dans lesquels les juges n'ont jamais eu le genre d'autonomie que Max Weber a

---

[23] Raymond Williams, *Base and Superstructure in Marxist Cultural Theory, Problems in Materialism and Culture*, Verso, Londres, 1980, p. 42.

attribué, on le sait, à la « noblesse terrienne » dans un pays de common law comme le Royaume-Uni[24]. Pour condenser cela en des termes peu sophistiqués, l'« absence de tradition démocratique » du continent rend d'autant plus formaliste le raisonnement juridique qui le caractérise.

a) La remarque socio-psychologique

Certes, il ne s'agit pas d'une question juridique. En termes socio-psychologiques, en revanche, il est très facile de comprendre pourquoi l'état d'avancement de l'acquis de la CrEDH n'est pas ce que ses pères fondateurs avaient escompté à sa création. En effet, la Cour est aujourd'hui en grand danger de devenir victime de son propre formalisme juridique, inconsciemment défensif et hésitant.

Lorsque la « nouvelle Cour » est entrée en fonction en 1998, l'incompatibilité des deux modes de raisonnement – autonome et hétéronome – était moins évidente. Le discours, en particulier à la Grande Chambre, transcendait l'opposition directe des deux mentalités des juges. Cela était peut-être dû à la stature des juges de l'époque – quelle qu'eût été leur culture juridique[25] – parce que, pour parler franchement, le formalisme juridique est une forme d'étroitesse mentale à laquelle un grand esprit, un *Freigeist* à la fois cognitivement et en termes d'autonomie de sa personnalité, n'adhérerait certainement pas[26].

---

[24] Ces traditions qui remontent à la *Magna Carta Libertatum* (1215) étaient tellement ancrées culturellement dans l'Empire britannique et dans ses traditions culturelles qu'elles ont été transmises *mutatis mutandis* à toutes les colonies. C'est pourquoi au Canada, aux États-Unis, en Australie et en Nouvelle-Zélande, sans parler de l'Afrique du Sud, de l'Inde et de pays plus petits comme Malte et Chypre, aujourd'hui comme naguère, l'indépendance judiciaire, en tant que cadre de référence cognitive, est complètement différente du contexte formaliste-positiviste continental. Cependant, pour paraphraser Williams, ces valeurs et significations créées dans les sociétés antérieures semblent avoir une signification obsessionnelle pour les avocats et les juges du continent. *« Elles représentent des domaines de l'expérience, des aspirations et des réalisations humaines que la culture dominante mésestime ou auxquelles elle s'oppose, voire qu'elle ne peut pas reconnaître »*.

[25] Le célèbre théoricien du droit danois, le professeur Alf Ross, en est un excellent exemple.

[26] Je parle plus loin du développement moral selon Piaget et Kohlberg. Il s'agit plutôt ici de ce que Carl Jung a appelé l'« individuation ». Lacan arrive à une conclusion similaire : il parle de « subjectivation ».

C. Dans le contexte de la common law[27]

1. Introduction

La common law remonte au XIIIe siècle, tout comme l'idée anglaise de rule of law, de procès équitable, etc., et étant donné que l'Angleterre est considérée comme le berceau de la liberté, la question est simplement de savoir si la *juris-dictio*[28], le discours des juges de Strasbourg, pour la plupart continentaux, est à la hauteur des huit cents ans de tradition culturelle et juridique anglo-saxonne, comme disent les Français. Elle remonte à la *Magna Carta Libertatum* (1215)[29]. Lorsque je dis « tradition culturelle », je sous-entends que la récente déclaration britannique de sortie de la juridiction de Strasbourg n'est pas seulement une question juridique et politique : elle est déterminée par les différences culturelles entre le continent et une nation insulaire ayant sa propre histoire, des différences de traditions dans lesquelles le droit et la démocratie étaient parfois deux choses différentes. Par exemple, la notion anglaise de « rule of law » remonte au XIIIe siècle ; la conception continentale de « l'État de droit » (*Rechtsstaat*) ne remonte qu'au XIXe siècle[30]. De plus, la CEDH est clairement inspirée des systèmes juridiques américain et britannique. C'est la conséquence logique de l'époque où la

[27] Ceci est une version publiée de ma conférence au Gresham College donnée le 17 novembre 2016 à Londres. Voir https://www.gresham.ac.uk/lectures-and-events/in-the-context-of-the-common-law-the-european-court-of-human-rights-in-strasbourg, consulté pour la dernière fois le 2 novembre 2017.

[28] Le mot latin *« juris-dictio »* comporte deux significations. La seconde, la *« dictio »*, implique à l'origine la parole, c'est-à-dire le fait de dire la loi. J'utilise ici ce sens en référence au « discours » en français, c'est-à-dire au mode de pensée et de parole.

[29] En fait, l'idée de rule of law remonte à Guillaume le Conquérant, après 1066. Voir, en général, André Maurois, *L'Histoire d'Angleterre*, 1934 ; « Legal History : Origins of the Public Trial », *Indiana Law Journal*, vol. 35, numéro 2, article 8, 1960. Disponible à l'adresse http://www.repository.law.indiana.edu/ilj/vol35/iss2/8, consulté pour la dernière fois le 2 novembre 2016.

[30] Le terme *« Rechtsstaat »* a été inventé par Robert von Mohl ; il a été popularisé dans son manuel *Die deutsche Polizeiwissenschaft nach den Grundsätzen des Rechtsstaates*, 1832-1833.

Convention a été rédigée, après la Seconde Guerre mondiale : elle l'a été en réaction aux atrocités allemandes commises pendant la guerre, et *post festum*, après le procès de Nuremberg[31].

Il était donc logique que les Anglais (et les Américains) n'aient pas été enclins à venir se renseigner sur le rule of law et sur la démocratie auprès de ceux qui les avaient piétinés pendant la guerre. La Convention a également été une réaction exemplaire à l'absence de démocratie et de rule of law pendant le règne du communisme en Europe centrale et en Europe de l'Est.

Il n'empêche, l'idée était américaine. Le Département d'État américain et la CIA ont fourni le financement secret pour l'établissement de la Convention et de la Cour. Ambrose Evans-Pritchard l'a rendu public dans *The Telegraph* il y a quelques années, mais les autres médias, ce qui est quelque peu surprenant, n'en ont pas tiré grand-chose. Le fait que l'entreprise était en réalité américaine a été récemment révélé parce que les dossiers respectifs ont été publiés par les Archives nationales américaines :

> Les dirigeants du Mouvement européen – Retinger, le visionnaire Robert Schuman et l'ancien Premier ministre belge Henri Spaak – ont tous été traités comme des mercenaires par leurs parrains américains. Le rôle des États-Unis a été une opération secrète. Le financement provenait des fondations Ford et Rockefeller ainsi que

---

[31] Le paragraphe 2 de l'article 7 n'était qu'une ratification *ex post facto* du procès de Nuremberg. La question a été abordée de manière poignante dans l'affaire *Kononov c. Lettonie* [GC], requête n° 36376/04, 17 mai 2010, où la Grande Chambre a infirmé l'arrêt de la Chambre fondé sur le paragraphe 1 de l'article 7 de la CEDH. Disons-le clairement, ici, les internationalistes, avec l'aide du professeur Schabas, ont réussi à renverser le principe de légalité *(Legalitätsprinzip)*, absolument fondamental pour le droit pénal matériel. Sur la base du paragraphe 2, ils ont inversé le sens du paragraphe 1 de l'article 7 de la CEDH : *« Pas de peine sans loi. 1. Nul ne peut être condamné pour une action ou une omission qui, au moment où elle a été commise, ne constituait pas une infraction d'après le droit national ou international. De même il n'est infligé aucune peine plus forte que celle qui était applicable au moment où l'infraction a été commise. 2. Le présent article ne portera pas atteinte au jugement et à la punition d'une personne coupable d'une action ou d'une omission qui, au moment où elle a été commise, était criminelle d'après les principes généraux de droit reconnus par les nations civilisées. »*

de groupes d'entreprises ayant des liens étroits avec le gouvernement américain[32].

J'y reviendrai plus en détail par la suite. Pour l'instant, je m'en tiendrai au strict aspect juridique en apportant, je l'espère, plus de substance à la distinction entre les deux traditions juridiques.

2. La common law et la tradition juridique continentale : droit prétorien contre droit issu du législatif

Les caractéristiques essentielles de la common law

a) Premièrement, la common law est du droit prétorien

Au fil des siècles, des juges se sont efforcés de résoudre toutes sortes de questions découlant des désaccords entre les individus en prononçant des jugements fondés sur la logique et l'expérience – et surtout sur un sens prononcé de la justice. Certains de ces jugements, mais pas tous, ont ensuite été « signalés » par des journalistes judiciaires et imprimés. Il est donc curieux de constater que la question de savoir si un jugement particulier allait créer un précédent ait été déterminée par des personnes qui n'étaient ni juges, ni même, souvent, avocats[33].

---

[32] *The Telegraph*, article d'Ambrose Evans-Pritchard intitulé « Euro-Federalists financed by US spy chiefs », publié le 19 septembre 2000, disponible sur http://www.telegraph.co.uk/news/worldnews/europe/1356047/Euro-federalists-financed-by-US-spy-chiefs.html, consulté pour la dernière fois le 15 octobre 2017. Il est symptomatique que les médias continentaux et les chercheurs européens aient accordé peu d'attention à cette révélation. Si la fière « civilisation juridique européenne » a effectivement une origine américaine secrète et politiquement financée, cela tendrait pour le moins à révéler l'infériorité idéologique du formalisme juridique, qui devait être corrigé par son jeune frère en civilisation. Une véritable blessure narcissique à ignorer à tout prix ! Dans ce contexte, il est alors particulièrement ironique d'observer la fierté française d'être « le pays des droits de l'homme », comme si le projet, tel qu'il fonctionne aujourd'hui à Strasbourg, était en quelque sorte lié à la Déclaration française des droits de l'homme de 1789 et plus généralement à la Révolution française.

[33] Oliver Wendell Holmes s'est illustré pour avoir dit que la loi ne relève pas de la logique, mais de l'expérience. Néanmoins, le « sens de la justice » est une fonction cognitive très différenciée – et non émotionnelle ! – qui combine la logique, l'expérience et la connaissance du droit. *« La vie du droit n'a pas été logique ; elle a été expérience. (....) Le droit incarne l'histoire du développement d'une nation au fil*

b) Deuxièmement, les affaires similaires doivent être tranchées de manière identique *(stare decisis)* : une fois publiés, les arrêts deviennent des précédents contraignants

La cohérence dans l'application des précédents *(stare decisis)* a conduit à la prévisibilité des arrêts et à la sécurité juridique, essentielles pour la sécurité et le bon fonctionnement de l'ordre juridique. Comment la continuité du droit a-t-elle été (ou est-elle) maintenue par les juges ?

La théorie des précédents propose que chaque affaire soit considérée sous l'angle : 1) *des faits* (un ensemble de fait) ; 2) de la *question* de droit présentée dans le contexte contradictoire de l'affaire ; 3) de la *décision* dans l'affaire. La décision est le droit qui est créé, mais celui-ci ne s'applique que dans la mesure où les faits de l'affaire soulèvent une question semblable (analogue) à celle scellée dans le précédent. Bien qu'il s'agisse d'une recommandation très générale, il convient de garder à l'esprit que, dans la procédure contradictoire traditionnelle typique de la common law, les avocats soutiennent systématiquement l'applicabilité de précédents particuliers[34]. Ainsi une « sélection naturelle » se fait-elle entre ceux qui s'appliquent et ceux qui ne s'appliquent pas.

---

de nombreux siècles, et il ne peut être traité comme s'il ne contenait que les axiomes et les corollaires d'un livre de mathématiques » : Oliver Wendell Holmes, *The Common Law*, 1881, p. 1 (Sauf indication contraire, les extraits des ouvrages en anglais sont cités en traduction libre). D'autre part, le sens de la justice ne repose pas sur l'empathie : Freud le savait, mais Piaget et après lui Lawrence Kohlberg ont développé la théorie du développement moral. L'enseignement est fondé sur la perception de l'(in)justice. Voir Jean Piaget, *Le jugement moral chez l'enfant*, Bibliothèque philosophie contemporaine, Paris, PUF (1re édition : PUF, 1932) ; Lawrence Kohlberg, *Essays on Moral Development*, vol. I : *The Philosophy of Moral Development*, Harper & Row, San Francisco, 1981.

[34] C'était avant les projets d'intelligence artificielle sophistiqués, semblables à Google, comme Lexis et Westlaw. Au sein de la CrEDH, ce rôle est joué par HUDOC, beaucoup moins perfectionné. Il n'empêche que le programme informatique a produit une telle avalanche de copier-coller de citations de la jurisprudence de la CrEDH que toute l'entreprise est devenue rapidement autoréférentielle.

(1) Introduction

Le *stare decisis* est une vieille doctrine de common law[35], habituellement résumée par la formule « traiter les cas semblables de façon identique ». En des temps où les choses étaient plus simples, cela signifiait que les affaires dans lesquelles les faits étaient semblables étaient supposées avoir des résultats juridiques identiques. Il est important de noter à cet égard que l'analogie décisive ne s'appliquait qu'aux faits, c'est-à-dire que les aspects juridiques secondaires et autres de l'affaire n'étaient, au contraire, pas destinés à être décisifs. Comme nous le verrons, cependant, les aspects factuels et juridiques d'une affaire ne peuvent pas vraiment être séparés.

Dans le présent chapitre, j'examinerai l'importance de la cohérence interne des arrêts de justice. Je commencerai par faire remarquer que, de toute évidence, la cohérence du processus décisionnel judiciaire, dans tout système ou sous-système juridique, n'est pas une fin en soi. L'objectif est la justice comparative, ce qui signifie qu'une personne lésée qui obtient une décision différente de celle qu'elle attendait sur le fondement d'une décision antérieure du même tribunal ou d'un tribunal différent se sentira privée de justice[36].

> Pour Aristote, la justice est un concept à structure complexe au sein duquel il convient de distinguer un élément formel constant et un élément matériel variable. Cette distinction pourrait être présentée dans les termes utilisés dans la philosophie morale anglaise récente comme une distinction entre la définition constante de la justice et les différents critères pour son application dans différentes situations ou à différents sujets. L'élément formel ou déterminant constant est le principe selon lequel « les personnes semblables doivent être traitées de façon identique ». Ce principe ne peut en soi être utilisé

---

[35] Mais comparons avec la Loi des citations *(Lex citationum)*, une loi romaine envoyée de Ravenne en 426 par l'empereur Valentinien III, ou plutôt par sa mère, la régente Galla Placidia Augusta, au Sénat et au peuple de Rome et incluse dans la compilation du droit de Théodose II de 438 (*Codex Theodosianus* 1, 4, 3). Les juges devaient se référer à *Lex citationum* et choisir l'opinion la plus répandue parmi les juristes établis (Ulpien, Gaius, Papinien, Modestin, etc.) La formule complète était : *« Stare decisis et non quieta movere »* (s'en tenir à ce qui a été décidé et ne pas troubler ce qui est établi). Voir *Black's Law Dictionary*, *s. v. « Stare decisis »*, 5e éd., 1979.

[36] Voir, par exemple, Phillip Montague, « Comparative and Non-Comparative Justice », *The Philosophical Quarterly*, vol. 30, n° 119, avril 1980, p. 131-140.

pour caractériser des arrangements comme étant justes ou injustes, puisque tous les êtres humains sont semblables à certains égards et différents à d'autres. Il doit donc être complété par un critère matériel variable qui déterminera quelles ressemblances ou différences entre les êtres humains doivent être considérées comme pertinentes[37].

La meilleure illustration de cette dernière exigence est l'affaire *Thlimmenos c. Grèce*, où le requérant a été empêché de devenir expert-comptable en raison de « l'infraction » qu'il avait commise en refusant, parce qu'il était Témoin de Jéhovah, de porter les armes. En d'autres termes, la justice comparative signifie aussi que des cas différents doivent être traités différemment :

> (....) le requérant n'a pas été nommé expert-comptable en raison de sa condamnation passée pour avoir refusé de porter l'uniforme. Il a donc été traité différemment des autres candidats à ce poste parce qu'il se trouvait dans la situation d'une personne condamnée. (...) Il se plaint (...) de ce que, pour appliquer la loi pertinente, aucune distinction ne soit établie entre les personnes condamnées pour des infractions commises exclusivement en raison de leurs convictions religieuses et les personnes reconnues coupables d'autres infractions. (...) Le requérant est membre des Témoins de Jéhovah, un groupe religieux pacifiste, et rien dans le dossier ne contredit l'affirmation de l'intéressé selon laquelle il a refusé de porter l'uniforme uniquement parce qu'il estimait que sa religion le lui interdisait. En substance, l'argument du requérant consiste à se prétendre victime d'une discrimination dans l'exercice de sa liberté de religion, garantie par l'article 9 de la Convention, en ce qu'il a subi le même traitement que toute autre personne convaincue d'un crime, alors que sa propre condamnation découlait de l'exercice même de cette liberté[38]. (Soulignement ajouté)

(2) La common law

Bien sûr, il faut garder à l'esprit la vénérable tradition de la common law, dans laquelle les juges ont littéralement créé, au cas par cas, les lois applicables dans des circonstances particulières. Cependant, les juges étaient censés « découvrir la loi » plutôt que « la

---

[37] H. L. A. Hart, Introduction to Perelman, *The Idea of Justice and the Problem of Argument*, i, viii-ix, Routledge and Kegan Paul, 1963.
[38] *Thlimmenos c. Grèce* [GC], requête n° 34369/97, 6 avril 2000, §§ 41-42.

créer » et, comme nous le verrons plus loin, selon les intuitionnistes moraux[39], il y avait une sagesse plus profonde à affirmer que c'était vraiment une « découverte » de la solution juridique et logique au problème particulier d'un cas particulier.

La discussion relative à la théorie du *stare decisis* est aujourd'hui plus qu'une simple réitération des théories issues du système de common law. Au cours des soixante dernières années, la CrEDH, par exemple, a continué à développer sa jurisprudence selon la même formule. Malgré la disposition spécifique figurant dans la CEDH selon laquelle les arrêts de la Cour ne lient que les parties à l'affaire portée devant elle *(inter partes)*, il a été clair dès le début du fonctionnement de la Cour que l'affaire suivante, si elle était similaire, serait tranchée de manière identique. Entre-temps, après la Seconde Guerre mondiale, l'Europe continentale s'est dotée d'une multitude de cours constitutionnelles. En fonction de leurs différentes missions, ces tribunaux sont également attachés à la constance et à la prévisibilité de leur jurisprudence, leurs arrêts ayant, dans une plus ou moins large mesure, un effet *erga omnes* (vis-à-vis de tous). En conséquence, cet aspect spécifique de la méthodologie juridique de la common law s'est maintenant répandu partout en Europe continentale, de la Russie à l'Allemagne, et surtout à toutes les « nouvelles démocraties », c'est-à-dire aux États qui sont apparus dans les années quatre-vingt-dix après la chute du communisme. Tous ces États ont maintenant des cours constitutionnelles qui fonctionnent selon le principe du *stare decisis*.

[39] Voir, par exemple, Jonathan Haidt, « The Emotional Dog and Its Rational Tail : A Social Intuitionist Approach to Moral Judgment, *Psychological Review*, vol. 108, n° 4, 2001, p. 814-834. Je suis reconnaissant à Mihael Jeklič, du King's College de Londres, de m'avoir indiqué cette référence : « La recherche sur le jugement moral a été dominée par des modèles rationalistes, dans lesquels on pense que le jugement moral est causé par le raisonnement moral... Le raisonnement moral est généralement une construction *post hoc*, générée après qu'un jugement a été rendu. Le modèle intuitionniste social est présenté comme une alternative aux modèles rationalistes. Le modèle est un modèle intuitionniste en ce sens qu'il affirme que le jugement moral est généralement le résultat d'évaluations rapides et automatiques (intuitions). Le modèle est plus cohérent que les modèles rationalistes avec les découvertes récentes en psychologie sociale, culturelle, évolutionnaire et biologique, ainsi qu'en anthropologie et primatologie » : voir http://www3.nd.edu/~wcarbona/Haidt%202001.pdf, p. 14.

En termes d'épistémologie juridique, c'est une révolution mineure. Le changement majeur se situe dans le système juridique continental et il n'a pas vraiment retenu l'attention. Or, cette conversion juridique a d'immenses implications pour le fonctionnement des différents systèmes juridiques continentaux.

Même à l'époque de Hans Kelsen[40], qui fut le premier à proposer l'établissement de cours constitutionnelles en Europe, les systèmes juridiques continentaux fonctionnaient d'une manière complètement différente.

Selon la doctrine continentale concernant notamment la séparation des pouvoirs, le rôle des tribunaux était simplement de rendre *concret* et *spécifique* ce que le législateur avait prononcé dans *l'abstrait*. Le mot allemand pour ce processus central pour le fonctionnement du juge continental est l'expression maladroite *« Konkretisierung »* : selon Montesquieu, le rôle du juge consistait simplement à être le porte-parole de ce qui avait été précédemment prononcé en droit abstrait par le législateur. Les Français, en particulier, redoutaient et redoutent encore le gouvernement des juges.

En d'autres termes, selon Montesquieu et ses partisans au sein de la doctrine juridique continentale, il devait y avoir non seulement une séparation des pouvoirs (entre le législatif et le judiciaire), mais aussi une division très claire du travail. Le législateur, dépositaire de la souveraineté de la nation, devait être la seule source du droit, précisément parce qu'il était la seule branche du pouvoir à avoir été démocratiquement élue et donc la véritable source de la souveraineté. Dans la tradition juridique française, il est un trait qui doit être particulièrement souligné : la Révolution française elle-même a été, dans une large mesure, une réaction à l'arbitraire de la justice aristocratique de l'Ancien Régime[41].

---

[40] Sous l'influence de Hans Kelsen, la première cour constitutionnelle en Europe a été celle de la République tchécoslovaque, Loi du Parlement du 9 mars 1920, n° 162 du Code des règlements, voir https://archive.org/stream/cu31924014118222#page/n3/mode/2up, dans *The Constitution of the Czechoslovak Republic*, Commentaire de Hoetzl et Joachim, société d'édition « L'Effort de la Tchécoslovaquie », Prague, 1920, p. 10-11.

[41] Voir Cappelletti et Cohen, *Comparative Constitutional Law : Cas and Materials*, chapitre I, par Mauro Cappelletti, Bobbs-Merrill, Indianopolis, 1979.

La division du travail évoquée ci-dessus entre la source législative légitime du pouvoir, d'une part, et la mission « de concrétisation » du pouvoir judiciaire, d'autre part, devait être tracée suivant les lignes cartésiennes de démarcation entre ce qui est abstrait et ce qui est concret. La prémisse tacite de la séparation de l'abstrait et du concret est un présupposé métaphysique selon lequel l'abstrait peut et doit être séparé de la simple concrétisation de la volonté souveraine du législateur.

Évidemment, cela n'a, en principe, pas grand-chose à voir avec le fait de statuer sur des cas similaires : le *stare decisis*. Néanmoins, ce qu'on appelle la « pratique judiciaire » – la jurisprudence, en français – ainsi que le pouvoir des juridictions d'appel servent à « unifier la pratique judiciaire ».

Cette version hiérarchique et verticale du *stare decisis*, semblable à l'impératif selon lequel les cas semblables doivent être jugés de la manière identique, coexiste néanmoins avec la prescription que chaque juge, dans chaque affaire, doit s'appuyer exclusivement sur la norme abstraite. Il n'est en principe absolument pas lié par les positions prises aux échelons supérieurs de la hiérarchie judiciaire, sans parler de celles qui ont été prises au même niveau judiciaire.

L'idée que chaque juge du système juridique continental est totalement indépendant de ce que d'autres juges ont pu décider dans des affaires semblables implique également que l'unification hiérarchique (verticale) de la pratique judiciaire mentionnée ci-dessus est d'une importance primordiale, parce que, évidemment, la justice comparative l'exige. Ainsi, dans les deux systèmes, il existait des mécanismes par lesquels on cherchait à assurer la cohérence interne du système.

(3) Le danger autoréférentiel

En principe, tout système fermé qui est largement autoréférentiel tend à dégénérer en une sorte de consanguinité anormale. Par exemple, en termes purement socio-anthropologiques, tout système national – et il ne s'agit pas seulement du droit – tend à devenir irrationnel s'il est isolé du monde extérieur. Les aveuglements et les anomalies au sein du système, sociologiquement et anthropologiquement parlant, ne reçoivent pas de commentaire négatif en retour, susceptible de corriger les irrationalités qui ne manqueront pas de se produire. Ainsi, toutes les mentalités nationales (nationalistes) sont-elles marquées par un certain nombre d'aveuglements, etc., que l'observateur extérieur remarquera bientôt, tandis que ceux qui sont à l'intérieur du système restent soumis à ces sagesses conventionnelles, et ainsi de suite. Par conséquent, le rôle correctif spectaculaire des juridictions internationales telles que la CrEDH découle précisément de leur retrait, c'est-à-dire de leur non-appartenance au cadre national, en l'occurrence juridique. À cet égard, la CrEDH, avais-je coutume de dire, est comme le nuage du poète Wordsworth *« qui flotte là-haut, par monts et par vaux »*. En fait, c'est peut-être le principal avantage d'avoir dès le départ une juridiction internationale contraignante.

Les systèmes juridiques nationaux (internes), *lato sensu*, sont par définition autoréférentiels. Il s'agit presque d'une tautologie, car il est patent que toutes les décisions prises dans un système juridique donné font référence à des normes existant *au sein* de ce système juridique. Mon expérience personnelle de cinq ans passés comme juge à la Cour constitutionnelle slovène me permet d'attester *a priori* le caractère autoréférentiel de la prise de décision en matière constitutionnelle. Une fois entré à la CrEDH, j'ai rapidement découvert la différence entre le cadre de référence national et le cadre de référence international. Les décisions d'une cour constitutionnelle dans le système interne ont tendance à prendre en compte toutes sortes de priorités nationales, y compris les priorités budgétaires, ce qui, en fin de compte, empêche les arrêts d'être suffisamment éloignés du système national pour être véritablement impartiaux et objectifs. En revanche, les décisions de la CrEDH ne « connaissent » pas de considérations extrinsèques nationales, et ont encore moins à les prendre en compte.

En ce qui concerne le risque autoréférentiel à la CrEDH, il faut garder à l'esprit que le domaine des droits de l'homme, juridiquement parlant, est un épiphénomène. Il se nourrit littéralement comme un parasite d'autres branches juridiques et spécialisées telles que la procédure pénale (principalement), le droit pénal, le droit constitutionnel, etc. Si les arrêts de la CrEDH devenaient autoréférentiels au sens où ils ne citeraient plus que les arrêts de la Cour, leur qualité s'en trouverait diminuée. Dans la mesure où la rédaction des arrêts est laissée au Greffe, dont les membres connaissent surtout l'histoire de la jurisprudence de la Cour, ce risque est réel. En d'autres termes, l'objectif des arrêts destinés à devenir des précédents est qu'ils aient un certain pouvoir explicatif. Encore une fois, à cet égard, je remarque la similitude avec ce que Unger appelle la « théorie » et qui a un certain impact sur la perception et l'aperception des faits juridiquement pertinents. En l'absence de ce pouvoir explicatif doctrinal, on ne peut pas parler de qualité tangible des arrêts.

Ayant été juge de deux cours de dernier ressort pendant les vingt dernières années, je souscris entièrement à l'hypothèse de Haidt :

> Maintenant, nous savons (encore) que la plupart de la cognition se produit automatiquement et hors de la conscience [...] et que les gens ne peuvent pas nous dire comment ils sont réellement parvenus à un jugement. [...] Nous savons maintenant que le cerveau est un système connexionniste qui s'accorde lentement mais qui est capable ensuite d'évaluer rapidement des situations complexes [...] Nous savons maintenant que les émotions ne sont pas aussi irrationnelles [...], que le raisonnement n'est pas aussi fiable [...] que nous le pensions dans les années soixante-dix. Le moment est peut-être venu, par conséquent, de jeter un autre regard sur la loi perverse de Hume : que les émotions et les intuitions morales conduisent le raisonnement moral tout aussi sûrement qu'un chien remue la queue[42].

Je n'ai absolument aucun problème à adhérer à cette théorie intuitionniste, mais pour moi le problème est ailleurs. Depuis que j'ai commencé à enseigner et à traiter du droit prétorien, je me demande si les rationalisations *ex post facto* qui figurent dans la substance des précédents sont vraiment les véritables raisons de la décision à prendre. Si je ne me trompe pas, c'est l'évêque Berkeley qui a été le premier à indiquer que le raisonnement d'une conclusion particulière est toujours *ex post facto* et qu'il n'explique pas comment l'arrêt en question a été rendu.

Bien que cela ne soit que partiellement vrai, c'est suffisant pour jeter une grande incertitude sur l'ensemble des précédents en droit. Les motifs avancés dans le soi-disant exposé des motifs des arrêts,

---

[42] Voir *supra*, note 39, p. 830, citations omises.

étant *ex post facto*, non seulement n'expliquent pas comment l'arrêt a été rendu : en réalité, ils induisent en erreur ceux qui lisent le texte de l'arrêt. Dans ce contexte, le *stare decisis* devient très discutable, étant donné que le raisonnement juridique avancé pour le soutenir est en fait une réalité virtuelle qui se reproduit dans le cas supposé suivre le précédent.

Malheureusement, je ne peux m'étendre ici sur cette question cruciale. Qu'il me suffise de dire qu'en tant que juge qui observe de près les délibérations judiciaires depuis vingt ans, j'ai de sérieux doutes quant à la nature authentique de l'argumentation juridique. Un indice supplémentaire en est que les mêmes juges parviendront à des conclusions similaires et prévisibles quelles que soient les raisons rationnelles qu'ils peuvent avancer au cours de leurs délibérations. Une remarque académique du professeur Damaška, de l'université de Yale, selon laquelle il y a deux types de juges, est très parlante à cet égard : il y a les juges qui seront le plus souvent du côté de l'autorité et ceux qui, au contraire, seront anti-autorité. En ce qui concerne la CrEDH, on pourrait supposer que l'attitude anti-autorité, c'est-à-dire l'intuition selon Haidt, devrait faire partie intégrante de son équipement mental. Unger appelle cela le « raisonnement juridique autonome[43] » et Lawrence Kohlberg lui attribuerait le niveau le plus élevé de développement moral post-conventionnel[44]. En effet, la disposition de l'article 21 de la CEDH, selon laquelle les juges de la CrEDH doivent « jouir de la plus haute considération morale », doit être interprétée en termes d'autonomie du raisonnement juridique et moral dans les deux sens du terme vus plus haut

(4) Le système juridique continental

Dans le système juridique continental, chaque juge, dans chaque affaire, reste lié uniquement par la norme abstraite établie dans le code ou dans une autre source de droit. En principe, donc, toute subsomption d'une affaire concrète à la norme abstraite est effectuée *de novo*, sans référence aux arrêts rendus par d'autres tribunaux supérieurs, et encore moins par les tribunaux de même degré.

---

[43] Unger, Conférences académiques à la Harvard Law School, années 1972-1973 et 1973-1974.

[44] Lawrence Kohlberg, *Essays on Moral Development*, vol. I : *The Philosophy of Moral Development*, Harper & Row, San Francisco, 1981.

L'hypothèse selon laquelle la norme abstraite prédétermine le résultat dans des affaires particulières est trompeuse, parce que l'écart entre l'abstraction et sa « concrétisation » peut varier. Bien sûr, il existe des affaires où la norme abstraite est, pour ainsi dire, directement applicable et est donc tout à fait déterminante dans une affaire particulière. Mais dans la plupart des cas, l'écart existe, et le système est donc imprévisible précisément dans la mesure où la norme abstraite *ne prédétermine pas* le résultat. À côté et à l'intérieur du système, les participants sont incapables de prédire l'issue de nombreuses affaires. Cela irrite les avocats, surtout parce que dans bien des affaires, ils ne peuvent pas prédire l'issue à leurs clients. En d'autres termes, un tel système juridique se comporte comme une personne dépourvue de mémoire à court et à long terme. En outre, la prévisibilité, du moins au niveau horizontal des décisions de justice spécifiques, est largement inexistante.

La raison en est que le choix de la norme ne peut pas être complètement prévisible, car il dépend de ce que les Français appellent la qualification juridique. La présupposition que seule la norme appropriée se présentera spontanément et automatiquement au juge dans une affaire particulière est fausse. J'y reviendrai plus tard. Il suffit de dire ici que les considérations juridiques continentales – et, pour cette raison, largement formelles – concernent dès le départ le choix de la norme la plus appropriée.

C'est là que le cliché qui vient du système de common law et affirme que dans la common law la règle est difficile à trouver mais facile à appliquer, alors que dans le système continental la loi est facile à trouver mais difficile à appliquer, n'est que la partie visible de l'iceberg des vrais problèmes épistémologiques inhérents à un système tracé le long des lignes de démarcation radicale entre ce qui est abstrait, d'une part, et la « concrétisation » de cette norme abstraite, d'autre part.

(5) Antinomie des faits et du droit

Dans les deux grands systèmes juridiques, on parle beaucoup de la distinction décisive entre les faits et le droit. Dans les deux systèmes, les faits sont censés être complètement séparés et différents du droit, et le droit *abstrait* ou le précédent doit être appliqué aux faits *concrets*.

Dans les deux systèmes, par exemple, la compétence d'une cour d'appel peut être limitée aux questions de droit, et les questions de fait et de preuve relatives aux faits peuvent se trouver en dehors de sa compétence. La compétence des cours constitutionnelles peut aussi être limitée au contrôle dit abstrait, et même dans les situations concernant des plaintes constitutionnelles individuelles, la distinction entre la norme abstraite et le fait concret peut être décisive. Dans un système de common law, par contre, la séparation radicale des faits et du droit s'applique en quelque sorte à la division du travail entre le juge et le jury dans tout procès devant jury.

Ici, nous sommes en mesure d'introduire la notion kantienne d'*antinomie*. L'antinomie est une situation dans laquelle deux entités se présupposent et s'excluent simultanément.

Ainsi, les faits et le droit sont censés être différents l'un de l'autre. Les faits appartiennent au domaine du réel, empirique, factuel, etc. Le seul problème ici est que les faits en droit appartiennent à un événement historique qui ne peut être recréé pour être démontré dans le présent. Cependant, même dans les sciences empiriques, comme Unger l'a montré[45], l'antinomie de la théorie et des faits existe : les faits et la théorie sont censés être séparés et différents l'un de l'autre, alors qu'en réalité, ils sont aussi en antinomie, c'est-à-dire qu'ils se produisent l'un l'autre et sont interdépendants.

---

[45] Voir Roberto Mangabeira Unger, *Knowledge and Politics*, The Free Press, New York, 1975, p. 31-36. L'intention de Unger en révélant les antinomies entre la raison et le désir, les règles et les valeurs, la théorie et les faits et, enfin, entre l'universel et le particulier, est de déconstruire sur le plan épistémologique, selon la notion de poststructuralisme de Derrida. Cependant, l'antinomie de l'universel et du particulier est inhérente à l'existence humaine, et c'est pourquoi Lacan désigne son sujet divisé comme « sujet barré ». Dans mes discussions avec Unger dans les années soixante-dix, j'ai souligné que cette division du sujet due à l'antinomie pouvait être transcendée, mais il ne l'a pas accepté. C'est là un sujet métaphysique que j'étudie en détail dans le dernier chapitre de mon livre intitulé *Epifanija*, B.M. Zupančič (ed.), samozaložba, Ljubljana, 2015, voir http://buca.si/index.php?nav1=knjigarna&nav2=izdelek&id=4088. Le livre de Unger est disponible dans son intégralité à l'adresse http://www.law.harvard.edu/faculty/unger/social.php#1.

Les faits sont considérés comme complètement séparés de la théorie et le rôle de la théorie est de les expliquer. Entre-temps, cependant, nous commençons à apercevoir certains faits seulement après avoir construit un concept, une théorie qui les explique. C'est d'ailleurs la différence entre, d'une part, la *perception* purement mécanique d'un jeune enfant, disons, non contaminé par le savoir et, d'autre part, l'aperception, où l'observation des mêmes faits donne une image différente. Par conséquent, toute théorie qui a un pouvoir explicatif rend patents certains faits nouveaux qui n'avaient même pas été perçus auparavant. Alors que les faits et la théorie sont censés être complètement séparés, on peut donc montrer que les faits engendrent des théories et que les théories construisent des faits nouveaux. L'antinomie réside donc, d'une part, dans cette interdépendance mutuelle des faits et des théories et, d'autre part, dans leur séparation et leur opposition.

Or, il existe exactement la même antinomie entre les faits juridiquement pertinents, d'une part, et la norme qui leur est applicable, d'autre part.

Ce sont les faits, c'est-à-dire certains aspects du comportement humain, qui génèrent la nécessité des normes qui les régissent. En ce sens, les faits sur le terrain sont opposés à ce qu'on appelle la tension déontologique, la nécessité de normaliser et de réglementer la conduite des sujets juridiques. On pourrait même dire que le comportement humain est *l'objet* d'une réglementation normative, où la norme elle-même est le *sujet*, c'est-à-dire le législateur. En tout état de cause, il est clair que la séparation de cet objet du sujet est présupposée *a priori* – ce qui est l'essence même de la réglementation législative. Il s'agit de la compréhension juridique simpliste habituelle de la relation entre ce qui est normatif, d'une part, et ce qui est factuel, d'autre part.

Cependant, dans l'antinomie, la « norme » correspond à la « théorie ». La norme est la théorie qui rend certains aspects de l'événement historique évidents, patents et juridiquement pertinents, alors qu'en réalité, l'existence des faits juridiquement pertinents dépend entièrement de la préexistence de la loi applicable. Comme Hobbes l'a brillamment noté, sans loi, les faits n'existent pas[46].

Pour prendre l'exemple le plus difficile, dans un système où l'inceste n'est pas interdit par la loi, juridiquement, les faits relatifs au tabou n'existent tout simplement pas. À l'autre extrême, un exemple banal est l'existence de l'infraction d'évasion fiscale, où les « faits » de l'évasion fiscale dépendent entièrement de la norme préexistante proscrivant certains types de comportements financiers. Si l'« évasion fiscale » n'existe pas dans la loi, les « faits » d'une « évasion fiscale » n'existent tout simplement pas. En ce sens, ces « faits » n'existaient pas avant l'existence des lois fiscales. Comme je l'ai souligné, les faits juridiquement pertinents, qui sont les seuls faits dont nous pouvons parler *dans* le système juridique, dépendent entièrement de la norme juridique préexistante.

D'autre part, ces mêmes faits, qui sont l'effet secondaire du droit, sont censés être – en termes de distinction entre l'abstrait et le concret – radicalement différents de la norme applicable.

Nous avons donc une antinomie dans laquelle les deux entités, faits et normes, sont mutuellement interdépendantes, bien qu'en même temps, elles soient supposées s'exclure l'une l'autre : un fait est supposé être quelque chose de complètement différent du droit et, vice versa, le droit abstrait est supposé être quelque chose de complètement différent des faits. En d'autres termes, il n'y a pas de « faits » sauf pour la norme préexistante et c'est donc la norme préexistante qui produit littéralement les faits auxquels elle est censée s'appliquer.

---

[46] *« De cette relation du péché à la loi, et de l'infraction à la loi civile, on peut inférer que : premièrement, là où il n'y a pas de loi, il n'y a pas de péché. Mais comme la loi de nature est éternelle, la violation des conventions, l'ingratitude, l'arrogance, et tous les actes contraires à quelque vertu morale ne peuvent jamais cesser d'être des péchés. Deuxièmement, là où il n'y a pas de loi civile, il n'y a pas d'infraction à la loi, car comme aucune loi ne demeure, sinon la loi de nature, il n'y a aucunement lieu qu'il y ait accusation, tout homme étant son propre juge, accusé seulement par sa propre conscience, et innocenté par la droiture de sa propre intention »* : Thomas Hobbes, *Léviathan*, chap. XXVII, « Des infractions à la loi, excuses et circonstances atténuantes » (trad. Ph. Folliot, philotra.pagesperso-orange.fr/hob27.htm).

Au moment du choix de la norme applicable, nous sommes déjà dans le cercle fermé de l'antinomie, et l'on ne se débarrassera pas de l'énigme à moins de déconstruire l'antinomie elle-même. Lorsque les « faits » sont l'émanation de la norme, ils sont censés être, encore une fois en termes d'abstrait et de concret, complètement différents de la même norme. Et inversement : la nécessité de la norme et la norme elle-même trouvent leur origine dans certaines circonstances métajuridiques qui ne sont transformées en « faits » qu'en vertu de l'action législative.

On a un très bon exemple de cette antinomie entre la norme et les faits en droit pénal matériel, et plus précisément dans le caractère illusoire du principe dit de légalité. L'essentiel du principe de légalité concerne l'impératif selon lequel le comportement interdit du défendeur doit être complètement prédéterminé par la norme du droit pénal matériel. Cet impératif remonte à César Beccaria, au XVIIIe siècle, qui, dans son essai *Des délits et des peines* (1764)[47], postule la précision géométrique avec laquelle tous les crimes et punitions doivent être définis : *nullum crimen, nulla poena sine lege praevia.* L'article 7 de la CEDH consacre donc ce principe très ancien. Cependant, l'élégante simplicité de cet impératif des Lumières se mue en complexité à partir du moment où nous examinons comment la prémisse majeure du syllogisme pénal est construite au départ.

Dans un premier temps, la police, le procureur, etc., auront mis l'accent sur un article particulier du Code pénal, puis recherché les « faits » à l'appui de cette incrimination hypothétique. Ou, pour le dire inversement, la police, le procureur, le juge d'instruction, etc., ne chercheront pas des « faits » qui ne correspondent pas à l'hypothèse.

À cet égard, il existe donc une possibilité immédiate de faux positifs prouvant, selon le principe de légalité, que l'acte commis n'était pas une infraction pénale. D'autre part, des faux négatifs sont également possibles, qui ne sont jamais identifiés parce que personne au cours de la procédure n'a jamais pensé à un autre article possible

[47] Cesare Beccaria, *Dei delitti e delle pene*, 1764 ; voir aussi B.M. Zupančič, *Criminal Law, Its Nature and Its Function*, chap. 1, traduit et publié en Chine, Beijing, 1998, à l'adresse http://media.wix.com/ugd/a060a3_b94d98ce3434ce341abbcec2e41346f9bb35f9bb35.pdf.

du Code pénal. Même s'il s'agit d'un seul article – et nous verrons plus loin que ce n'est pas du tout le cas – on peut déjà observer le problème de l'aperception sélective des prétendus « faits ». Les éléments du crime choisis comme hypothèse initiale sont en mesure de devenir des « faits », alors que d'autres circonstances ne faisant pas partie de l'hypothèse initiale n'ont aucune chance de devenir des « faits ».

Les choses se compliquent fortement si l'on retient plusieurs dispositions du Code pénal. Bien sûr, il y a toujours au moins deux dispositions du Code pénal qui sont valables. D'une part, comme je l'ai dit, il s'agit d'une infraction particulière, mais d'autre part, il doit y avoir au moins une disposition dérivée de la partie générale du Code pénal, c'est-à-dire au moins la disposition générale concernant le niveau de responsabilité pénale : intention directe, insouciance, négligence grave, négligence inconsciente, etc. Quand on parle d'homicide, il est clair que le résultat final dépendra de ce niveau de responsabilité criminelle pour déterminer si l'infraction est un meurtre, un homicide involontaire coupable ou un homicide par négligence, etc.

En retour, cela implique que la prémisse majeure du droit pénal matériel soit une combinaison d'au moins deux dispositions du Code pénal.

Mais il est facile d'imaginer que d'autres dispositions de la partie générale du Code pénal, comme l'attentat, la démence, la légitime défense, la défense d'une autre personne, la contrainte, etc., puissent aussi faire partie intégrante de la prémisse majeure hypothétique. Généralement, dans son acte d'accusation, le procureur recombine autant de dispositions différentes du Code que nécessaire, afin d'avoir plus de chances de couvrir les « faits » sur le terrain. Chaque Code pénal est construit, dans ses parties générales et spécifiques, pour permettre la recombinaison de ses dispositions en construisant la prémisse majeure la mieux adaptée et la plus applicable.

Il ressort manifestement de cette description très sommaire que les « faits » et les normes, à tout le moins, coexistent dans cette interaction mutuelle : les « faits » génèrent l'hypothèse initiale de l'accusation, c'est-à-dire qu'ils ne deviennent des « faits » que lorsqu'ils sont perçus à travers la norme matérielle du droit pénal. Étant donné qu'il existe littéralement des milliards de combinaisons possibles des dispositions du Code, il est quelque peu illusoire d'affirmer, comme l'a fait Beccaria, que le résultat de ce processus est complètement prédéterminé par la seule existence de la description de l'infraction pénale singulière.

En effet, dans ce processus, nous observons non seulement les interactions mutuelles des faits et des normes, mais aussi l'antinomie. Les faits sont censés être distincts des normes, mais ils génèrent la prémisse majeure applicable, quelle qu'en soit la complexité, c'est-à-dire une recombinaison de dispositions des parties générale et spécifique du Code. Dans ce processus, certaines circonstances déterminantes de l'affaire deviennent des « faits », tandis que d'autres passent au second plan. Ces dernières, en d'autres termes, ne deviennent jamais des « faits ». Le côté absurde de ce processus a été repris par Albert Camus, qui a montré dans *L'Étranger* qu'on peut être condamné parce qu'on n'a pas pleuré à l'enterrement de sa mère[48].

Deux suppositions découlent de ce qui précède.

Premièrement, dans la mesure où la recombinaison des dispositions ci-dessus dans la prémisse majeure déterminante ne peut être entièrement anticipée, le principe de légalité est une illusion.

Deuxièmement, l'interaction décrite ci-dessus entre les normes et les faits démontre que ces derniers ne peuvent être séparés des premières parce qu'ils font partie intégrante du processus de ping-pong qui consiste à déterminer la combinaison de dispositions la plus applicable [49]. Cette observation contraste fortement avec la

---

[48] Voir *infra*, note 119, et le texte qui l'accompagne.

[49] Un très bon exemple du jeu de devinette découlant de l'antinomie des faits et des normes nous est donné par le problème de la double incrimination *(ne bis in idem)*. L'interdiction de la double incrimination repose précisément sur la distinction entre les faits et la norme. La réponse simpliste selon laquelle l'interdiction du *ne bis in idem* devrait s'appliquer au « même événement historique » ne tient pas parce qu'il n'y a pas d'« événement historique » susceptible d'être considéré en dehors de la norme qui lui est applicable. Par exemple, dans l'affaire *Sergeï Zolotoukhine c. Russie* [GC], requête n° 14939/03, 10 février 2009, la CrEDH a statué comme suit : *« 81. En outre, l'approche qui privilégie la qualification juridique des deux*

présupposition que les faits prédéterminent la norme applicable et, vice versa, que la norme s'applique simplement aux faits.

La nature antinomique de ce processus consiste dans la contradiction entre, d'une part, la présupposition que les normes sont différentes des faits et peuvent être séparées d'eux et, d'autre part, le fait que les unes impliquent évidemment les autres.

Ainsi, les deux entités (les normes et les faits) s'excluent (sont séparées l'une de l'autre) et en même temps s'impliquent l'une l'autre.

(6) Codification

Qu'il me soit permis, à ce stade, de consacrer quelques mots à la codification. Un autre mythe tenu pour acquis dans le système juridique continental est que la codification est une source originelle de droit. Cette mystification remonte au droit romain, et plus spécifiquement à la codification de Justinien, le *Corpus Juris Civilis*[50]. Très peu d'avocats européens sont aujourd'hui conscients du fait que la codification de Justinien n'était qu'une simple reformulation du droit prétorien. Non seulement cette codification, c'est-à-dire la reformulation, a été très sélective et une grande partie de la sagesse accumulée au fil des siècles, la sagesse des *praetores*, des juges, a donc été perdue, mais de plus, l'intention expresse de Justinien était de priver les magistrats de leur pouvoir d'inventer le droit en résolvant

---

infractions est trop restrictive des droits de la personne, car si la Cour s'en tient au constat que l'intéressé a été poursuivi pour des infractions ayant une qualification juridique différente, elle risque d'affaiblir la garantie consacrée par l'article 4 du Protocole n° 7 et non de la rendre concrète et effective comme le requiert la Convention. [...] 82. En conséquence, l'article 4 du Protocole n° 7 doit être compris comme interdisant de poursuivre ou de juger une personne pour une seconde "infraction" pour autant que celle-ci a pour origine des faits identiques ou des faits qui sont en substance les mêmes. » (Soulignement ajouté) Les « faits » considérés selon une norme (infraction) peuvent, en raison de la perception sélective sous la première norme, être différents des « faits » considérés selon la seconde norme. C'est pourquoi la Cour tente de sortir de l'antinomie en disant que les faits doivent être *« en substance les mêmes »*, la question étant bien sûr de savoir ce qu'il faut entendre par « en substance ». On peut supposer que l'antonyme « de manière non signifiante » s'appliquerait, mais cela renvoie à des considérations différentes selon les deux normes différentes.

[50] *Corpus Juris Civilis*, également appelé *Codex Justinianus*, publié de 529 à 534 sur ordre de l'empereur Justinien.

les énigmes spécifiques dérivant des faits spécifiques des affaires spécifiques dont ils étaient saisis. La codification avait donc pour but de figer la loi à un certain moment de son développement. La remarque attribuée au prince Kropotkine selon laquelle le Code était une cristallisation du passé destinée à étrangler l'avenir était déjà très pertinente pour ce moment-là.

C'est également vrai pour d'autres codifications du XIXe siècle, comme celles promulguées par Léopold de Toscane, Frédéric II de Prusse, Catherine la Grande de Russie et, bien sûr, Napoléon. On sait, par exemple, que Frédéric détestait les avocats et les juges. Il voulait que son *Landesgericht* soit si casuistique et si spécifique que les avocats ne soient pas nécessaires.

Bien entendu, ce n'est pas là toute la vérité sur ce sujet. Prenons, par exemple, le Code pénal modèle américain (MPC), littéralement créé par l'American Law Institute [51] de Philadelphie. Cette codification, établie par de nombreux professeurs de droit et autres experts, a introduit, par exemple, une notion très nouvelle de *dolus eventualis*, c'est-à-dire l'état d'esprit dans lequel se trouve l'auteur de l'infraction qui n'examine pas spécifiquement les conséquences interdites de son acte : il acquiesce simplement à ces conséquences, qui sont les éléments de l'infraction.

Dans la tradition juridique continentale, cet acquiescement représentait un problème majeur non résolu, car la volonté de l'auteur du crime n'est pas, pour ainsi dire, directe : elle n'est qu'indirecte. Les rédacteurs du MPC ont fondé de manière très créative leur disposition concernant la volonté requise de l'auteur de l'infraction sur sa seule connaissance de la probabilité des conséquences. Dans les cas où l'auteur est pratiquement certain que les conséquences se produiront,

[51] L'Institut a été fondé en 1923 à la suite d'une étude menée par un groupe d'éminents juges, avocats et enseignants américains connu sous le nom de « Comité pour l'établissement d'une organisation permanente en vue de l'amélioration du droit ». Le Comité a signalé que les deux principaux défauts du droit américain, son incertitude et sa complexité, avaient produit une « insatisfaction générale à l'égard de l'administration de la justice ». Selon le Comité, une partie de l'incertitude du droit découlait de l'absence d'accord sur les principes fondamentaux de la common law, tandis que sa complexité était attribuée aux nombreuses variations au sein des différentes juridictions des États-Unis. Voir http://www.ali.org/index.cfm?fuseaction=about.creation.

il est pénalement responsable parce que son acquiescement aux conséquences découle directement du fait qu'il est pratiquement certain que les conséquences en question se produiront effectivement. Ainsi, l'élément cognitif, qui est facile à prouver, implique l'acquiescement qui, en tant qu'élément passif volitif, est difficile à déterminer.

Depuis 1923, l'American Law Institute a pour mission de réduire l'incertitude et la complexité de la common law. Dans le domaine du droit pénal, l'objectif de cette mission était effectivement très clair et, en fait, le MPC a introduit pour la première fois la possibilité, en particulier pour les accusés au pénal, de s'appuyer sur le principe dit de légalité. Même dans les années soixante-dix, le manuel standard en droit pénal était le *Perkins on Criminal Law,* un recueil de jurisprudence tentant de systématiser le sujet traité d'après les affaires antérieures[52].

Par exemple, l'acquiescement susmentionné aux conséquences interdites d'un acte criminel, qui figure dans le MPC sous la rubrique « en connaissance de cause », était décrit dans le recueil de jurisprudence comme « un mépris gratuit et délibéré d'un risque déraisonnable pour la vie humaine[53] ». L'affaire mentionnée à cet égard concernait le cas d'un jeune délinquant se tenant sur un pont au-dessus de la voie ferrée et lançant des pierres au hasard sur les trains qui passaient. L'une des pierres a tué un passager dans un train, et la common law américaine a réagi en inventant cette étrange formule de l'insouciance et du mépris délibéré du risque déraisonnable pour la vie humaine, dans une situation où l'auteur n'avait pas l'intention de tuer les passagers dans le train, mais avait en quelque sorte négligé cette possibilité.

De toute évidence, le juge qui a inventé cette formule était confronté à une situation dans laquelle le défendeur n'aurait pas pu être reconnu coupable d'homicide volontaire, c'est-à-dire de meurtre, sans être non plus totalement innocent des conséquences fatales de son mépris du risque déraisonnable que la mort du passager puisse réellement se produire. Le juge a donc été confronté à une situation

---

[52] Rollin M. Perkins, *Perkins on Criminal Law*, 2e éd, Foundation Press, 1969.
[53] Voir, par exemple, Matthew Lippman, *Essential Criminal Law*, Sage Publications, 2014, p. 147, qui parle de « meurtre du cœur dépravé ».

nouvelle, peu courante en droit pénal matériel, et a été contraint d'inventer une formule pour résoudre l'énigme à laquelle il était confronté. Inutile de dire que cela s'est produit dans un pays et une juridiction qui étaient restés complètement à l'écart, en termes cognitifs, des décennies de débat doctrinal concernant le même problème en Europe continentale.

Ce n'est qu'avec l'arrivée du MPC que le changement majeur commence à être absorbé, au cours des années soixante-dix. À l'époque, j'enseignais le droit pénal à New York en me servant d'un recueil de jurisprudence écrit par James Vorenberg, alors doyen de la Harvard Law School. Il s'agit probablement de l'un des premiers recueils de jurisprudence fondés sur le MPC, parce que le regretté professeur Vorenberg avait été membre de l'American Law Institute et avait contribué à la codification. À cet égard, une petite anecdote illustre bien combien il était difficile au départ pour les juges américains, même à New York, d'assimiler les notions dérivées du MPC : l'un des étudiants diplômés de la faculté de droit et qui avait été l'assistant d'un juge de New York m'a rapporté que le juge pour lequel il travaillait n'avait aucune idée du concept appelé « en connaissance de cause », c'est-à-dire de la doctrine concernant l'acquiescement criminel, le *dolus eventualis*[54].

Bien entendu, dans ce cadre, il convient de garder à l'esprit que les notions de droit pénal matériel dans les procès devant jury peuvent être ou ne pas être déterminantes pour le verdict final. Quelles que soient les directives du juge, le jury est par la suite enfermé et il n'explique jamais ni ses délibérations ni les fondements rationnels de son verdict[55].

---

[54] Glanville Williams, sans se référer au *dolus eventualis* continental, parle d'une « intention oblique ». Voir Glanville Williams, « Oblique Intention », *Cambridge Law Journal*, vol. 46, numéro 3, novembre 1987.

[55] À la CrEDH, le problème s'est posé dans l'affaire *Taxquet c. Belgique* [GC], requête n° 926/05, 16 novembre 2010. La Cour a statué comme suit :« *91. Dans les procédures qui se déroulent devant des magistrats professionnels, la compréhension par un accusé de sa condamnation est assurée au premier chef par la motivation des décisions de justice. Dans ces affaires, les juridictions internes doivent exposer avec une clarté suffisante les motifs sur lesquels elles se fondent. La motivation a également pour finalité de démontrer aux parties qu'elles ont été entendues et, ainsi, de contribuer à une meilleure acceptation de la décision. En outre, elle oblige le*

Il faut donc noter que dans ce contexte, le droit pénal matériel n'était pas voué à se développer, précisément parce que l'appel sur des points de droit pénal matériel était impossible, puisqu'aucune raison n'était donnée pour le verdict. En d'autres termes, la plupart des appels en droit pénal étaient fondés sur des erreurs de procédure de la part de la police, du procureur ou du juge, et négligeaient complètement les erreurs éventuellement commises par le jury qui avait rendu le verdict de culpabilité.

(7) Conclusion

La cohérence du *stare decisis* dans le système juridique est d'une importance capitale. La justice comparée n'exige rien moins que la constance dans le processus décisionnel au sein d'un système juridique donné. Si une affaire est tranchée d'une manière mais qu'une affaire similaire est tranchée différemment, les parties à la deuxième affaire se sentiront privées de justice. En outre, le recours des avocats à la jurisprudence passée est une condition *sine qua non* du bon fonctionnement du système juridique : si les avocats ne peuvent prédire ce qui va se passer dans l'affaire qu'ils traitent, ils ne peuvent pas conseiller leurs clients et la sécurité juridique du système est fortement diminuée. Pour les citoyens ordinaires aussi, il est essentiel de savoir quelle règle s'applique à leur situation. Le vieux principe du droit romain selon lequel l'ignorance de la loi se fait au

---

juge à fonder son raisonnement sur des arguments objectifs et préserve les droits de la défense. Toutefois, l'étendue du devoir de motivation peut varier selon la nature de la décision et doit s'analyser à la lumière des circonstances de l'espèce [...]. Si les tribunaux ne sont pas tenus d'apporter une réponse détaillée à chaque argument soulevé [...], il doit ressortir de la décision que les questions essentielles de la cause ont été traitées 92. Devant les cours d'assises avec participation d'un jury populaire, il faut s'accommoder des particularités de la procédure où, le plus souvent, les jurés ne sont pas tenus de – ou ne peuvent pas – motiver leur conviction [...].Dans ce cas également, l'article 6 exige de rechercher si l'accusé a pu bénéficier des garanties suffisantes de nature à écarter tout risque d'arbitraire et à lui permettre de comprendre les raisons de sa condamnation [...]. Ces garanties procédurales peuvent consister par exemple en des instructions ou éclaircissements donnés par le président de la cour d'assises aux jurés quant aux problèmes juridiques posés ou aux éléments de preuve produits [...], et en des questions précises, non équivoques, soumises au jury par ce magistrat, de nature à former une trame apte à servir de fondement au verdict ou à compenser adéquatement l'absence de motivation des réponses du jury [...]. Enfin, doit être prise en compte, lorsqu'elle existe, la possibilité pour l'accusé d'exercer des voies de recours. »

détriment de l'ignorant – *ignorantia juris nocet* – ne peut être valide que si les citoyens ont les moyens de connaître, même si c'est avec l'aide d'un avocat, le contexte dans lequel s'inscrivent les normes applicables à leur situation.

Comme je l'ai expliqué, ce besoin de constance représente des défis différents dans les deux principaux systèmes de droit. Dans le système continental, je l'ai souligné, la règle applicable est plus facile à trouver, peut-être dans un code, mais il est alors plus difficile de savoir comment la norme abstraite s'appliquera pleinement à la situation spécifique. Au contraire, dans le système de common law, la règle est plus difficile à établir, mais une fois qu'elle est identifiée, elle est plus facile à appliquer[56].

Pour conclure, je voudrais revenir, d'une part, sur le risque que la jurisprudence devienne autoréférentielle et, d'autre part, sur ce que j'ai décrit comme l'antinomie des faits et des normes.

La technologie toute-puissante, les moteurs de recherche tout-puissants à présent disponibles aussi en droit continental, rendent très dangereux le fait que l'on se rapproche de l'uniformité par le copier-coller. J'ai fait remarquer que les décisions de justice devaient se fonder sur la doctrine juridique. Elles ne devraient pas reposer sur la reprise machinale de la jurisprudence, parce que non seulement cela n'est pas convaincant pour ceux qui sont concernés par le jugement, mais de plus, c'est également stérile au regard du pouvoir explicatif que les jugements doivent avoir pour être persuasifs et devenir un bon guide pour des problèmes juridiques futurs. Inutile de dire que le caractère persuasif des arrêts de la CrEDH dépendra du niveau des juges participant à la procédure.

Le second problème que j'ai soulevé concerne l'antinomie entre les faits et le droit, qui ne peut pas, par définition, trouver de solution. L'arrêt rendu dans l'affaire *Zolotoukhine c. Russie* le prouve

[56] Cette dernière constatation n'est plus vraie parce que les puissants moteurs de recherche de Lexis et Westlaw rendent la loi facile à trouver même dans le système que j'ai comparé au système casuistique des caractères chinois. *Mutatis mutandis*, il en va de même pour la jurisprudence de la CrEDH, étant donné que les clients et les avocats disposent ici aussi désormais d'un puissant moteur de recherche appelé HUDOC.

clairement. Par conséquent, le problème n'est vraiment pas de savoir comment échapper à cette contradiction.

Mon intention était de démontrer l'interdépendance complexe des faits et des normes que doit suggérer non seulement le problème du *ne bis in idem*, mais aussi le mythe très largement illusoire de l'approche formaliste du principe de légalité, de la *res judicata*[57], etc. Il convient de garder à l'esprit que le droit est comme une pyramide au sommet de laquelle se trouve le sens de la justice, qui guide, *premièrement*, les principes juridiques, suivis par, *deuxièmement*, les théories du droit et, *troisièmement* seulement, à la dernière place et tout en bas, les règles directement applicables.

Gardons en tête, toutefois, que tout le mécanisme d'uniformité juridique, etc., serait totalement superflu si les juges et autres preneurs de décisions étaient parfaitement cultivés, intelligents et honnêtes. Autrement dit, tout l'attirail du droit est en vérité une compensation de ces déficiences.

c) Troisièmement, la calculabilité (prévisibilité) du droit

La prévisibilité et la crédibilité des jugements de common law dépendent de la devise « les affaires similaires doivent être tranchées de la manière identique » *(stare decisis)*, c'est-à-dire de la similitude entre le précédent et l'affaire concernée. Étant donné que tout critère choisi au hasard peut rendre n'importe quoi semblable à n'importe quoi d'autre, le système peut sembler tout aussi imprévisible. En effet,

[57] Pour une interaction intéressante en droit français entre la doctrine de la *res judicata (eadem persona, eadem causa pretendi, eadem res)* et le revirement de jurisprudence de la Cour de cassation – le contraire du *stare decisis* – voir *Barras c. France*, requête n° 12686/10, 17 mars 2015, §§ 30, 32. Bien entendu, aucune mention n'est faite des raisons impérieuses supposées imposer la modification de la jurisprudence. Voir 2e chambre civile, 19 novembre 2009, pourvois nos 08-20528, 08-21220, 08-21230 et pourvoi n° 08-19459, BICC n°712 du 1er décembre 2009 et Legifrance : *« La Cour de cassation répond à ceux qui sont enclins à donner priorité au principe de sécurité juridique, que ce principe, qui est le corollaire du droit à un procès équitable prévu par l'article 6 § 1 de la Convention de sauvegarde des droits de l'homme et des libertés fondamentales, ne saurait consacrer un droit acquis à une jurisprudence immuable dont l'évolution relève de l'office du juge dans l'application du droit. »*

Max Weber considérait la common law comme « matériellement rationnelle », mais avec une faible généralité des normes juridiques[58].

L'inverse est vrai, en raison précisément de la spécificité (du caractère concret) des analogies tirées dans la constatation du droit en common law traditionnelle. Dans le contexte d'une procédure contradictoire, les avocats, en tant que membres de la cour, doivent présenter les précédents pertinents. Le succès de leur affaire en dépend. Le juge décidera ensuite si l'analogie présumée est pertinente. Dans le système de common law, le droit est difficile à constater, mais facile à appliquer ; dans le système juridique continental, le droit est facile à constater, mais difficile à appliquer.

En droit continental, il existe un grand écart entre la norme abstraite et les faits à portée de la main. Cela rend la loi continentale moins prévisible. Paradoxalement, le système fondé sur la logique formelle et le syllogisme est souvent moins prévisible que celui qui repose sur la similitude, c'est-à-dire sur l'analogie. De plus, contrairement à l'idée de Max Weber, l'intelligence artificielle moderne constate, quoique dans un contexte différent, que le raisonnement par analogie est supérieur au raisonnement par syllogisme[59].

d) Quatrièmement, la formation du droit *ex ante* et *ex post*

Le droit continental est non seulement abstrait, mais largement écrit avant *(ex ante)* tout litige spécifique qui pourrait survenir à l'avenir[60]. Au pire, les normes abstraites élaborées par le législateur

---

[58] Le professeur Jack Hamson (1905-1986), de l'université de Cambridge, a livré (dans ses conférences en 1968) la comparaison suivante entre la common law et l'approche continentale (française) : dans la loi continentale, le chien est défini (dans l'abstrait) comme un animal à fourrure avec une queue et sur quatre pattes. Ainsi, un Martien qui rencontre un chat dira : « *Ah, voilà un chien (....)* ». Inversement, la common law ne définit pas le chien, elle en montre simplement un (définition ostensive) et le Martien sera intuitivement capable de distinguer un chien d'un chat. Nous traiterons de cette définition ostensive plus tard. Voir aussi le texte relatif *infra*, note 85.

[59] Voir, en général, Pedro Domingos, *The Master Algorithm : How the Quest for the Ultimate Learning Machine Will Remake our World*, Basic Books, 2015.

[60] Cependant, tout n'est pas noir ou blanc : il existe des nuances de gris entre les extrêmes. Il faut garder à l'esprit que : 1) une grande partie de la législation dans le système de common law d'aujourd'hui a le même caractère *ex ante,* et que 2) même

national ont des résultats involontaires, surtout combinées avec d'autres normes[61]. Pour être juste, les codes juridiques modernes sont des réexposés comportant un nombre volontairement important de recombinaisons de normes codifiées. Les pères du Code Napoléon s'y réfèrent explicitement. En conséquence, le droit continental n'admet pas les précédents (c'est-à-dire la jurisprudence). La raison en a été la doctrine constitutionnelle de la « séparation des pouvoirs » : la promulgation *ex ante* de normes juridiques abstraites doit être strictement réservée au pouvoir législatif.

Ainsi, comme récemment en Italie, les juges de première instance ont refusé d'être liés par les décisions de leur propre Cour constitutionnelle, pour ne pas parler de celle de Strasbourg. Cela remonte à Montesquieu (1689-1755), qui considérait les juges comme de simples porte-parole du droit (les bouches de la loi). Depuis les

---

le droit romain de Justinien était un réexposé de la jurisprudence antérieure, sa réorganisation (en un code, le *Corpus Juris Civilis*). C'est vrai pour de nombreuses codifications continentales. Un bon exemple en est le Code civil de Napoléon (1789-1794) ainsi que le Code pénal modèle américain (MPC, 1962-1981). De plus, ce caractère *ex ante* de la législation, dans les deux systèmes, est une condition *sine qua non* du rule of law, qui doit être abstraite et sans considération des détails concrets (d'une affaire). C'est essentiel pour la séparation des pouvoirs entre le législatif et le judiciaire. La tristement célèbre exception à cette règle avait été les *leges in privos datae*, des lois *ex post facto* applicables à des faits *ad hoc*. Ce fut le cas dans le procès de Socrate, par exemple, parce que les législateurs d'un délit inventé *ad hoc casu* étaient aussi les jurés « démocratiques » dans l'affaire. À ma connaissance, l'anomalie qu'est cette fusion des fonctions législatives abstraites et judiciaires concrètes n'a jamais été identifiée en tant que telle.

[61] Un code est conçu comme une telle source de combinaisons. C'est une sorte d'alphabet normatif où différentes dispositions (de la partie spéciale et de la partie générale du code) se recombinent – tout comme les lettres d'un alphabet se recombinent en un mot – pour aboutir à un nombre quelconque de prémisses majeures. C'est ce qu'on appelle en cybernétique la « simplification stratégique » ; c'est un peu comme le passage hypothétique des caractères chinois à un alphabet phonétique. Cependant, un code de 100 articles dans la partie générale et 200 articles dans la partie spéciale est capable d'environ 50 milliards de combinaisons (où les combinaisons de 2, 3, 4 et 5 normes sont prises comme prémisses majeures possibles pour les syllogismes futurs). Le choix conséquent de la prémisse majeure combinée est ce qu'on appelle la qualification juridique. Évidemment, les combinaisons ne peuvent pas toujours être prévisibles (calculables). Voilà pour la théorie de Max Weber. Voir B.M. Zupančič, *The Owl of Minerva*, p. 315 et s.

abus aristocratiques de l'Ancien Régime, les Français ont, maintenant encore, peur de l'autorité des juges (le gouvernement des juges)[62].

Inversement, la common law élaborée par le juge est strictement empirique, écrite *ex post facto*. Comme en droit romain avant Justinien, si jamais l'affaire présente un problème particulier, le juge va s'efforcer de trouver une nouvelle solution logique, c'est-à-dire juste. L'affaire peut donc devenir un précédent, un modèle pour les futures décisions similaires d'autres juges.

e) Cinquièmement, les juges découvrent-ils ou créent-ils le droit ?

En common law, la fabrication du droit n'est pas adaptée aux domaines de la vie sociale *a priori* non susceptibles de litiges, comme par exemple la législation fiscale[63]. L'un des dilemmes récurrents (surtout américains) est de savoir si les juges de common law créent le droit ou s'ils ne font que le découvrir. La réponse est pourtant simple. Lorsque l'affaire présente une question logique à résoudre – une fois que le problème a été identifié – le juge « découvrira » l'issue logique et juste, présumée préexistante.

Par contre, dans les affaires où l'équilibre des valeurs est en jeu ou bien une politique particulière est envisagée, comme c'est souvent le cas à la Cour suprême des États-Unis, les juges imposent leurs propres points de vue subjectifs et font leurs propres choix de valeurs[64]. J'ose

---

[62] Il va sans dire que c'est précisément ce qui se passe actuellement dans tous les pays d'Europe, en raison de l'activité jurisprudentielle de la CrEDH à Strasbourg, mais surtout en raison du droit jurisprudentiel édicté par leurs propres cours constitutionnelles. C'est la raison pour laquelle les Français n'ont pas de cour constitutionnelle ordinaire, mais un Conseil constitutionnel qui n'a que le pouvoir de contrôle *a priori in abstracto* de la législation, c'est-à-dire avant qu'elle n'entre en vigueur.

[63] Mais voir *Burden c. Royaume-Uni* [GC], requête n° 13378/05, 29 avril 2008.

[64] Voir un résumé soigné de cette question par l'« esprit vierge » d'un étudiant en droit, à l'adresse https://www.lawteacher.net/free-law-essays/constitutional-law/do-judges-make-or-find-the-law-constitutional-law-essay.php#ftn8 : *« Les juges font le droit ; ils font le droit tout le temps et ils l'ont toujours fait. Les lois changent à mesure que de nouvelles situations abondent et, sur la base de la théorie réaliste, il faut accepter que les juges font effectivement du droit nouveau et que cela est nécessaire lorsqu'il n'y a pas de règles existantes pour couvrir la situation, comme l'a affirmé le professeur Hart. Après tout, vous ne pouvez pas rendre un jugement*

dire qu'à la CrEDH, c'est souvent le cas. La création (ou « découverte ») d'un nouveau droit à la CrEDH s'accompagne toujours du refrain que « la Convention est un instrument vivant », c'est-à-dire qu'elle doit évoluer avec le temps et l'arrivée de nouvelles affaires.

Chaque fois que la phrase est utilisée à Strasbourg, cela signifie que la Cour se sent obligée d'expliquer pourquoi : 1) elle ne peut pas tirer le nouveau précédent directement de la Convention, 2) ni d'un autre précédent. L'expression a été utilisée pour la première fois dans l'affaire *Tyrer c. Royaume-Uni*, où il a été dit que :

> La Cour rappelle en outre que la Convention est un instrument vivant à interpréter à la lumière des conditions de vie actuelles[65].

L'expression est donc l'indication d'un changement substantiel dans l'interprétation de la Convention. Jusqu'à présent, elle a été

sur une affaire en vous basant sur des décisions qui n'ont pas encore été prises dans le passé. Cependant, la jurisprudence est fondée sur des caprices judiciaires. Il s'agit d'un système où les juges ne sont pas liés par la loi, mais par ce qu'ils pensent que la loi devrait être. Le résultat est que les juges ont la capacité de faire du droit l'usage qu'ils considèrent comme étant le bon dans une situation particulière ; un changement de paradigme par rapport au cadre original du jugement. Ainsi, [....] bien que les juges adoptent une attitude "formaliste" dans leur prise de décision et proposent de statuer sur la plupart des affaires conformément à la loi ou aux précédents ; et d'agir en conséquence dans la recherche du meilleur argument "juridique". Par conséquent, l'application des précédents par les juges, qu'ils élaborent la common law (par exemple dans des domaines comme la négligence ou le meurtre) ou interprètent des lois, est le principal mécanisme par lequel ils font le droit. Cela implique un certain pouvoir discrétionnaire et plus le pouvoir discrétionnaire est grand, plus on peut soutenir que les juges font le droit. La question de l'autonomie des juges est une source de discorde en ce qui concerne la fabrication ou la découverte du droit, et il convient de trouver un équilibre entre le rôle du parlement et celui des tribunaux, car le pouvoir judiciaire s'implique facilement dans l'élaboration des politiques et de nombreuses personnes pensent que la politique ne devrait relever que du gouvernement et du Parlement ; les juges le reconnaissent, par exemple dans les affaires d'euthanasie. Toutefois, le rôle du pouvoir judiciaire est une bonne chose en ce qui concerne l'élaboration du droit, car de nouvelles dimensions empiriques sont introduites dans le droit, ce qui apporte un avantage social grâce à une plus grande précision de la règle juridique. »

[65] Voir *Tyrer c. Royaume-Uni*, requête n° 5856/72, 25 avril 1978.

utilisée au moins 151 fois ; sur ce chiffre, 28 affaires concernent le Royaume-Uni[66].

L'ajustement de la jurisprudence est censé être progressif. 151 innovations juridiques pour un seul tribunal en 38 ans, voilà qui n'est guère « progressif ». Tant pis pour le *stare decisis*[67]. La réaction politique a été de dire que la Cour devait laisser plus de liberté légitime aux signataires de la Convention, entendons : les laisser tranquilles. Le mot d'ordre ici a été « les marges d'appréciation ».

f) Sixièmement, la création (découverte) progressive contre la création (découverte) instantanée du droit

L'évolution du droit des précédents est progressive, alors que l'élaboration du droit législatif (surtout par le code et le réexposé) avance à pas de géant, et est donc aussi surabondante[68]. Cela n'est pas spécifique au droit continental, car de nos jours, les juridictions de common law, elles aussi, légifèrent abondamment[69]. Lorsque nous

---

[66] Ce chiffre donne du poids aux allégations selon lesquelles la Cour de Strasbourg est une cour activiste, ce qui, dans le jargon juridique, signifie qu'elle n'est pas conservatrice. Le chiffre est une indication des innovations juridiques, d'une part, et du nombre d'écarts par rapport à l'interprétation littérale de la Convention et aux affaires antérieures (précédents), d'autre part. La proportion importante (28) des affaires concernant le Royaume-Uni signifie en fait, comme la plupart des juges de la CrEDH en conviendront, que les affaires concernant le Royaume-Uni figurent parmi les plus intéressantes.

[67] La dernière affaire est *Muršić c. Croatie* [GC], requête n° 7334/13, du 20 octobre 2016.

[68] Le Code du travail français compte 3 000 pages et augmente d'environ 100 pages par an, voir http://www.lefigaro.fr/vox/economie/2015/06/16/31007-20150616ARTFIG00261-non-le-code-du-travail-ne-compte-pas-3000-pages.php, consulté pour la dernière fois le 17 octobre 2016. Cependant, la longueur du Code fiscal et des règlements fiscaux fédéraux américains n'a cessé d'augmenter au cours des soixante dernières années. En 1955, les deux documents avaient une longueur de 1,4 million de mots. Depuis lors, ils se sont développés à un rythme d'environ 144 500 mots par an. Aujourd'hui, le Code fiscal fédéral est environ six fois plus long qu'en 1955, alors que la réglementation fiscale fédérale est environ deux fois et demie plus longue. Voir http://taxfoundation.org/blog/federal-tax-laws-and-regulations-are-now-over-10-million-wordslong, consulté pour la dernière fois le 17 octobre 2016.

[69] Nous vivons une ère d'hyper-normativisme. Voir, en général, Roland Gori, *La fabrique des imposteurs*, éditions Les Liens qui Libèrent, Paris, 2013. Malheur à la société qui a trop de règles: elle risque de s'effondrer. Paradoxalement, trop de règles est synonyme d'anomie : absence de morale et d'éthique.

disons que la common law croît progressivement, nous indiquons les étapes traditionnelles, d'un litige à l'autre, de la création de précédents, chacun d'entre eux étant fermement ancré dans un ensemble de faits particulier en cause.

Ce processus et cette continuité ont mis des siècles à produire un corps de droit, et le respect de la tradition en Angleterre a contribué à préserver le souvenir d'affaires antérieures[70]. En revanche, les arrêts des tribunaux continentaux n'ont en principe aucune valeur durable et ne sont pas retenus[71]. Le système juridique continental se comporte donc comme une personne qui ne garde pas le souvenir de ses actes. Il est incapable de tirer les leçons de ses expériences passées, de ses solutions et de ses erreurs, ainsi que de la résolution réussie du problème par les juges qui ont précédé. En termes de théorie des systèmes et de cybernétique, nous avons ici un logiciel capable, ou non, d'apprendre[72].

Cependant, une révolution silencieuse est en train de se produire dans les juridictions continentales. Hormis quelques exceptions notables, nous avons maintenant des cours constitutionnelles pratiquement partout en Europe, de la Russie à la Turquie, de l'Italie à Malte, de l'Espagne à l'Allemagne, etc. Les arrêts de ces cours constitutionnelles sont aujourd'hui publiés pour la plupart (et sans distinctions) ; ils représentent leur acquis, comme on l'appelle

---

[70] « *Le droit, dans la mesure où il dépend de l'apprentissage, est en effet, comme on l'a appelé, le gouvernement des vivants par les morts. Dans une très large mesure, sans aucun doute, il est inévitable que les vivants soient ainsi gouvernés. Le passé nous donne notre vocabulaire et fixe les limites de notre imagination ; nous ne pouvons pas nous en éloigner. Il y a aussi un plaisir logique particulier à manifester la continuité entre ce que nous faisons et ce qui a été fait auparavant. Mais le présent a le droit de se gouverner lui-même autant qu'il le peut ; et il doit toujours se rappeler que la continuité historique avec le passé n'est pas un devoir, mais seulement une nécessité* » : Holmes, *Learning and Science*, cité dans *Speeches by Oliver Wendell Holmes*, 1896, p. 67-68.

[71] Les arrêts sont archivés, perdus pour la mémoire des contemporains et des générations futures – même s'ils sont des solutions ingénieuses à des problèmes juridiques particuliers. Bien entendu, il y a eu des exceptions à cette règle, comme l'a souligné le professeur Hamson (voir *supra*, note 58, et *infra*, note 84), notamment en droit administratif français. Ailleurs sur le continent, les précédents sont appelés « pratiques judiciaires » ; seules quelques-unes de ces affaires sont publiées, notamment par les cours suprêmes.

[72] Voir, en général, Domingos, *op. cit.*, *supra*, note 59.

souvent, c'est-à-dire leur corpus de précédents. Les avocats peuvent les citer, mais ce processus d'« anglicisation » du droit continental n'en est aujourd'hui qu'au stade du *status nascendi*. Il en va de même, comme nous le verrons, pour la CrEDH[73].

3) La CEDH et la CrEDH de Strasbourg

a) La Convention

La CEDH a été ratifiée par un nombre suffisant de pays et a donc été établie le 21 janvier 1959. Le projet final avait été approuvé à Rome le 4 novembre 1950. La Convention a maintenant presque 70 ans et est en vigueur depuis 58 ans. Elle est composée de 59 articles et des 6 protocoles additionnels. Avec les protocoles, la CEDH comprend environ 11 000 mots seulement, ce qui est, comme nous le verrons, significatif. Elle a été ratifiée par 47 pays européens, d'abord de l'Ouest puis, après les années quatre-vingt-dix, d'Europe centrale et orientale, y compris la Russie.

b) La Cour européenne des droits de l'homme

Étant donné que chaque pays ayant ratifié la Convention a le droit d'avoir un juge « national », la CrEDH compte 47 juges. Le juge national siège dans toutes les affaires où la « requête » (l'appel devant la CrEDH) est dirigée contre son pays. En revanche, la récente introduction improbable d'un « juge unique [74] » est totalement

---

[73] Voir l'excellent Avis n° 20 (2017) du Conseil consultatif de juges européens, *Le rôle des juridictions dans l'application uniforme de la loi*, 10 novembre 2017, point 10, à l'adresse https://rm.coe.int/opinion-no-20-2017-on-the-role-of-courts-with-respect-to-the-uniform-a/16807661e3, consulté pour la dernière fois le 19 février 2018 : *« Indépendamment du fait que la jurisprudence soit considérée ou non comme une source du droit ou que ses précédents soient contraignants ou non, la motivation des décisions de justice par des décisions antérieures offre au juge un solide instrument, aussi bien dans les pays de common law que dans les pays de droit civil. Le CCJE reconnaît néanmoins que la différence entre les systèmes de common law et de droit civil est habituellement particulièrement importante pour le traitement des précédents et de la jurisprudence en général. »*

[74] Protocole n° 14, article 26, paragraphe 3, amendé, de la CEDH : « Un juge siégeant en tant que juge unique n'examine aucune requête contre la Haute Partie contractante au titre de laquelle ce juge a été élu. »

Article 27, paragraphes1 et 2, de la CEDH amendée : « 1.Un juge unique peut déclarer une requête introduite en vertu de l'article 34 irrecevable ou la rayer du rôle

inacceptable, car le juge non national, qui ne parle pas la langue et n'est pas familier du droit interne, expédie une masse d'affaires en totale dépendance par rapport au tri effectué par les avocats qui s'occupent de leurs affaires nationales. Les affaires sont donc triées exclusivement par les infirmières, sans que les médecins ne sachent si et pourquoi le patient (c'est-à-dire la justice) a expiré. La prévalence tout à fait inacceptable du Greffe de la Cour a donc augmenté de façon incommensurable[75]. Il s'agit en fait du principal facteur du déclin de la CrEDH : tous les jugements sont rédigés par les avocats du Greffe et, selon les pays, ils sont plus ou moins compétents.

Il y a cinq Chambres « de première instance », chacune d'elles étant composée de neuf juges siégeant en formation de sept juges. C'est ce qu'on appelle des Sections. La Grande Chambre est une sorte de cour d'appel au sein de la Cour, siégeant en formation de dix-sept juges[76].

Au début, les choses allaient lentement. Les requêtes individuelles n'étaient pas transmises ; au Greffe, on attendait littéralement que le facteur apporte une nouvelle requête. On pensait que la Cour s'occuperait principalement d'affaires interétatiques. Je laisserai de

---

lorsqu'une telle décision peut être prise sans examen complémentaire. 2. La décision est définitive. »

[75] À un moment donné, j'ai été nommé juge unique pour la Roumanie. À la fin, j'avais « réglé » 756 affaires. Dans la procédure, j'avais insisté pour que les avocats roumains viennent à la salle de conférence avec tous leurs dossiers. Quand je les interrogeais sur des questions particulières de la Roumanie et de la CEDH, je n'ai pratiquement jamais reçu de réponse satisfaisante à mes demandes de renseignements. Après cela, Mme Reed, membre éminent du Greffe, est venue à mon bureau et m'a demandé de me limiter à la « procédure écrite », c'est-à-dire que j'arrête d'« interroger » les avocats du Greffe roumain. J'ai refusé. Par la suite, j'ai été affecté au Luxembourg et au Lichtenstein, avec seulement quelques affaires. Comme nous le verrons plus loin, l'indépendance effective du Greffe, géré et rémunéré par le Conseil de l'Europe, vis-à-vis des juges est un facteur majeur de déclin de la CrEDH.

[76] Ce n'est pas tout à fait vrai. Les affaires de la Section sont adoptées pour réexamen par la Grande Chambre en vertu de l'article 30 de la CEDH – « Dessaisissement en faveur de la Grande Chambre : Si l'affaire pendante devant une Chambre soulève une question grave relative à l'interprétation de la Convention ou de ses protocoles, ou si la solution d'une question peut conduire à une contradiction avec un arrêt rendu antérieurement par la Cour [...] » Cette formulation indique les critères pour que l'affaire soit portée devant la Grande Chambre. Par conséquent, l'erreur alléguée par la Chambre (la Section) n'est pas suffisante.

côté les détails techniques pour me concentrer ici sur une constatation : la CrEDH utilise la méthode de la common law.

c) La CrEDH et la common law

Les 11 000 mots de la Convention (et de tous ses Protocoles ultérieurs) n'étaient pas suffisants pour couvrir les questions découlant de tous ces droits de l'homme[77]. Évidemment, la Cour a commencé *ab ovo*, parce que la Convention est simplement – comme toute Constitution – une hiérarchie de valeurs.

Il n'y avait pas de lois et de règlements d'ordre inférieur, pas de codification, etc.[78]. Le texte brut de la Convention, sauf dans de rares cas, ne donne pas d'indications directes aux juges. Les prémisses majeures n'étaient tout simplement pas là[79]. Ce vide juridique initial a été très rapidement comblé, car la jurisprudence accumulée a permis aux juges de se référer à leurs propres décisions antérieures – les précédents alors naissants.

Par conséquent, comment les premiers juges ont-ils pu interpréter les maigres dispositions de la Convention ? Chaque juge s'est présenté à la Cour avec ses propres connaissances juridiques, qui sont entrées en jeu, qu'il en soit conscient ou non. Puisque dans ses premiers pas, le raisonnement juridique de la Cour de Strasbourg était totalement indéterminé (sans précédent), comment était-il possible pour elle de

---

[77] Quels sont les « droits de l'homme » ? Au départ et dans l'abstrait, les droits de l'homme étaient ceux énumérés dans la Déclaration universelle et plus tard dans la Convention ; selon un dénombrement conservateur, il y en avait environ trente-six, du droit à la vie et à la protection contre la torture jusqu'au droit d'appel en matière pénale et à la protection de ses biens.

[78] La première affaire devant la CrEDH a été l'affaire *Lawless c. Irlande* (n° 1), requête n° 332/57, 14 novembre 1960 : elle traitait de la détention illégale du requérant, entre le 13 juillet et le 11 décembre 1957, dans un camp de détention militaire situé sur le territoire de la République d'Irlande. C'était il y a 60 ans. L'article 5, paragraphe 1, de la Convention a fourni la prémisse majeure exacte pour la constatation de violation par l'Irlande. Dans des affaires ultérieures, cependant, la Convention ne fournissait pas de règle directement applicable.

[79] Ainsi, dès la deuxième affaire, la Cour a décidé de prendre la voie de la facilité et a rayé l'affaire du rôle de la Cour. À l'époque, et sans jurisprudence à laquelle se référer, c'était la chose la plus facile à faire. Voir *DeBeker c. Belgique*, requête n° 214/5, 27 mars 1962. Voir aussi l'opinion dissidente du célèbre philosophe du droit danois de renommée mondiale, le professeur Alf Ross.

s'engager, selon les termes de Max Weber, dans « l'élaboration rationnelle du droit » et la « constatation du droit » ? Sur quoi ces juges se sont-ils appuyés ? N'étaient-ils que les « bouches de la loi » de Montesquieu ? Ou bien ont-ils arbitrairement fait de nouvelles lois ?

Lorsque je suis arrivé à la Cour en 1998, j'ai été agréablement surpris de pouvoir participer au discours juridique cohérent de ses Sections et surtout de sa Grande Chambre, au-delà de toutes les barrières culturelles et juridiques. Le juge du Royaume-Uni pouvait converser avec le juge russe, le scandinave avec l'azerbaïdjanais, etc. Il y avait entre juristes une compréhension commune qui aurait dû surprendre. Mais parce que cela était considéré comme acquis, personne n'a jamais écrit à ce sujet. Fait étonnant, il n'y avait pas de barrières de communication entre les juges des juridictions de common law et ceux qui étaient issus du droit continental. Je soupçonne que cette convergence est aussi à l'origine de la singulière plénitude des références intellectuelles des premiers juges de la CrEDH, qui n'avaient pas de jurisprudence à laquelle se référer[80].

Quoi qu'il en soit, ces juges faisaient le droit, ils ne le découvraient pas. Mais ils le faisaient à partir du précipité de centaines d'années de solutions de raisonnement juridique qui leur avaient été transmises par leur éducation juridique et par la pratique subséquente. Il était fascinant, une fois encore, de constater qu'un juge arménien était tout à fait sur un pied d'égalité, par exemple, avec un juge français[81].

Est-il possible d'affirmer qu'à la Cour de Strasbourg actuelle, la jurisprudence (la sienne propre) a un impact déterminant ?

Oui, dans les affaires mineures qui relèvent de ce qu'on appelle la « jurisprudence constante », la règle de la jurisprudence est tout à fait

---

[80] Pour ce qui est de Alf Ross, il serait évidemment ridicule de le réduire à quelques citations de précédents vraisemblablement décisifs ; son cadre de référence était beaucoup plus large et il n'avait pas de difficultés à identifier des paramètres juridiques.

[81] Je ne suis pas certain que tout cela ait à voir seulement avec la formation juridique. Si ce n'est pas le cas, on pourrait avancer l'hypothèse que le raisonnement juridique « autonome » a simplement ses propres paramètres intégrés, quelle que soit la culture dont il est issu. Mais en discuter ici m'emmènerait au-delà des limites de ce chapitre.

déterminante. Mais dans la plupart des cas, la Cour laisse aux avocats du Greffe le soin de s'occuper de ces affaires. Les Sections, sans parler de la Grande Chambre, s'attaquent aux problèmes juridiques qui, *a priori*, ne peuvent pas être résolus par référence aux affaires déjà tranchées, bien qu'elles soient mentionnées et citées en surabondance. Les choses sont allées progressivement jusqu'au point où les arrêts de la CrEDH citent aujourd'hui de plus en plus abondamment la jurisprudence de la Cour elle-même. La situation actuelle de la jurisprudence est saturée ; la Cour est en train de devenir autoréférentielle.

d) La condition exceptionnelle du droit continental

Il n'est pas question ici de la situation difficile qui régnait au début du fonctionnement de la CrEDH. Le lancement initial de la Cour est simplement la preuve que l'ensemble de l'opération a pris naissance selon une méthode conforme au « contexte de la common law ». Les 11 000 mots et les 36 droits de l'homme ont contraint les juges et la CrEDH à s'appuyer, pratiquement dès le début, sur leurs propres déclarations dans des arrêts antérieurs. Le nombre de ces arrêts s'élève aujourd'hui à plus de 50 000. Beaucoup reprennent des arrêts antérieurs, mais un grand nombre d'entre eux sont en fait des précédents.

La common law a engrangé une jurisprudence sur une période d'environ sept cents ans ; la CrEDH l'a fait en seulement soixante ans (la durée de son existence). La qualité de la jurisprudence accumulée ne peut pas être la même. La loi exige de la sagesse et la sagesse ne saurait être hâtive. Vu la « créativité » massive de la CrEDH, il est désormais impossible de suivre la nouvelle jurisprudence avec autant d'assiduité qu'auparavant – à supposer que tout nouveau développement soit *de facto*, sinon *de jure*, contraignant pour les quarante-sept signataires de la CEDH.

La Cour suprême américaine produit une centaine de jugements contraignants par an. Ces précédents ruissellent ensuite du sommet de la pyramide judiciaire : ils lient tous les tribunaux fédéraux et tribunaux d'État ainsi que de nombreux autres organes publics. Le système est adapté à cette conformité et fonctionne bien.

En revanche, la CrEDH – bien qu'elle trône également au sommet d'une pyramide – se trouve en fait au sommet de quarante-sept pyramides différentes. L'énoncé du précédent se transforme chaque fois que le message est délivré par Strasbourg. Il tombe chaque fois sur un terrain juridique différent et est susceptible d'être interprété chaque fois différemment. Encore une fois, l'ironie est que les juridictions de common law (Royaume-Uni, Irlande, Malte et Chypre) sont bien adaptées à cette interface verbale. En conséquence, ils la prennent au sérieux et sont pour le moins capables de digérer ces messages juridiques de Strasbourg, et surtout de les assimiler dans leurs propres systèmes juridiques (juridictions). En conséquence, ils sont critiques, surtout le Royaume-Uni, à l'égard de la doctrine de « l'instrument vivant », c'est-à-dire face à l'hyperactivité de Strasbourg.

Nombre des quarante-trois autres pays ignorent largement les développements de Strasbourg, sauf dans la mesure où les avocats auront plaidé les affaires de Strasbourg devant leurs propres cours constitutionnelles : le processus avance lentement. Quoi qu'il en soit, la CrEDH de Strasbourg n'est décidément pas la cour suprême européenne, bien que les pères de la Convention l'aient initialement prévue comme telle. Si c'était le cas, elle jouerait le rôle de cour constitutionnelle européenne. Mais même alors, ses normes minimales en matière de droits de la personne seraient interprétées différemment dans les quarante-sept juridictions différentes.

Toutefois, si cela devait se produire, bien qu'on puisse difficilement l'imaginer, le conglomérat juridictionnel européen fusionné devrait se comporter exactement comme il convient, à la manière de la common law.

4. Conclusion

Le but de cette courte digression était de souligner la « révolution silencieuse de la common law » qui a lieu en droit continental européen. Son développement, depuis la mise en place de la CrEDH à Strasbourg en 1959, implique le rejet de la doctrine de Montesquieu relative à la stricte séparation des pouvoirs (législatif, exécutif et judiciaire). Les Français (et beaucoup d'autres) ont beau refuser d'admettre ce simple fait, ce sont maintenant aussi les juges qui créent (« découvrent ») le droit.

Mais la réalité rejette ce déni et le déni lui-même varie d'un pays continental à l'autre. De plus, tous les pays dotés d'une véritable cour constitutionnelle imitent la méthode de la common law en matière d'élaboration des lois et de constatation des lois[82]. Pour Edmund Burke, les « droits de l'homme » n'existaient pas : il ne reconnaissait que les « droits des Anglais ». Pour lui, les droits sont un héritage, un patrimoine hérité des ancêtres. L'homme des droits de l'homme est pour lui une abstraction : sans attaches, sans racines et dépossédé de sa religion et de sa terre. Telle était la critique justifiée de Burke de la Révolution française de 1789, par opposition à la Révolution glorieuse de 1688[83]. Dans la mesure où les droits de l'homme abstraits de la CEDH se situent néanmoins le prolongement de la Révolution française et où le processus d'assimilation et de concrétisation à Strasbourg a lieu à la manière de la common law anglaise, on peut reconnaître que Burke avait historiquement raison. Nous ne savons pas si les droits de l'homme abstraits survivront, mais si les Anglais, dans le contexte de la crise actuelle de l'Union européenne, s'en éloignent, la probabilité s'amenuise.

---

[82] Par cour constitutionnelle « véritable », j'entends une cour qui, comme celle de Strasbourg, est habilitée à examiner les recours des particuliers (plainte constitutionnelle, *amparo*, V*erfassungsbeschwerde*). Le Conseil constitutionnel français, par exemple, n'a pas cette possibilité.

[83] Voir Eric Zemmour, « L'homme qui n'aimait pas notre Révolution », *Le Figaro*, 3 novembre 2016, à l'adresse http://www.lefigaro.fr/vox/politique/2016/11/02/31001-20161102ARTFIG00248-eric-zemmour-l-homme-qui-n-aimait-pas-notre-revolution.php, consulté pour la dernière fois le 5 décembre 2017, se référant à Edmund Burke, *Réflexions sur la Révolution en France*, nouvelle édition, Les Belles Lettres, Index, Commentaires, Notes, Paris, 2016, p. 803.

D. Deux modes différents de raisonnement juridique

L'un des théoriciens légendaires du droit, le professeur Jack Hamson, de l'université de Cambridge [84], dans ses splendides conférences de l'été 1968, a raconté l'histoire suivante. Il s'agissait de la différence entre le système juridique continental et la common law.

> Imaginez, dit-il, que vous essayiez d'expliquer à un Martien qui vient d'arriver sur Terre ce qu'est un chien. Vous pourriez lui dire: « Un chien est un animal à poils à quatre pattes, et il a une queue ! » Il acquiescera ; il dira qu'il comprend. Il se promènera ensuite dans la rue, verra un chat et s'exclamera joyeusement : « Oh, quel chien amusant... ![85] ».

Cette approche est celle qui décrit, selon les termes de Jack Hamson, le fonctionnement du système continental de lois. Du point de vue de la common law, le système de droit continental est chargé de définitions[86] dont les niveaux sont plus abstraits les uns que les autres. La formule logique habituelle pour arriver à une définition est : *per genus proximum et per differentiam specificam*[87].

---

[84] Professeur Charles John Hamson (1905-1987), professeur de droit comparé, Trinity College, voir http://www.trinitycollegechapel.com/about/memorials/brasses/hamson/, consulté pour la dernière fois le 8 octobre 2017.

[85] C'est ce qu'on appelle la « définition ostensive ».

[86] À comparer avec Javolenus : *« Omnis definitio in iure civili periculosa est ; parum est enim, ut non subverti posset »*. D 50. 17. 202 (« Toute définition en droit civil est dangereuse, car rares sont celles [les définitions] qui ne peuvent être renversées »). La principale maladie du système continental a toujours été le formalisme juridique et donc, comme j'espère le démontrer, le verbe « *subverti* » a une connotation prémonitoire.

[87] *« Par le genre prochain et la différence spécifique [dans ce contexte générique] ». Oxford Reference : « Modèle aristotélicien de définition qui procède en citant un genre auquel un terme appartient, puis la différence qui donne son espèce et la situe ainsi dans le genre. L'exemple classique est la définition de l'homme en tant qu'animal rationnel » :* voir http://www.oxfordreference.com/view/10.1093/oi/authority.20110803100317283, consulté pour la dernière fois le 8 octobre 2017.

1. L'abstrait et le concret[88]

En droit constitutionnel continental, la différenciation établie entre l'abstrait et le concret est encore aujourd'hui la base trompeuse utilisée pour la répartition des compétences des différents « organes de l'État ». Ce désordre dans la perception des juristes continentaux se retrouve dans l'application assez grossière de la séparation cartésienne entre l'abstrait et le concret. Les systèmes juridiques continentaux – en dehors de la common law – sont fondés sur cette approche pseudo-cartésienne particulière, en ce que les avocats continentaux essaient d'arriver à « l'essence » d'un phénomène juridique spécifique, par exemple un contrat, ou à la définition *per genus proximum et per differentiam specificam* d'un délit particulier, etc.

L'objectif qui sous-tend cette approche est assez évident. Pour l'atteindre, c'est-à-dire pour pouvoir définir les phénomènes dont traite le droit, il faut commencer par un effort d'abstraction de tout ce qui n'est pas essentiel et par se concentrer sur les éléments de définition qui sont essentiels. Le verbe latin *abstraho* signifie « s'éloigner de ». Il s'agit donc de s'éloigner de l'insignifiant et de conserver l'essentiel. Il est clair que les critères de ce qui (n')est (pas) essentiel sont déterminants pour le résultat, c'est-à-dire pour l'abstraction ou la définition abstraite. En retour, les critères de l'essentiel sont, souvent à l'insu du penseur lui-même, prédéterminés en même temps que son but. Par exemple, dans le droit romain privé des contrats, ceux-ci étaient appelés *« essentialia negotii »*. Ils étaient différents des *« naturalia negotii »* et des *« accidentalia negotii ».* Cela devait être l'« approche scientifique » – puisqu'on parle ici de « science juridique » ! – commune à la fois à la philosophie et aux sciences empiriques.

De plus, une codification qui est plus qu'un simple réexposé n'est pas possible sans cette séparation cartésienne de l'abstrait du concret.

La codification, par exemple, exige avant tout une décomposition des éléments constitutifs d'un domaine juridique particulier, par exemple le droit pénal. Les éléments constitutifs sont séparés dans la partie générale du code, comme s'ils étaient placés mathématiquement

[88] Voir, en général, André Vincent, « L'abstrait et le concret dans l'interprétation : en lisant Engish », *Les Archives de Philosophie du Droit*, vol. 17, 1972, p. 135-147.

devant les crochets. Ces éléments s'appliquent ensuite à toutes les parties de la « partie spéciale » du code. Cela implique que chaque prémisse majeure utilisée dans la pratique est une combinaison de ces éléments constitutifs de la partie générale et de la partie spéciale du code. Le code continental n'est donc pas un simple réexposé de la loi. Il s'agit d'une structure combinatoire sophistiquée, utilisée pour construire des prémisses majeures dans les syllogismes juridiques. Le premier code vraiment sophistiqué de ce genre a été le Code Napoléon.

2. Définitions juridiques

Si nous retirons une autre peau à cet oignon, nous détectons rapidement les prémisses cachées qui sous-tendent cette technique. La motivation semble être véritablement « scientifique », en ce sens que la résolution de complications juridiques semblerait exiger la compréhension de « l'essence » d'un contrat ou d'une infraction. Or, extraire les éléments nécessaires à la définition d'un contrat ou d'une infraction nécessite un processus d'abstraction relativement rigoureux. Cependant, le droit n'est pas une science empirique, avec « l'induction imparfaite » de Francis Bacon, au sens où nous l'entendons habituellement. Le processus mental est plus proche de la philosophie, sauf que le contenu d'une telle abstraction en droit est plutôt banal[89].

---

[89] D'ailleurs, Lon L. Fuller, professeur à Harvard, a utilisé cette idée pour concevoir sa distinction entre la « morale du devoir » et la « morale d'aspiration », c'est-à-dire que le droit traite des questions ordinaires qu'il est capable de définir, alors qu'il est incapable de définir la « morale d'aspiration » précisément parce qu'elle sort de l'ordinaire. En troisième terme, nous obtenons la distinction entre un *droit* et un *privilège* que j'avais introduite dans mon opinion dissidente dans l'affaire *E.B. c. France* [GC], requête n° 43546/02, 22 janvier 2008, et qui a été confirmée de manière ambiguë dans l'affaire *Boulois c. Luxembourg* [GC], requête n° 37575/04, 3 avril 2012, § 99 : *« Les parties s'accordent d'ailleurs à reconnaître qu'à supposer même que les différents critères établis par l'article 7 de la loi de 1986 se trouvent remplis, la commission pénitentiaire dispose d'un certain pouvoir discrétionnaire pour apprécier si le détenu mérite cette faveur »* (soulignement ajouté). Voilà pour le pouvoir d'une opinion séparée, comme dans l'affaire *E.B. c. France*, lorsqu'elle a une valeur explicative et consultative. L'opinion séparée de Françoise Tulkens trahit une totale incompréhension de la question du privilège par opposition au droit. En ce sens, l'inverse devrait être vrai. Voir, plus en détail, le dernier chapitre de B.M.

Si nous devions définir le processus juridique continental comme un jeu d'abstractions et si, en outre, nous affirmions que ce jeu est comparable au « jeu de langage » de Wittgenstein, nous en arriverions sans aucun doute à la conclusion que le jeu est circulaire[90].

3. Le pouvoir et la réification des concepts juridiques

Wittgenstein, philosophe analytique, s'est concentré sur les erreurs d'autoréférence et, dans ce sens, d'autoconfirmation que nous entretenons dans n'importe quel « jeu de langage ». Mais nous n'avons pas besoin d'aller aussi loin, parce que les abstractions juridiques sont autoréférentielles simplement par rapport au pouvoir : sans le pouvoir sous-jacent de l'État, les abstractions juridiques n'équivaudraient à rien. Tout, de la notion de contrat à la notion d'infraction, dépend du pouvoir de police de l'État, ce qui signifie que les cadres juridiques et conceptuels n'ont que très peu de sens philosophique ou scientifique. De plus, dans le système juridique continental – parce que les avocats oublient qu'ils dépendent du pouvoir – les abstractions tendent à se réifier dans le sens où, endoctrinés par leur éducation juridique, les avocats se mettent à croire que ces abstractions vides, qui n'ont aucun pouvoir explicatif, existent en réalité indépendamment du pouvoir de l'État.

4. Le rôle du droit dans la résolution des conflits

La même naïveté, comme nous le verrons plus loin, s'applique aux « droits de l'homme », que beaucoup ont tendance à percevoir aussi comme quelque chose de réel, c'est-à-dire comme quelque chose qui

---

Zupančič, *The Owl of Minerva, op. cit.*. Voir *Boston University Journal of International Law, op. cit., infra*, note 518.

90 « *Nos jeux de langage clairs et simples ne sont pas des études préparatoires pour une réglementation future du langage – ce ne sont pas de premières approximations, qui ne tiendraient compte ni du frottement ni de la résistance de l'air. Les jeux de langage se présentent plutôt comme des* objets de comparaison, *qui doivent éclairer, au moyen de ressemblances et de dissemblances, les conditions qui sont celles de notre langage » :* L. Wittgenstein, *Recherches philosophiques*, § 130. En ce qui concerne la qualité des jeux de langage juridique, voir Stendhal, *Le Rouge et le noir*, chapitre 36, *in fine* : *« Ces juges si formalistes, si acharnés après le pauvre accusé, qui feraient pendre le meilleur citoyen, pour accrocher la croix. ... Je me soustrairais à leur empire, à leurs injures et mauvais français, que le journal du département va appeler de l'éloquence... »* (soulignement ajouté)

possède une « essence » authentique et idiosyncratique. Comme nous le verrons, ce discernement de « l'essence » des droits de l'homme, d'un contrat, d'une infraction, etc., n'est peut-être même pas nécessaire. Une telle approche est indispensable pour le philosophe, elle peut être nécessaire pour les scientifiques, mais la première question est de savoir si le droit doit se trouver quelque part entre la philosophie et la science. En d'autres termes, l'objet du droit – la simple résolution des conflits relationnels – est beaucoup trop banal et ordinaire pour commander la recherche approfondie des « essences » de ses objets d'enquête. On peut, bien sûr, chercher l'essence d'une chaise, par exemple, et on peut la définir, mais dans quel but, si ce n'est de prétendre qu'une « chaise » est un sujet très important ? La mentalité juridique continentale est prétentieuse, ce qui est en soi désagréable, mais elle devient franchement blâmable lorsqu'elle brouille, comme c'est souvent le cas – je parle ici au titre de ma familiarité personnelle avec le problème – aussi bien le bon sens que le sens de la justice.

La perspective dépend, au contraire, de la façon dont on décrit la fonction sociale du processus juridique en général, qui peut être sans prétention, comme c'est effectivement le cas en common law, ou présomptueux. Sans « prétention » est le mot à employer ici parce que le modeste système de common law n'affiche pas la nécessité de considérer les essences conceptuelles des choses, et cela pour une raison très simple : le droit anglo-saxon, j'hésite même à le qualifier de « système », considère sans prétention que sa tâche première est de résoudre toutes sortes de conflits. Il est moins accablé de toutes sortes de théories.

Pour corroborer cette constatation, il convient de comprendre que si les deux systèmes étaient dotés de juges totalement intelligents et tout à fait honnêtes, quoi que cela signifie, les lois définissant toutes sortes de choses ne seraient en principe même pas nécessaires. Nous verrons que c'est facile à prouver, parce qu'à sa création dans les années cinquante, la CrEDH se trouvait précisément dans cette situation de *tabula rasa*.

Un juge, considérant la tâche réaliste qui consistera à résoudre le conflit dont il est saisi, utilisera son intelligence, son bon sens et son imagination, et il s'engagera à trouver la solution qui permettra de dénouer le désaccord. S'il peut y parvenir sans jamais comprendre ce qu'était le conflit, cela ne l'empêchera pas d'être un résolveur de conflits compétent, ce qui est sa seule mission. Si cela n'était pas exact, par exemple, le juge en matière de droit privé ne serait pas en mesure d'accepter le règlement entre les parties (*compromissum* en droit romain) comme la fin légitime d'un scénario contradictoire.

5. Le raisonnement juridique hétéronome

Sur le continent, le pouvoir judiciaire n'aurait pas pu se permettre, mentalement et autrement, ce que j'appellerai ci-après à maintes reprises le « raisonnement juridique autonome ». Le rôle subalterne des bureaucraties judiciaires continentales adhère au formalisme parce qu'inconsciemment, pour des raisons historiques, il adhère à la notion hétéronome de rule of law. Un juge qui a peur d'utiliser son propre sens de la justice – même en dernier ressort – s'accrochera à l'interprétation formaliste-positiviste de la norme. C'est d'autant plus difficile à accepter dans un tribunal qui a été conçu au premier chef pour corriger l'étroitesse d'esprit du droit interne (national). Je ne préconise aucune forme d'arbitraire judiciaire. Le « rule of law autonome » et le « raisonnement juridique autonome » ne doivent pas être compris en termes discrétionnaires. Mais le juge de common law a incommensurablement plus de latitude pour exercer son pouvoir discrétionnaire et son « sens de la justice[91] ». Dans de nombreuses circonstances, le sens de la justice entre en conflit avec la norme positive. Si, comme c'est souvent le cas, cette dernière était inflexible, le sens de la justice entrerait en collision avec la juste résolution du problème : *summum ius, summa iniuria*[92].

a) Justice formelle et justice matérielle

Au cœur du problème se trouve une prise de conscience de la relation entre la complexité de l'acte de rendre la justice, c'est-à-dire

[91] Cette hésitation concernant la différence entre le positiviste-formaliste qui s'en tient à la prémisse majeure syllogistique, d'un côté, et le potentiel d'arbitraire judiciaire qui est la crainte essentielle surtout dans les milieux académiques français, d'un autre côté, est fondée. J'y reviendrai en détail plus tard ; je dirai seulement ici que tout dépend bien sûr du fait de savoir *qui* sont les juges habilités à prendre des décisions discrétionnaires, ce qui, en dernière analyse, peut ou non s'avérer arbitraire au sens péjoratif du terme.

[92] Cicéron, *De Officiis*, I, 10, 33.

de la résolution juste et logique des conflits, d'une part, et la justice formelle d'autre part. La justice formelle peut très bien être conforme à la justice matérielle, ce qui signifierait que le résultat de la décision dans une affaire particulière est satisfaisant à la fois formellement et matériellement. Très souvent, c'est effectivement le cas. Il existe cependant de nombreuses situations dans lesquelles ce qui est éthique en termes de justice matérielle s'écarte de la justice formelle, et vice versa. Si, dans le scénario contradictoire, la justice formelle contredit un résultat équitable, le juge sera confronté à un dilemme[93]. Il peut décider formellement, sans tenir compte de l'injustice du résultat, ou décider en fonction de la justice matérielle, au risque d'être renversé en appel, où l'histoire peut très bien se répéter. Le risque ici, si les choses sont poussées à l'extrême, si le sens de la justice du juge est la seule référence, c'est que la juridiction dégénérera en arbitraire[94].

Mais l'existence du dilemme ci-dessus peut ne jamais faire surface dans la conscience du juge formaliste. Il n'est tout simplement pas suffisamment conscient de l'aspect matériellement juste de l'affaire et il se range instinctivement du côté de l'autorité et de la forme de la prémisse majeure qu'on lui avait demandé d'observer[95].

---

[93] L'« équité » consistait à rendre la justice directement selon le sens de la justice du juge, sans normes juridiques écrites. La jurisprudence passée ne liait donc pas le juge. C'était le contraire du principe continental de légalité. L'équité est la preuve que la justice peut être exercée sans être liée par des normes juridiques. Mais elle n'était pas fiable, précisément parce qu'il y avait une référence inhérente au seul sens de la justice, et elle est devenue arbitraire : *« L'équité est une chose espiègle : avec la loi, nous avons une mesure, nous savons à quoi faire confiance ; l'équité est fonction de la conscience de celui qui est chancelier, et comme celle-ci est plus grande ou plus étroite, l'équité l'est aussi. C'est comme si on devait établir la norme pour la mesure que nous appelons un pied, un pied de chancelier : quelle mesure incertaine cela serait-il ? Un chancelier a le pied long, un autre le pied court, un troisième un pied indifférent ; c'est la même chose dans la conscience d'un chancelier » :* J. Selden, *The Table Talk*, cité dans *Sources of English Legal and Constitutional History*, M.B. Evans et R.I. Jack (eds.), Butterworths, Sydney, 1984, p. 223-224.

[94] Voir *supra*, note 93.

[95] C'est précisément ce qui a été le cas dans l'affaire *Tatar et Tatar c. Roumanie*, requête n° 67021/01, 27 janvier 2009, une affaire environnementale où la question était le lien de causalité entre la dégradation de l'environnement et l'asthme du fils du requérant. Alors qu'il était évident que la maladie du garçon ne se serait pas déclarée sans l'environnement fortement pollué, le juge rapporteur a insisté sur le fait qu'il n'y avait pas de lien de causalité. Je présidais à l'époque la Section III et je

b) Attitudes pro-autorité et anti-autorité des juges

D'ailleurs, cette attitude a beaucoup à voir avec l'attitude du juge à l'égard de l'autorité. Il a été amplement démontré qu'il existe, à cet égard, deux types de juges. Psychologiquement, nous avons, d'un côté, des juges qui sont anti-autorité, et de l'autre, des juges qui se rangent instinctivement du côté de l'autorité. Des études ont été réalisées sur les juges de la Cour suprême des États-Unis, dans lesquelles il a été démontré que leur attitude à l'égard de l'autorité déterminait à l'avance les résultats dans des affaires particulières. J'observe, de même, cette différence d'attitude au sein de la CrEDH où, typiquement, les juges nommés par des gouvernements conservateurs tendent vers le positivisme et le formalisme, préférant dans leur prise de décision la conformité syllogistique-formelle à la justice matérielle. Au sein de la CrEDH, la dynamique interne de la Cour fait une distinction entre les juges qui sont anti-autorité et qui sont appelés « violationniste[96] », et ceux qui se rangent habituellement du côté des résultats formels. Ces juges sont perçus comme des conservateurs et des « non-violationnistes ».

---

devais maintenir ma neutralité procédurale, et la Section a suivi la proposition favorable à l'État du juge rapporteur. Après la réunion, j'ai demandé au rapporteur s'il avait tenu compte du principe de précaution qui, en matière d'environnement, renverse la charge de la preuve. Il a répondu : *« Oh, je l'ai complètement oublié ».* Voir B. M. Zupančič, *The Owlets of Minerva*, à l'adresse http://e-collection.bibliotheek.budh.nl/boek/9789490947347/voorwoord : *« Néanmoins, les théoriciens du droit ont accès aux faits ; les juges ont accès aux théories. Comment se fait-il alors qu'ils s'unissent si rarement ? Pourquoi, par exemple, les juges, comme dans l'affaire* Tatar c. Roumanie, *continuent-ils à croire au lien de causalité qui remonte à Francis Bacon ? Cela entrave tout progrès dans les affaires de protection de l'environnement ».*

[96] La référence positive à la Convention en tant qu'« instrument vivant » signifie que la Cour ne se sent pas littéralement liée par le texte de la Convention et qu'elle se sent libre d'inventer des violations là où il n'y en avait pas auparavant. La référence à la Convention en tant qu'« instrument vivant » est apparue pour la première fois en 1961 dans la décision de la Commission concernant la recevabilité de la requête n° 788/60 déposée par le gouvernement de la République fédérale d'Autriche contre le gouvernement de la République italienne, voir à l'adresse https://hudoc.echr.coe.int/app/conversion/pdf?library=ECHR&id=001-115598&filename=AUSTRIA%20v.%20v.%20ITALY.pdf, consulté pour la dernière fois le 15 octobre 2017. Au total, jusqu'à octobre 2017, l'expression a été reprise 949 fois dans les décisions et les arrêts de la Cour.

Cela est d'autant plus absurde que la CrEDH se situe entre les deux systèmes et que ses origines mêmes, historiquement et fonctionnellement, indiquent une attitude anti-autorité. Après tout, le défendeur devant cette Cour est toujours l'un des États contractants et le plaignant est toujours le citoyen qui se bat contre l'autorité de son État particulier. L'objectif même de la création de la CrEDH était de créer une autorité qui ne serait pas autoritaire, et qui serait donc capable de corriger les injustices survenant dans les systèmes juridiques internes autoritaires.

Politiquement et historiquement, la création de la CrEDH a été une riposte antiautoritaire aux injustices commises par les régimes autoritaires pendant et après la Seconde Guerre mondiale. Les pères de la CEDH étaient les représentants de l'establishment américain des années quarante et cinquante, qui craignait la résurgence d'attitudes autoritaires sur le continent européen. La Convention et la Cour étaient censées être le rempart contre ces attitudes autoritaires si clairement perçues dans les horribles anomalies de la Seconde Guerre mondiale. En outre, les systèmes communistes autoritaires de l'Empire soviétique étaient également perçus par la civilisation de common law comme étant intrinsèquement antidémocratiques et incapables d'être véritablement et sincèrement gouvernés par le rule of law.

c) Le formalisme juridique autoritaire

Il est donc illogique d'observer comment ce même formalisme juridique autoritaire, comment l'adhésion obsessionnelle aux grands principes positivistes, reste l'attitude dominante à la CrEDH. Bien sûr, cela ne sera pas toujours évident si on lit les arrêts et les décisions de la Cour, parce que ses produits écrits cachent bien sûr la réalité des délibérations, comme c'est plus ou moins vrai dans chaque tribunal – sauf dans la mesure où les opinions dissidentes de certains juges révèlent la réalité derrière la décision formelle.

Il ne fait aucun doute que la CEDH a été une tentative, en droit international, d'imprégner le système juridique continental d'éléments de la common law. Si l'on regarde, par exemple, l'expression « procès équitable », il faut être conscient du simple fait qu'avant la Seconde Guerre mondiale, cette formule n'existait même pas dans le système continental. Sur le plan linguistique, la signification de l'expression est encore aujourd'hui complètement différente de celle qu'elle a en common law. Si l'on dit : « Ce procès n'était pas équitable... » dans l'un des pays de common law, cela est porteur d'un certain sens ; si la même phrase est utilisée dans l'un des pays continentaux, il est fort probable qu'il s'agira d'un mot d'esprit. Cette attitude sceptique s'explique en fait par des siècles de décisions judiciaires autoritaires où la dernière chose à laquelle on pouvait s'attendre de la part de la magistrature était la justice[97].

On pourrait aller plus loin encore et soutenir que dans de nombreux systèmes juridiques continentaux, la référence à la « justice » semble être un signe clair de naïveté de la part de la personne qui prononce le mot. La charge de travail de 100 000 affaires pendantes devant la CrEDH témoigne avant tout du manque de respect et de crédibilité de la justice nationale dans la plupart des pays du continent et surtout, bien sûr, dans les pays qui n'ont émergé que récemment du système communiste soviétique. En d'autres termes, il existe en fait un lien intime entre le rule of law, d'une part, et la tradition démocratique, d'autre part.

Ainsi, en comparant les deux systèmes juridiques, on compare deux aspects de la culture juridique. La common law dérive du berceau de la liberté, qui a été l'Angleterre. Elle s'est répandue dans le monde entier, ce qui signifie que les pays concernés, des États-Unis à Malte, du Canada à l'Australie, participent activement au processus de création et de recréation de la base de données, pour ainsi dire, de la culture de common law. C'est d'autant plus vrai que les pays de common law, depuis des temps immémoriaux, fonctionnent avec une mémoire intégrée au système ; chaque décision de chaque juge peut

[97] On se souvient de la façon dont le problème de la justice est traité dans la littérature de certaines cultures. *Le Procès* de Kafka, par exemple, n'est pas une représentation imaginaire existentielle : en réalité, c'est une explication des absurdités du procès inquisitorial, qui n'a jamais rien eu à voir avec ce que la common law aurait appelé « un procès équitable ». De même, les descriptions que fait Balzac du fonctionnement du système juridique français ne sont pas seulement de la littérature : ce sont des descriptions d'attitudes que l'on rencontre encore dans la culture juridique française. Comme on l'a fait remarquer, Camus, lui aussi, dans *L'Étranger*, nous force à reconnaître les absurdités de la « justice » telle qu'elle est exercée par la magistrature continentale.

devenir une contribution à la mémoire collective du système et est un apport au fonctionnement du système dans son ensemble.

Plutôt qu'à des freins et contrepoids dynamiques, la séparation continentale des pouvoirs adhère à un divorce rigide. Le législateur produit des lois dans l'abstrait et *pro futuro* et, jusqu'à très récemment, la séparation des pouvoirs ne tolérait pas l'apport mémoriel de la part de ceux qui font marcher le système. La décision du juge, par exemple, depuis Montesquieu et son *Esprit des lois*[98], n'entre pas dans la mémoire collective du système, n'est enregistrée par aucun type de rapport, pour la raison simple et essentiellement politique que toute innovation juridique est strictement réservée à l'organe législatif. Comme je l'ai souligné plus haut, dans ce genre de système, le juge est simplement la « bouche de la loi » ou, plus précisément, du législateur. Répétons que les « dirigeants politiques », à commencer par Justinien au VIe siècle, avaient inexorablement tenté de réduire le pouvoir des magistrats et de leur enlever celui de contribuer de manière créative à la résolution ultérieure des conflits. Cette méfiance du pouvoir exécutif n'est pas fondée. Elle trahit une profonde incompréhension de la fonction du rule of law, qui est essentiellement consacrée au maintien de la stabilité sociale en résolvant pacifiquement toutes sortes de désaccords.

d) Définitions excessives

La common law, par conséquent, ne prétend même pas être un système de pensée ; elle s'en sort en s'en tenant aux faits et en étant tout à fait pragmatique. C'est le « système » dans lequel le juge

[98] « *Mais les juges de la nation ne sont, comme nous avons dit, que la bouche qui prononce les paroles de la loi ; des êtres inanimés, qui n'en peuvent modérer ni la force ni la rigueur. C'est donc la partie du corps législatif, que nous venons de dire être, dans une autre occasion, un tribunal nécessaire, qui l'est encore dans celle-ci ; c'est à son autorité suprême à modérer la loi, en faveur de la loi-même, en prononçant moins rigoureusement qu'elle. Il pourroit encore arriver que quelque citoyen, dans les affaires publiques, violeroit les droits du peuple, & feroit des crimes que les magistrats établis ne sauroient ou ne voudroient pas punir. Mais, en général, la puissance législative ne peut pas juger ; & elle le peut encore moins dans ce cas particulier où elle représente la partie intéressée, qui est le peuple. Elle ne peut donc être qu'accusatrice. Mais devant qui accusera-t-elle ? Ira-t-elle s'abaisser devant les tribunaux de la loi qui lui sont inférieurs [...] ?* » : Montesquieu, *L'Esprit des lois*, 1777, Liv. XI, chap. VI.

présidera un procès sans trop se soucier des détails techniques ; il s'efforcera simplement d'équilibrer les considérations et, à la fin, il mettra un terme, par sa décision, au scénario contradictoire[99].

On pourrait dire que c'est le modèle – le « type idéal », comme l'aurait appelé Max Weber – du rôle judiciaire. S'appuyant sur l'intelligence du juge et sur son sens de la justice, il autorise son bon sens et son imagination et il est avant tout efficace – si l'on considère que la résolution rapide, autoritaire et définitive des conflits est l'objectif principal du système judiciaire.

Dans le système de common law, donc, on ne définit pas des choses comme étant des chiens ou des chats, on désigne simplement un chien, et on dit : « Vous voyez, c'est un chien ! » Ainsi, quand le Martien marche dans la rue et qu'il voit un chat, il dira peut-être : « Quel chien étrange ! », mais il verra au moins que ce n'est pas le genre d'animal qu'on lui a demandé de reconnaître. Étant donné le pragmatisme épistémologique de la common law et l'absence de présomption cartésienne, il n'est pas nécessaire de s'efforcer de comprendre « l'essence » des choses et il n'existe qu'un besoin réaliste et modeste, c'est-à-dire un besoin non transcendantal, de résoudre le conflit.

Le but de la parabole est donc de dénoncer par une métaphore les définitions excessives. Le droit est absent, quand les juristes continentaux sont formés pour accepter inconsciemment, pour expliquer ou définir les choses ; il est là, plus modestement et plus pratiquement, pour maintenir la stabilité sociale par une résolution rapide, autoritaire et définitive des différends[100]. La question est donc de savoir pourquoi le système continental affiche cette « aspiration

[99] Il est dans la nature même d'une décision qu'elle soit définitive ; parce qu'il s'agit de simples conflits, le caractère définitif des décisions est beaucoup plus important en droit que leur contenu. Ainsi, il existe en droit continental une formule selon laquelle le caractère définitif l'emporte, en droit privé, même sur la vérité : « *Res judicata pro veritate habetur* » (« La décision finale est irréfutablement présumée être la vérité »).

[100] Par exemple, voir les références à la « stabilité sociale » dans l'article fondateur de Luban, *infra*, note 181.

scientifique », alors que le système de common law peut facilement s'en passer[101].

6. La common law : les similitudes entre les différentes affaires

La common law est un système dans lequel l'avocat identifie les similitudes entre les différentes affaires. Cela signifie simplement qu'en common law, on n'a pas recours de façon ambitieuse à des définitions abstraites (de « chaises ») : on se souvient simplement d'une affaire. L'avocat dit : « Ah oui, cela rappelle l'affaire Unetelle, dans laquelle le tribunal a adopté telle position... » En common law, on part de ce souvenir par une association d'idées qui rappelle la pensée latérale, hors des sentiers battus, prônée par de Bono, et cela sans nécessairement essayer d'« apprécier » ce qu'est l'affaire à un niveau d'abstraction plus élevé, c'est-à-dire à quel niveau plus élevé d'abstraction ou de conception plus abstraite les faits sembleraient correspondre logiquement[102].

On en a un très bon exemple avec ce qu'on appelle le « mépris gratuit et délibéré d'un risque déraisonnable pour la vie humaine ». Le

---

[101] En termes comparatifs, on observe une aversion typique, en common law, envers la digression théorique. Il est excessif, bien sûr, de dire que le système juridique anglo-américain n'a pas de « doctrine », mais s'il en a une, son champ d'application est complètement différent de celui de la doctrine juridique continentale. D'autre part, cette « doctrine » – je me réfère à la plupart des articles publiés y compris dans la revue majeure *American Law Review* – peut facilement être réduite à un pur « analogisme » (*analogy mongering*, comme l'a appelé R. M. Unger de la Harvard Law School), sans aucune valeur explicative. Cela n'est pas sans conséquences fâcheuses, car le niveau « théorique » reste horizontal, en ce sens qu'il ne s'élève pas au-dessus de la jurisprudence, d'où la référence critique à l'« analogisme ». La jurisprudence reste donc « à texture ouverte », ce qui permet par exemple à la Cour suprême américaine d'aller de l'avant puis de revenir en arrière – par exemple dans le cas de la règle d'exclusion de la preuve illégale et du privilège de ne pas s'accuser soi-même – simplement parce que le lien entre les deux n'a en théorie jamais été posé comme étant « à texture fermée », c'est-à-dire expliqué et donc fixé comme un fait accompli. Du point de vue continental, il est évident que la doctrine juridique de la common law, avec des exceptions honorables, est pratiquement inexistante, simplement parce qu'elle reste au même niveau d'abstraction que la jurisprudence, qui pourrait être pour elle un sujet empirique extrêmement riche. Pour un théoricien juridique continental, c'est une mine d'or !

[102] Voir, en général, E. de Bono, *Lateral Thinking : Creativity Step By Step*, Harper & Row, 1970.

concept dérive d'une affaire survenue dans l'Ouest des États-Unis où un jeune garçon se tenait au sommet d'un pont et lançait des pierres sur les trains qui passaient dessous. Un passager a été tué et le garçon a été accusé d'homicide. Il est clair qu'il ne s'agissait pas d'un meurtre : l'intention faisait défaut. L'intention directe a été remplacée par ce qu'on a appelé alors de façon descriptive « le mépris gratuit et délibéré d'un risque déraisonnable pour la vie humaine[103] ».

Cela devient plus intéressant quand on sait que dans le système continental, on appelle cela *dolus eventualis* et que de nombreuses théories quasi philosophiques ont été avancées afin d'expliquer la différence entre l'intention directe *(dolus directus)*, d'une part, et l'insouciance *(culpa gravis)*, d'autre part, l'idée de « mépris gratuit et délibéré d'un risque déraisonnable pour la vie humaine » étant consignée entre ces deux catégories. Entre parenthèses, la négligence pourrait très facilement être décrite non seulement comme une absence de diligence, mais comme une sorte d'omission mentale. Les théories du *dolus eventualis* sont très intéressantes, elles frôlent la philosophie de l'intentionnalité (l'école de l'intentionnalité de l'université de Graz, avec Meinong comme principal promoteur), mais la vraie question est de savoir si elles ajoutent quelque chose à la valeur explicative et à la juste résolution de l'affaire pénale[104]. En fin de compte, il existe des formules simples pour l'application de la théorie du *dolus eventualis*, mais ces solutions pratiques auraient pu être trouvées par un raccourci intelligent, c'est-à-dire sans philosopher à l'excès sur une matière banale et ordinaire.

---

[103] Voir Perkins, *Criminal Law*, 2e éd., § 1, p. 36-37, qui parle de « cœur dépravé » ou de « mépris gratuit et délibéré d'un risque déraisonnable pour la vie humaine ». Voir aussi Rollin M. Perkins, « Memorandum Concerning the National Symposium (2nd Series), The Law of Homicide », *Journal of Criminal Law and Criminology*, vol. 36, numéro 6, p. 399 et s., à l'adresse https://scholarlycommons.law.northwestern.edu/cgi/viewcontent.cgi?article=3366&context=jclc, consulté pour la dernière fois le 24 février 2018. Paru à l'origine dans *Perkins on Criminal Law*, Foundation Press, University Textbook Series, 1957.

[104] Elles disent qu'il est sage d'éviter les médecins ayant une propension scientifique. Un tel médecin peut placer la découverte scientifique au-dessus du bien-être du patient. Ce dernier, bien sûr, n'attend qu'une réponse efficace à son problème médical. Soit dit en passant, les tests psychologiques effectués aux États-Unis démontrent, ce qui est vraiment surprenant, que la profession la plus créative de toutes les professions, c'est la profession juridique. Il est établi que le QI est en corrélation avec d'autres aspects de la personnalité. Les résultats inverses seraient probablement obtenus sur le continent.

La common law peut se passer de toute théorie parce qu'après le procès, le jury est en tout cas enfermé et peut très bien ne pas tenir compte des instructions de fond du juge en matière de droit pénal. La prise de décision par le jury est comme une boîte noire. Nous connaissons les intrants et les extrants, mais nous ne savons pas ce qui s'est passé dans la salle des jurés. En outre, puisque les verdicts des jurés ne sont pas motivés, les appels pour des motifs matériels se référant au droit pénal matériel sont pratiquement impossibles en common law[105]. Le système des précédents semble hésitant et indécis ; il ne s'efforce jamais de « comprendre » au sens continental du terme, c'est-à-dire au sens du mot « compréhension » tel qu'il est caractéristique des avocats continentaux.

L'avocat continental ne dira rien sur l'affaire que lui rappelle celle qu'il a devant lui. Il recourra immédiatement à une définition dont il se souvient, tirée d'un code ou d'une autre source de droit, en excluant la jurisprudence. L'association d'idées n'a pas lieu ici entre deux ensembles de faits similaires. Elle est verticale, comparée au mode horizontal d'association entre deux affaires de common law différentes. Dans le système continental, on saute du concret à l'abstrait et vice versa, mais on ne se souvient pas d'un cas, d'un précédent que la situation immédiate rappellerait.

Jusqu'à très récemment, étant donné que les affaires n'étaient pas enregistrées et diffusées (sauf au titre de jurisprudence dans le système français), le système juridique continental fonctionnait comme un système sans mémoire. Il n'a donc pas été en mesure de tirer les leçons de sa propre expérience. L'arrivée récente sur la scène juridique des cours constitutionnelles nationales, d'une part, et de la jurisprudence de la CrEDH, d'autre part, ne sont que les exceptions modernes à l'idée que les tribunaux sont là seulement pour appliquer le droit, pas pour le générer.

---

[105] *Taxquet c. Belgique* [GC], requête n° 926/05, 16 novembre 2010. L'affaire *Taxquet* était un procès devant jury en Belgique. La question était de savoir si le verdict du jury devait être motivé, raisonné, ce qui présente évidemment une difficulté, même si au cours du procès, le juge pose des questions spécifiques auxquelles le jury doit donner une réponse. Je me souviens que cela a été toute une histoire pour persuader la Grande Chambre de limiter l'impact de ce précédent en excluant le Royaume-Uni. Il aurait en effet été impensable de lier le Royaume-Uni à cela, puisque le procès devant jury y est mandaté depuis la *Magna Carta* (art. 39), c'est-à-dire depuis 1215 (depuis 795 ans). Voir *infra*, notes 355 et 485.

Nous avons ici deux modes de raisonnement complètement différents. En plus de cette comparaison, on pourrait mentionner la formulation populaire chez les avocats de common law selon laquelle en common law, le droit est difficile à trouver, mais qu'une fois trouvé, il est facile à appliquer. L'inverse serait vrai pour le système continental – du point de vue des avocats anglo-saxons – à savoir que sur le continent le droit est facile à trouver, mais une fois qu'il a été trouvé, il est difficile à appliquer. Il est « difficile à appliquer » en raison de l'écart considérable entre la norme abstraite et le modèle factuel concret, qui semble au juriste de common law – du fait qu'il n'est pas sensibilisé à la pensée abstraite – encore plus indéterminé qu'il ne l'est en réalité.

Comment expliquer cette formule ?

La question n'est pas de savoir si le droit est plus facile à appliquer ou non. La question est le niveau d'abstraction, car si la norme est très abstraite, l'écart entre l'abstrait et le concret est difficile à combler, alors que la référence horizontale à un autre cas est spécifique. Ici, il n'est pas nécessaire de descendre des cimes de l'abstraction jusqu'aux particularités des faits. En d'autres termes, la référence horizontale est clairement plus déterminante pour l'issue de l'affaire, ce qui signifie qu'un tel système, bien qu'à texture ouverte, est plus prévisible. Il offre un certain niveau de sécurité juridique. À l'inverse, le système continental exige – « présuppose », pour ainsi dire – un saut constant de la concrétisation d'un cas spécifique à la définition abstraite que l'on trouve dans un acte législatif, et vice versa. On pourrait suggérer que les avocats continentaux sont des maîtres de l'abstraction, parce que leur métier consiste en ce rebondissement entre ce qui est abstrait et ce qui est concret. Autrement dit, un bon avocat continental est versé dans le déploiement des abstractions, qu'il sait faire correspondre au fait donné. D'autre part, cette aptitude présuppose l'inhibition cognitive là où la réification de ces abstractions gagne celles-ci. Ces juristes sont si profondément immergés dans les constructions mentales abstraites qu'ils se prennent à croire que ces généralisations, par exemple, un contrat ou un meurtre, sont réelles. Il faut leur rappeler l'irréalité de leurs théories et leur dépendance à l'égard du pouvoir de « paix du roi » de l'État.

a) Hobbes

La formule de Thomas Hobbes est la suivante :

Si les lois civiles cessent d'exister, les crimes et autres constructions réifiées cessent aussi : « Là où il n'y a pas de loi civile, il n'y a pas d'infraction à la loi ».

> Là où il n'y a pas de loi civile, il n'y a pas d'infraction à la loi, car comme aucune loi ne demeure, sinon la loi de nature, il n'y a aucunement lieu qu'il y ait accusation, tout homme étant son propre juge, accusé seulement par sa propre conscience, et innocenté par la droiture de sa propre intention.
>
> Quand donc son intention est droite, son acte n'est pas un péché.[...]
>
> Quand il n'y a pas de pouvoir souverain, il n'y a pas non plus d'infraction à la loi, car quand n'existe pas un tel pouvoir, on ne peut avoir aucune protection de la loi, et, par conséquent, chacun peut se protéger par son propre pouvoir. En effet, lors de l'institution du pouvoir souverain, nul n'est censé abandonner le droit de préserver son propre corps, pour la sécurité duquel toute souveraineté est ordonnée[106]. Mais cela doit s'entendre uniquement de ceux qui n'ont pas contribué eux-mêmes à supprimer ce pouvoir qui les protégeait, car cette suppression serait dès le début une infraction à la loi[107].

7. La nature instrumentale de la recherche de la vérité

Cela montre, en fait dans les deux systèmes, qu'en droit, la vérité est secondaire. Le droit est un instrument de résolution des conflits. La déesse égyptienne Maat, déesse de la vérité, était le symbole de la justice, mais cela n'était vrai que dans la mesure où il n'était pas trouvé de règlement (un *compromissum*) et qu'il était nécessaire de

---

106 Ici, Hobbes se réfère à la nécessité de la paix du roi, c'est-à-dire du pouvoir de l'État. Sans ce dernier, libre cours est donné à l'« autodéfense » et à l'anarchie, selon la formule du Far West : « Vivre par le fusil ou mourir par la loi (absente) ». La dialectique centrale est ici entre « la loi et l'ordre », d'une part, et « le rule of law », d'autre part, l'argument du pouvoir contre le pouvoir de l'argument. Les défenseurs fanatiques des droits de l'homme feraient bien de garder cela à l'esprit. Il n'y a pas de « droits de l'homme » sans pouvoir sous-jacent de l'État.

107 Thomas Hobbes, *Léviathan*, Chapitre XXVII, intitulé « Des infractions à la loi, excuses et circonstances atténuantes » (trad. Ph. Folliot,, *op. cit., supra,* note 46).

savoir quelle avait été l'origine factuelle de la querelle. Mais la fin du différend mettait aussi fin à la recherche de la vérité. Il n'est donc pas surprenant qu'il en ait été de même par la suite en procédure pénale[108]. L'existence du droit de la preuve dans les pays de common law montre que la recherche de la vérité est importante. Mais elle n'est pas indispensable pour mettre fin à la controverse.

À la CrEDH, le mantra est que la Cour n'est pas une « quatrième instance », que les questions de preuve sont considérées comme réglées au niveau des juridictions nationales. Là encore, il s'agit d'une ligne directrice trompeuse pour le Greffe, car dans de nombreux cas, il est impossible de faire la distinction entre une question de preuve *stricto sensu* et l'erreur logique interne commise par la juridiction nationale. Par exemple, l'erreur logique du raisonnement circulaire concernant la preuve ou l'erreur logique concernant le lien de causalité sont strictement une question de procès équitable au sens de l'article 6 de la Convention, et non une considération factuelle. Comme c'est souvent le cas, les faits sont de fausses représentations de la qualification juridique erronée et ne devraient être « pertinents » qu'à l'intérieur de la prémisse majeure formellement logique. Les questions de fait sont donc souvent impossibles à distinguer des erreurs logiques des tribunaux nationaux.

8. Formalisme juridique et résolution des conflits

Le formalisme juridique continental est une forme de fascination pour les abstractions où le juriste s'est tellement investi dans le décryptage des définitions législatives qu'il ne veut plus s'écarter de la pratique mentale dans laquelle sauter du concret à l'abstraction et vice versa est ce qui compte.

Le formalisme juridique est la maladie du droit continental. De plus, il s'agit d'une forme institutionnalisée d'irrationalité où le jeu de

---

[108] Il s'agit de ce qu'il est convenu d'appeler *« plea-bargaining »*, la négociation entre le procureur et l'avocat de la défense pour revoir à la baisse les chefs d'inculpation. Le procureur et l'avocat de la défense concluent un marché et l'accusé admet quelque chose qui n'est pas vrai. Avec un retard caractéristique, de nombreuses juridictions continentales acceptent maintenant cette négociation et ses résultats. Cela est tenable dans le contexte d'une conception contradictoire de la procédure pénale, et c'était absolument inacceptable dans le cadre inquisitorial qui, depuis les trente dernières années, appartient au passé.

langage de Wittgenstein est réduit au saut circulaire limité entre le concret et l'abstrait, où l'espace du saut est à texture fermée plutôt qu'à texture ouverte.

a) Texture fermée contre texture ouverte

Le système continental est « à texture fermée » et instinctivement conservateur, en ce sens qu'il empêche la simple ouverture de nouvelles questions[109]. Il interdit aux protagonistes du processus

---

[109] Nous commencerons par mentionner ici l'intéressante affaire *Burden c. Royaume-Uni* [GC], requête n°13378/05, 29 avril 2008. Dans cette affaire, le jugement de la Chambre des Lords a été attaqué devant la Cour de Strasbourg parce que, après épuisement des recours internes, il était devenu évident que la Chambre des Lords n'aurait pas pu rendre son jugement contraignant pour le législateur du Royaume-Uni. Pendant de nombreuses années, les deux sœurs Burden avaient vécu sous le même toit et, en vieillissant, elles ont commencé à s'inquiéter de l'impôt sur la succession qui serait obligatoire pour la sœur survivante quand l'autre sœur mourrait. Les sœurs se sentaient discriminées parce que les personnes enregistrées en partenariat civil, bien que non mariées au sens habituel du terme car homosexuelles, bénéficieraient de l'exemption des droits de succession en cas de décès de l'un des partenaires civils, tandis que l'une des sœurs, dans une situation par ailleurs totalement analogue, ne bénéficierait pas de la même exemption.
Sur le continent, cette affaire aurait été un cas classique traité par les tribunaux constitutionnels du pays. Aux États-Unis, parce qu'il s'agit d'une juridiction unifiée, la question de l'égale protection des lois aurait été traitée par la Cour suprême des États-Unis, probablement selon le critère d'égalité de protection moins strict qui s'applique aux questions socio-économiques. En tout état de cause, les vraies raisons pour lesquelles les deux sœurs vivant sous le même toit n'avaient pas bénéficié de la même exemption fiscale étaient probablement la conséquence de ce qui arrangeait les autorités fiscales britanniques, car un partenariat enregistré est facile à démontrer, alors que le fait de vivre ensemble sous le même toit est une question de fait que les autorités fiscales ne peuvent *a priori* pas discerner d'après les documents déposés comme déclaration d'impôt. Cependant, le résultat n'était pas seulement discriminatoire : il était manifestement irrationnel et n'était qu'une simple commodité pour les autorités fiscales. Mais l'affaire est intéressante pour une autre raison encore. David Panic, l'avocat qui a porté l'affaire à Strasbourg, avait en fait réussi à persuader la Chambre des Lords d'approuver la revendication des sœurs. La Chambre des Lords était d'accord, mais sa position n'était pas contraignante pour le législateur britannique. L'avocat s'est donc tourné vers la CrEDH afin d'obtenir un jugement contraignant, que le Parlement du Royaume-Uni aurait été obligé de suivre. Indépendamment du fait – j'ai écrit une opinion dissidente dans cette affaire – que M. Panic à Strasbourg n'avait pas réussi à faire aboutir sa demande, il était extrêmement intéressant d'observer comment une question bien définie était traitée dans le système juridique interne du Royaume-Uni et à quel point de préparation la question était parvenue à la CrEDH. Le dossier était bien documenté et la question

judiciaire et juridique en général d'être de bon sens et créatifs, c'est-à-dire de trouver de nouvelles solutions logiques, naturelles et justes. Si telle était l'intention de la « séparation des pouvoirs », où le juge, selon Montesquieu, n'est que la bouche de la loi, cela fonctionne très bien[110].

L'étroitesse de l'espace accordé est destinée à tuer l'originalité de la résolution des problèmes, ce qui avait précisément été l'intention

---

elle-même est, bien sûr, à la pointe des questions juridiques contemporaines. On peut alors se demander pourquoi des questions juridiques de pointe contemporaines similaires n'arrivent pas de pays comme l'Allemagne, la France, la Suède, l'Italie, l'Espagne et d'autres pays.
Une question tout aussi intéressante, quelques années avant l'affaire *Burden*, était arrivée avec l'affaire de l'aéroport d'Heathrow près de Londres. D'une manière générale, la CrEDH n'avait pas encore traité beaucoup d'affaires de protection de l'environnement. Il y a bien deux affaires venues de Roumanie, mais l'affaire *Hutton c. Royaume-Uni*, requête n° 28014/02, 17 décembre 2002, était intéressante parce qu'elle concernait les nuisances sonores. Les quartiers proches de l'aéroport d'Heathrow subissaient le bruit constant des avions au départ et à l'atterrissage. La question était de savoir si ces personnes pouvaient réclamer des dommages-intérêts pour la baisse évidente de leur qualité de vie due au bruit provenant de l'aéroport. Aux termes de l'article 8 de la CEDH, la question n'aurait pas pu être définie directement comme une question de protection de l'environnement ; la Convention n'a pas de disposition à cet effet. Encore une fois, il est intéressant d'observer que la question est arrivée du pays de common law, bien que le problème de nuisances sonores soit exactement le même à proximité de nombreux aéroports continentaux. Si des questions aussi intéressantes proviennent du Royaume-Uni, c'est que le système fonctionne bien, en quelque sorte. Par exemple, on sait combien les suicides sont fréquents dans les prisons françaises et pourtant, les affaires traitant de cette question à la CrEDH sont très rares. Cela semble indiquer que, pour une raison quelconque, le système français ne cède pas les questions pertinentes pour qu'elles puissent être portées devant la CrEDH. Regarder le résultat final, c'est-à-dire observer les questions qui arrivent des différentes juridictions nationales et considérer dans quel état elles arrivent à Strasbourg, n'explique pas en soi beaucoup de choses concernant le fonctionnement du système national capable, ou non, de les produire. Néanmoins, pour le juge qui observe les choses de l'intérieur, il est évident que la common law, quelle qu'en soit la raison, produit les questions juridiques de pointe que d'autres systèmes sur le continent sont apparemment incapables de générer.

[110] L'idiome symptomatique en langage juridique français est « appliquer le droit », où « appliquer » implique une renonciation quasi automatique à l'apport cognitif du juge : il n'est là que pour appliquer la loi. Au cours des dernières décennies, ce verbe « appliquer » a commencé à avoir des connotations créatives – mais très timidement. La grande crainte de la doctrine constitutionnelle française est toujours celle du « gouvernement des juges ».

des dirigeants absolutistes, de Justinien au VIe siècle à Frédéric II, roi de Prusse. Il a été historiquement démontré que Justinien voulait réduire le pouvoir des préteurs et que Frédéric II, avec son *Allgemeines Landrecht für die Preußischen Staaten (Code général pour les États prussiens*, 1794), avait l'intention d'abolir, sinon les juges, du moins les avocats[111]. L'idée dissimulée derrière le projet législatif particulariste et casuistique de Frédéric le Grand, avec son *Kommentierungsverbot (Analogieverbot)*, était de rendre le raisonnement juridique autonome explicitement superflu et de le prohiber *(verboten)*, parce que toutes les réponses aux questions concrètes auraient été fournies à l'avance, dans l'abstrait. Le *Landrecht* a donc dû descendre des nobles abstractions pour devenir une casuistique inacceptable. Comme nous le verrons plus loin, les rédacteurs du Code Napoléon ont astucieusement résolu le problème par le biais d'une simplification stratégique. Mais l'intention a toujours été de réduire le pouvoir des magistrats et de les cantonner au cadre de référence à texture fermée par lequel ils « appliqueraient la loi » sans leur laisser de marge de manœuvre pour inventer de nouvelles solutions à de nouveaux problèmes.

b) Droit romain

On oublie que le droit romain est né à l'origine d'une accumulation d'inventivité empirique et de solutions originales spécifiques dont le juge devait faire preuve pour résoudre le problème particulier auquel il était confronté s'il voulait apporter une solution au conflit. Le cas

---

[111] « *Die Wurzeln des Allgemeines Landrecht für die Preußischen Staaten (PrALR) reichen zurück zu den Überlegungen Friedrichs I., ein einheitliches Recht zu schaffen. Maßgebliches Anliegen für die spätere Entwicklung des Landrechts war der Wunsch Friedrichs II. nach einem klaren und eindeutigen Recht. Zunächst hatte Friedrich ein Kommentierungsverbot (Analogieverbot) verfügt mit dem Ziel, den vorherrschenden Rechtsmissbrauch der Juristen zu beenden. Nur der Wortsinn durfte ausgelegt werden. Im Zweifel wurde eine eigens eingerichtete Kommission befragt, die jedoch wieder abgeschafft werden musste, da die häufigen Anfragen die Rechtsprechung lähmten. Das PrALR sollte nun für jedermann das Recht in verständlicher Form nachlesbar machen. Es erhielt den Charakter eines Aufklärungsgesetzes » :* voir https://de.wikipedia.org/wiki/Allgemeines_Landrecht_f%C3%BCr_die_Preu%C3%9Fischen_Staaten, consulté pour la dernière fois le 23 octobre 2017.

que je cite habituellement est l'exemple de la *Lex Rhodia de iactu* en droit romain[112].

(1) Lex Rhodia de iactu

À l'époque romaine, les navires naviguant en Méditerranée transportaient souvent des cargaisons de blé, de bois de cèdre, d'amphores contenant de l'huile d'olive, du vin, etc.[113]. Si un navire était pris dans la tempête, peut-être causée par un vent étésien de nord-est (meltem, μελτέμι), le capitaine était obligé de jeter par-dessus bord la cargaison la plus volumineuse et la moins précieuse. Pendant la tempête, le capitaine décidait donc d'abandonner le surplus de cargaison, ce qui rendait le navire plus léger et plus à même de résister à la tempête. Après la tempête, le navire se dirigeait vers un port en toute sécurité, mais la perte de ceux dont la cargaison avait été larguée était évidente. Leur cargaison avait été sacrifiée pour que d'autres soient sauvées. Ceux qui avaient subi ces dommages trouvaient injuste le sacrifice de leur cargaison.

Le *praetor*, une fois l'action en justice engagée pour compenser ces dommages, était confronté à la question de savoir si ceux qui avaient perdu leur cargaison avaient le droit de demander des dommages-intérêts à ceux dont la cargaison avait été sauvée. L'idée était de répartir équitablement, bien qu'*ex post facto*, les dommages causés par la *vis major*, l'acte de Dieu. Le magistrat avait estimé qu'il était juste, c'est-à-dire logique, de réallouer les dommages-intérêts, ce qui était équitable. Ce partage *a posteriori* du risque, qui s'apparente à l'assurance moderne, était une solution sans précédent à un problème très spécifique.

Ainsi la *Lex Rhodia de iactu* est-elle devenue un exemple typique de difficulté très spécifique ayant trouvé une réponse très spécifique. Cependant, une fois découverte, cette solution est devenue une règle, et cela par l'adoption d'une vue d'ensemble de la situation et de la

---

112 Littéralement, la loi sur le largage : voir, par exemple, à l'adresse http://openlibrary.org/books/OL19331299M/ Lex_Rhodia_de_iactu.

113 « Une quinquérème de Ninive venant de la lointaine Ophir ramait pour se réfugier dans l'île du soleil [Rhodes] avec une cargaison d'ivoire, de singes et de paons, du bois de santal, du bois de cèdre et du vin blanc doux » : John Masefield, *Cargoes*, voir http://www.bartleby.com/265/212.html, consulté pour la dernière fois le 9 novembre 2017.

réponse à donner. L'élucidation par le juge a constitué un précédent en ce sens qu'à un certain moment dans l'avenir, des situations similaires mais non identiques pourraient se présenter, où les risques réels devraient être redistribués entre ceux qui auraient subi des dommages à la suite d'une tempête de grêle, d'une sécheresse ou d'un autre type de *vis major*. Dans ces autres cas, les juristes penseraient naturellement à la *Lex Rhodia de iactu* comme à un modèle pour résoudre des circonstances similaires.

À considérer les choses aujourd'hui, on pourrait dire que le droit romain a fonctionné comme la common law. Les avocats se souvenaient des affaires, à savoir que dans un certain sens, elles étaient citées et suggéraient la solution au *praetor* par référence à l'affaire initiale. On pourrait facilement appeler cela une tradition juridique : elle se transmettait aussi de bouche à oreille, d'une génération d'avocats à l'autre.

(2) Justinien et son Codex Justinianus

Puis vint Justinien. L'intention de sa codification[114], au VIe siècle, n'était pas simplement de rassembler toutes les données empiriques accumulées au cours des siècles, mais bien d'ôter le pouvoir aux magistrats et de leur faire suivre des règles fixes, telles que filtrées à partir des matériaux empiriques antérieurs. En fait, Justinien a causé des dommages parce que, dans son réexposé du droit, il a jeté une grande partie du matériel empirique afin de pouvoir distiller l'objet de sa mise à jour.

---

[114] Le *Codex Justinianus* (vers 534 apr. J.-C.) se compose de quatre livres : 1) le *Codex Constitutionum*, 2) les *Digesta* ou *Pandectae*, 3) les *Institutiones*, et 4) les *Novellae Constitutiones Post Codicem. « Ils ont rassemblé et examiné tous les écrits connus de tous les juristes autorisés ; ils en ont extrait ce qu'ils ont jugé utile, en sélectionnant généralement un seul extrait sur un point de droit donné ; et ils ont reformulé les originaux chaque fois que cela était nécessaire pour des raisons de clarté et de concision. Les résultats ont été publiés dans 50 livres, chaque livre étant subdivisé en titres. Toutes les sentences juridiques non sélectionnées pour le Digeste ont été déclarées invalides et ne devaient donc jamais être citées en droit »* : voir *Encyclopedia Britannica*, *s,v.* « Code of Justinian », à l'adresse https://www.britannica.com/topic/Code-of-Justinian, consulté pour la dernière fois le 23 octobre 2017.

L'objectif déclaré du réexposé était de codifier et d'organiser les constatations empiriques des juges de manière qu'il soit plus facile de les trouver et de s'y référer, ce qui est louable. D'autre part, pour rationaliser le système, il fallait jeter par-dessus bord beaucoup de choses qui ne correspondaient pas au modèle préconçu de ce que le *Digeste* de Justinien devait être en fait – parce que, en dernière analyse, l'intention était de priver les magistrats de leurs droits, c'est-à-dire de les lier à une norme juridique abstraite. En effet, la différence entre le système continental de normes juridiques distillées, d'une part, et la nature riche, sémiotique, associative à texture ouverte du cadre de référence juridique anglo-saxon explique essentiellement la différence profonde entre les deux modes de pensée inhérents au fonctionnement des deux systèmes juridiques opposés.

9. La limite difficile de la pratique de la common law

Le fait que la common law, lorsqu'il s'agit de son raisonnement par analogie, est clairement supérieure, peut se mesurer facilement aux performances de tous les juristes du Royaume-Uni, d'Irlande et autres pays de common law, ainsi qu'à la CrEDH. On peut aussi l'observer dans la rapidité et la sophistication de la justice rendue dans les pays de common law.

a) L'absence de simplification stratégique

Cependant, le système juridique anglo-saxon souffre d'un handicap, qui peut s'expliquer par la comparaison suivante. Imaginez un système de routes locales dont l'arrangement est très complexe, où de nombreux points du système sont reliés à de nombreux autres points et où les routes ne sont pas toujours adaptées, c'est-à-dire qu'il n'y a pas d'autoroutes. Pour fonctionner dans le système des précédents, vous devez être un très bon conducteur. L'arrangement exige un haut niveau d'intelligence, un solide investissement en termes de travail ainsi qu'une grande part d'imagination créative juridique. Évidemment, cette dernière est rendue possible par l'adoption du raisonnement à texture ouverte par similarités, par l'analogie.

Il est également intéressant d'observer qu'un système routier aussi mauvais exige et, en fait, produit de meilleurs conducteurs et que, d'autre part, le système continental d'autoroutes abstraites ne semble pas exercer le même type de « sélection naturelle » chez ses automobilistes. Je parle ici en tant que professeur de droit qui a enseigné dans les deux systèmes, en plus d'avoir été juge, pendant vingt-trois ans, dans des tribunaux de dernier ressort : j'ai pu facilement observer les produits finis du système juridique en appel devant la Cour constitutionnelle slovène et devant la CrEDH.

10. Normes et faits dans les deux systèmes juridiques

Tout système juridique, bien entendu, fait partie intégrante d'une culture particulière, voire de la civilisation dans son ensemble. La structure normative ne peut être considérée indépendamment de la structure morale et éthique d'une société particulière, d'une culture particulière et d'une civilisation particulière.

Par exemple, si nous disons que le code pénal d'une culture particulière est son « code moral minimal », nous avons dit quelque chose de la relation entre le droit matériel, d'une part, et l'éthique et la morale, d'autre part[115]. Il est intéressant de noter que les comparaisons entre les différents droits matériels de la common law et du droit continental ne semblent pas particulièrement frappantes. Ce qui est incriminé en common law recoupe le plus souvent ce qui l'est dans n'importe quel pays du continent. En effet, les différences pertinentes ne proviennent pas du droit « matériel ».

a) Processus juridique

Il s'agit ici du « processus juridique », mais pas d'une procédure particulière, par exemple civile ou pénale. La référence au processus juridique en général est caractéristique de la common law ; elle est étrangère à la mentalité juridique continentale. Dans les pays de common law, les expressions telles que « droit en action » ou « processus juridique » ont un sens spécifique parce qu'elles se réfèrent, en quelque sorte, aux aspects procéduraux dynamiques des

---

[115] Voir *infra*, le dernier chapitre intitulé « L'effondrement de l'intégration normative », et B. M. Zupančič, « Criminal Law and its Influence upon Normative Integration », *Acta Criminologica*, vol. 7, n° 1, 1974, disponible *in toto* à l'adresse https://www.erudit.org/fr/revues/ac/1974-v7-n1-ac1011/017031ar.pdf, consulté pour la dernière fois le 22 février 2018.

événements dans le domaine juridique. Ces événements contribuent à la croissance organique du système au quotidien et au cas par cas. En ce sens, le système est principalement alimenté par les juges et autres avocats en tant que « membres de la cour » dans le système, c'est-à-dire qu'il n'est généralement pas dicté, sauf dans certains domaines, exclusivement par le législateur. Il importe de comprendre cette caractéristique « organique » de la common law, dans laquelle, par exemple, le droit est enseigné à partir de recueils de jurisprudence et, en ce sens, de manière empirique et horizontale, plutôt que doctrinale et verticale.

b) Leibniz et ses « monades »

De son côté, le système continental semble avoir hérité, dans un sens simplifié, de la philosophie des monades du célèbre philosophe allemand, inventeur du calcul infinitésimal, Gottfried Leibniz (1646-1716)[116]. Pour Leibniz, une monade est une unité indivisible (ici, de pensée) qui correspond précisément à l'ambition de tout code continental, où chaque article particulier doit figurer comme un élément à recombiner avec d'autres éléments, tout comme les lettres de l'alphabet sont recombinées en mots, dans n'importe quelle prémisse majeure dont le système pourrait avoir besoin pour décrire adéquatement l'ensemble de faits en question. Dans les travaux préparatoires du Code civil de Napoléon, il existe des passages explicites faisant référence à cette recombinaison. Les auteurs du Code civil devaient connaître la théorie de Leibniz, parce que la structure du Code, composé d'articles en tant que monades, donne des

---

[116] « *En fin de compte, l'univers de Leibniz ne contient que Dieu et des entités non composites, immatérielles, semblables à l'âme, appelées "monades". Strictement parlant, l'espace, le temps, la causalité, les objets matériels, entre autres choses, sont tous des illusions (du moins tels qu'ils sont normalement conçus). Cependant, ces illusions sont bien fondées sur et expliquées par la vraie nature de l'univers à son niveau fondamental. Par exemple, Leibniz soutient que les choses semblent se causer les unes les autres parce que Dieu a ordonné une harmonie préétablie entre tout dans l'univers. De plus, comme conséquence de sa métaphysique, Leibniz propose des solutions à plusieurs problèmes philosophiques profonds, tels que le problème du libre arbitre, le problème du mal et la nature de l'espace et du temps. On trouve donc Leibniz développant des arguments intrigants sur plusieurs positions philosophiques – y compris le théisme, la compatibilité et l'idéalisme* » (soulignement ajouté) : *Gottfried Leibniz : Métaphysique, Internet Encyclopaedia of Philosophy*, Mathew Homan, *s.v.* « Leibniz ».

milliards de combinaisons (de « monades »), fournissant ainsi le matériel pour la composition de prémisses majeures syllogistiques susceptibles d'être adéquates pour tous les ensembles de faits possibles auxquels l'une des combinaisons pourrait correspondre[117]. Le système est donc censé fonctionner à travers le Code. Le Code offre un alphabet d'innombrables monades et c'est aux avocats de les recombiner en mots, c'est-à-dire en prémisses majeures.

c) La poule et l'œuf

Sauf que dans ce processus, qui est censé être lié par le principe de légalité (*principle of legality*, *Legalitätsprinzip*) comme en droit pénal, on ne sait pas ce qu'est la poule et ce qu'est l'œuf. Un avocat est confronté à un ensemble de faits ; il y reconnaît une violation d'une norme parce qu'il a plus ou moins consciemment recombiné plusieurs aspects d'un article particulier et de différents articles dans la prémisse majeure actuelle, ce qui correspond à l'« aperception » de Leibnitz. La prémisse majeure donnée, à son tour, permet une perception sélective des faits, à savoir que les avocats considèrent certains faits comme juridiquement pertinents. D'autres faits, qui auraient pu être pertinents en vertu d'une prémisse majeure combinée différemment, deviennent non pertinents. Parce qu'ils ne sont pas

[117] J'ai traité de cette question en détail dans *Criminal Law : The Conflict and the Rules*, mémoire de S.J.D., Harvard Law School, 1980. L'idée n'est pas difficile à expliquer puisque, par exemple, chaque prémisse majeure dérivée, par exemple, d'un code pénal doit contenir au moins une hypothèse tirée de la partie spéciale du code se référant à un crime particulier, et au moins une référence au niveau de culpabilité dans la partie générale du code. Si le code contient 100 articles dans la partie générale et 200 dans la partie spéciale, cela donne déjà, si on ne prend que des combinaisons de deux, un grand nombre de combinaisons. Bien sûr, il est rare que seules ces deux « monades » soient nécessaires. Par conséquent, si nous prenons des combinaisons de deux, trois, quatre et cinq monades dans les affaires où, outre la responsabilité, nous devons nous occuper de questions telles que la démence, la contrainte, la légitime défense, etc., nous arrivons à environ 50 milliards de combinaisons. De plus, il faut être conscient que les articles du code ne sont pas des unités uniques parce qu'ils contiennent des sous-sections se référant peut-être à des doctrines différentes, etc. En fin de compte, nous arrivons en fait à un nombre énorme de combinaisons qui fournissent le matériel à l'avocat qui tente d'établir la prémisse majeure appropriée, telle qu'elle serait vraisemblablement adéquate pour décrire et correspondre aux faits qu'il traite.

pertinents en vertu de la prémisse majeure choisie, ils ne sont tout simplement pas pris en compte[118].

Dans *L'Étranger*, Albert Camus en fournit la meilleure dérision : l'accusé est finalement condamné parce qu'il n'a pas pleuré à l'enterrement de sa mère[119] ! En 1955, Camus a déclaré :

> J'ai résumé *L'Étranger*, il y a très longtemps, par une phrase dont je reconnais qu'elle est très paradoxale : « Dans notre société, tout homme qui ne pleure pas à l'enterrement de sa mère risque d'être condamné à mort ». Je voulais dire seulement que le héros du livre est condamné parce qu'il ne joue pas le jeu[120].

d) Qualification juridique

Ainsi la « qualification juridique » *(legal qualification)* est-elle une étape cruciale dans le fonctionnement de tout système juridique. Encore une fois, qu'est-ce que cela signifie vraiment ? Une fois qu'il se produit dans le monde réel un événement qui attire l'attention de la loi, les avocats doivent le percevoir comme pertinent ou non pertinent. S'il est perçu comme non pertinent, il disparaît de l'horizon juridique.

---

[118] « *Dans l'une des premières opinions qu'il a exprimées sur la Cour suprême, une opinion qui s'inspire sans aucun doute de sa riche expérience d'avocat de première instance et de juge de la Cour d'État, le juge Brennan a souligné que : "Pour les avocats expérimentés, il est notoire que l'issue d'un procès – et donc la sauvegarde de droits légaux – dépend plus souvent de la façon dont l'enquêteur évalue les faits que de l'interprétation contestée d'une loi ou de l'interprétation d'une série de précédents. Ainsi, les procédures par lesquelles les faits de l'affaire sont déterminés revêtent-elles une importance aussi grande que la validité de la règle de droit matériel à appliquer. Et plus les droits en jeu sont importants, plus les garanties procédurales entourant ces droits doivent être importantes"* » *Speiser v. Randall*, 357 U.S. 513, 520-21 (1958), cité dans le brillant article de Yale Kamisar, « Foreword : Brewer v. Williams – A Hard Look at a Discomfiting Record », *GEO. L. J.*, vol. 66, 1977, p. 243.

[119] Voir Joseph Vebret : *« Pour Albert Camus, la vie des individus, l'existence humaine en général, n'ont pas de sens ou d'ordre rationnel. C'est parce que nous éprouvons des difficultés à accepter cette notion que nous tentons en permanence d'identifier ou de donner une signification rationnelle à nos actes. Le terme "absurdité" décrit cette vaine tentative de l'humanité à trouver un sens rationnel là où il n'en existe pas »*, à l'adresse http://salon-litteraire.linternaute.com/fr/resume-d-oeuvre/content/1862548-l-etranger-de-camus-resume, consulté pour la dernière fois le 17 octobre 2017.

[120] David Carroll, *Albert Camus the Algerian : Colonialism, Terrorism, Justice*, Columbia University Press, 2007, p. 27.

Dans le cas où il est perçu comme pertinent, les avocats doivent le « qualifier juridiquement ».

(1) Dostoïevski

Prenez un événement comme celui décrit par Dostoïevski dans *Crime et châtiment*. L'histoire est longue et complexe. Néanmoins, en droit, elle est instantanément réduite à la qualification juridique d'« homicide ». C'est ainsi qu'une « monade » de la partie spéciale du Code pénal est choisie comme qualification juridique initiale. La qualification d'homicide sera évidente au moment où le corps de l'usurière aura été retrouvé, la question suivante étant de savoir si Raskolnikov était ou non, au moment de l'homicide, légalement fou.

À ce stade, nous avons déjà deux éléments recombinés en une seule prémisse majeure. Elle déterminera la perception et l'aperception de ce qui est maintenant, et seulement maintenant, des faits « juridiquement pertinents ». Étant donné la définition de la folie, la question suivante est : Raskolnikov souffrait-il de schizophrénie ? C'est une question de fait dont témoignera un expert, un psychiatre. Mais une fois le diagnostic établi, la question suivante est le lien de causalité entre la maladie mentale et l'acte de Raskolnikov. Quels sont les éléments que nous avons en jeu jusqu'à présent[121] ? La définition de l'homicide comme étant un meurtre ou un homicide excusable variera selon que la santé mentale ou la démence de l'accusé aura été

---

[121] La question des liens de causalité peut être complexe. En droit, la causalité fait l'objet de nombreuses controverses. Dans le domaine scientifique, on parle de conditions nécessaires et les experts légaux témoignant du « lien de causalité » entre deux événements sont généralement enclins à livrer seulement la conclusion qu'un événement n'est « pas incompatible » avec un autre événement. De plus, les théories relatives à la « causalité juridique » sont elles-mêmes trompeuses, au point que le Code pénal type américain (MPC) a effectivement réduit la causalité, parce qu'elle est trompeuse, à la question de la condition nécessaire du *sine qua non*. Dans cette perspective, toute condition nécessaire peut être considérée comme étant la cause juridiquement pertinente, si l'auteur de l'acte est, par référence à d'autres dispositions du Code, considéré comme blâmable. Voir MPC (Proposed Official Draft, 1962), Section 2.02(1)(a) : *« La conduite est la cause d'un résultat lorsqu'il s'agit d'un antécédent sans lequel le résultat en question ne serait pas survenu [...] »* En d'autres termes, la « cause » d'une infraction particulière définie par son résultat est cette condition nécessaire, que la loi considère comme répréhensible. Voir plus en détail B. M. Zupančič, « The Meaning of Causal Nexus », шаблонный смысл смысл причинной связи, права человека, n°. 10, Moscou, 2016.

établie. Or, cette dernière variera en fonction de la définition adoptée de la maladie mentale, d'une part, et de l'établissement du lien de causalité entre la maladie mentale et l'acte de Raskolnikov, d'autre part. Le moins que l'on puisse dire, c'est qu'il y a dans ce processus un échange de propos rapide avec opposition d'idées entre les réalités décrites par Dostoïevski dans les moindres détails et la formation réductrice de la prémisse majeure telle que ridiculisée par Camus, c'est-à-dire du point de vue du droit pénal.

Il convient de garder à l'esprit que l'« homicide » est une définition très générale qui subit des changements très complexes et peut aboutir aussi bien au meurtre qu'à l'homicide excusable pour cause de démence[122]. En d'autres termes, l'homicide n'est pas une monade, parce que cette appellation regroupe beaucoup d'autres monades qui doivent être recombinées en une prémisse majeure adéquate qui correspondra, au moins approximativement et de façon réductrice, à ce qui s'est passé lors du meurtre de l'usurière.

e) Que sont les « faits » ?

Nous devons maintenant aller plus loin dans notre méta-analyse. Lorsqu'on utilise le mot « faits », s'il s'agit d'une simple perception, on sous-entend inconsciemment qu'il existe une norme, ou plus précisément une prémisse majeure, à travers laquelle on identifie la situation. C'est une aperception[123].

---

[122] En droit européen, on parle de « circonstances qui excluent l'illégalité de l'acte par ailleurs criminel » : légitime défense, assistance à autrui, nécessité, application de la loi et consentement ; en droit américain, on parle de justifications. En droit européen, on parle de « circonstances qui excluent la responsabilité pénale » : contrainte, piégeage, ignorance de la loi, provocation, troubles émotionnels extrêmes, diminution de la capacité, démence et enfance ; en droit américain, on parle d'excuses. Ainsi, un meurtre commis par un dément est toujours un meurtre, mais il est excusé en raison de la maladie mentale de l'auteur. Si une autre personne ne souffrant pas de démence a sollicité, aidé et encouragé l'homicide, elle est entièrement responsable du meurtre malgré le fait que l'auteur principal a été excusé pour cause de démence.

[123] Il s'agit de la question des « faits » dans la mesure où les « faits juridiquement pertinents » n'existent que s'il existe une prémisse majeure normative qui définit certains événements comme juridiquement pertinents. Avec une autre norme, comme l'a souligné Hobbes, ces faits sont tout simplement inexistants. L'affaire *R. v. Muddarubba*, [1956] NTJ 317, est très intéressante à cet égard : en raison de la

Kant a soutenu sans détour qu'il n'y a pas de faits, seulement des interprétations[124]. Dans le *Léviathan*, Thomas Hobbes l'a souligné dans la formule citée plus haut, dans laquelle il affirme en réalité que les « faits » en tant que tels n'existent pas. Son génie a été d'observer immédiatement que les crimes réifiés sont ce que nous appellerions aujourd'hui des phénomènes « virtuels ». Le crime n'existe que tant qu'il y a un pouvoir et une autorité derrière la norme, ce qui permet de l'appeler « crime ». Par rapport à ce que nous avons dit plus haut, il s'agit là d'une déclaration radicale, parce qu'elle ne fait pas seulement la distinction entre les faits juridiquement pertinents et les faits juridiquement non pertinents : elle élimine complètement les « faits ». Cela sera plus facile à comprendre si nous parlons d'évasion fiscale, qui n'existe pas dans un paradis fiscal. Les « faits juridiquement pertinents » relatifs à cette infraction inexistante n'existent donc pas non plus. Ils ne sont tout simplement pas là pour être examinés sous l'angle d'une norme, étant donné que la norme elle-même n'existe pas.

f) Perception et aperception

Philosophiquement, cela a à voir avec la différence entre perception et aperception, où la perception est la simple observation d'une occurrence dans le monde réel, qui n'a pas reçu d'information à travers le prisme cognitif qui permettrait de la voir différemment.

L'aperception, en revanche, est la perception de la perception, qui est, en fin de compte, ce qui constitue la conscience. C'est un réseau de boucles d'informations en retour qui informe la conscience de ce qu'elle ne fait que percevoir. Si un enfant, par exemple, voit dans la lune une pièce d'or plate flottant sur le ciel nocturne, ce sera une perception. Si on explique au même enfant que la pièce d'or est en fait

---

violation d'un tabou par une femme qui l'avait appelé « karlu », mot qui évoque les organes génitaux féminins, un Aborigène d'Australie s'était senti obligé de la tuer. L'Aborigène obéissait ainsi à une norme catégorique de sa tribu, alors que le juge anglais qui l'entendait opérait bien sûr d'un point de vue complètement différent. En d'autres termes, les « faits » pour l'Aborigène étaient complètement différents des mêmes « faits » tels que perçus par le juge occidental, pour qui il s'agissait d'un meurtre, alors qu'en même temps, les mêmes faits pour l'Aborigène étaient un acte tout à fait louable. Voir http://www.law.uq.edu.au/documents/kriewaldt/judgements/Muddarubba.pdf.

[124] Voir E. Kant, *La Métaphysique des mœurs*, *infra*, note 174.

un objet sphérique, il commencera alors à voir (aperception) l'apparence tridimensionnelle de la lune et se mettra à la voir comme une sorte de grand globule flottant dans le ciel. En d'autres termes, si l'enfant ne reçoit pas cette information, sa perception reste dans un état plus primitif, non informé des « faits » et de leur vraie nature[125].

L'histoire de Dostoïevski sur le crime et le châtiment aurait donc aussi besoin d'un nouveau titre s'il n'y avait pas de norme pénale définissant le meurtre comme un meurtre. Thomas Hobbes, d'autre part, va beaucoup plus loin parce que la définition du crime peut très bien être dans les livres, mais si, pour une raison quelconque, elle n'est pas appliquée, les crimes n'existent plus et l'impunité règne. Si cela devait être interprété comme une simple expérience de pensée philosophique et totalement hypothétique, souvenons-nous de l'affaire *Streletz, Kessler et Krenz c. Allemagne*[126].

Comme l'Allemagne de l'Est avait choisi de ne pas appliquer les règles sur le meurtre et autres formes d'homicide, les communistes impliqués jouissaient depuis de nombreuses années de l'impunité. La définition était dans les livres, mais la « pratique sociale » était telle qu'elle induisait une présomption, semblable à une erreur de droit, qui faisait que ceux qui avaient commis un homicide sur une personne qui tentait de s'évader en Allemagne de l'Ouest s'attendaient tout à fait normalement à en être récompensés [127]. Dans cette séquence particulière, les « lois civiles » de Thomas Hobbes ont donc cessé d'exister et, par conséquent, les crimes ont également cessé d'exister. Cependant, si la règle de l'erreur de droit excusable avait été appliquée, les responsables auraient été dûment acquittés[128].

[125] Il s'agit d'une version simplifiée d'une explication plus sophistiquée de ce que l'on appelle l'« antinomie entre la théorie et les faits », telle qu'exposée en détail par R. M. Unger, de la Harvard Law School, dans son livre *Knowledge And Politics*.
[126] *Streletz, Kessler et Krenz c. Allemagne* [GC], requêtes n°s 34044/96, 35532/97 et 44801/98, 22 mars 2001.
[127] Le juge rapporteur dans cette affaire, non versé en droit pénal, devait demander si cette longue « pratique sociale » de plusieurs décennies pouvait être excusée (non justifiée !). Au départ, il ne m'est pas venu à l'esprit qu'il s'agissait d'une erreur de droit (*error juris*). Les avocats britanniques à l'audience publique ne l'ont jamais mentionné non plus, peut-être délibérément.
[128] Bien que ce soit bien ce qu'ils avançaient en fait, les avocats britanniques qui défendaient les personnes impliquées n'ont jamais soulevé la question de l'erreur de

11. La CrEDH et les cours constitutionnelles en Europe

Il existe, maintenant encore, des Constitutions qui ne prévoient pas d'accès à la cour constitutionnelle. À bien des égards, cela fait d'elles un droit qui reste lettre morte. Dans des pays comme la France, et autrefois dans tous les pays communistes, il y avait des Constitutions prolixes, de véritables proclamations, qui n'équivalaient pas à du droit véritable. Il n'y avait aucun moyen de plaider sur des questions constitutionnelles et des violations de la Constitution et des droits de l'homme : autrement dit, il n'y avait pas d'« accès au tribunal[129] ». Même aujourd'hui en France, le Conseil constitutionnel, peu pertinent, avec une compétence *a priori* abstraite *erga omnes* comme

---

droit excusable : ils craignaient probablement que la Cour les comprenne mal. Cf. *Lambert v. California*, 22 Ill.355 U.S. 225 (1957) : Lambert avait été condamnée pour avoir violé une ordonnance californienne exigeant que toute personne condamnée qui restait en Californie pendant la période spécifiée s'enregistre auprès de l'État. La défenderesse a apporté la preuve qu'elle n'avait pas connaissance de l'ordonnance, mais la preuve a été refusée. Il a été jugé que lorsqu'elle s'applique à une personne qui n'a pas connaissance de son obligation d'enregistrement, et *lorsqu'aucune preuve de la probabilité d'une telle connaissance n'est apportée*, cette ordonnance viole la clause de procédure régulière du quatorzième amendement. Voir aussi le MPC (Model Penal Code), Sec. 2.04(3) : *« Le fait de croire qu'un comportement ne constitue pas légalement une infraction constitue une défense contre une poursuite pour cette infraction fondée sur un tel comportement dans les cas suivants : a) la loi ou tout autre texte définissant l'infraction n'est pas connu de l'auteur et n'a pas été publié ou rendu raisonnablement disponible d'une autre manière avant la conduite alléguée ; ou b) il agit en se fiant raisonnablement à une déclaration officielle de la loi, déterminée par la suite comme étant invalide ou erronée, contenue dans : i) une loi ou un autre texte législatif ; ii) une décision, une opinion ou un jugement judiciaire ; iii) une ordonnance administrative ou l'octroi d'une permission ; ou iv) une interprétation officielle du fonctionnaire ou de l'organisme public chargé par la loi de l'interprétation, de l'administration ou de l'application de la loi définissant l'infraction. »* (Soulignement ajouté)

[129] Les Constitutions toutes faites de l'Europe centrale et orientale s'inspirent largement de la Convention. Il en résulte un chevauchement entre les droits constitutionnels et les droits de l'homme. De plus, les cours constitutionnelles, qu'elles soient à voie unique, comme aux États-Unis, ou à double voie comme en Europe, sont des cours de dernier ressort qui s'appuient directement sur la Constitution. La plainte du *certiorari* américain est analogue à l'*amparo* espagnol ou au *Verfassungsbeschwerde* allemand. Les affaires qui en découlent sont en phase terminale au niveau national, la Constitution et, par la suite, la Convention étant le dernier recours. Quoi qu'il en soit, la jurisprudence de la CrEDH exige que les arguments conventionnels soient antérieurs à ceux soulevés au plus tard devant la juridiction nationale de dernier ressort.

seule prérogative, est un forum qui n'est que marginalement utile[130]. L'existence du droit matériel ne signifie donc pas grand-chose sans la procédure « formelle » à laquelle Kelsen fait référence[131].

Si la primauté de la procédure sur le fond soulève des doutes, il convient de se rappeler que, d'un point de vue anthropologique, la plupart des sociétés primitives résolvent leurs problèmes et leurs conflits *sine lege*[132] et en faisant seulement confiance à l'ancien du

[130] En conséquence, les affaires pertinentes sont transmises à la CrEDH. Il en était de même pour la Turquie et sa Cour de cassation, calquée sur la Cour de cassation française. Toutes les affaires étaient inscrites au rôle de la CrEDH. Le juge de l'époque, Riza Türmen, a initié (à ma demande) la possibilité de déposer une plainte constitutionnelle individuelle auprès de la Cour constitutionnelle turque à Ankara, ce qui s'est dûment produit en 2012 : *« La requête individuelle a été introduite dans le système juridique turc par les amendements constitutionnels de 2010 et le 23 septembre 2012 a été fixé comme le premier jour de réception des requêtes. L'article 148 de la Constitution stipule que quiconque estime que ses droits constitutionnels énoncés dans la Convention européenne des droits de l'homme ont été violés par une autorité publique a le droit de saisir la Cour constitutionnelle après avoir épuisé les autres recours administratifs et juridictionnels. Depuis lors, de nombreuses affaires qui, autrement, auraient été tranchées à Strasbourg, sont jugées à Ankara »* : voir « Constitutional Complaint and Individual Constitutional Complaint in Turkey », à l'adresse http://www.ankarabarosu.org.tr/siteler/AnkaraBarReview/tekmakale/2013-2/7.pdf, consulté pour la dernière fois le 22 février 2018. À cette occasion, j'ai prononcé à Ankara l'exposé suivant : « De l'universalité des droits de l'homme », voir https://www.linkedin.com/pulse/universality-human-rights-bo%C5%A1tjan-m-zupan%C4%8Di%C4%C4%8Di%C4%8D.

[131] C'est Hans Kelsen qui a fait la distinction entre droit « matériel » et « formel », c'est-à-dire procédural. Par erreur, il a pris le droit matériel comme droit primaire et le droit formel pour le moins comme droit secondaire, sinon dérivé. Cependant, ce n'est certainement pas Kelsen qui le premier a eu l'idée de la nécessité des cours constitutionnelles. L'idée en revient à Jellinek : voir son *Ein Verfassungsgerichtshof für Österreich*, Alfred Holder, Vienne, 1885, cité dans Sara Lagi, « Hans Kelsen and the Austrian Constitutional Court (1918-1929) », à l'adresse http://www.scielo.org.co/pdf/cohe/v9n16/v9n16a10.pdf, consulté pour la dernière fois le 24 octobre 2017. La première cour constitutionnelle a été créée en Tchécoslovaquie en 1920.

[132] L'expression vient d'un hexamètre du poète romain Ovide, contemporain de Jésus (43 av. J.-C.-17/18 apr. J.-C.), dans les *Métamorphoses* I : §§ 89-93.

L'âge d'or
Aurea prima sata est aetas, quae vindice nullo,
sponte sua, SINE LEGE fidem rectumque fidem rectumque colebat.
Poena metusque aberant, nec verba minantia fixo minantia fixo
aere legebantur, nec supplex turba turebat timebat

village[133]. Et si cet exemple semble trop éloigné, songeons à la CrEDH dans les années cinquante : elle a commencé à fonctionner dans un vide juridique quasi complet, n'ayant à s'appuyer sur aucune loi formelle, si ce n'est le maigre texte de la Convention.

Cela a été vrai aussi dans la plupart des pays post-communistes. Certains d'entre eux, comme les nouveaux États issus de l'ex-Yougoslavie, avaient déjà des cours constitutionnelles sous l'ancien régime, mais sans possibilité de plainte constitutionnelle individuelle. Leur jurisprudence était en grande partie non pertinente et n'est même pas entrée en jeu après l'instauration du régime démocratique. La nouvelle Cour constitutionnelle en Slovénie, par exemple, a commencé *ab ovo*, comme en Serbie, au Monténégro, dans l'ARYM, etc. Ayant été juge à la Cour constitutionnelle slovène à l'époque (1993-1998), je suis en mesure d'affirmer que, de manière surprenante, il n'y avait en ce temps-là aucun manque perceptible d'orientation normative.

Il s'agit là d'une question herméneutique de premier ordre que personne n'a encore abordée, mais il en va exactement de même pour la CrEDH. En Slovénie, la jurisprudence a commencé à s'accumuler rapidement, mais, *premièrement*, cela n'a pas vraiment eu d'impact sur les décisions constitutionnelles ultérieures ; *deuxièmement*, en conséquence, les autocitations étaient très nombreuses, mais écrites *ex post ;* et *troisièmement*, au fil du temps, la Cour est devenue abondamment autoréférentielle.

Quatrièmement, la seule chose qui rachète ici la situation est le fait que la CrEDH existe : la cour constitutionnelle nationale doit garder à l'esprit le souci de savoir si ses arrêts sont conformes ou non à la jurisprudence de Strasbourg. Il semblerait donc que l'existence d'une

---

iudicis ora sui, sed erant sine vindice sine vindice tuti.
« D'abord ce fut l'âge d'or ; naturellement, SANS LOI, sans aucun justicier, régnaient la loyauté et le droit. Le châtiment et la crainte n'existaient pas. On ne lisait pas, gravés et affichés sur des tablettes d'airain, les règlements écrits en termes menaçants. La foule suppliante ne redoutait pas le visage de son juge ; sans justicier, on était en sécurité. » (Soulignement ajouté) Traduction de Pierre Du Ryer, Amsterdam (1702) (à l'adresse : college.belrem.free.fr/age_d_or/textes.htm) :

[133] Voir *infra*, note 339, référence à l'île de l'Atlantique sud appelée « Tristan da Cunha ».

juridiction supérieure, où qu'elle se trouve, soit la condition *sine qua non* de la référence réelle à la jurisprudence, celle de cette juridiction supérieure. Tout ce qui précède est vrai pour la CrEDH, sauf qu'il n'y a pas d'autre tribunal au-dessus d'elle.

E. Sur le sens de la justice : *ΣΠΟΥΔΑΙΟΣ* contre formalistes juridiques

1. Introduction

Je ne souhaite pas ici être interprété à tort comme étant trop « subjectif ». Dans le domaine de la justice, qui s'évertue tant à atteindre une « objectivité » formaliste, je suggérerai la notion d'« homme raisonnable » métaphysique. Il s'agit de la notion de *spoudaios* d'Aristote (σπουδαῖος). C'est une métamorphose dialectique de la subjectivité suprême devenue objective.

La subjectivité suprême ? En droit ?

Cette subjectivité, comment peut-elle ne pas être un arbitraire qui répugne à la notion de justice ? Pourtant, la juridiction internationale de dernier ressort *« qui flotte là-haut, par monts et par vaux »* – pour paraphraser Wordsworth – n'est-elle pas aussi, par excellence, le milieu, le contexte, le lieu et l'occasion de poser précisément cette question ?

Il est très facile de le prouver. D'où vient, en fait, tout l'acquis de la jurisprudence désormais surabondante et de la science doctrinale de la CrEDH ? A-t-il surgi *ex nihilo* au cours des soixante dernières années, ou plutôt – mais cela revient au même – du maigre texte de la CEDH de l'époque ?

Lorsque nous nous référons à notre propre jurisprudence, pouvons-nous, juste pour le principe, négliger la justice au nom de celle-ci ? Et, pour rendre les choses encore plus ridicules, être fascinés par le *stare decisis* ? Le système est tellement préoccupé par sa propre consonance cognitive qu'il a tendance à oublier le *« here and now »* d'Aldous Huxley.

2. Raisonnement juridique autonome : la question préliminaire

Il est évident à première vue que ce que font les avocats, c'est « raisonner ».

Dans la procédure contradictoire, les avocats de la partie demanderesse « raisonnent », les avocats de la défense « raisonnent » aussi et, enfin, les juges, eux aussi, « raisonnent ». (Je laisserai de côté, pour l'instant, le jury.) En d'autres termes, *« le temps et les conseils d'un avocat sont son fonds de commerce »* (Abraham Lincoln), et le conseil ici aussi est lié au « raisonnement » : on « raisonne » avec le client, etc.

Cependant, comme l'a dit le juge Holmes :

> La vie du droit n'a pas été logique ; elle a été expérience... Le droit incarne l'histoire du développement d'une nation au fil de nombreux siècles, et il ne peut être traité comme s'il ne contenait que les axiomes et les corollaires d'un livre de mathématiques[134].

Qu'avait en tête le juge Holmes ?

Lorsqu'il parle d'expérience, il ne s'agit pas de l'expérience « subjective » du raisonnement juridique individuel. Ce qu'il a à l'esprit, c'est l'histoire d'une nation. Sa phrase n'est pas une répudiation de l'utilisation de la logique dans le contexte du raisonnement juridique, comme on a pu parfois le comprendre à tort.

D'autre part, nous savons déjà qu'il n'y a pas d'algorithme informatique, même s'il peut jouer aux échecs, capable d'imiter totalement le raisonnement juridique flou et à texture ouverte. Cela n'est pas dû à la complexité du raisonnement juridique. Pourtant, le raisonnement juridique par analogie – dont l'imitation est également tentée – est en informatique supérieur à la logique formelle basée sur le syllogisme. Domingos a montré que la composition d'un argument complexe doit tenir compte de toutes sortes de raisonnements

[134] Oliver Wendell Holmes, *The Common Law*, 1881, p. 1.

différents, pas seulement syllogistiques ou analogiques, mais aussi bayésiens, etc.[135].

3. Systèmes experts juridiques

Cela tend à montrer que le raisonnement juridique en général peut être très complexe. Mais il est complexe – ou mieux, « imprévisible » – d'une manière différente par rapport à la complexité d'un jeu d'échecs. Il est vrai qu'il existe pourtant des systèmes experts juridiques. D'autres ont été utilisés en médecine, etc., pendant des décennies (depuis les années soixante-dix) et reposent sur des questionnaires. Un programme expert travaille à travers une arborescence binaire très détaillée de choix. L'utilisateur progresse d'un niveau à l'autre en étant amené à répondre à des questions toujours plus spécifiques.

Il n'est pas inconcevable d'avoir un tel programme, un programme expert, en droit. Il en existe sept actuellement. J'ai suggéré à maintes reprises que la CrEDH en élabore un, et les informaticiens m'ont dit que c'était faisable. C'est faisable, car la jurisprudence de la CrEDH est un sous-système juridique fermé et largement autoréférentiel. Mais l'arbre binaire des choix consécutifs, comme ci-dessus, n'est pas quelque chose que les informaticiens feraient pour nous, juristes. Nous aurions à cartographier les choix nous-mêmes[136].

---

[135] Voir *supra*, note 59.

[136] « *Les connaissances juridiques des experts peuvent être difficiles à représenter ou à formaliser au sein de la structure d'un système expert. Pour les ingénieurs du savoir, les défis comprennent : texture ouverte : la loi est rarement appliquée de manière exacte à des faits spécifiques, et les résultats exacts sont rarement une certitude. Les lois peuvent être interprétées en fonction de différentes interprétations linguistiques, du recours à des précédents ou d'autres facteurs contextuels, y compris la conception de l'équité d'un juge en particulier. L'équilibre des raisons : de nombreux arguments impliquent des considérations ou des raisons qui ne sont pas facilement représentées de façon logique. Par exemple, on dit que de nombreuses questions juridiques constitutionnelles concilient de façon indépendante des considérations bien établies pour les intérêts de l'État et des droits individuels. Un tel équilibre peut s'appuyer sur des considérations extra-juridiques qu'il serait difficile de représenter logiquement dans un système expert. Indétermination du raisonnement juridique : dans l'arène contradictoire du droit, il est courant d'avoir*

Par exemple, pour une affaire venant de Turquie, la question préliminaire serait de savoir (entre autres) si les recours internes ont été épuisés. Il se trouve qu'à l'époque, la cour suprême de Turquie, sa Cour de cassation, n'expédiait pas ses arrêts par courrier : elle les classait aux archives. Il appartenait à l'avocat de savoir si l'arrêt avait été rendu ou non.

Dans le cas de la Turquie, si les recours internes avaient été épuisés, la question aurait donc été de savoir, *premièrement*, si l'arrêt avait été récupéré par l'avocat ou, *deuxièmement*, si le délai (de prescription de six mois) avait *déjà* commencé à courir quand la Cour de cassation a déposé l'arrêt aux archives.

Lorsqu'il s'agit de l'épuisement des recours internes, la situation est d'ordinaire plus simple. Le délai est de six mois après le jugement définitif dans l'ordre juridique interne. En général, il s'agit d'un simple calcul, et si le requérant a laissé passer le délai, la demande sera automatiquement irrecevable.

Dans ce genre de situation – le questionnaire aurait pu être rempli aussi bien par l'avocat que par le requérant – les dates du délai pourraient être calculées automatiquement par l'ordinateur. Toutefois, le système expert devrait comporter une exception intégrée. Mais cette exception, elle aussi, aurait pu facilement être intégrée dans le système expert, bien qu'il puisse y avoir d'autres exceptions à la règle des six mois dans d'autres pays. Il faudrait un peu de travail à petite échelle pour clarifier toutes les règles possibles.

Mais cela aurait été possible. De plus, dans les affaires où le requérant avait un avocat, la responsabilité de remplir le formulaire pourrait être aux risques et périls du requérant. Mais c'est une autre question.

Ce que montre l'exemple ci-dessus, c'est qu'un tel questionnaire aurait été réalisable. Il aurait dû être conçu par les avocats du Greffe

---

deux arguments forts sur un seul point. La détermination de la "bonne" réponse peut dépendre d'un vote majoritaire parmi les juges experts, comme dans le cas d'un appel » : WIKIPEDIA, *s.v.* « Legal Expert System », consulté pour la dernière fois le 17 mars 2018. Voir, par exemple, Burkhard Schafer, « ZombAIs : Legal Expert Systems as Representatives "Beyond the Grave" », *SCRIPTT*, Ed. 7, 2010. Cité dans le passage qui précède.

de la Cour. Lorsque j'en ai suggéré l'idée au début des années 2000, et je l'ai fait plusieurs fois lors de sessions plénières de la Cour, j'ai été ignoré. Ce genre de réticence, il faut l'admettre, n'était pas très étonnant, car certains juges n'étaient même pas capables d'ouvrir leurs propres courriels. Mais le Greffe aurait dû sauter sur l'idée, si cela avait représenté pour eux une expérience bienvenue.

C'est d'autant plus vrai qu'à l'époque, et même aujourd'hui, la charge de travail de la Cour était et reste énorme. Ce genre de technologie aurait traité beaucoup de requêtes automatiquement. La charge de travail aurait été considérablement réduite.

4. Procédure de la « formation » à juge unique

Au lieu de cela, le Protocole n° 14 a imaginé une solution tout à fait hypocrite pour faire face à la surcharge d'affaires. Le « juge unique » signe des centaines d'affaires sans jamais voir le dossier, simplement sur la base d'une description ne dépassant pas le paragraphe, reçue des avocats de base du Greffe.

Pour ajouter l'insulte au préjudice, le juge unique prévu au protocole n° 14 n'est pas, comme c'est généralement le cas selon la Convention, le ressortissant du pays concerné. Il ne parle pas la langue et dépend entièrement du paragraphe de description ci-dessus. Il n'a aucun moyen de savoir ce qu'il y a vraiment dans le dossier[137].

J'ai eu l'expérience pratique de ce genre de procédure, où j'ai signé environ 750 affaires roumaines. Je procédais en appelant dans une salle de délibérations tous les avocats de Roumanie et en leur demandant d'apporter leurs dossiers avec eux. Comme il était

---

[137] Protocole n° 14 (13.05.2004), articles 26, paragraphe 3 et 27, paragraphes 1 et 2. *« Un juge siégeant en tant que juge unique n'examine aucune requête introduite contre la Haute Partie contractante au titre de laquelle ce juge a été élu »* (article 26, paragraphe 3). Lorsqu'on cherche la *ratio legis* de cette disposition, on est frappé de constater la volonté qu'un juge de la CrEDH examine des affaires sur lesquelles *a priori* il ne peut avoir aucune connaissance juridique. Cela avait manifestement été prévu avec le sous-entendu mental que : 1) la « formation » à juge unique traiterait des affaires qu'il ne comprend pas et 2) qu'il ne comprendrait pas à cause de la barrière de la langue, et 3) qu'il dépendrait aveuglément du Greffe. Si cela n'était pas tragique pour les milliers d'affaires dont la CrEDH est saisie, ce serait tout simplement stupide.

absolument impossible de digérer cette quantité d'affaires, je faisais des contrôles ponctuels (S*tichproben* en allemand) sur des affaires particulières de la liste.

Je discutais ensuite avec l'avocat et posais des questions sur le droit roumain ainsi que sur la jurisprudence de la Cour. Si je me souviens bien, je n'ai jamais reçu, à toutes ces occasions, de réponse satisfaisante – alors qu'auparavant, les avocats roumains de ma section travaillant sur des affaires portées devant elle étaient excellents. Le problème était qu'ici, le tri initial des affaires avait été effectué par les avocats les moins expérimentés de l'unité roumaine du Greffe. Évidemment, c'est très irrégulier. C'est comme si l'infirmière de base de l'hôpital devait examiner les patients et décider qui d'entre eux pourrait ensuite voir un vrai médecin[138].

Quelques semaines après ma nomination, la responsable du Greffe de la procédure du juge unique (Mme Karen Reed) est venue à mon bureau. Elle m'a demandé de mettre fin à cette pratique de tête-à-tête avec les avocats roumains. Lorsque je lui ai représenté que je procédais ainsi aléatoirement pour avoir au moins une idée de ce qui se passait, elle m'a mis devant un ultimatum : je n'avais pas le choix, si je voulais encore traiter les affaires roumaines. Quand j'ai refusé, elle a quitté mon bureau, et au bout de quelques semaines, j'ai commencé à recevoir les quelques affaires concernant, de temps à autre, le Luxembourg et le Lichtenstein.

Ce sont là de bons indices concernant le pouvoir brut du Greffe de la Cour. En tant que juge de la CrEDH, je pouvais me trouver confronté à un membre de haut rang du Greffe qui me mettrait le dos au mur. Quoi qu'il en soit, cet incident est assurément symptomatique de la relation entre le Greffe et les juges de la CrEDH.

---

138 Dans une affaire slovène en 2017, j'ai aidé à traduire en anglais la requête à la CrEDH. L'affaire était extrêmement intéressante. Il s'agissait de l'erreur logique commise par les cours nationales, revenant à une *petitio principii* (pétition de principe). Je suis certain que le juge unique letton aurait sauté sur l'affaire, mais les « infirmières juridiques » ne lui ont jamais montré la requête, qui était à cette fin rédigée en anglais. Qui plus est, l'unité slovène du Greffe n'était pas du tout débordée d'affaires. L'un des avocats du rang le plus bas a décidé arbitrairement de glisser l'affaire sous le tapis. Il s'agit là d'une erreur judiciaire évidente commise par le Greffe.

5. Retour au raisonnement juridique

Si la Cour avait utilisé le système expert décrit ci-dessus, des centaines d'affaires provenant de différents pays auraient été examinées de manière consciencieuse et fiable, sans possibilité d'erreur technique. Cela peut sembler ne pas être une question pertinente pour le raisonnement juridique en général. Mais le fait est que, pour que la justice soit rendue de façon uniforme, un programme informatique fiable aurait pu faire le travail beaucoup mieux que les avocats du Greffe du plus bas échelon. En d'autres termes, il ne s'agit pas d'une question philosophique concernant le raisonnement juridique, mais elle touche au cœur de la sécurité juridique à la CrEDH. L'analogie de l'algorithme tend à montrer qu'au moins à Strasbourg, une bonne quantité d'affaires, qui se comptent par milliers, ne font l'objet d'aucune sorte de « raisonnement juridique ». Elles sont tout simplement rejetées sans aucun raisonnement.

Lorsqu'il s'agit de « raisonnement juridique autonome », la question est de savoir s'il s'agit d'une question cognitive ou s'il y a autre chose, un facteur X, qui s'ajoute au sens de la justice. En fait, comme nous le verrons, l'aspect cognitif n'épuise pas la question. Ce qui est impliqué, c'est l'autonomie de la personnalité du juge qui tranche une question particulière.

6. Piaget – Kohlberg[139]

Lawrence Kohlberg a conçu une échelle de croissance morale fondée sur l'autonomie de la personnalité. Selon lui, il y a trois stades post-conventionnels de développement moral[140].

[139] Voir, d'une manière générale, Kohlberg, *Theory of Moral Development*, à l'adresse https://www.psychologynoteshq.com/kohlbergstheory/, consulté pour la dernière fois le 17 février 2018.

[140] Voir http://hayleypyron.weebly.com/moral-development.html, consulté pour la dernière fois le 17 mars 2018.

Stades de développement moral selon Kohlberg		
Niveau et âge	Stade	Qu'est-ce qui détermine ce qui est bien et ce qui est mal ?
Pré-conventionnel Jusqu'à 9 ans	Punition et obéissance	Le bien et le mal sont définis par ce qui est puni. Si on est grondé pour avoir volé, le vol est manifestement quelque chose de mal.
	Instrumental – Relativiste	*Idem*, mais le bien et le mal sont maintenant définis par ce qui est récompensé et par le fait de faire ce que les autres veulent. Tout souci des autres est motivé par l'égoïsme.
Conventionnel La plupart des adolescents et des adultes	Concordance interpersonnelle	Être bon est ce qui plaît aux autres. L'enfant adopte une attitude conformiste envers la moralité. Le bien et le mal sont déterminés par la majorité.
	Loi et ordre	Être bon signifie maintenant faire son devoir envers la société. À cette fin, nous obéissons aux lois sans nous poser de questions et nous respectons l'autorité. Beaucoup d'adultes ne dépassent pas ce stade.
Post-conventionnel 0 % à 15 % des plus de 20 ans	Contrat social	Le bien et le mal sont maintenant définis par les valeurs personnelles, bien que celles-ci puissent être dépassées par des lois démocratiquement acceptées. Quand les lois sont contraires à notre sens de la justice, nous pouvons choisir de les ignorer.
	Principe éthique universel	Nous vivons maintenant en accord avec des principes moraux auxquels nous sommes profondément attachés, considérés comme plus importants que les lois du pays.

Au niveau conventionnel le plus bas (concordance interpersonnelle), la distinction entre ce qui est bien et ce qui est mal repose sur ce que les autres pensent et disent que c'est bien ou mal. Le niveau d'autonomie morale est ici à son plus bas. La personne n'a pas de point de vue propre, elle suit simplement ce que les autres pensent ou font. Ainsi, si la plupart des villageois pensent d'une seule façon, il est probable que la personne concernée suivra sans esprit critique leur attitude.

Au deuxième stade de l'échelle de l'autonomie morale, nous avons ce que les avocats reçoivent comme enseignement dans leurs facultés de droit respectives[141]. Ici, la distinction entre le bien et le mal est fondée sur la logique, c'est-à-dire sur un raisonnement savant. Par exemple, s'il s'agit de défendre son domicile contre un intrus, on n'a pas le droit de tuer ou de blesser l'intrus, étant donné que la valeur de la vie est supérieure à la valeur de la propriété. Tous les étudiants reçoivent ce genre de doctrines dans les facultés de droit. Ils absorbent les implications logiques de ce genre d'équilibre des valeurs. Évidemment, cette sorte de pondération doit être exprimée en mots pour les étudiants, ils doivent l'apprendre. Ensuite, ils sont capables de s'engager dans ce mode de raisonnement juridique pourtant assez

---

[141] Dans l'enseignement du droit aux États-Unis, le mot « respectives » est particulièrement significatif. Le système d'admission repose sur les résultats au LSAT *(Law School Admission Test)*, organisé depuis soixante-dix ans et validé successivement en fonction des notes de première année. Les facultés de droit sont classées en fonction des résultats obtenus par les personnes admises. Plus la faculté de droit est bonne, plus les résultats sont élevés. Aux États-Unis, tout le monde le sait. En Europe, même au Royaume-Uni, le système d'admission est rejeté. On soutient que la sélection doit être la conséquence des notes de la première année. Les conséquences, par exemple en France, sont absurdes. La faculté de droit doit admettre des milliers de candidats. En fin de compte, environ 1 sur 11 passe en deuxième année. 90% des candidats sont exclus. Le niveau de frustration inutile et la perte phénoménale d'années de travail sont ahurissants. Si vous avez affaire à un avocat américain et que vous souhaitez le mettre sur la défensive, posez la question embarrassante : « Dans quelle école de droit avez-vous obtenu votre diplôme ? » Voir https://www.lsac.org/jd/lsat/about-the-lsat, consulté pour la dernière fois le 17 mars 2018 : *« Le LSAT est conçu pour mesurer les compétences considérées comme essentielles au succès dans les facultés de droit : la lecture et la compréhension de textes complexes avec précision et perspicacité ; l'organisation et la gestion de l'information et la capacité d'en tirer des conclusions raisonnables ; la capacité de penser de façon critique ; et l'analyse et l'évaluation du raisonnement et des arguments des autres. »*

mécanique. 90 % du système fonctionne encore selon ce type de logique. C'est ce que nous avons appelé « formalisme ».

Au troisième stade – le plus élevé de l'autonomie morale – Kohlberg parle de « valeurs universelles ». C'est la véritable autonomie morale, mais selon Kohlberg, elle est extrêmement rare. Le juge William Douglas de la Cour suprême des États-Unis en a été un exemple. Pour ceux d'entre nous qui ont étudié la jurisprudence et les opinions séparées, le plus souvent dissidentes, la raison en est claire. Le texte même de ses opinions montre que ce juge pensait par lui-même et qu'il n'était pas influencé par les opinions d'autres juges. Les anecdotes abondent au sujet de Douglas siégeant à la Cour et rédigeant déjà son opinion dissidente pendant l'audience. Il savait très bien qu'il ne serait pas en mesure de convaincre ses collègues juges dans la salle des délibérations après l'audience. Kohlberg n'explique pas quelle était la *differentia specifica* du mode de raisonnement juridique du juge Douglas. Mais il est clair qu'il était « autonome ». Cependant, pour quiconque est familier de ses opinions dissidentes, il est clair qu'il ne s'agit pas d'une simple question de pensée (cognition). Il avait une position indépendante et il n'était pas question qu'il soit influencé par ce que les autres pensaient. À lire ces opinions, que j'ai enseignées pendant dix ans, on a l'impression d'une supériorité intellectuelle, peut-être – mais aussi de quelque chose d'autre qui avait guidé Douglas vers son autonomie.

7. L'attitude envers l'autorité

En digression à ce récit, il convient de souligner qu'en matière d'attitude envers l'autorité, il y a deux types de juges.

Les opinions séparées de Douglas se rencontraient surtout dans les affaires de procédure pénale constitutionnelle, concernant donc la relation entre la police et le défendeur. La majorité des juges avaient tendance à se ranger du côté du pouvoir de police de l'État, généralement des présidents de la Cour comme Burger et Rehnquist.

À la CrEDH, il est paradoxal que la plupart des juges se rangent également du côté de l'autorité. Pourtant, la Cour a été créée précisément pour offrir au requérant l'accès à la justice contre son propre État et son pouvoir d'autorité. Il a toujours été évident qu'un certain nombre de juges se rangeraient du côté de l'autorité, entendons des autorités nationales de l'État signataire.

L'exemple typique a été l'affaire *Maumousseau et Washington c. France*[142], portée devant ma Section (la troisième). La Cour de cassation française a effectué un revirement de jurisprudence, prétendument à la demande du président français de l'époque, Jacques Chirac. L'affaire a commencé dans ma Section et nous avons eu ensuite une audience publique. Après avoir consulté le juge français, j'ai ouvertement posé la question de savoir s'il y avait des pressions politiques sur la Cour de cassation. Elle avait permis au père américain de l'enfant à New York d'obtenir la garde de sa fille, de l'arracher des bras de sa mère et de la renvoyer chez le père toxicomane avec lequel elle n'était jamais restée seule auparavant. La mère résidait dans un petit village de la campagne française. Tous les tribunaux inférieurs avaient déjà pris son parti, car elle était la seule à s'être jamais occupée de l'enfant[143]. Puis, soudainement, au vu de la Convention de La Haye concernant les enfants, la Cour de cassation s'était prononcée en faveur du père américain qui, dans la procédure devant le tribunal de la famille du Nord de l'État de New York, avait expliqué qu'il connaissait une infirmière dans son immeuble qui était prête à s'occuper de l'enfant pendant qu'il serait au travail[144].

---

[142] *Maumousseau et Washington c. France*, requête n° 39388/05, 6 décembre 2007 : *« Par un arrêt du 14 juin 2005, la Cour de cassation rejeta le pourvoi formé par la mère au motif que le non-retour était illicite et l'article 13 alinéa 1 b inapplicable. Le 26 octobre, la mère forma une requête devant la CrEDH. En février 2006 un tribunal de la famille de New York accueillit une demande du père tendant à rendre l'exercice de son droit de visite par la mère conditionnel : droit de visite surveillé et dépendant d'un dépôt de garantie de $25 000. En avril 2007 le TGI de Draguignan donna la garde de l'enfant à la mère, le père disposant d'un droit de visite. ».* Résumé à l'adresse https://www.incadat.com/en/case/942, consulté pour la dernière fois le 17 février 2018.

[143] Pour la première partie de l'histoire, la première tentative infructueuse de prendre Charlotte, voir : http://www.telegraph.co.uk/news/worldnews/europe/france/1473252/French-outraged-at-police-raid-to-snatch-girl-in-custody-battle.html, consulté pour la dernière fois le 17 février 2018.

[144] Convention du 29 mai 1993 sur la protection des enfants et la coopération en matière d'adoption internationale (entrée en vigueur : 1er mai 1995), à l'adresse https://www.hcch.net/en/instruments/conventions/full-text/?cid=69, consulté pour la dernière fois le 17 janvier 2018.

Le sens fondamental de la justice et de l'empathie dans ce genre de situation ne permettrait jamais d'arracher l'enfant des bras de sa mère[145]. Elle avait quatre ans et allait être mise dans l'avion pour New York. Elle était envoyée chez un père qui avait déjà été arrêté pour des infractions liées à la drogue et à la violence domestique. Présidant la troisième Section saisie de cette affaire, j'ai été positivement consterné par l'attitude des juges, y compris, en l'occurrence, celle des femmes juges.

8. Opinion dissidente

À mon grand regret, je me vois contraint de formuler une opinion dissidente en l'espèce, car je suis en désaccord à la fois avec la position de la Cour de cassation française et avec l'avis de la majorité.

Pour en venir immédiatement au cœur du sujet, je me référerai à la troisième phrase du paragraphe 69 de l'arrêt, où la majorité indique que la Convention de La Haye vise simplement le retour au *statu quo ante* en vue d'éviter la consolidation juridique de situations de fait initialement illicites. En droit privé, en fait, nous adhérons à la maxime *quod ab initio vitiosum est, tractu temporis convalescere non potest* (ce qui est vicié dès le début n'acquiert aucune validité avec le temps). Dans la troisième phrase susmentionnée, l'accent est clairement mis sur l'indication « au plus vite ». En matière de psychologie infantile, il est notoire que le développement intervient durant les six premières années de la vie et qu'en conséquence ce qui se produit durant cette période détermine dans une large mesure la personnalité de l'adulte. Du fait de cette phase cruciale, il se peut fort bien que ce qui aurait été bon pour l'enfant hier ne le soit plus demain. Durant cette période de la vie, le passage du temps est crucial dans la formation de la personnalité ; les jours, les semaines, les mois et les années qui s'écoulent créent de nouveaux « points de restauration » dans la personnalité future de l'adulte.

En d'autres termes, le passage du temps n'est pas que le passage du temps. On peut parler de programmation fondamentale de la

[145] Pour d'autres situations similaires, des affaires de garde internationale où les juridictions de deux pays différents sont en conflit, à la fois formellement et en termes d'exécution *(exequatur)*, voir https://www.ladepeche.fr/article/2009/03/21/580109-enlevement-d-elise-la-voiture-des-ravisseurs-retrouvee.html, consulté pour la dernière fois le 17 février 2018.

personnalité. La maxime de droit privé ci-dessus, selon laquelle ce qui est vicié dès le début n'acquiert aucune validité, ne doit pas s'appliquer aux affaires relatives à la garde d'un enfant. Les événements – notamment les traumatismes de l'enfance – engendrent dans la psychologie délicate des petits des situations qui vont totalement ombrager leur développement futur.

Pour cette raison, j'estime que la troisième phrase du paragraphe 69 de l'arrêt révèle l'approche essentielle des faits de l'espèce.

Il est vrai que la mère, en retenant l'enfant de manière illicite, a créé illégalement la situation en question. Cette situation a duré dix-neuf mois, soit la période où l'enfant était avec sa mère en France et non dans l'État de New York. Cependant, cette situation ne saurait être appréciée à partir du point de vue formaliste postulant, par exemple, que la rétention illicite de départ doit être considérée comme un élément qui contamine le statut légal, moral et surtout psychologique de la mère vis-à-vis de l'enfant, du père et de la société en général. En tout état de cause, il serait inhumain de soutenir que la mère, qui s'est toujours occupée de sa petite fille, est condamnable parce qu'elle veut garder l'enfant malgré l'opposition du père et des deux ordres judiciaires mis en action par les avocats du père. De plus, certaines raisons justifiaient le souhait de la mère de se séparer du père. Nous y reviendrons dans la dernière partie de la présente opinion dissidente.

On ne soulignera jamais assez que ce qui s'est passé dans cette affaire-ci est tout simplement contraire à l'intérêt supérieur de l'enfant.

Le critère primordial des conventions de La Haye et de New York – qui en dernière analyse élimine tout autre critère déterminant – c'est précisément et invariablement l'« intérêt supérieur de l'enfant ». Il en découle logiquement qu'il appartient à toute juridiction, même de dernier ressort, de placer tous les autres faits de la cause dans la perspective de l'ultime appréciation factuelle de ce qui correspond à l'intérêt supérieur de l'enfant.

À première vue, il est impossible dans cette affaire de soutenir qu'il serait en quoi que ce soit préférable que la petite Charlotte Washington, âgée de quatre ans, soit arrachée par la force à sa mère pour être renvoyée dans l'État de New York et être remise à son père, avec qui elle n'a pas eu de contact significatif depuis dix-neuf mois. Nulle acrobatie légaliste ne saurait éclipser ce simple fait.

L'« intérêt supérieur de l'enfant » constitue le critère déterminant fondamental, véritable *quaestio facti* qui doit être examinée *de novo* par chaque juridiction, y compris la juridiction de dernier ressort. Même la Cour européenne des droits de l'homme ne saurait dans une telle affaire échapper à cette nécessaire appréciation des faits.

La façon d'aborder cette affaire consiste donc à se demander quelle est à première vue la nature de la situation. Compte tenu précisément de l'intérêt supérieur de l'enfant, il est impossible de partir du principe qu'il doit incomber aux requérantes d'établir que l'enlèvement par l'État français de l'enfant à la mère est un acte non légitime. La situation fondamentale sur les plans factuel et psychologique était telle que c'est le contraire qui aurait dû être vrai, c'est-à-dire qu'il aurait dû incomber à l'État français d'établir qu'en dépit du passage du temps il était légitime de s'emparer de l'enfant en recourant à la force policière brute, de la mettre dans l'avion et de la renvoyer vers l'État de New York.

Revenons à la troisième phrase du paragraphe 69, où la majorité admet que le passage du temps est un élément capital. Il s'ensuit, logiquement, que la position de la majorité est une *contradictio in adiecto* dans la mesure même où, dans sa propre optique comme dans celle des conventions de La Haye et de New York, le critère « au plus vite » est prééminent.

La majorité tente plus loin de contourner la contradiction en déclarant au paragraphe 71 :

> « La Cour ne voit pas en quoi l'interprétation, par les juridictions internes, de l'article 13 b) de la Convention de La Haye serait <u>nécessairement</u> incompatible avec la notion « d'intérêt supérieur de l'enfant » visée par la Convention de New York. » (c'est nous qui soulignons)

Manifestement, la faute de logique découle de l'emploi du terme « nécessairement ».

L'article 13 b) de la Convention de La Haye, qui dispose :

> Article 13
>
> L'autorité judiciaire ou administrative de l'État requis n'est pas tenue d'ordonner le retour de l'enfant lorsque la personne, l'institution ou l'organisme qui s'oppose à son retour établit : (...)

> b) qu'il existe un risque grave que le retour de l'enfant ne l'expose à un danger physique ou psychique, ou de toute autre manière ne le place dans une situation intolérable,

n'est pas « nécessairement » incompatible avec l'intérêt supérieur de l'enfant dès lors que la *restitutio in integrum* se produit quelques semaines – et non des mois ou des années ! – après l'événement.

La majorité commet une autre erreur de logique au paragraphe 73, où l'on peut lire que, selon la Cour, accueillir les arguments de la mère reviendrait à vider la Convention de La Haye de son objet premier, qui est selon la majorité d'empêcher le parent ravisseur de légitimer, par le « simple » passage du temps qui naturellement joue en sa faveur, une situation qu'il a unilatéralement créée.

> 73. Selon la Cour, accueillir les arguments de la requérante reviendrait à vider la Convention de La Haye, instrument de droit international dont elle s'inspire pour appliquer l'article 8 de la Convention, tant de sa substance que de son objet premier, ce qui implique que les exceptions visées ci-dessus doivent être d'interprétation stricte (...). Le but est en effet d'empêcher le parent ravisseur de parvenir à légitimer juridiquement, par le passage du temps jouant en sa faveur, une situation de fait qu'il a unilatéralement créée.

Ce que la majorité comprend mal ici, de toute évidence, c'est que le passage du temps – que l'on soit dans un contexte licite ou illicite – est déterminant pour l'intérêt supérieur de l'enfant. La jurisprudence incohérente de la Cour regorge d'exemples où des décisions ont été prises après une certaine période en faveur de la mère qui retenait l'enfant ou bien de la famille d'accueil, pour la raison évidente qu'un jeune enfant ayant évolué dans un environnement familial donné où il se sent en sécurité subirait un traumatisme s'il était déplacé.

C'est à cela précisément que fait allusion l'article 13 b) de la Convention de La Haye. Ce qui compte, autrement dit, c'est le bien-être de l'enfant dans le cadre auquel il s'est habitué et qui de plus contribue à structurer sa personnalité. Déraciner l'enfant au nom des objectifs juridiques abstraits visés aux paragraphes précités où la majorité s'exprime va à l'encontre du bon sens humain le plus élémentaire, selon lequel il n'est nul besoin d'être psychologue pour enfants ou pédopsychiatre pour comprendre qu'une enfant qui a toujours vécu avec sa mère, une fois qu'elle a étendu ses racines dans l'environnement stable d'un petit village de France, subira un traumatisme si on la coupe de ses racines pour la renvoyer de force dans l'État de New York.

Cependant, les paragraphes clés de l'avis de la majorité révèlent le même défaut de logique que le « revirement de jurisprudence de la Cour de cassation ». Dans les deux cas, la prévention générale et abstraite a prévalu sur l'intérêt supérieur de l'enfant. Durant l'audience publique, j'ai posé la question pertinente et l'on m'a répondu qu'il n'y avait pas eu de pression politique pour que cela se passe ainsi. J'espère que c'est vrai. Il est néanmoins difficile de comprendre comment la Cour de cassation a soudainement pu faire primer l'effet préventif général sur l'intérêt supérieur de l'enfant.

Quoi qu'il en soit, la logique inhérente à cette situation est semblable à celle de l'affaire *Ignaccolo-Zenide c. Roumanie* et à d'autres affaires semblables, dans lesquelles la Cour a pris des positions incohérentes, tantôt retenant l'intérêt supérieur de l'enfant, tantôt soutenant que l'enfant aurait dû être enlevé au parent concerné (*Nuutinen c. Finlande*). Compte tenu de ces incohérences, il apparaît clairement que la Grande Chambre devrait se prononcer sur la question suivante.

Dans les situations où le passage du temps a créé la constellation psychologique dans laquelle l'intérêt supérieur de l'enfant n'est plus d'être arraché puis renvoyé au parent plaignant, l'intérêt supérieur de l'enfant – selon les conventions de La Haye et de New York – doit-il prévaloir ? L'intérêt supérieur de l'enfant doit-il être subordonné à une logique formaliste stricte à cause du caractère illégal de la rétention initiale ?

De toute évidence, cette question se trouve au cœur des deux conventions ainsi que de notre propre interprétation de l'article 8 de la Convention européenne des droits de l'homme.

Aux termes de l'article 43 de la Convention européenne des droits de l'homme, une demande de renvoi devant la Grande Chambre doit être acceptée « si l'affaire soulève une question grave relative à l'interprétation ou à l'application de la Convention ou de ses protocoles, ou encore une question grave de caractère général ». Même si la jurisprudence issue des chambres de la Cour était totalement cohérente – ce qui n'est pas le cas –, la question revêtirait un caractère général au point qu'elle appellerait une nouvelle appréciation de la Grande Chambre. En fait, la chambre souhaitait que l'affaire fût renvoyée à la Grande Chambre en vertu de l'article

30, car elle considérait que l'espèce soulevait une question grave relative à l'interprétation de la Convention.

Cela montre que la chambre elle-même, avant l'opposition du gouvernement français, jugeait nécessaire que la Grande Chambre se prononçât elle-même sur une question grave relative à l'interprétation de la Convention. L'article 30 de la Convention reconnaît aux parties un droit d'opposition, mais l'on peut se demander si pareille objection n'est pas en soi incompatible avec le but et l'objet de l'article 30.

À cet égard, il est clair que les parties individuelles à un litige ne devraient pas avoir le pouvoir déterminant de peser sur le choix de l'organe – la chambre ou la Grande Chambre – qui va statuer sur une question importante concernant l'interprétation de la Convention. La seule manière de rendre l'article 30 *in fine* compatible avec le reste de la disposition est de poser comme principe la possibilité, une fois rendu l'arrêt de la chambre, d'une demande de renvoi devant la Grande Chambre par l'une des parties, voire les deux, en vertu de l'article 43 § 1. De façon très concrète, dès lors, le paragraphe 2 de l'article 43 oblige alors le collège de cinq juges à accepter que cette affaire soit examinée par la Grande Chambre, ce qui se serait produit en vertu de l'article 30 si le gouvernement français ne s'y était opposé. L'objet de l'article 30 *in fine* est de laisser aux parties la possibilité de faire trancher l'affaire en tant que telle, sans les incidences générales du *stare decisis*, en premier lieu par la chambre.

La procédure devant la chambre fonctionne ici clairement comme l'antichambre d'une procédure devant la Grande Chambre.

Au paragraphe 84 de l'arrêt, la majorité souligne par ailleurs l'absence totale de coopération de la mère, attitude qui est censée avoir justifié l'intervention vigoureuse (l'enlèvement de Charlotte) de la police à l'école maternelle. Une facette importante de cette affaire tient aux réactions cruelles et draconiennes du tribunal de la famille de l'État de New York (comté de Dutchess) ; en effet, M. Damian J. Amodeo, juge de première instance, a immédiatement retiré à la mère française la garde de l'enfant – initialement une garde conjointe –, et a fait peser sur elle un soupçon d'enlèvement d'enfant. Pareil enlèvement constitue bien sûr une infraction dans l'État de New York, et il exposerait la mère à une arrestation dès son entrée aux États-Unis, par exemple à l'aéroport JFK [146]. Dans l'hypothèse où la mère souhaiterait contester la décision du juge américain local et se rendre auprès du tribunal de la famille du comté de Dutchess, elle risquerait dans le meilleur des cas de se voir refuser le visa et pourrait même s'exposer à une arrestation. Si elle était arrêtée, elle risquerait la prison. L'arrestation, probablement pour commission d'une infraction de catégorie E, serait totalement laissée à l'appréciation de la police locale.

De plus, reprocher à la mère de ne pas être comparue devant le tribunal de la famille du comté de Dutchess pour y débattre de la question de savoir si Charlotte allait quitter la France pour les États-Unis est absurde et témoigne de l'attitude revancharde du tribunal local américain. La réponse juridique du juge de la famille n'inspire guère le respect ; c'est une réaction exagérée et arrogante, qui s'est révélée plus tard au travers des conditions draconiennes que ce même juge a imposées à la mère au cas où elle souhaiterait voir l'enfant. Dicter des conditions suivant lesquelles la mère devra déposer une caution de 25 000 dollars et remettre son passeport afin de pouvoir rencontrer l'enfant au palais de justice pendant une demi-heure et en présence d'un policier est une chose qui – selon les termes de Felix Frankfurter, qui fut juge à la Cour suprême des États-Unis – heurte la conscience. De telles conditions sont totalement discriminatoires, ce qui est facile à prouver car elles n'auraient jamais été imposées à un citoyen américain.

Il est difficile de saisir comment la Cour de cassation française a pu méconnaître le caractère vindicatif de la réaction du juge américain. Cela est d'autant plus difficile à comprendre que le père était soupçonné d'avoir commis des actes de violence familiale (pour lesquels la police locale avait été alertée et avait dû intervenir) et d'avoir consommé des stupéfiants. Il est plus absurde encore d'ajouter foi à la déclaration du père selon laquelle lorsqu'il serait au

[146] Loi pénale de New York, Section 135.50 : *« Ingérence dans la détention au premier degré. Une personne est coupable d'ingérence dans la détention au premier degré lorsqu'elle commet le crime d'ingérence dans la détention au second degré : 1. Dans l'intention de faire sortir définitivement la victime de cet État, elle fait sortir cette personne de l'État (...) » Section 60.12 : « Dispositions autorisées ; peine d'emprisonnement de substitution d'une durée indéterminée ; cas de violence domestique (...) 2. La durée maximale d'une peine d'une durée indéterminée imposée en vertu de la sous-section un du présent article doit être fixée par le tribunal comme suit : d) Pour un crime de classe E, la durée doit être d'au moins trois ans et ne doit pas dépasser quatre ans. »*

travail, dans l'État de New York, l'enfant serait prise en charge par une infirmière sans emploi domiciliée dans la même résidence que lui.

La procédure en droit de la famille n'est pas une procédure de caractère pénal ; aussi les soupçons relatifs au comportement passé du père ne peuvent-il ni être l'objet d'une présomption d'innocence ni être examinés en justice comme si la charge de la preuve devait incomber à la mère accusatrice. Le fait non contesté que la police ait été appelée par les voisins parce qu'il y avait des motifs raisonnables de soupçonner le père de violence familiale devrait jeter une ombre définitive sur la capacité de ce dernier à assumer la garde exclusive de l'enfant. Le juge du tribunal de la famille du comté de Dutchess aurait dû étudier les éléments de preuve et s'abstenir de sa réaction radicale, qui ne reposait sur rien d'autre que les « preuves » soumises par le père lors d'une audience non contradictoire. Dès lors, il est d'autant plus absurde que l'ordre judiciaire français ait réagi avec complaisance dans une situation où tous les éléments plaidaient en faveur de la mère, hormis les « effets préventifs généraux » auxquels la majorité fait allusion au paragraphe 73[147].

Plus tard s'est présentée une affaire tout à fait analogue contre la Suisse, impliquant un père israélien. Dans l'affaire en Grande Chambre, le point de vue de la Chambre dans l'affaire *Maumousseau et Washington* a été infirmé[148].

Comme dans de nombreuses autres affaires, l'attitude fondamentale vis-à-vis de l'autorité est devenue le facteur décisif. J'ai

[147] Comme indiqué plus haut, j'ai été contraint par le président Costa, à l'époque, d'effacer la dernière phrase de cette opinion dissidente, faisant référence à la « malhonnêteté intellectuelle ». *Maumousseau et Washington c. France*, requête n° 39388/05, 6 décembre 2007 (B.M. Zupančič, J., opinion dissidente).
[148] *Neulinger et Shuruk c. Suisse* [GC], requête n° 41615/07, 6 juillet 2010 : *« En outre, (le père) n'a jamais habité seul avec l'enfant et ne l'a pas vu depuis son départ à l'âge de deux ans. Ainsi, la Cour n'est pas convaincue qu'il soit dans l'intérêt supérieur de l'enfant de retourner en Israël et la mère, quant à elle, subirait une ingérence disproportionnée dans son droit au respect de sa vie familiale le cas échéant. En conséquence, il y aurait violation de l'article 8 dans le chef des deux requérants si la décision ordonnant le retour en Israël du second était exécutée. »* En d'autres termes, la Grande Chambre a rendu un arrêt inverse par rapport à l'arrêt *Maumousseau*. Pour le résumé ci-dessus, voir https://hudoc.echr.coe.int/app/conversion/pdf/?library=ECHR&id=002-880&filename=002-880.pdf, consulté pour la dernière fois le 17 février 2018.

souvent été consterné par l'attitude non critique de nombreux juges de la Cour qui n'avaient pas le sens de la justice, parce que l'autorité formelle de l'État était pour eux plus importante et donc plus décisive.

9. Ambivalence et ambiguïté

Cela ne veut pas dire que l'attitude de rejet de l'autorité soit l'essence même du raisonnement autonome. Il n'est certainement pas vrai qu'une attitude anti-autorité représente, à elle seule, le jugement moral autonome.

Il existe une antinomie entre la logique de la force (autorité) et la force de la logique (rule of law, droits de l'homme, etc.)[149]. Il n'y a pas de rule of law sans établissement préalable et ferme de l'État souverain au sein duquel (et seulement au sein duquel) le rule of law peut alors être exercé.

L'organisation de l'État et de son groupe au pouvoir, également selon le *Léviathan* de Hobbes, la paix du roi en d'autres termes, n'est peut-être pas le début du rule of law, mais c'est sa condition préalable nécessaire.

> Et parce que, si les droits essentiels de la souveraineté (spécifiés précédemment au chapitre XVIII) sont supprimés, la République est de ce fait dissoute, et chaque homme retourne dans le malheureux état de guerre contre tout autre homme, ce qui est le plus grand mal qui puisse arriver en cette vie, c'est la fonction du souverain de conserver entièrement ces droits, et il est par conséquent contraire à son devoir, premièrement, de transférer à un autre l'un quelconque de ces droits, ou de s'en démettre. En effet, celui qui abandonne les moyens abandonne les fins, et abandonne les fins celui qui, étant le souverain, se reconnaît assujetti aux lois civiles et renonce au pouvoir de la judicature suprême, ou à celui de faire la guerre ou la paix par sa propre autorité, ou à celui de juger de ce qui est nécessaire à la République, ou à celui de lever des impôts et des armées, au moment et dans les limites qu'il jugera nécessaire en sa propre conscience, ou à celui d'instituer des officiers et des ministres, aussi bien pour la paix que pour la guerre, ou à celui de nommer des enseignants, et d'examiner quelles doctrines s'accordent avec la défense, la paix et le bien du peuple, ou leur sont

[149] B.M. Zupančič, *The Owl of Minerva, s.v.* « logic of power », p. 33, 35, 385, 395.

> contraires. Deuxièmement, il est contraire à son devoir de laisser le peuple ignorant ou mal informé des fondements et des raisons de ces droits essentiels qui sont siens, parce que, dans cet état, il est facile d'abuser le peuple et de l'amener à lui résister quand la République aura besoin que ces droits soient utilisés et exercés[150].

Il n'est donc pas surprenant que les membres de la magistrature soient constitutionnellement ambivalents au sujet de l'autorité. D'une part, ils exercent un pouvoir d'État sur la base de la force brute sans laquelle leurs arrêts resteraient inappliqués. D'autre part, dans les affaires de droits de l'homme en particulier, ils s'opposent à la logique du pouvoir, au nom du pouvoir de la logique.

Comme je l'ai souligné toutefois, à la CrEDH, cette question est au premier plan, parce que la Cour statue sur des affaires où l'État est défendeur. Être « anti-autorité » est sa fonction de base. Bien sûr, les politiciens cyniques des États concernés s'efforcent de doter la Cour de juges souples qui ne travailleront pas contre leur État. Ils doivent être flexibles dans leurs attitudes pro-étatiques. Ces attitudes sont bien sûr recouvertes de plusieurs couches de formalisme juridique. Ils essaient souvent de présenter de manière formaliste des arguments convaincants afin de soutenir la violation des droits de l'homme en ce qu'elle est commise par l'État. En ce sens, précisément, le formalisme juridique est bien plus qu'un simple formalisme. Il s'agit d'un blanchiment des attitudes autoritaires de certains juges[151].

Or, il s'agit ici de négation du sens de la justice et du raisonnement juridique autonome. Les exemples ci-dessus ne nous informent pas positivement sur la substance du sens *positif* de la justice et, en ce sens, sur les origines positives du raisonnement juridique autonome

---

[150] Hobbes, *Léviathan*, Chap. XXX, « De la fonction du Représentant souverain » (Trad. de Philippe Folliot, *op. cit., supra,* note 46).

[151] « *Mais le juge était formaliste avant tout (...), l'amour-propre du juge fut piqué* », Stendhal, *Le Rouge et le noir*, chap. 37, *in fine*.

10. *Spoudaios* (σπουδαῖος)

La notion grecque de *spoudaios (σπουδαῖος)* chez Platon, Aristote et plus tard chez Plotin est largement méconnue[152]. Le concept est métaphysique ou philosophique et remonte à Platon et à son célèbre mythe de la caverne[153], Les philosophes, y compris Heidegger et Arendt, tous deux bloqués dans l'antichambre de l'Être[154] (selon Jacques Maritain), sont pour la plupart hors du coup. Jacques Maritain, par contre, avait eu en 1933 une intuition directe de l'Être[155].

---

[152] Par exemple, Alexandrine Schniewind, *Remarks on the spoudaios in Plotinus I 4 [46]*, à l'adresse https://www.bu.edu/wcp/Papers/Anci/AnciSchn.htm, consulté pour la dernière fois le 15 février 2018.

[153] Voir, par exemple, J. Malcolm, « The Cave Revisited », *The Classical Quarterly*, vol. 31, n° 1, 1981, p. 60-68.

[154] Cf. Schelling, *Werke*, Abth.I, Bd.I, S. 382 : *Erlauterung des Idealismus der Wissenschaftslehre : « S'il arrivait un jour – non pas aux philosophes – mais à l'humanité, de pouvoir quitter ce domaine dans lequel ils sont tombés du fait de la désertion de l'Absolu, alors toute la philosophie et ce domaine lui-même cesseront d'exister. Ce dernier ne prend naissance qu'à travers ce conflit et n'a de réalité que lorsque le conflit se poursuit »* (soulignement ajouté), cité dans Henry Bradford Smith, *The Transition from Bewustsein to Selbstbewustsein in Hegel's Phenomenology of Mind*, Univ. of Penn., thèse de doctorat, sans date. Disponible dans son intégralité à l'adresse https://archive.org/stream/transitionfrombe00smitrich#page/n3/mode/2up/search/Selbstbewustsein, consulté pour la dernière fois le 4 mars 2018.

[155] Voir Jacques Maritain, *Sept leçons sur l'être et les principes de la raison spéculative*, d'après des conférences à l'Institut Catholique de Paris, 1932-1933. Le livre a été traduit, quoique pauvrement, et est consultable en anglais sous le titre de *Preface to Metaphysics*, Londres, 1939, dans son intégralité, à l'adresse https://archive.org/details/in.ernet.dli.2015.207116, consulté le 15 février 2018. L'œuvre est décrite comme une tentative de philosophie thomiste, alors qu'en fait, elle décrit exactement ce qu'on appelle, dans le bouddhisme zen, « satori » (illumination, épiphanie, etc.). En 1932, Maritain ne pouvait pas savoir ce que les philosophes taoïstes expliquaient depuis des siècles. Voir, par exemple, la superbe « Introduction » de Charles Le Blanc au volume *Philosophes taoïstes*, La Pléiade, t. I, Paris, 1980. Voir Deepti Mahajan, *Encyclopedia Britannica*, 2008, *s.v.* « Satori » : *« Satori, Wu chinois, dans le bouddhisme zen du Japon, l'expérience intérieure et intuitive de l'illumination ; le satori est dit inexplicable, indescriptible et inintelligible par la raison et la logique. Il est comparable à l'expérience vécue par Gautama Bouddha lorsqu'il s'est assis sous l'arbre Bo et, en tant que tel, c'est le but central du Zen. Le satori est analogue à l'expérience de conversion ou de renaissance spirituelle d'autres traditions religieuses en ce sens qu'il constitue une réorganisation complète de l'individu par rapport à l'univers. Le satori n'est*

Ou, comme l'a dit Hegel :

> L'Être pur constitue le commencement parce qu'il est aussi bien pensée pure que l'immédiat indéterminé simple et que le premier commencement ne peut rien être de médiatisé et de davantage déterminé[156].

Est *spoudaios* simplement l'individu qui comprend ce que dit la citation ci-dessus. Il ne s'agit manifestement *pas* d'une question d'ordre cognitif. Le mythe de la caverne de Platon est l'expression allégorique de la distinction entre ceux qui sont capables de voir – parce qu'ils en ont fait l'expérience – et ceux qui ne l'ont pas fait et ne le font pas[157].

Il s'ensuit logiquement que la prémisse ne peut être prouvée. Elle sort du cadre de l'expérience ordinaire (non métaphysique). Mais cela n'est pas si extraordinaire, parce que même les stades de développement moral de Kohlberg (et de Piaget) ne présupposent pas que ceux qui sont aux niveaux inférieurs de développement moral puissent comprendre ceux qui sont aux niveaux supérieurs.

C'est ce que nous suggérons en disant que la question n'est décidément pas cognitive. La déclaration de Hegel ci-dessus ne présuppose pas la connaissance philosophique. Elle est au contraire évidente pour celui qui est porteur de l'expérience directe et immédiate de l'Être. L'expérience de première main a été décrite à

---

généralement atteint qu'après une période de préparation concentrée et peut se produire spontanément à la suite d'un incident fortuit, tel qu'un bruit soudain. L'importance relative de la période d'attention concentrée ou de la "percée" soudaine est pesée différemment par les deux branches majeures du zen : la secte Sōtō met l'accent sur la position assise tranquille (zazen), tandis que la secte Rinzai consacre plus d'attention aux différentes méthodes pour provoquer un réveil abrupt », à l'adresse https://www.britannica.com/topic/Satori, consulté pour la dernière fois le 4 mars 2018.

[156] Hegel, *Logique*, § 86 : « *Das reine Sein macht den Anfang, weil es sowohl reiner Gedanke als das unbestimmte, einfache Unmittelbare ist, der erste Anfang aber nichts Vermitteltes und weiter Bestimmtes sein kann.* » Ce n'est pas une déclaration très hermétique en philosophie. C'est *prima facie* évident pour ceux qui, par exemple, partagent l'expérience de Maritain.

[157] Malheureusement, ce n'est pas l'endroit pour traiter de *« la question qui ne peut pas être posée »* (Krishnamurti). J'ai développé ce sujet à maintes reprises, la dernière fois dans *Epifanija*, B.M. Zupančič (ed.), samozaložba, Ljubljana, 2015, chapitre intitulé « De l'être et son intégralité », p. 205-230 (en slovène).

l'origine par Parménide et a parfois été formulée de façon poétique, par exemple par William Blake et Henry Vaughan[158].

> Blake :
> Voir le monde dans un grain de sable
> Et le paradis dans une fleur sauvage
> Tenir l'infini dans le creux de sa main
> Et l'éternité dans une heure[159].
>
> Vaughan :
> J'ai vu l'Éternité l'autre nuit,
> Comme un immense anneau de lumière pure et infinie,
> Tout de calme autant qu'éclatant ;
> Et dessous fait d'heures, de jours et d'ans,
> Entraîné dans la ronde des sphères, le Temps
> Pareil à une ombre immense se mouvait
> Où le monde et son cortège se ruaient[160].

J'esquisserai ce qui précède en termes d'antinomie de Unger entre le particulier et l'universel :

> Le particulier (faits, désirs, valeurs) n'existe qu'à travers l'universel (théorie, raison, règles), mais doit en être séparé. L'universel n'existe qu'à travers le particulier, mais doit en être séparé[161].

L'antinomie est une situation dans laquelle deux entités – ici l'universel et le particulier – se présupposent simultanément l'une l'autre, tout en s'excluant l'une l'autre. Par exemple, dans l'antinomie de la théorie et des faits, l'aperception de ces derniers présuppose la

---

[158] Voir en détail le *Parménide* de Platon, par exemple dans l'édition en ligne du texte grec et de la traduction française par Victor Cousin, « Hodoi Elektronikai », à l'adresse http://mercure.fltr.ucl.ac.be/Hodoi/concordances/platon_parmenide/lecture/default.htm, *passim*.

[159] William Blake (1757-1827), *Auguries of Innocence*, à l'adresse https://www.poetryfoundation.org/poems/43650/auguries-of-innocence, consulté pour la dernière fois le 17 mars 2018.

[160] Henry Vaughan (1662-1695), *The World*, à l'adresse https://www.poetryfoundation.org/poems/45434/the-world-56d2250cca80d, consulté pour la dernière fois le 17 mars 2018 (traduction française par Charles Recoursé, en exergue au roman de John Wray, *Les Accidents*, à l'adresse http://excerpts.numilog.com/books/9782021194173.pdf).

[161] Roberto Mangabeira Unger, *Knowledge and Politics*, p. 138 et suiv.

théorie, alors que la théorie est par définition distincte et différente des faits. La théorie, en tant que distincte, génère littéralement (l'aperception) de nouveaux faits, tandis que ces faits génèrent ensuite une nouvelle théorie. La métaphore habituelle utilisée par les métaphysiciens est l'antinomie de la vague et de l'océan : la vague est inséparable de l'océan ; pourtant, la vague est séparée de l'océan. C'est une contradiction, une antinomie.

Or, de telles contradictions ne peuvent être résolues logiquement. Telle est la signification inhérente de l'antinomie. Selon Hegel, de tels paradoxes – eux-mêmes moteurs du progrès – ne peuvent être que « transcendés ». C'est peut-être difficile à croire, mais les deux déclarations poétiques ci-dessus, typiques des *spoudaioi*, illustrent cette transcendance.

Traduite en langage psychologique, la métaphore de la vague et de l'océan est pertinente. La vague vit dans l'illusion d'être une entité séparée (*in-dividuum*) – ce qu'elle n'est décidément pas – indépendante de la mer « sous-jacente ». Dans ses conférences académiques à Harvard (1972-1973), Unger l'a illustré en dessinant un cercle sur le tableau noir. Il a ensuite expliqué que tous les points du cercle sont reliés à tous les autres points. Dans la langue de John Donne, cela signifie qu'« aucun homme n'est une île ». Aucun point du cercle n'existe indépendamment des autres points. C'est un fait objectif. Pourtant, chaque « vague » s'imagine exister indépendamment de l'océan. Chaque point du cercle vit dans l'illusion de mener une existence indépendante. D'où la contradiction, l'antinomie.

Appelons cette illusion « narcissisme primaire », c'est-à-dire quelque chose de normal dans l'établissement d'un ego bien intégré. Pour laisser de côté tout jargon psychanalytique, une personne est stable si elle a l'illusion ci-dessus et « l'homme en tant qu'île » *est* cet ego bien intégré. Le conflit intérieur inconscient (l'antinomie intériorisée) sape l'énergie mentale nécessaire pour soutenir l'illusion. Le *« moriendo revixi »* de Vaughan (seulement quand je mourrai, je commencerai à vivre), pour filer la métaphore, est la fusion de la vague dans l'océan.

> La coquille individuelle en laquelle mon individualité est si solidement enfermée explose au moment du satori. Non que je

> sois nécessairement uni à un être plus grand que moi ou absorbé en lui, mais mon individualité, qui se trouvait rigidement maintenue et nettement séparée des autres existences individuelles, relâche en quelque sorte les attaches qui l'enserraient et se fond en quelque chose d'indescriptible, d'un ordre tout à fait différent de celui auquel je suis accoutumé. Le sentiment qui s'ensuit est celui d'une délivrance complète ou d'un repos parfait, le sentiment d'être finalement arrivé à destination[162].

Cela signifie que le narcissisme primaire, l'illusion de l'individualité, est transcendé. La question est de savoir comment se débarrasser de son ego. Si l'on réussit, on libère toute l'énergie bloquée par le conflit intérieur[163]. De Parménide à Vaughan, l'histoire est la même. Il n'y a rien de particulièrement spectaculaire.

Comment cela est-il lié au plus haut niveau de développement moral de Kohlberg et au sens aigu de la justice ?

11. Zhenren

Rien de sérieux n'a jamais été écrit sur l'impact du satori et le sens de la justice. Très peu de gens ayant eu jamais accès à ce mode de raisonnement autonome, c'est compréhensible.

> Les traductions courantes de zhenren – « homme véritable », « True Man » ou « Real Man » – démentent le fait qu'étymologiquement, le zhen implique à la fois « authenticité » et « transformation ». C'est-à-dire que, quel que soit l'exemple humain, l'individu est capable d'exprimer son intégrité personnelle et son unicité dans le contexte d'un monde en transformation. Le choix du mot « authentique » *(authentic)* pour traduire zhen est calculé. Ayant la même racine que le mot « auteur » *(author)*, il capture la primauté donnée à la contribution créative de la personne particulière. Il enregistre en outre cette contribution comme étant ce qui est fondamentalement « réel » et « vrai ». C'est à cause de la primauté de la « paternité »

[162] Suzuki, *Essais sur le bouddhisme zen*, séries I, II, III, Albin Michel, collection Spiritualités vivantes, Paris, 2003, p. 465. Voir *infra*, note 163.

[163] « *Que ce sentiment accompagne inévitablement le satori, cela est dû à ce qu'il est une rupture de la limitation individuelle, et cette rupture n'est pas simplement négative : c'est un événement tout à fait positif, chargé de sens, car il signifie une expansion infinie de l'individualité* » : Suzuki, *ibid.*,, p. 467.

(authorship) de la « personne authentique » *(authentic person)* dans la création de l'ordre humain qu'il doit y avoir la Personne Authentique avant qu'il puisse y avoir une connaissance authentique[164] ».

Le zhenren est une personne d'une moralité et d'une intégrité élevées. Dans la traduction française, il est désigné comme « homme véritable[165] ».

Les descriptions des *spoudaioi* et des *zhenren* sont centrées sur les implications psychologiques (métaphysiques) de la transcendance ci-dessus évoquée du narcissisme primaire. Le sens de la justice, en tant que produit secondaire, n'est pas au premier plan. Cependant, le même témoignage provient de deux perspectives culturelles complètement différentes (la grecque et la chinoise). Il est donc évident qu'il s'agit là du mystérieux « principe éthique universel » de Kohlberg. Mais puisque l'expérience et ses conséquences sont extrêmement rares, et si les *spoudaioi* et les *zhenren* sont exceptionnels, on comprend pourquoi Kohlberg a eu du mal à trouver de tels individus. Son stade le plus élevé d'autonomie morale, bien que logique, reste une boîte vide. Mais dans pratiquement le même langage, la Convention prévoit que :

> 1. Les juges doivent jouir <u>de la plus haute considération morale</u> et réunir les conditions requises pour l'exercice de hautes fonctions judiciaires ou être des jurisconsultes possédant une compétence notoire.
>
> 2. Les juges siègent à la Cour à titre <u>individuel</u>[166]. (Soulignement ajouté)

La disposition est abstraite, et les pères de la Convention n'étaient certainement pas au courant de ce dont nous avons parlé plus haut. À l'époque, le modèle de personnalité *spoudaios* (*zhenren*) n'existait pratiquement pas. Il n'a été décrit qu'indirectement par Jacques

---

[164] *Wandering at Ease in the Zhuangzi*, Roger T. Adams, Ed. State University New York, 1998, p. 2.

[165] *Philosophes taoïstes II, Huainan Zi*, Introd. par Charles Le Blanc et Rémi Mathieu, Bibliothèque de la Pléiade, Gallimard, Paris, 2003, p. xxxii.

[166] CEDH, article 21, paragraphes 1 et 2.

Maritain en 1943[167]. Pourtant, ce dernier a participé à la rédaction de la Déclaration universelle des droits de l'homme. Il est donc possible que la formulation ci-dessus de la Convention ne soit pas sans rapport avec ses conclusions métaphysiques.

12. Retour à la réalité

Autant il est évident que le « principe éthique universel » devrait être le *spiritus agens* de la CrEDH, autant il est clair qu'il ne peut en être ainsi. L'idéal du *spoudaios* est inaccessible. Cela vaut pour la Cour, comme pour tout le reste de la civilisation occidentale. Comme l'a dit André Malraux, « le XXIe siècle sera spirituel ou ne sera pas ».

Pourtant, l'idéologie de l'« universalité des droits de l'homme » elle-même apparaît dans le contexte historique et philosophique. Ce contexte est tenu pour acquis ; rares sont ceux qui osent le critiquer :

> L'universalisme est une corruption de l'objectivité. Tandis que l'objectivité s'atteint à partir de choses particulières, l'universalisme prétend définir la particularité à partir d'une notion abstraite posée arbitrairement. Au lieu de déduire le devoir-être de l'être, il procède en sens inverse. L'universalisme ne consiste pas à traiter des choses objectivement, mais à partir d'une abstraction surplombante d'où s'ensuivrait un savoir sur la nature des choses. Il représente l'erreur symétrique inverse de la métaphysique de la subjectivité, qui ramène le bien au bon-pour-moi ou au bon-pour-nous, le vrai au for intérieur ou à l'entre-soi. La tradition européenne a toujours affirmé la nécessité pour l'homme de lutter contre sa subjectivité immédiate. Toute l'histoire de la modernité, dit Heidegger, est histoire du déploiement de la métaphysique de la subjectivité[168].

---

[167] Jacques Maritain, *Sept Leçons sur l'être et les premiers principes de la raison spéculative*, Chez P. Tequi, Paris, 1943.
[168] Alain de Benoist, *Au-delà des droits de l'homme, pour défendre les libertés*, chez Pierre-Guillaume de Roux, Paris, 2016, p. 9-10.

F. Les droits et les recours dans leur contexte procédural

J'ai établi plus haut que les droits sont généralement un phénomène procédural dans lequel ce qu'on appelle l'« accès à la justice » semble être un élément essentiel[169]. Préliminairement, l'accès au tribunal signifie évidemment que l'État est obligé d'offrir un forum où le droit allégué pourra faire l'objet d'un litige.

Avant d'approfondir ces aspects, examinons d'abord ce que nous entendons par le mot « droit ».

Dans la tradition juridique continentale, chaque droit est défini par la recherche fallacieuse de son « essence » en tant que droit à quelque chose, c'est-à-dire indépendamment de son contexte procédural. En revanche, dans la tradition juridique anglo-saxonne, le droit est inséparable du contexte procédural dans lequel il est revendiqué. Le droit en tant que droit à quelque chose doit se référer à la quintessence insaisissable de ce qu'il est censé signifier.

Prenons par exemple le droit à la propriété tel qu'il est également inclus, bien qu'en tant que *« possession »* en anglais, à l'article 1, paragraphe 1 du Protocole n° 1 à la CEDH. En droit romain, le droit de propriété est défini comme un *ius utendi et abutendi re sua* absolu ; de même, le Code civil français définit le droit de propriété comme « le droit de jouir et disposer des choses de la manière la plus absolue, pourvu qu'on n'en fasse pas un usage prohibé par les lois ou par les règlements[170] ». Ces deux définitions semblent assez claires, mais elles ne tiennent pas compte du simple fait qu'un droit concernant la propriété ne devient effectif que lorsque son caractère d'interdiction est piétiné par autrui. Tant qu'il n'y a pas d'ingérence dans les biens possédés par le propriétaire, les splendides définitions ci-dessus

[169] *Op. cit. infra*, note 177.
[170] Code civil (Code Napoléon), 1804, article 544.

peuvent avoir une valeur pédagogique, mais elles n'expliquent pas réellement la véritable nature de la propriété en tant que droit à quelque chose. Ce dernier élément n'entre en jeu que lorsque la possession et la propriété sont perturbées. Cela suppose alors qu'une action soit intentée devant le tribunal, ce qui, bien entendu, implique que tout le contexte procédural de la demande de réparation de la perturbation entre en action.

En d'autres termes, le « droit de propriété » est totalement dénué de pertinence tant qu'il n'y a pas d'ingérence, c'est-à-dire tant que la question procédurale de la réparation n'entre pas en jeu. Ainsi, d'un point de vue empirique, la plupart des biens dans une société particulière n'exigent jamais de retour à leur définition : la valeur explicative de ces définitions est complètement hors de propos tant qu'il n'y a pas d'action en justice concernant la perturbation du droit. Il semblerait donc, à tout le moins, que le droit en tant que prérogative ne signifie pas grand-chose sans la procédure et sans le recours, en cas de nécessité, devant un tribunal.

À cet égard, on pourrait ajouter que le droit et le recours sont les deux faces de la même médaille.

Le droit qui n'est pas susceptible de recours visant à obtenir une *restitutio in integrum* ou une sorte de dommages-intérêts est une simple définition sans aucune valeur pratique. L'article 13 de la CEDH, par exemple, stipule que le droit interne doit offrir une procédure dans laquelle de tels recours peuvent être exercés. Si le droit et son recours sont les deux faces de la même médaille, cela implique qu'il doit y avoir une procédure dans laquelle le recours est invoqué, ce qui signifie ensuite que la procédure d'invocation de ce recours est, le cas échéant, l'« essence » de ce droit.

Le droit pénal fournit un autre exemple. La plupart des spécialistes continentaux examineront la définition matérielle d'une infraction particulière comme contenant la « signification » du comportement prohibé. Cependant, l'intérêt de définir les éléments d'un crime particulier, ce qu'on appelle le *corpus delicti*, n'est pas dans sa définition ontologique qui pourrait avoir une certaine valeur explicative, chose que nous ne prenons au sérieux que si nous concevons une infraction comme un phénomène réifié dans le sens où les meurtres, les incendies criminels, les vols, etc., existent réellement.

En fait, c'est ce qui prévaut dans la tradition juridique continentale, où l'on oublie que le but de la définition du crime n'est que la définition procédurale de la charge de la preuve qui incombe au ministère public. En principe, le défendeur ne peut pas être condamné si le ministère public ne persuade pas le tribunal ou le jury, hors de tout doute raisonnable, que tous les éléments tels que décrits par la définition de l'infraction existent réellement : c'est là le vrai sens de la présomption d'innocence, constamment mal comprise dans la jurisprudence de la CrEDH. Si cela est vrai, il s'ensuit logiquement, voire inéluctablement, que l'intérêt de la définition d'une infraction particulière ne peut pas résider, dans un sens statique, dans « l'explication » et n'être qu'un sujet de droit pénal matériel. En d'autres termes, l'intérêt de la définition est d'ordre heuristique, en ce sens qu'elle est procédurale et n'entre en jeu que lorsqu'une personne est soupçonnée d'avoir commis une infraction, ce qui présuppose une accusation, un acte d'accusation qui, à son tour, décrit de manière exhaustive la *charge* de la preuve du demandeur.

Nous arrivons à la conclusion simple que l'« essence » d'un crime est complètement hors de propos, à moins qu'elle ne soit perçue dans le contexte de l'accusation, dans lequel l'accusateur porte la charge exhaustive de la preuve et le risque de non-persuasion *(in dubio pro reo)*. En d'autres termes, le crime de meurtre n'est pas pertinent, à moins qu'il n'y ait une mise en application de la définition sous-jacente. Souvenons-nous encore une fois de l'impunité à long terme dans l'affaire *Streletz, Krenz et Kessler c. Allemagne*[171] où, pendant plusieurs décennies, la définition du meurtre est restée dormante en République démocratique d'Allemagne, dans la mesure où le meurtre de ceux qui tentaient de passer en Allemagne de l'Ouest restait impuni et les auteurs de ces actes de meurtre étaient récompensés de façon constante[172].

[171] Affaire *Streletz, Krenz et Kessler c. Allemagne*, voir *supra*, note 126.

[172] La question initiale dans cette affaire était de savoir si l'impunité à long terme en RDA avait conduit à répandre largement l'erreur de droit. Cette dernière *(ignorantia juris nocet)* ne constitue pas un moyen de défense, sauf – selon le Code pénal modèle américain (MPC), section 204(3) – dans les cas où l'instruction juridique

Le philosophe allemand Friedrich Hegel, dans sa *Philosophie du droit*, soutient explicitement – d'un point de vue pertinent, bien que philosophique – qu'une norme qui n'a pas été appliquée cesse d'être une norme[173]. Cela nous rappelle aussi Kant affirmant qu'un meurtre devrait être puni, même s'il s'agissait du dernier survivant.

> Si le criminel a commis un meurtre, il faut qu'il meure. Il n'y a pas ici de commutation de peine qui puisse satisfaire la justice ; il n'y a rien de comparable entre une vie, si pénible qu'elle soit, et la mort, et par conséquent il n'y a d'autre moyen d'appliquer au crime la loi du talion que d'infliger juridiquement la mort au criminel, mais en la dépouillant de tout ce qui pourrait, dans la personne du patient, révolter l'humanité. Je dis plus : si la société civile se dissolvait du consentement de tous ses membres (si, par exemple, un peuple, habitant une île, se décidait à se séparer et à se disperser dans un autre monde), le dernier meurtrier qui se trouverait en prison devrait d'abord être exécuté, afin que chacun portât la peine de sa conduite et que le sang versé ne retombât point sur le peuple qui n'aurait pas

---

erronée provient d'une source faisant autorité. Voir aussi l'exception dans l'affaire *Lambert v. California*, 355 U.S. 225, *supra*, note 128, qui s'appliquait à une conduite complètement passive de la défenderesse, qui n'avait aucun moyen de savoir que Los Angeles l'obligeait à s'inscrire comme ancienne condamnée. Voir aussi la disposition scandaleuse du Code pénal slovène, article 21, paragraphes 2 et 3, fournissant un moyen de défense général dans les cas où le défendeur, « pour des raisons excusables », ne savait pas que le comportement constituait une infraction pénale. L'excuse de l'erreur de droit avait été prévue là précisément pour protéger les malfaiteurs communistes dans des situations comme celle de l'affaire *Streletz* portée devant la CrEDH : la disposition a été insérée dans le Code juste avant le renversement du régime, intentionnellement, par l'ancien représentant du régime et ex-membre de l'UDBA (le KGB yougoslave), Ljubo Bavcon. J'en ai été surpris et ai écrit un article à ce sujet – évidemment resté sans impact. Voir B.M. Zupančič, « Deontologija pravne zmote - meje subjektivnega kazenskega prava », *Pravnik, Revija Za Pravno Teorijo In Prakso*, vol. 42, n° 7, 1987, p. 305-320. Voir aussi B.M. Zupančič, « Criminal responsibility under mistake of law : real reasons », *American Journal of Criminal Law*, vol. 13, n° 1, 1985, p. 37-66.

[173] « *Léser (ou pénaliser) cette (volonté du criminel) comme une volonté qui est là est donc la suppression du crime, qui sans cela serait quelque chose de valable, et c'est le rétablissement du droit* » : Hegel, *Philosophie du droit*, § 99 et suiv. Trad. H. Denis, dans *Hegel, penseur politique.*

réclamé cette punition, car il pourrait être considéré alors comme le complice de cette violation publique de la justice[174].

Il peut sembler impertinent de dire que ce sont là des réflexions philosophiques techniques inutiles, mais il est vrai que ces philosophes ont, eux aussi, détaché la question de fond de la norme incriminante, ici le meurtre, du contexte procédural pratique. J'ai soutenu ci-dessus que le droit à la propriété n'était pas pertinent à moins qu'il ne soit violé et qu'une action en justice ne soit introduite pour remédier à la situation. Il en va tout à fait de même en droit pénal, où la norme doit être violée et le contrevenant doit être poursuivi en justice pour que la norme commence à vivre. Inversement, pourquoi des comportements comme le cannibalisme, sauf en Papouasie-Nouvelle-Guinée, ne sont-ils pas incriminés[175] ?

Affirmer qu'une norme doit être violée pour qu'elle prenne vie relève peut-être de la dialectique. Mais « dialectique » est un mot trop fort pour décrire le but de la plupart des normes juridiques, si tout ce que je dis, c'est simplement que chaque norme est conçue pour la situation hypothétique dans laquelle elle serait violée. Si je retourne ce gant à l'envers, j'arrive sans surprise à la conclusion qu'une norme est dormante et qu'elle n'est donc pas pertinente dans une situation où il n'y a aucune chance qu'elle soit violée.

Le droit n'est pas une question d'éthique, c'est seulement un mécanisme de résolution des conflits. Il n'entre en action que lorsqu'il existe une situation contradictoire parce que la norme a été prétendument violée – et lorsqu'existe, selon les termes employés devant la CrEDH, une « prétention plausible » ou, en droit romain,

---

[174] E. Kant, *La Métaphysique des mœurs* (IIe partie, Doctrine du droit), E, I[6]. Trad. J. Barni, Paris, 1853, disponible à l'adresse https://fr.wikisource.org/wiki/Doctrine_du_droit .

[175] Mais voir https://www.theguardian.com/world/2003/dec/04/germany.lukeharding : *« L'affaire sans précédent s'est avérée problématique pour les avocats allemands qui ont découvert que le cannibalisme n'était pas illégal en Allemagne. Au lieu de cela, ils ont accusé Meiwes de meurtre à des fins de plaisir sexuel et de "perturbation de la paix des morts" ».* Lorsque j'enseignais en Papouasie-Nouvelle-Guinée, j'ai demandé à un indigène s'ils pratiquaient encore – de temps en temps – le cannibalisme. Il a répondu par l'affirmative. De plus, cela est indiqué par la fréquence de la maladie de Creutzfeldt-Jakob.

une *legitimatio ad causam* : une qualité pour agir fondée sur la preuve *prima facie* que la prétention n'est pas manifestement non fondée.

Habituellement, les malentendus découlent du simple fait que la recherche éthique de la substance et du sens de la norme s'effectue d'une manière quelque peu « transcendantale » et sans tenir compte de la fonction éminemment pragmatique du droit. Le droit n'entre en action que s'il existe une revendication procédurale d'un droit particulier. Tout droit humain, quel qu'il soit, n'est que le reflet de son recours. Lorsqu'il n'y a pas de recours et pas de procédure, il n'y a pas de droit.

Comment cela s'applique-t-il à ce que l'on appelle les« droits de l'homme » ?

1. Les droits de l'homme dans leur « essence »

C'est Hannah Arendt qui a déclaré que l'essence des droits de l'homme découle de l'accès à un forum qui se prononcera sur une plainte concernant la violation alléguée [176] . Cela semble très sophistiqué, mais en fait, c'est vrai pour tous les droits. Un droit qui est simplement « dans les livres » ne signifie rien, à moins qu'il ne soit capable d'impliquer le forum, que ce soit un arbitre ou un tribunal, qui, à la demande du demandeur, acceptera la responsabilité de se prononcer. Les prétentions du demandeur doivent être fondées sur la construction normative qui est matériellement « dans les livres », mais ce n'est que le début d'un processus dans lequel, comme nous l'avons souligné plus haut, le droit matériel prend vie sur le plan procédural.

Imaginons en outre une situation dans laquelle les droits matériels ne sont même pas définis et où il ne peut y avoir de référence à aucune description des droits du plaignant. Dans une telle situation, on peut

---

[176] « Le droit d'avoir des droits. » Hannah Arendt, *Les origines du totalitarisme. L'impérialisme* : *« Nous n'avons pris conscience de l'existence d'un droit d'avoir des droits (ce qui signifie : vivre dans une structure où l'on est jugé en fonction de ses actes et de ses opinions) et du droit d'appartenir à une certaine catégorie de communauté organisée que lorsque des millions de gens ont subitement perdu ces droits sans espoir de retour par suite de la nouvelle situation politique globale »* (soulignement ajouté), trad. M. Leiris, Seuil, 1972, p. 281.

encore parler d'un « droit », aussi vague que soit la référence du plaignant à l'injustice qu'il prétend avoir subie. Dans une telle situation, le tribunal constatera probablement, peut-être uniquement pour des raisons logiques et éthiques, qu'une injustice a été commise à l'égard du demandeur. En d'autres termes, même s'il n'existe pas de référence matérielle à un droit, le tribunal conclura probablement à une « violation ». Une telle conclusion deviendra alors un précédent et, dans la prochaine affaire similaire, le plaignant suivant sera déjà en mesure de faire valoir un droit dans une formulation matérielle qui n'existait pas jusqu'à présent. C'est ainsi que les droits sont apparus dans l'histoire du droit. Au départ, il n'existait assurément pas de code auquel le plaideur pouvait se référer.

Imaginons maintenant la situation inverse, dans laquelle la panoplie de droits la plus sophistiquée est désignée dans un texte législatif matériel et complexe, mais où il n'y a pas de forum devant lequel les personnes lésées, convaincues que leurs droits ont été violés, puissent les faire valoir. Ces « droits » n'ont pas de sens en l'absence d'un forum et d'une procédure permettant de les revendiquer[177]. Encore une fois, si cet exemple ne semble pas réaliste, considérons le fait que, dans la plupart des pays communistes, tous les droits étaient matériellement « dans les livres », mais que les forums devant lesquels ces droits auraient dû être vérifiables ne fonctionnaient pas[178]. Par conséquent, le rule of law dans ces pays n'équivalait pas, le plus souvent, à une véritable protection des droits individuels. C'est juste une manière différente de dire que ces droits n'existaient pas, ce qui démontre que tout droit, et non pas simplement n'importe quel « droit de l'homme », dépend de la possibilité pratique de le faire valoir devant un tribunal ou tout autre forum qui examinera sérieusement la

[177] Constitutions sans cours constitutionnelles. Voir B.M. Zupančič, « Access to Court as a Human Right According to the European Convention on Human Rights », *Nottingham L.J.*, vol. 9, n° 2, 2000.

[178] L'affaire *Streletz, Krenz et Kessler*, *supra*, note 126, en est un bon exemple. Dans cette affaire, les dispositions matérielles concernant le meurtre, etc., étaient toutes inscrites dans les livres, y compris, bien sûr, pour la consommation internationale, mais ni la police, ni le ministère public, ni les tribunaux n'auraient jamais considéré de tels meurtres comme punissables. La raison en est que les tribunaux communistes étaient imprégnés de l'influence du Parti communiste et que les juges, parallèlement aux considérations juridiques et par-dessus tout, étaient contraints de suivre la ligne du parti. Pour mon opinion sur cette affaire, voir B.M. Zupančič, *The Owlets of Minerva*, p. 219.

demande de la personne lésée et sera prêt à établir si elle a effectivement subi une injustice.

Si mon exposé ci-dessus est correct, cela tendrait à montrer que la procédure sans droits matériels peut exister, mais non les droits matériels sans procédure.

En ce qui concerne l'argument précédemment esquissé concernant la relation entre ce qui est primaire et procédural et ce qui est historiquement secondaire et « matériel », abordons maintenant dans sa forme simple la question de la justice considérée dans son contexte procédural. S'il était objecté que la différence entre ce qui est juste et ce qui est injuste est toujours une question de critères matériels explicites et préexistants, et que même les philosophes, à commencer par Aristote, l'ont toujours pensé ainsi, ma réponse serait procédurale et, en ce sens, réaliste.

Une cour constitutionnelle qui a vu le jour récemment, par exemple, commencera sa propre accumulation de jurisprudence de manière progressive et purement procédurale parce qu'elle débute littéralement, en ce qui concerne les critères matériels, avec une *tabula rasa*. Pendant cinq ans, j'ai été juge dans une telle cour constitutionnelle[179] et je parle avec une certaine expérience de l'état de choses dans lequel il existe le maigre texte de la Constitution, et rien d'autre en termes de critères matériels, pour prédéterminer les jugements – qui ne sont devenus que plus tard les premiers précédents

[179] La Cour constitutionnelle de Slovénie, où j'ai été juge de 1993 à 1998, avant d'arriver à Strasbourg. Cela peut paraître surprenant, mais dans cette Cour, dont la composition initiale était assez solide, la question du vide juridique ne s'est jamais posée. De temps à autre, au cours des délibérations, il était fait référence à la « pyramide herméneutique », mais je ne me souviens pas d'une seule affaire où les membres de la Cour auraient été même conscients, et encore moins inquiets, du vide juridique dans lequel ils étaient censés trancher les affaires constitutionnelles. Évidemment, il y avait des références constantes au texte de la Constitution, surtout en termes d'intention réelle de ses dispositions particulières, mais le Commentaire de la Constitution paru il y a quelque temps montre que les lacunes juridiques ont été comblées en quelques années, et cela sans aucune difficulté. Voir *Komentar Ustave Republike Slovenije*, France Bučar, Peter Jambrek, Tone Jerovšek, Lovro Šturm, Franc Testen, Boštjan M. Zupančič (eds.), Fakulteta za državne in evropske študije, Kranj, 2010.

pour guider les futurs juges de la Cour constitutionnelle [180]. Personnellement, je n'ai aucun doute que tous les tribunaux, et en particulier ceux de dernier ressort, fonctionnent selon la formule de McDougall, à savoir que la cohérence au sein de la jurisprudence, voire avec la norme positive, est une considération de second ordre, tandis que dans le même temps, bien sûr, le produit final de ce processus de discernement que sont les arrêts écrits est truffé de toutes sortes de références à toutes sortes d'autorités afin de leur conférer une légitimité.

Cependant, cela ne signifie pas que les juges eux-mêmes soient pleinement conscients de la façon dont ils en arrivent à leurs conclusions. On se souvient de l'évêque George Berkeley et de sa distinction entre la façon dont une décision particulière est prise et la façon dont cette même décision est rationalisée *a posteriori*, généralement par le décideur lui-même. Quand on lit les arrêts de la Cour suprême des États-Unis, que les juges rédigent eux-mêmes, on détecte rapidement ces tentatives *ex post* de justification de la position prise dans l'arrêt. Il est donc intéressant de noter que les juges de la CrEDH, lorsqu'ils prêtent serment, doivent déclarer solennellement qu'ils ne divulgueront jamais la substance des délibérations au cours desquelles les arrêts ont été rendus dans leur forme définitive[181].

---

[180] Étonnamment, cette *tabula rasa* du début n'a rien de dramatique en termes d'absence de critères matériels. Les controverses spécifiques, telles qu'un tribunal débutant les considérera, contiennent en quelque sorte une logique interne suffisante pour permettre aux juges de trouver la juste résolution du conflit. On pourrait même aller plus loin et soutenir que la jurisprudence héritée, qui est censée lier les générations ultérieures de juges en termes de *stare decisis*, c'est-à-dire de cohérence, est le plus souvent une considération secondaire. Il y a de nombreuses années, c'était vers 1976, quand j'ai commencé à enseigner à New York, j'ai déjeuné avec Myers McDougal, de Yale, et nous discutions d'une question similaire quand il a dit : *« Un bon avocat trouvera toujours un crochet pour accrocher son chapeau... »*!

[181] Voir Meir Dan-Cohen, « Decision Rules and Conduct Rules : On Acoustic Separation in Criminal Law », *Harvard Law Review*, vol. 97, n° 3, 1984, p. 625-627. Voir aussi un excellent article de David Luban, « The Publicity Principle », *Theory of Institutional Design*, Robert E. Goodin, ed. Cambridge University Press, 1998, p. 154-198, disponible à l'adresse https://www.law.upenn.edu/institutes/cerl/conferences/ethicsofsecrecy/papers/reading/ Luban.pdf, consulté pour la dernière fois le 11 novembre 2012.

Comme je l'ai expliqué ailleurs [182], il ne peut y avoir d'« universalité des droits de l'homme » comme le propose Thomas M. Frank de l'université de New York[183]. Il défend l'idée de fond des normes morales minimales qui devraient éclairer globalement la question de savoir ce que sont les droits de l'homme.

Une telle vision de fond devient inéluctablement une position idéologique qui, de plus, ne saurait être cohérente puisque les différentes cultures apprécient différemment ce qui est essentiel pour la dignité de l'existence humaine. Par contre, si nous adoptons la position qu'un accès à un forum qui tranchera le litige est un élément essentiel des droits de l'homme, l'autre élément doit être simplement la logique qui sous-tend la résolution du litige.

À la lumière de ce que j'ai expliqué ici, les « droits de l'homme » sont la soupape de sécurité procédurale, un canal vers la juridiction internationale supposée capable de résoudre avec autorité ce qui n'a pu l'être au niveau national. Il est illusoire de chercher dans ce contexte l'« essence » des droits de l'homme, car ici, les « droits de l'homme » sont pratiquement tout ce qui n'aura pas pu être correctement jugé au niveau national.

---

[182] « De l'universalité des droits de l'homme », conférence prononcée à la Cour constitutionnelle de Turquie, 22 septembre 2006, voir *supra*, note 130.

[183] Voir Thomas M. Franck, « Are Human Rights Universal », *Foreign Affairs*, vol. 80, n° 1, janvier/février 2001, p. 191-294. Voir ma réponse dans B.M. Zupančič, « On Universality of Human Rights », 2007, cité dans Judge Anatoly Kovler, *Human Rights in a Contemporary Society and European Values : Critique of Eurocentrism* : « Je suis d'accord avec mon collègue, le juge Boštjan M. Zupančič, pour qui le problème de l'universalité des droits de l'homme est un problème artificiel : "Suggérer que les droits de l'homme sont intrinsèquement universels... est une idée tout à fait trompeuse. Le problème, ce que nous devrions préciser dès le départ, n'est pas de savoir si les droits de l'homme doivent devenir universels. Bien sûr qu'ils le doivent ! La question est : Comment ?" Il est beaucoup plus sévère dans ses explications : "[....] L'objectif implicite de la question : 'Les droits de l'homme sont-ils universels ?' est de perpétuer un mythe superficiel. Ce mythe délibéré témoigne d'un aveuglement typiquement américain, sauf qu'il est énorme, occidentalocentrique. Cet aveuglement égocentrique est à l'origine des problèmes illustrés par le 'choc des civilisations' de Huntington. B.M. Zupančič, On Universality of Human Rights, *Human Rights, Practice of the UCHR* (revue publiée à Moscou), 2007, n° 6, p. 76. »

2. Un « instrument vivant » : la Convention, une révolution silencieuse en droit continental

a) L'abstrait et le concret

Dans la tradition européenne, les promulgations abstraites du législateur ont toujours été destinées à couvrir l'ensemble des situations concrètes. Par conséquent, les tribunaux étaient censés « appliquer », entendons « concrétiser » ces normes, c'est-à-dire des abstractions législatives concises. Comme nous le savons tous, cela devait alors se faire à travers un syllogisme logique formel où la norme abstraite figurait en prémisse majeure. Les faits considérés comme prémisse mineure dans l'affaire devaient être subsumés à la prémisse majeure normative. Dans une affaire particulière, la conclusion devait être en faveur du requérant ou du défendeur. En droit pénal, cela devait mettre en œuvre, depuis 1764 et Cesare Beccaria, la « précision géométrique », appelée plus tard principe de légalité.

Si les choses étaient aussi simples qu'elles sont censées l'être, l'intelligence artificielle et les ordinateurs prendraient facilement le relais des juges, par exemple par le biais d'un « programme expert » qui, sur la base d'un questionnaire, épuiserait toute la gamme de l'expérience.

En d'autres termes, il s'agissait en théorie d'une manière de faire qui relevait de la logique formelle, mais récemment, précisément dans le domaine de l'intelligence artificielle, il a été démontré que le « raisonnement analogique » est de loin supérieur à la logique syllogistique évoquée ci-dessus.

Tel était en tout cas le *modus operandi* des tribunaux européens, et l'un des effets secondaires en était que les juridictions inférieures n'étaient en principe pas liées par les arrêts des cours d'appel, ni même des cours suprêmes : la seule source légitime de droit était supposée être, redisons-le, le législateur, plutôt que les tribunaux de deuxième et troisième instance du système.

Au demeurant, ce système était en contradiction pratique évidente avec la subordination fonctionnelle *de facto* des tribunaux inférieurs, qui étaient indirectement obligés de suivre la jurisprudence, bien qu'officiellement non contraignante pour eux, s'ils voulaient éviter que leurs jugements ne soient annulés en appel.

Il existe probablement d'autres résultats absurdes dans le système juridique qui dérive de la séparation cartésienne – intellectuellement inacceptable en tant que mode de division du travail entre le législateur abstrait, d'une part, et le rôle « concrétisant » du pouvoir judiciaire, d'autre part.

Pourtant, dans les Constitutions modernes de toute l'Europe, la tendance demeure aux définitions de l'étendue de la compétence des cours constitutionnelles fondées sur la même distinction entre ce qui est abstrait et relève du domaine des cours constitutionnelles, d'un côté, et de l'autre les questions plus concrètes à trancher aux niveaux inférieurs de la célèbre pyramide des actes juridiques de Kelsen. Les plaintes constitutionnelles constituent, bien entendu, une exception à cette règle.

D'ailleurs, la pyramide de Kelsen avait aussi été construite sur la même prémisse : au sommet de la pyramide, nous avons l'acte le plus abstrait, la Constitution, et à mesure que nous descendons du sommet de la pyramide vers le bas, les actes deviennent de plus en plus spécifiques et concrets. Ainsi, si une cour constitutionnelle est tenue de ne statuer que sur les actes abstraits, comme c'est le cas en France, on suppose qu'elle doit être en mesure de prévoir toutes les conséquences inacceptables dans le contexte de la « concrétisation » (contrôle juridictionnel abstrait *erga omnes*)

Dans ce contexte, évidemment, la prémisse de base de toute l'opération est que les jugements prononcés dans des affaires spécifiques ne doivent en aucun cas représenter une source légitime du droit.

b) Interprétation

Il a coulé beaucoup d'encre sur la distinction entre l'abstrait et le concret, ainsi que sur les modes d'interprétation censés combler le fossé entre les deux. Je n'ai pas l'intention de critiquer le raisonnement syllogistique. Je voudrais plutôt souligner le caractère contraignant des arrêts de diverses cours constitutionnelles en Europe, qui sont devenus imperceptiblement et progressivement une source de droit dans les pays concernés.

En effet, lorsque nous parlons de la CEDH, nous sommes clairement dans le domaine de la jurisprudence contraignante. Il en va de même dans les pays dotés de cours constitutionnelles qui fonctionnent, où la loi qui accompagne la Constitution prévoit le caractère contraignant des arrêts constitutionnels. Ainsi chaque jugement d'une cour constitutionnelle devient-il *de facto* ou *de jure* une source de droit.

De toute évidence, la caractéristique d'« instrument vivant » dans l'évolution de cette jurisprudence est une conséquence collatérale de l'évolution inévitable de la jurisprudence d'un tribunal national ou international particulier.

La question n'est donc pas de savoir si la CEDH est un « instrument vivant » ou non, car tant que nous observons le caractère contraignant des arrêts, nous en observons nécessairement les effets secondaires sur les destinataires des arrêts – ainsi que sur toutes les autres personnes relevant de la juridiction de la CrEDH.

En d'autres termes, il est impossible d'imaginer un système juridique dans lequel les arrêts seraient contraignants pour tout le monde alors que le tribunal qui les rend ne serait pas lié par le principe du *stare decisis*, qui veut que les affaires similaires soient tranchées de manière identique.

Ce type de cohérence avait aussi été contraignant, en fait, dans le système syllogistique de raisonnement juridique. Les arrêts des cours d'appel et des cours suprêmes devaient être cohérents, même à court terme, et statuer sur les affaires en cours conformément à la décision rendue dans l'affaire similaire précédente.

La seule question, même à l'époque, était de savoir si les arrêts de ces cours de dernier ressort étaient formellement contraignants pour les tribunaux inférieurs. Bien sûr, tout le monde savait qu'ils étaient *de facto* contraignants, comme je l'ai souligné, parce que chaque juge du tribunal inférieur savait très bien qu'il était obligé de suivre le précédent établi par la cour d'appel ou la cour suprême concernée. Sinon, son jugement risquait d'être infirmé en appel.

Cela signifie en réalité que le principe du *stare decisis*, qui veut que les affaires similaires soient tranchées de manière identique, était également contraignant pour les cours d'appel, sinon leur rôle essentiel qui consistait à rationaliser la jurisprudence des tribunaux inférieurs n'aurait pas été accompli. On pourrait dire que les tribunaux européens continentaux avaient été en partie habitués *de facto* au système de raisonnement jurisprudentiel de la common law avant même l'arrivée de la CrEDH après-guerre et la multiplication des cours constitutionnelles sur l'ensemble du continent.

C'est peut-être ce qui explique que l'introduction discrète du raisonnement analogique dans l'élaboration du droit continental et la découverte du droit n'ait pas été une grande surprise.

3. La nature contraignante des décisions de justice

Avant de passer à l'analyse de quelques affaires spécifiques, qu'il me soit permis de faire une autre remarque concernant le caractère contraignant des précédents judiciaires.

Comme je l'ai souligné, dans certains cas, la loi qui accompagne la Constitution concernant le fonctionnement de la cour constitutionnelle exigera que ses arrêts soient contraignants. La formule « les arrêts des cours constitutionnelles sont contraignants » ne nous dit cependant pas comment et à qui s'applique réellement le caractère contraignant. Dans ce cas, il y a en principe trois possibilités.

Dans le cas le plus souple, les arrêts de la cour constitutionnelle ne sont pas directement contraignants pour les juges qui statuent dans les juridictions inférieures. Dans ce cas, les juridictions inférieures sont libres de statuer sur leurs affaires sans tenir compte des arrêts précédents des cours constitutionnelles. Si elles le font, elles n'agissent pas en violation de la formule ci-dessus.

À un stade intermédiaire, il est considéré comme allant de soi que les arrêts de la cour constitutionnelle sont contraignants, mais seulement *de facto*.

La possibilité la plus forte à cet égard est bien sûr la position claire que les arrêts de la cour constitutionnelle sont une source officielle reconnue de droit. Dans ce cas, nous nous rapprochons de la situation générale en common law.

Étant donné qu'en common law, les promulgations législatives habituelles sont néanmoins aussi une source régulière de droit, le domaine du droit prétorien est également circonscrit. Dans ce système, le caractère contraignant des arrêts, et en particulier des cours d'appel et des cours suprêmes, ne couvre donc pas non plus l'ensemble du domaine juridique. Il semble qu'en Europe, la position de la Cour constitutionnelle allemande soit très proche de cet état de choses. Dans ce contexte, les arrêts sont contraignants *erga omnes*.

Un autre point digne d'être mentionné ici, à propos de la question de l'« instrument vivant » qui nous occupe, est le critère crucial pour la modification de la jurisprudence antérieure. Bien sûr, il s'agit d'une exception à la maxime du *stare decisis*, car la nouvelle jurisprudence introduira, pour dire les choses simplement, un droit nouveau. Certes, ce n'est pas la seule possibilité. Il se peut simplement que le tribunal, comme cela arrive si souvent, se heurte à un nouveau problème sous sa forme vierge. Le tribunal s'efforcera donc de trouver une solution à la nouvelle question et fera ainsi un droit nouveau qui n'existait pas auparavant.

Les affaires *Blokhin c. Russie*[184] et *Gross c. Suisse*[185] en sont de bons exemples.

---

[184] *Blokhin c. Russie* [GC], requête n° 47152/06, 23 mars 2016. L'affaire *Blokhin* est intéressante pour une autre raison encore, car elle illustre l'inertie et la résistance que la jurisprudence de la CrEDH oppose aux avancées. Étant rapporteur dans cette affaire, j'ai fait la distinction entre l'« acte de l'auteur de l'infraction », d'une part, et l'« être de l'auteur », d'autre part. La Grande Chambre (surtout par jalousie à l'égard d'un juge en particulier) n'a finalement pas été réceptive à cette distinction. Le texte de l'arrêt a été expurgé, et ma théorie originale, qui dérivait en fait de l'affaire *Robinson v. California*, 370 U.S. 660 (1962) et de l'article fondamental de

D'autre part, le critère de modification d'une jurisprudence bien établie consiste généralement en « une raison impérieuse » de procéder à cette modification. Par exemple, dans l'affaire bien connue *Lautsi c. Italie*[186], la Grande Chambre de la CrEDH a renversé la position adoptée par la Chambre (Section) parce qu'elle l'a jugée inacceptable. Bien entendu, il ne s'agit pas d'une situation où nous avons une jurisprudence bien établie, mais plutôt, en un sens, d'un processus d'appel entre les deux Chambres de la même Cour.

À cet égard, je m'empresse de préciser que les affaires qui sont effectivement soumises à la Grande Chambre ne le sont pas parce que la Chambre aurait éventuellement tranché de manière erronée. Les critères sont explicités à l'article 43 de la CEDH. Ils exigent que la demande de renvoi de l'affaire devant la Grande Chambre soit exceptionnelle.

Selon le paragraphe 2 de cet article, un collège de cinq juges de la Grande Chambre accepte la demande si l'affaire soulève une question grave relative à l'interprétation ou à l'application de la Convention ou de ses protocoles, ou encore une question grave de caractère général.

Cela implique un rôle très différent de celui d'une cour d'appel et il s'ensuit logiquement que la demande de renvoi devant la Grande Chambre n'est pas fondée sur l'insatisfaction des parties à l'égard de l'arrêt de la Chambre. Le collège de cinq juges qui décide d'accepter ou non que l'affaire soit renvoyée devant la Grande Chambre décide, en un sens, si la jurisprudence de la Cour doit résoudre une question grave, d'une part, ou envisager une innovation sérieuse, d'autre part.

Dans les deux cas, il est juste de conclure que la formule de l'« instrument vivant » décrit bien ce qui se passe à ce moment-là.

George Herbert Mead, « The Psychology of Punitive Justice », *American Journal of Sociology*, vol. 23, n° 5, 1918, p. 577-602, a été reléguée à mon opinion concordante. L'article de Mead est disponible dans son intégralité à l'adresse https://brocku.ca/MeadProject/Mead/pubs/Mead_1918a.html, consulté pour la dernière fois le 20 février 2018.

[185] *Gross c. Suisse* [GC], requête n° 67810/10, 30 septembre 2014.

[186] *Lautsi c. Italie* [GC], requête n° 30814/06, 18 mars 2011.

4. Combien d'affaires ?

Entre 1972 et 2016, l'expression « instrument vivant » apparaît dans une centaine d'arrêts de la CrEDH. Jusqu'en 1998 et l'établissement de la nouvelle Cour, 10 arrêts seulement sont concernés.

Depuis l'affaire *Selmouni c. France*[187] et la nouvelle Cour, après 1998 donc, l'expression apparaît dans environ 90 arrêts. La moitié environ sont des arrêts de la Grande Chambre et l'autre moitié des arrêts de Chambres (Sections). Il s'ensuit logiquement que la Cour d'avant 1998 était considérablement moins « activiste » que la nouvelle Cour d'après cette date. La question est de savoir si l'augmentation considérable de l'insistance sur la flexibilité de la Convention est justifiée ou non. Comme j'ai participé à un grand nombre de ces affaires, je peux témoigner de ce besoin passé de changement d'attitude de la part des juges.

Ce problème repose sur la question préliminaire de la nature même des droits de l'homme. Au départ, les droits de l'homme étaient considérés comme une branche du droit international, et de nombreux juges de l'ancienne Cour étaient fondamentalement des internationalistes. Par exemple, quand il s'agissait de violations de la procédure, ils déclaraient que la Cour « ne peut pas spéculer sur l'issue de l'affaire », alors que cette violation procédurale aurait pu être corrigée dans un nouveau procès.

Par la suite, il y a eu ce cas absurde de l'affaire *Lucà c. Italie*[188] dans laquelle le défendeur avait été privé du droit procédural essentiel de contre-interroger les témoins qui témoignaient contre lui. La Chambre a estimé que la réparation consistant en une satisfaction pécuniaire équitable était appropriée, ce qui m'a incité à rédiger une opinion partiellement dissidente qui a apparemment fait impression – outre qu'elle a introduit le droit procédural au procès *de novo* dans les affaires entachées d'erreurs procédurales essentielles et irrémédiables et où l'issue était potentiellement injuste sur le fond. Après cette affaire, la Cour a commencé à ordonner aux États contractants, au cas

---

[187] *Selmouni c. France* [GC], requête n° 25803/94, 28 juillet 1991.
[188] *Lucà c. Italie*, requête n° 33354/96, 27 février 2001.

où cette possibilité était prévue dans leur droit interne, de rejuger l'affaire en question.

5. Les droits de l'homme en tant qu'épiphénomène

Vingt ans après l'entrée en fonction de la nouvelle Cour en 1998, il est tout à fait clair que les droits de l'homme ne constituent pas un domaine spécifique du droit. Ils sont plutôt un épiphénomène, la pointe des icebergs de pratiquement toutes les branches juridiques. Pour cette raison, il est impossible de dégager de l'état actuel de la jurisprudence de la Cour « une essence » des droits de l'homme. À mon avis, la meilleure approximation de ce que sont réellement les droits de l'homme est le jugement de Hannah Arendt. Elle a soutenu implicitement que cette question n'était pas, en ce sens, « matérielle », mais procédurale. Procédurale parce que les droits de l'homme sont équivalents à ce que l'on appelle « l'accès à la justice ». L'existence même d'un forum devant lequel l'État peut être poursuivi pour la violation de pratiquement n'importe quel type de droits, voilà donc ce que sont les droits de l'homme.

Ici encore, la question se pose de la relation entre cette évaluation et la notion « d'instrument vivant » de la Convention.

Pratiquement tout type de plainte découlant du système juridique interne peut devenir une requête devant la CrEDH. Par exemple, la protection de l'environnement relève de l'article 8, qui protège la vie privée et familiale, le domicile et la correspondance. Dans l'affaire fameuse *Hatton et autres c. Royaume-Uni*[189], la question posée était la jouissance du domicile, étant donné le bruit intolérable provenant de l'aéroport de Heathrow. Il existe d'autres affaires de protection de l'environnement, en Roumanie par exemple, fondées sur la même analogie que *Hatton et autres c. Royaume-Uni*.

En fait, il est manifeste que la question de la protection de l'environnement n'était absolument pas une question urgente le 4 novembre 1950. Pour couvrir la question de la protection de l'environnement, la théorie de l'« instrument vivant » était donc pratiquement inévitable.

---

[189] *Hatton et autres c. Royaume-Uni* [GC], requête n° 36022/97, 8 juillet 2003.

Cela est d'autant plus évident que, comme je l'ai souligné plus haut, les droits de l'homme ne sont pas un *continuum* compact, exhaustivement énumérable et bien défini de droits, de doctrines et de principes de droit. Pour dire les choses de manière un peu irrévérencieuse, les droits de l'homme sont en fait tout ce qui est soumis à la CrEDH. La seule condition pour qu'un droit particulier devienne un « droit de l'homme » est que la Cour considère les griefs comme pouvant être subsumés à l'un des articles de la Convention. De toute évidence, ce faisant, la Cour soutient la théorie de l'« instrument vivant ». Mais sans cela, la jurisprudence de la Cour aurait constitué, au bout de six décennies, un acquis très maigre.

6. Expliquer l'hypothèse : quelques conclusions intermédiaires

Premièrement, le droit matériel (humain ou constitutionnel) et son recours procédural sont les deux faces indissociables d'une même médaille. La définition matérielle du droit ne signifie rien sans une procédure par laquelle il est possible de l'affirmer et de le plaider.

Deuxièmement – et ceci est une observation anthropologique –la procédure *via* ce qu'on appelle « l'accès au tribunal » peut rendre la justice, même élémentaire, sans substrat normatif matériel manifeste. Il n'est pas besoin d'appeler cela « droit naturel ».

Troisièmement, sur le plan juridique, cela a été démontré par le fait jusqu'à présent non reconnu que la CrEDH et les cours constitutionnelles nouvellement établies en Europe ont toutes débuté avec les simples « hiérarchies de valeurs » (la CEDH et les Constitutions nationales), c'est-à-dire pratiquement à partir d'une *tabula rasa* normative.

Quatrièmement, ces forums nationaux et internationaux se sont avérés capables de créer, en quelques décennies, une gamme de précédents couvrant tout l'éventail des droits matériels.

Cinquièmement, puisqu'ils couvrent pratiquement tous les aspects du droit en action, il n'est pas besoin d'appeler ces droits « droits de l'homme » ou « droits constitutionnels ». En principe, toute question juridique est susceptible de devenir un « droit de l'homme » ou un « droit constitutionnel ».

Sixièmement, cette diversité ne doit rien à l'étiquette de matériel ; elle reflète la portée procédurale pratiquement illimitée de la compétence de ces tribunaux de dernier ressort.

Septièmement, tout cela tend à montrer qu'il est besoin d'une méta-analyse épistémologique, expliquant pourquoi et comment cela a été possible.

7. La méta-analyse épistémologique

Tout d'abord, il convient de réaffirmer que rien de cela n'aurait été possible dans le contexte traditionnel du raisonnement syllogistique.

En tant qu'émanation de la stricte séparation continentale des pouvoirs, le pouvoir judiciaire est limité aux prémisses majeures (normes)[190] accordées par le législateur. Il ne lui est pas permis de « faire du droit » ni de « découvrir le droit[191] ». Le pouvoir législatif produit les prémisses majeures, le pouvoir judiciaire les fait correspondre à ce qu'on appelle les « faits » (et vice versa) et tire les conclusions formellement logiques (syllogistiques) appropriées : ainsi fonctionne la notion standard qui explique l'« application » des normes dans les systèmes juridiques continentaux.

Dans la common law du XIXe siècle également, certains protagonistes américains – dont Robert Rantoul – furent de fervents critiques du droit prétorien :

> Le droit prétorien est un droit *ex post facto*, et donc injuste. Un acte n'est pas interdit par la loi, mais il devient nul par des interprétations judiciaires. Le législateur n'a pas pu le faire, car la Constitution

[190] Pour être juste, ce n'est pas linéaire. Particulièrement dans les codifications, nous parlons de normes combinées pour former des prémisses majeures spécifiques. Voir B.M. Zupančič, *The Owl of Minerva*, p. 41, 355-357.

[191] En droit américain, la discussion sur la question de savoir si les juges « font » ou « découvrent » le droit remonte donc au XIXe siècle. Voir, en général, Harold Berman, *The History of Western Legal Tradition Law and Revolution*, I, Harvard University Press, Cambridge, Massachusetts, 1985.

> l'interdit. Le pouvoir judiciaire ne doit pas usurper le pouvoir législatif, dit la Déclaration des droits : pourtant, non seulement il l'usurpe, mais il se déchaîne au-delà des limites du pouvoir législatif. Le droit prétorien est une législation spéciale. Le juge est humain et ressent le parti pris que donne la coloration de l'affaire particulière. S'il souhaite décider différemment dans l'affaire suivante, il n'a qu'à faire une distinction, et ainsi faire un droit nouveau. Le législateur doit agir sur la base de visions générales et prescrire en même temps pour toute une classe d'affaires. (...) La common law est la perfection de la raison humaine tout comme l'alcool est la perfection du sucre. L'esprit subtil de la common law est la raison doublement distillée, jusqu'à ce que ce qui était sain et nutritif devienne un vrai poison. La raison est douce et agréable à l'intellect non sophistiqué ; mais cette perversion sublimée de la raison déconcerte, rend perplexe et plonge ses victimes dans les méandres de l'erreur. Le juge fait du droit en extorquant des précédents quelque chose qu'ils ne contiennent pas. Il étend ses précédents, qui étaient eux-mêmes l'extension d'autres précédents, jusqu'à ce que, par ce principe accommodant, tout un système de droit se construise sans l'autorité ni aucune ingérence du législateur[192].

Hans Kelsen a conçu sa pyramide juridique – et la Constitution comme la reine des abeilles du système juridique *(Grundnorm)* – sur la base de ce ruissellement fictif des normes depuis le sommet abstrait de la pyramide : chaque norme au niveau inférieur de la pyramide était supposée être en accord syllogistique avec la norme située immédiatement au-dessus, et celles situées plus haut. Le terme habituel pour désigner cette descente de l'abstrait vers le concret est le redoutable mot allemand *Konkretisierung*[193].

Paradoxalement, c'est Kelsen qui a proposé la création de la cour constitutionnelle chargée de cette concordance syllogistique. Si une incompatibilité était alléguée entre deux (ou plusieurs) types de normes, la cour constitutionnelle était là pour résoudre le désaccord logique. « Paradoxalement », bien sûr, parce que, le moment venu, ces mêmes cours constitutionnelles sont devenues les fossoyeuses de toute l'entreprise syllogistique.

---

[192] Robert Rantoul, *Oration at Scituate*, Beals & Greene, Boston, 1836, p. 38.
[193] André-Vincent, « L'abstrait et le concret dans l'interprétation », *Les Archives de Philosophie du Droit*, 17, 1972, p. 135.

Le lecteur peut maintenant deviner où réside le problème. Mais avant d'en arriver là, rappelons que Kelsen a également proposé une distinction quelque peu similaire entre la « norme primaire », d'une part, et la « norme instrumentale » (norme secondaire), d'autre part[194]. La norme primaire selon Kelsen était celle à laquelle la norme secondaire était censée servir d'instrument de mise en œuvre fidèle. Mais Kelsen faisait partie intégrante d'un mode de raisonnement entièrement différent. Cela va devenir évident plus loin.

---

194 Voir, en général, Albena Azmanova, *The Scandal of Reason : A Critical Theory of Political Judgement*, Columbia University Press, 2012, à l'adresse https://cup.columbia.edu/book/the-scandal-of-reason/9780231153805, consulté pour la dernière fois le 25 février 2018.

G. Le rule of law, *Rechtsstaat*, État de droit

Paradoxalement, le pouvoir du pouvoir judiciaire réside précisément dans le fait qu'il n'a pas de pouvoir réel. L'essence du fonctionnement du pouvoir judiciaire réside dans le remplacement de la logique du pouvoir par le pouvoir de la logique. Le pouvoir de persuasion du raisonnement juridique, c'est-à-dire précisément ce que nous faisons en tant que juges, est l'essence du rule of law, de l'État de droit, du *Rechtsstaat*.

Les trois concepts – rule of law, État de droit, *Rechtstaat* – remontent à des origines historiques complètement différentes. Ils ne sont pas synonymes et ne peuvent pas être facilement déplacés d'un système juridique à un autre. Ils indiquent trois traditions similaires dont l'anglaise est de loin la plus ancienne, car elle remonte à 1215, c'est-à-dire à l'article 39 de la *Magna Carta Libertatum*, qui se lit comme suit :

> Article 39 : Aucun homme libre ne sera arrêté, ni emprisonné ou dépossédé de ses biens, ou déclaré hors-la-loi, ou exilé, ou lésé de quelque manière que ce soit, pas plus que nous n'emploierons la force contre lui, ou enverrons d'autres pour le faire, sans un jugement légal de ses pairs ou selon les lois du pays. (Soulignement ajouté)

La notion de *Rechtsstaat*, par exemple, n'a été conçue qu'en 1829, soit 614 ans plus tard, par le juriste libéral allemand Robert von Mohl dans son livre *Das Staatsrecht des Königreichs Württemberg*.

1. Rechtsstaat

Bien que certaines des caractéristiques du concept « matériel » de *Rechtsstaat* soient déjà présentes dans la philosophie juridique de Kant, selon von Mohl, le « *Rechtsstaat* » est un État où l'appareil juridique est régi par la « loi de la raison ». Ce concept matériel, par opposition à procédural, de l'ordre juridique du *Rechtsstaat* et de l'appareil d'État en général, avait pour objectif ultime le respect non seulement des lois positives existantes, mais aussi des principes de la raison. Ces principes étaient un mélange de principes libéraux (par exemple, la liberté de croyance), de principes politiques (par exemple, le contrôle parlementaire de la législation) et de principes juridiques (par exemple, l'égalité devant la loi)[195].

2. L'État de droit

L'origine de l'État de droit remonte à 1789, principalement aux articles 12, 13 et 16 de la Déclaration des droits de l'homme et du citoyen du 26 août 1789, qui se lisent comme suit :

> Article 12. La garantie des droits de l'Homme et du Citoyen nécessite une force publique : cette force est donc instituée pour l'avantage de tous, et non pour l'utilité particulière de ceux auxquels elle est confiée.
>
> Article 13. Pour l'entretien de la force publique, et pour les dépenses d'administration, une contribution commune est indispensable : elle doit être également répartie entre tous les citoyens, en raison de leurs facultés.
>
> Article 16. Toute Société dans laquelle la garantie des Droits n'est pas assurée, ni la séparation des Pouvoirs déterminée, n'a point de Constitution[196].

3. Contrôle juridictionnel de la constitutionnalité : *Marbury c. Madison* et le rule of law américain

Il y a près de deux cents ans, le pouvoir judiciaire a, pour la première fois dans l'histoire, déclaré son indépendance et affirmé son

---

[195] Zamboni, « Rechtsstaat : Just What is Being Exported by Swedish Development Assistance Organisations », *Law, Social Justice & Global Development (LGD)*, 2001, à l'adresse http://www2.warwick.ac.uk/fac/soc/law/elj/lgd/2001_2/zamboni/. Note de bas de page 14 se référant à Robert von Mohl, *Das Staatsrecht des Königreichs Württemberg*, Laupp, Tübingen, 1829. Robert von Mohl, *Die Polizei-Wissenschaft nach den Grundsätzen des Rechtsstaates*, Laupp, Tübingen, 1866.

[196] Articles 12, 13 et 16 de la Déclaration des droits de l'homme et du citoyen du 26 août 1789.

autorité dans la célèbre affaire *Marbury c. Madison* (1803)[197]. Le pouvoir de la branche du pouvoir la moins dangereuse, c'est-à-dire la plus impuissante, d'évaluer la compatibilité d'un acte législatif avec la Constitution s'est ainsi trouvé établi sous le nom de contrôle juridictionnel.

4. Le pouvoir de la logique contre la logique du pouvoir

J'ai parlé plus haut du « pouvoir de persuasion du raisonnement juridique ». Ici, le raisonnement juridique représente le « pouvoir de la logique » qui neutralise – puisque nous parlons de freins et de contrepoids – la « logique du pouvoir » brute et arbitraire caractéristique du pouvoir exécutif et aussi du pouvoir législatif. Tout raisonnement juridique est fondé sur la nécessité logique. Nous tenons tellement cela pour acquis que nous avons tendance à oublier que, même dans un procès ordinaire, le processus de la preuve n'est qu'une série de tentatives pour contraindre l'adversaire et, ensuite, le tribunal à accepter une certaine version de l'interprétation factuelle et juridique. En d'autres termes, dans tout discours juridique, gagne celui qui est logiquement le plus persuasif.

Cependant, pour que ses arrêts contraignants soient exécutés, le « pouvoir de la logique » judiciaire présuppose la logique du pouvoir brut de l'État de les exécuter. En d'autres termes, il n'existe pas de « droits de l'homme », c'est-à-dire qu'il ne peut y avoir de « rule of law », de *Rechtstaat*, d'État de droit, sans « loi et ordre » de la société stable dans le cadre du pouvoir réel d'un État établi. Certaines ONG radicales ont tendance à l'oublier[198].

---

[197] *Marbury v. Madison*, 5 U.S. (1 Cranch) 137 (1803), est une affaire historique en droit américain et constitue le fondement de l'exercice du contrôle juridictionnel des lois fédérales par la Cour suprême des États-Unis en tant que pouvoir constitutionnel. La Cour a jugé qu'elle avait le pouvoir de déclarer nulle une loi qu'elle jugeait contraire à la Constitution des États-Unis. Le président de la Cour, John Marshall, qui présidait l'affaire, s'en est servi pour établir légalement le droit de la magistrature – et en particulier de la Cour suprême – de déterminer la constitutionnalité des actions des branches de niveau égal du gouvernement et a ainsi jeté les bases du pouvoir actuel de la Cour suprême.

[198] « *Il n'y de droit que lorsqu'il y a une loi pour défendre de faire telle chose, sous peine de punition. Avant la loi, il n'y a de naturel que la force du lion, ou le besoin de l'être qui a faim, qui a froid, le besoin en un mot* » : Stendhal, *Le Rouge et le*

Entre le pouvoir judiciaire de la logique, d'une part, et la logique exécutive du pouvoir, d'autre part, il existe une relation dialectique. Dans ce rapport apparemment irréconciliable, les deux entités, « loi et l'ordre » d'une part, et « rule of law » d'autre part, s'exigent et se présupposent mutuellement – mais aussi s'excluent et s'interdisent l'une l'autre. Historiquement, de telles contradictions dialectiques ne sont jamais résolues. Au contraire, elles sont le moteur du développement, elles fournissent précisément l'évolution dans laquelle tourne constamment notre propre raisonnement judiciaire, l'équilibre continu de la justice face au pouvoir et à l'arbitraire[199].

Il est clair que le caractère contraignant d'un arrêt d'une cour constitutionnelle ou d'une cour internationale dépend aussi d'autres facteurs. Parmi ceux-ci, il faut mentionner la séparation des pouvoirs, la tradition démocratique et la détermination historique de la culture juridique. Par exemple, il est clair que la tradition juridique anglo-saxonne prend les déclarations du pouvoir judiciaire beaucoup plus au sérieux que cela a jamais été le cas dans la tradition continentale.

a) La logique du pouvoir nécessite le pouvoir judiciaire de la logique (et vice versa)

La loi et l'ordre, c'est-à-dire la logique du pouvoir, ne peuvent être maintenus à long terme sans respect durable de la résolution constante – fondée sur le raisonnement plutôt que sur le simple pouvoir – de tous les conflits sociaux et en particulier de ceux du plus haut caractère politique. Inversement, le pouvoir judiciaire de la logique dépend aussi de l'application cohérente grâce au volet « loi et ordre » de l'État, c'est-à-dire grâce à la logique du pouvoir. Les deux aspects sont dans une relation d'antinomie, où à la fois ils s'appellent l'un l'autre et s'excluent l'un l'autre dans une certaine mesure. Le pouvoir

---

noir, chap. 74 (soulignement ajouté). Apparemment, Stendhal avait lu Hobbes. Il a bien compris qu'il n'existe pas de loi naturelle, c'est-à-dire que tout dépend de la force du lion et de la punition – le pouvoir agrégé du Léviathan. *Mutatis mutandis*, cela vaut pour les « droits de l'homme ».

[199] En fait, de telles contradictions n'ont pas encore été transcendées historiquement. Et ce n'est pas pour demain. La résolution de la contradiction, dans le sens où la « logique arbitraire du pouvoir » de l'État aussi bien que le « pouvoir de la logique », c'est-à-dire le rule of law, les droits de l'homme, etc., deviendraient non opposables, non pertinents, etc., requerrait que la société fonctionne sur une base non étatiste.

judiciaire est un frein pour le pouvoir exécutif et, avec le contrôle juridictionnel constitutionnel, également pour le pouvoir législatif[200]. C'est ce que nous entendons par le syntagme de common law « rule of law », par opposition, par exemple, au pouvoir de police sans brides de l'aspect « loi et ordre ». Parler de « rule of law », c'est nier le pouvoir de l'État de « rassembler les suspects habituels[201] ».

D'autre part, le maintien absolu de la loi et de l'ordre dans la société dicte la nécessité du rule of law, des droits constitutionnels et des droits de la personne. Sans résolution pacifique et continuelle de tous les désaccords, le recours est assurément de se débrouiller seul, individuellement et collectivement, ce qui est l'antichambre de l'anarchie. Ainsi, dans chaque État, le besoin de constance sur le plan social, politique, etc., témoigne de cette simple conclusion. C'est universel.

---

[200] L'activisme judiciaire, d'autre part, peut équivaloir à une violation du pouvoir du législatif et même de l'exécutif. Les protestations britanniques contre la CrEDH et ses juges « non élus », provoquées notamment par l'octroi par la Cour du droit de vote aux prisonniers dans les prisons britanniques, donnent un bon exemple d'ingérence directe dans le processus démocratique. Voir *Hirst c. Royaume-Uni* (n° 2) [GC], requête n° 74025/01, 6 octobre 2005. Il y a aussi l'exemple par excellence d'abus flagrant du pouvoir judiciaire et de l'immunité parlementaire, équivalent à un coup d'État, lors des élections françaises de 2017. Le candidat républicain François Fillon, favori reconnu, a été bloqué par Éliane Houlette : *« À la tête du Parquet national financier (PNF) depuis sa création, en 2014, Éliane Houlette s'apprête à ouvrir une information judiciaire dans l'affaire Fillon »*. Il était patent que le moment avait été choisi par elle en fonction de son intention préméditée de bloquer Fillon afin d'aider à l'élection d'Emmanuel Macron. En cours de route, Houlette a nommé elle-même les magistrats instructeurs, en violation du droit constitutionnel au juge naturel : *« Affaire Fillon : le juge Tournaire, choisi pour son tempérament offensif, désigné par le président du tribunal de grande instance de Paris, le magistrat, réputé inflexible [...] François Fillon aurait donc bien été victime d'un assassinat politique, comme il le clame, voire d'un complot judiciaire ? » :* voir http://www.lemonde.fr/affaire-penelope-fillon/article/2017/03/13/affaire-fillon-le-juge-tournaire-choisi-pour-son-temperatement-offensif_5093634_5070021.html#FtSlU2jdvrWPKtOa.99, consulté pour la dernière fois le 30 octobre 2017.

[201] L'expression provient du film *Casablanca* (1943). Elle implique la négation par la France de la cause probable, c'est-à-dire du rule of law dans la procédure pénale. Voir https://www.youtube.cthe om/watch?v=HXuBnz6vtuI, consulté pour la dernière fois le 30 octobre 2017.

Ce qui, hélas, n'est pas universel, c'est la compréhension de ce qui précède par les protagonistes des pouvoirs exécutif et législatif. Les cultures sociales et juridiques diffèrent pour ce qui est de la durée de leurs traditions démocratiques. Plus la tradition démocratique est longue et résiliente, mieux les politiciens comprennent la nécessité universelle de la raison non arbitraire, de la proportionnalité, de la protection égale des lois, c'est-à-dire du rule of law, de la Constitution et des droits de l'homme. À long terme, le pouvoir ne peut se passer de justice.

Ce besoin que la loi de l'ordre soit contrebalancée par le rule of law, et non par un postulat idéologique concernant l'« universalité des droits de l'homme », est véritablement universel. Comme c'est vrai pour la Chine et pour Cuba, c'est vrai pour la Turquie et pour l'Europe. Dire que les droits de l'homme signifient que la personne lésée a le droit d'avoir des droits est un aphorisme philosophique et n'est pas évident pour les avocats eux-mêmes. Ce que cela signifie réellement, cependant, c'est que le pouvoir du pouvoir judiciaire de contraindre à une résolution raisonnable et proportionnelle des conflits est la condition préalable universelle de tout droit.

5. Le pouvoir de persuasion du raisonnement juridique

En dehors de tout cela, d'où vient le « pouvoir de persuasion du raisonnement juridique » ? Et qu'est-ce que cela a à voir avec l'universalité des droits de l'homme ?

Il est très facile de dire que le pouvoir judiciaire de la logique est démocratiquement persuasif, c'est-à-dire qu'il a de la crédibilité et de l'autorité dans toute société dans la mesure où le mythe de la justice est opérationnel partout, toutes religions comprises. Cependant, la nécessité manifeste, pour la stabilité de la société, de la croyance assidue du peuple en une justice fondée sur quelque chose de réel va beaucoup plus loin que cela. Le nombre considérable de requêtes en cours devant la CrEDH en témoigne. L'augmentation énorme du nombre de plaintes constitutionnelles devant toutes les cours constitutionnelles qui les examinent en témoigne également.

Philosophiquement, on peut répéter que la « logique arbitraire du pouvoir » de l'exécutif et du législatif appelle et impose en fait l'autre pôle de cette dialectique, à savoir le « pouvoir » judiciaire, crédible, persuasif, « de la logique ».

6. Magna Carta Libertatum (1215)

Sur le plan sociologique, on peut dire que le besoin de paix et de stabilité dans les relations sociales exige un arbitrage non violent. Cela est particulièrement évident dans les tribunaux de dernier ressort et dans le contexte du contrôle juridictionnel constitutionnel. Il existe différents groupes sociaux et politiques dans la structure sociale – branches légitimes du pouvoir, partis politiques et leurs factions, associations, intérêts collectifs comme dans les recours collectifs, etc. En 1215, lorsque les barons anglais n'ont plus été capables de faire face à la soif de pouvoir excessive de Jean sans Terre, l'impasse devait logiquement aboutir à une guerre civile. Le rationalisme occidental et l'utilitarisme anglais typique leur ont fait comprendre que la guerre conduirait à verser le sang inutilement et, dans le meilleur des cas, à une victoire à la Pyrrhus. C'est d'ailleurs le cas de toutes les guerres civiles. Ils ont donc décidé de négocier. Il en est résulté la *Magna Carta Libertatum*, qui est juridiquement parlant un contrat – mais un contrat hautement politique.

La *Magna Carta* est un véritable modèle pour toutes les Constitutions. Elle signifie le passage du combat brut au contrat, de la guerre civile à la civilisation et à la culture[202]. Je renverse ici la fameuse formule de Clausewitz selon laquelle la guerre est la suite logique de la politique. La politique et le rule of law sont la suite logique du rejet de la perspective d'une guerre civile. Inversement, la guerre civile est une régression, de la Constitution au combat.

7. Le pouvoir contraignant des juridictions internationales

La situation est similaire dans les relations internationales, sauf qu'il n'y a pas d'agrégation étendue de pouvoir, c'est-à-dire l'appareil d'État prépondérant pour garantir, mettre en œuvre et exécuter les décisions judiciaires internationales, etc. Ici, tout repose sur un consensus politique. Le caractère restreint de la juridiction subsidiaire, comme celui de la CrEDH, est le reflet de cette contrainte. D'autre

---

[202] B.M. Zupančič, « From Combat to Contract : What Does the Constitution Constitute ? », *European Journal of Law Reform*, n° 1-2, 1999, p. 92-93.

part, il faut admettre que c'est un miracle qu'un système fondé non pas sur un pouvoir excessif, mais sur un simple consensus international concernant les valeurs clés, fonctionne[203].

Dans le contexte du contrôle juridictionnel constitutionnel par la cour constitutionnelle, les groupes de pouvoir au sein de la structure sociale s'affrontent d'une manière non violente, en acceptant à l'avance que la résolution de leur querelle doit découler d'un raisonnement juridique cohérent, logique, crédible et persuasif.

J'insiste sur les termes « en acceptant à l'avance » pour dire qu'une branche exécutive avisée accordera toute la crédibilité possible à la branche judiciaire. Le pouvoir judiciaire jouit d'une crédibilité réelle précisément dans la mesure où les deux autres branches s'efforcent de le prendre au sérieux, de mettre en œuvre consciencieusement ses décisions, etc.

En d'autres termes, la crédibilité du rule of law est réelle précisément dans la mesure où le pouvoir judiciaire, dans un système déterminé de séparation des pouvoirs, a la possibilité de donner réalité à la raison, c'est-à-dire à quelque chose qui exclut, en tant que pouvoir physique extrinsèque, l'influence politique, le poids économique, etc. La résolution pacifique, par exemple, du différend *Bush c. Gore* au moment des élections américaines de 2000, témoigne du mode de

---

[203] L'unanimité concernant la hiérarchie des valeurs apparente dans la Convention européenne est soulignée dans le Préambule : *« Considérant que le but du Conseil de l'Europe est de réaliser une union plus étroite entre ses membres, et que l'un des moyens d'atteindre ce but est la sauvegarde et le développement des droits de l'homme et des libertés fondamentales; Réaffirmant leur profond attachement à ces libertés fondamentales qui constituent les assises mêmes de la justice et de la paix dans le monde et dont le maintien repose essentiellement sur un régime politique véritablement démocratique, d'une part, et, d'autre part, sur une conception commune et un commun respect des droits de l'homme dont ils se réclament; Résolus, en tant que gouvernements d'États européens animés d'un même esprit et possédant un patrimoine commun d'idéal et de traditions politiques, de respect de la liberté et de prééminence du droit, à prendre les premières mesures propres à assurer la garantie collective de certains des droits énoncés dans la Déclaration universelle, Sont convenus de ce qui suit : [....] »* : Préambule de la Convention de sauvegarde des droits de l'homme et des libertés fondamentales (CEDH), 213 U.N.T.S.T. 222, entrée en vigueur le 3 septembre 1953, amendée par les Protocoles n°s 3, 5, 8 et 11, entrés en vigueur respectivement le 21 septembre 1970, le 20 décembre 1971, le 1er janvier 1990 et le 1er novembre 1998.

résolution, propre au rule of law, du conflit potentiellement déstabilisant et même explosif qui est au cœur du processus démocratique électoral[204].

8. L'indépendance du pouvoir judiciaire

Même si, aux États-Unis, le pouvoir judiciaire est la branche la moins dangereuse, la magistrature continentale n'a jamais connu l'autonomie qui aurait fait d'elle l'un des membres égaux des trois branches indépendantes du pouvoir[205]. Cela est dû à l'absence historique de « freins et contrepoids » et à la nature de la tradition démocratique. De toute évidence, l'autre face de ce manque de souveraineté de la magistrature est qu'il continue de générer un traitement très positiviste et formaliste des affaires. Ce formalisme et ce positivisme découlent d'un manque inhérent et historiquement habituel de sentiment de sécurité. En d'autres termes, les juges du système ne se sentent pas en sécurité ; leur recours à la logique

[204] L'affaire *Bush v. Gore*, 531 U.S. 98 (2000) a été entendue par la Cour suprême des États-Unis le 11 décembre 2000 et a eu une influence directe sur le résultat de l'élection présidentielle de 2000. Dans trois opinions séparées, une majorité de 7 juges contre 2 a conclu qu'un recomptage des suffrages alors en cours dans certains comtés de l'État de Floride devait être interrompu en raison de l'absence de norme uniforme. Une majorité de 5 juges contre 4 a en outre déclaré dans une opinion *per curiam* qu'il n'y avait pas assez de temps pour établir des normes de recomptage qui respecteraient la date limite de la Floride pour l'accréditation des électeurs. L'arrêt a mis fin au recomptage à l'échelle de l'État de Floride et a permis à Katherine Harris, secrétaire d'État de Floride (et coprésidente de la campagne de Bush en Floride), de certifier George W. Bush comme gagnant de l'élection en Floride. Les 25 voix de la Floride ont donné à Bush une majorité de 271 voix au collège électoral et lui ont permis de remporter la présidence. Voir http://en.wikipedia.org/wiki/Bush_v._Gore, consulté pour la dernière fois le 25 octobre 2017.

[205] Voir, en général, Alexander M. Bickel, *The Least Dangerous Branch, The Supreme Court at the Bar of Politics*, Bobbs-Merrill, Indianapolis-New York, 1966. Il est particulièrement intéressant de noter la mention (p. 193-198) de la doctrine de ce qu'on appelle en français l'acte de gouvernement (Conseil d'État, ORD, 1er mai 1822, Laffitte, requête numéro 5363, Rec. 1821-1825, p. 202, abandonnée le 19 février 1875 – Prince Napoléon), p. 183 et suiv. Autant que je me souvienne, la question a été soulevée dans quelques affaires. La doctrine adhère à une exception au contrôle juridictionnel dans les affaires concernant les actes de guerre, la politique étrangère, etc., où les tribunaux refuseront de statuer, cela étant hors de leur champ de compétence. Aux États-Unis, la doctrine est toujours valable. À la CrEDH, personne n'en a connaissance, à l'exception – dans l'une des affaires relevant de la section III – du juge italien Vladimiro Zagrebelsky.

formelle est donc une manière de résistance. Aujourd'hui, ce défi prend les traits d'une espèce de compétence analytique et de faux professionnalisme.

Pour généraliser à partir de cette position, j'en arrive facilement à l'observation suivante : dans un système régi par le formalisme – confondu avec le vrai droit – il peut exister un grand écart entre ce qui est juste et ce qui est juridiquement correct. Encore une fois, *summum ius, summa iniuria*. Le positivisme et le formalisme juridiques, qui sont l'expression de ce manque d'autonomie historique, restreignent la marge de manœuvre mentale des juges, laissant beaucoup d'espace à la gymnastique intellectuelle formelle et formaliste, d'une part, et peu de place à de véritables considérations d'équité, d'autre part. Nous réaffirmons que l'importance différente accordée dans les deux systèmes juridiques à la *procédure* en common law et au droit *matériel* dans la tradition continentale est révélatrice de la dissimilitude historique. Si l'on considère l'origine de tout droit, la procédure est primaire et l'accumulation de droit matériel est secondaire. Il peut y avoir une procédure sans droit matériel, mais il ne peut y avoir de droit matériel sans procédure. Aux temps modernes, nous appelons cela « l'accès à la justice ».

H. Impartialité du processus décisionnel et partialité de la décision

1. Qu'est-ce que l'impartialité ?

L'impartialité pourrait être définie comme l'attitude du juge qui garantit que le conflit (la confrontation procédurale) entre les parties sera tranché sur des considérations *intrinsèques* plutôt qu'extrinsèques.

Cela signifie que l'affaire sera résolue sur la base des informations présentées par les parties – les informations juridiquement pertinentes – et non sur des considérations étrangères telles que, par exemple, la race, la religion, l'orientation politique, l'origine nationale ou tout autre aspect étranger à l'affaire. L'impartialité est une attitude psychologique particulière à l'égard du problème auquel le juge est confronté.

Cette attitude se manifeste à deux niveaux. Le premier, à savoir la volonté de trancher l'affaire en fonction de considérations strictement intrinsèques, est une absence de partialité manifeste ; le second est la capacité du décideur de prendre en considération *toutes* les informations intrinsèques (pertinentes) présentées par les parties.

Dans ce dernier cas, il faut que le juge demeure indécis le plus longtemps possible. Rester indécis, c'est rester réceptif à toutes les informations. Parce que la décision est un refus de prendre en considération toute information contraire à l'orientation de la décision, la capacité de continuer à recevoir de l'information est la capacité de rester indécis.

Cette capacité fait certainement partie de ce que nous appelons l'impartialité.

> Un problème fondamental de « volonté » dans tout réseau autoguidé semble être celui du report et de la traduction en action de diverses

données du réseau passé jusqu'à l'instant où la « règle » est formée (la détermination devient « établie » ou la décision « s'affermit »), en bloquant toute information ultérieure qui pourrait modifier la décision « voulue ». La règle ressemble à la « date limite » dans le journal : on pourrait l'appeler la préférence interne en matière de travail pour les messages pré-décision par rapport à ceux post-décision. Le « moment de la décision » pourrait alors être considéré comme le seuil où le résultat cumulé d'une combinaison d'informations passées commence à entraver efficacement la transmission de données contradictoires[206].

2. Prise de décision hâtive : l'affaire *Ališić et al. c. Slovénie et Serbie*

Le concept de prise de décision dans la procédure judiciaire pourrait en fait être décomposé en deux éléments constitutifs : *premièrement*, il y a le processus de formation progressive de l'opinion dans l'esprit du juge ; *deuxièmement*, il y a la « volonté » de traduire cette « opinion » en une décision appropriée, c'est-à-dire en une décision juridique ayant des effets juridiques précis en termes de condamnation et de peine.

Il a été démontré empiriquement que la prise de décision exige beaucoup plus d'énergie mentale la simple délibération[207]. Cela peut paraître surprenant. C'était pourtant évident lors du dernier round annuel de prise de décisions à la CrEDH (entre les vacances de Pâques et le 12 juillet, fin de l'année judiciaire). Dans cette période, les décisions étaient prises en cédant à la facilité. Par exemple, l'arrêt véritablement scandaleux rendu dans l'affaire *Ališič et. al. c. Slovénie et Serbie*[208] a été prononcé à la hâte dans cette période.

L'affaire était pertinente à au moins trois niveaux (article 1, premier alinéa, du Protocole n°1, droit de propriété, question macroéconomique et question capitale de la succession). Le

---

206 Karl Deutsch, *The Nerves of Government*, 1966, p. 105.

207 « Psychology and decision-making, How, and when, to make a decision », *The Economist*, 7 juin 2011, à l'adresse https://www.economist.com/blogs/prospero/2011/06/psychology-and-decision-making, consulté pour la dernière fois le 26 février 2018.

208 *Ališić et autres c. Bosnie-Herzégovine, Croatie, Serbie, Slovénie et Ancienne République yougoslave de Macédoine* [GC], requête n° 60642/08, 16 juillet 2014.

professeur Lucius Caflish et moi-même examinions l'affaire depuis plusieurs années.

Le nouveau juge rapporteur a préparé son appréciation en quelques semaines. L'arrêt a été rendu en juin, alors que les juges étaient épuisés. Ils ont consenti avec lassitude à l'absurdité du projet d'arrêt.

Voici mon désaccord avec l'arrêt de la Section : il a conduit à ce que l'affaire soit renvoyée en Grande Chambre.

> Je suis au regret de ne pouvoir souscrire à l'arrêt adopté par la majorité. Je suis convaincu, pour des raisons dont certaines sont exposées ci-après, que la solution à laquelle est parvenue la chambre constituée pour statuer sur la présente affaire sera certainement jugée non conforme à la lettre et à l'esprit de la Convention par la Grande Chambre.
>
> J'observe d'abord que le premier paragraphe de l'article 1 du Protocole n° 1 à la Convention vise à protéger les biens, les espérances légitimes, les prétentions défendables, etc., des requérants de bonne foi. Or la solution à laquelle la Cour est parvenue dans la présente affaire conduit en définitive à préserver les effets spéculatifs et les dérèglements d'un système pyramidal à l'échelle d'un pays géré par un État communiste. Ce système a été mis en place par le régime yougoslave – aujourd'hui disparu – qui se trouvait à l'époque confronté à un besoin urgent de devises fortes. Qui plus est, du point de vue moral, ni la Ljubljanska Banka Ljubljana ni la République de Slovénie ne sont à l'origine de cette pyramide de Ponzi, raison pour laquelle elles ne sauraient être considérées comme les Madoffs de cette affaire !
>
> À supposer même, dans le pire des cas, que la Ljubljanska Banka Ljubljana – et par voie de conséquence la République de Slovénie – doivent être tenues pour responsables du « vol » (pour parler sans détour) de l'argent des déposants, il n'en demeure pas moins insensé de restituer aux épargnants leurs dépôts initiaux augmentés d'intérêts au taux absurde de 12 %. Du point de vue éthique, cette revendication des déposants est une illusion de personnes qui ont naïvement investi dans ce système de Ponzi à la mode communiste.
>
> En matière bancaire, et dans d'autres domaines de la succession d'États, le principe de territorialité applicable au remboursement des dettes dues dans tel ou tel pays va de pair avec un processus

économique bien connu, selon lequel l'argent provenant des dépôts effectués dans une banque est investi – sous forme de « monnaie scripturale » – dans le territoire même où cette banque est à la fois débitrice de ses déposants et créancière des diverses entreprises qu'elle finance en leur accordant des prêts. L'arrêt adopté par la majorité méconnaît le principe de territorialité.

D'après ce principe, les créanciers – c'est-à-dire les déposants clients d'une banque – doivent se voir rembourser leurs dépôts dans la région, la zone ou le territoire dans lequel l'ensemble des prêts commerciaux issus de leurs dépôts ont été effectivement accordés à diverses entreprises. Selon un célèbre article fréquemment cité portant sur la succession de la Yougoslavie, « (...) le principe de territorialité est sans conteste la règle générale de la succession d'États en matière de biens meubles corporels » (voir Carsten Stahn, « Agreement on Succession Issues of the Former Socialist Federal Republic of Yugoslavia », 96 *Am. J. Int'l L.* 379 (2002)). Nous allons voir immédiatement pourquoi cette solution est logique, et donc juste.

Il faut comprendre que le fonctionnement des banques repose depuis toujours sur une évaluation prospective de leurs risques futurs dont le résultat les conduisent à multiplier virtuellement les sommes déposées par les épargnants en accordant des prêts (sous forme de « monnaie scripturale ») pour une somme totale très supérieure à celle des dépôts effectués. La monnaie scripturale est de l'argent « virtuel » en ce sens qu'elle est littéralement un emprunt sur l'avenir.

Dans la présente affaire, les dépôts en devises fortes effectués auprès d'une banque étaient convertis en « monnaie scripturale » et offerts en prêt à des entreprises ou des particuliers sur un territoire déterminé qui en faisaient la demande et qui étaient capables de rembourser le capital emprunté augmenté d'un taux d'intérêt ordinaire. Il va sans dire que le taux des intérêts versés ne peut jamais atteindre 12 %, ce qui tend à prouver que le système en question n'était que cela, un système pyramidal.

Toutefois, ce mode classique de fonctionnement bancaire doit être apprécié au regard du régime alors en vigueur, dirigé par le gouvernement moribond de Marković, et de la situation d'un État et d'une organisation financière qui étaient au bord de l'effondrement, effondrement dont le système de Ponzi de spéculation sur les devises fortes mis en place par le pouvoir communiste était un signal précurseur évident, que chacun pouvait percevoir et prendre en compte.

Il est tout aussi évident qu'une banque devant faire face à un retrait massif de dépôts tombe immédiatement en faillite. Le fonctionnement des banques repose pour l'essentiel sur un mécanisme de décalage temporel à visée lucrative, et tous les systèmes pyramidaux – y compris le système de Ponzi – fonctionnent sur le même modèle. Mais dans un système bancaire sain, le cycle prêt-remboursement est réaliste. Le gouvernement dirigé par Tudjman a ordonné à l'improviste la fermeture de la Ljubljanska Banka Ljubljana sur le territoire croate, décision qui a entraîné la liquidation immédiate de cet établissement, comme elle aurait entraîné la liquidation de n'importe quelle autre banque. En pareille situation, les créances des déposants doivent être remboursées immédiatement, tandis que le remboursement des prêts demeure échelonné dans le temps. En d'autres termes, il suffit qu'un gouvernement décide de fermer une banque pour que celle-ci se trouve aussitôt empêchée d'honorer ses engagements, notamment à l'égard des créanciers que sont les particuliers déposants.

Le principe de territorialité reflète une conception dynamique du rôle des banques. Il est fondé sur l'idée selon laquelle toute banque a pour fonction essentielle d'accorder sans discontinuer des prêts dans un territoire déterminé. Il est donc logiquement justifié que le territoire soit considéré comme étant le principal critère à prendre en compte pour la question du remboursement, question qui ne peut être appréhendée sous le seul angle des rapports de droit privé couverts par le premier paragraphe de l'article 1 du Protocole n° 1.

Lorsqu'une banque n'est pas en mesure de rembourser ses déposants, seuls ceux qui ont un lien avec le territoire où elle est implantée – indépendamment de leur nationalité, etc. – peuvent bénéficier de la garantie de l'État, pour la raison macroéconomique évidente que la monnaie scripturale issue des dépôts effectués par eux a été investie et est demeurée dans ce territoire, dont elle a stimulé l'activité économique, etc..

En matière de succession d'États, il est naturel que, dès lors que l'autorité centrale – en l'occurrence la Banque centrale de Belgrade – manque à ses obligations de garantie, les États successeurs se portent garants en ce qui concerne leurs territoires respectifs. Dans ces conditions, on comprend aisément qu'il ait paru logique aux six

États successeurs de se porter garants, chacun pour ce qui concerne son territoire, des créances de leurs déposants.

C'est d'ailleurs ce qui s'est produit, au moins dans une certaine mesure puisque la Croatie a remboursé les clients de la Ljubljanska Banka sur son territoire. On peut se demander si cette décision de l'État croate procède d'une pure bonté envers ses ressortissants ou d'un souci spontané de justice macroéconomique dont il a fait preuve au moment de son avènement. En d'autres termes, pourquoi l'État croate aurait-il pris à sa charge une partie des dettes de la Ljubljanska Banka pour tous ses citoyens qui lui en avaient demandé le remboursement s'il n'avait d'abord pris en compte le principe de territorialité ?

En tout état de cause, la logique du principe de territorialité est évidente de part et d'autre. Je souhaite rappeler une idée simple : la justice individuelle garantie par le Protocole n° 1 trouve son pendant dans la conception aristotélicienne de la justice distributive inhérente au principe de territorialité et se concilie parfaitement avec elle.

Je m'interroge depuis plusieurs années sur un autre travers de la présente affaire, qui provient de la mauvaise compréhension de la question telle qu'elle se pose dans le cadre contentieux actuel. Cette confusion tient à ce que la présente affaire n'est pas ce qu'elle devrait être, c'est-à-dire une affaire interétatique. Il est certain que, dans le cadre d'un différend interétatique, la question atypique de droit privé qui se pose ici se serait présentée de manière prévisible, naturelle et logique sous la forme d'un problème de succession. Il aurait été beaucoup plus clair d'aborder la question sous cet angle. Comment expliquer qu'aucun des États défendeurs n'ait attrait la République de Slovénie devant la Cour européenne des droits de l'homme par la voie d'une requête interétatique ? Pourquoi ces États se cachent-ils derrière les requérants individuels alors que tout indique que les questions qui se posent sont des questions de succession ? Je pense que la réponse est claire.

Une autre des principales critiques que suscite l'arrêt adopté par la majorité tient à la composition de la chambre à laquelle la présente affaire a été attribuée. Quatre de ses membres – soit la majorité simple de la chambre – sont ressortissants des États créanciers et un autre est citoyen d'un État débiteur voisin. Seuls les deux autres membres de la chambre ne sont pas, à un titre ou à un autre, des « juges nationaux » dans cette affaire. La règle de procédure posée par la Convention selon laquelle le juge élu au titre de l'État partie à une affaire doit systématiquement siéger dans la chambre appelée à en connaître pour en faciliter la compréhension se justifie pleinement en temps ordinaire. Toutefois, dans une situation mettant en cause sept États successeurs confrontés à ce qui est par essence un problème de succession, la présence obligatoire du « juge national » donne lieu à la composition d'une chambre *ad hoc* dans laquelle, comme en l'espèce, les « représentants » des demandeurs ont manifestement l'ascendant sur les « représentants » des défendeurs. Il s'agit là d'une situation absurde puisqu'il était manifeste dès le début que les intérêts des demandeurs détermineraient le résultat de l'arrêt adopté par la majorité *ad hoc casu*. Il est heureux que le principe sacro-saint de l'opinion séparée tel que le conçoit la Convention puisse nous tirer de cette ornière, car cette affaire doit manifestement être déférée à la Grande Chambre. Dans une Grande Chambre composée de 17 membres, l'influence des « juges nationaux » sera diluée et le poids des intérêts des demandeurs s'en trouvera atténué. Je tiens à souligner que je ne mets pas en cause l'impartialité de mes collègues, même si je suis convaincu que l'impartialité consciente a des limites objectives lorsque sont en cause des intérêts nationaux. Toutefois, même si aucun problème de prépondérance numérique ne se posait dans la composition de la chambre *ad hoc*, il est évident que, du point de vue des « apparences », la chambre ne pourrait passer pour objective et impartiale aux yeux du monde extérieur.

Cela fait des années que je maintiens que la meilleure analyse de la question qui se pose dans cette affaire figure dans le désormais célèbre rapport du professeur Jürgen intitulé « Restitution des dépôts en devises effectués dans les filiales de l'ancienne Ljubljanska Banka situées en dehors du territoire de la Slovénie, 1977-1991» (Doc. 10135, 14 avril 2004, Rapport, Commission des affaires juridiques et des droits de l'homme, Rapporteur : M. Erik Jürgens, Pays-Bas). Il en ressort ce qui suit (§§ 20 et 21) :

> La conclusion, d'un point de vue économique, est sans doute que, dès 1991,les dépôts d'origine avaient en fait, cessé d'exister. Les déposants, attirés par les taux d'intérêt élevés, avaient pris un risque en déposant leur argent auprès de banques situées à l'intérieur de la RSFY. Lorsqu'ils ont pris conscience de ce risque, ils ont été rassurés par le gouvernement de la RSFY qui a garanti que les dépôts seraient remboursés avec les intérêts cumulés. Mais cette garantie s'est évaporée au moment de la dissolution de la RSFY, sauf si les États successeurs étaient prêts à assumer, au moins dans une certaine mesure, cette garantie. C'est ce qui s'est effectivement produit, mais les différents États successeurs ont assumé cette garantie de manières

> différentes. La Slovénie (....) a assumé la garantie pour les dépôts en devises effectués auprès des banques situées sur son territoire, pensant que les autres républiques feraient de même.

L'adoption du présent arrêt intervient à un très mauvais moment car, au moins en ce qui concerne la Slovénie et la Croatie, les négociations progressent sous la conduite d'experts slovènes et croates spécialistes des questions bancaires et possédant une bonne compréhension de la situation. L'arrêt sera perçu – à tort – comme étant définitif et sera certainement mal interprété d'un point de vue politique par les deux parties.

Il ressort du paragraphe 60 de l'arrêt que le gouvernement slovène reproche à la Croatie d'avoir refusé en 1999 de régler le problème par la voie d'un arbitrage du FMI, d'avoir refusé d'en discuter dans le cadre des réunions du Comité mixte permanent, d'avoir attendu 2010 pour accepter – sous la pression de l'UE – de poursuivre les négociations sous les auspices de la BRI, d'être revenue sur cette démarche en 2011 à l'issue des négociations d'adhésion à l'UE, et enfin d'avoir empêché l'agence de Zagreb de la Ljubljanska Banka Ljubljana de se livrer à des activités bancaires courantes qui lui auraient permis de dégager des profits supplémentaires (paragraphe 60 de l'arrêt adopté par la majorité). Les reproches formulés par le gouvernement slovène n'ont pas reçu de réponse satisfaisante de la part du gouvernement croate, ce dont l'arrêt adopté par la majorité n'a pas tenu compte. Pourtant, il en ressort inéluctablement que la Slovénie n'est pas coupable dans cette affaire, car elle a essayé à cinq reprises au moins de négocier honnêtement avec la Croatie ce problème de succession, en vain. Il est bien entendu impossible de savoir si, cette fois-ci, les intentions du gouvernement croate sont malgré tout sincères. Les négociations étant désormais conduites par deux experts au fait de la situation, il est à espérer qu'elles pourront enfin progresser. De plus, l'adhésion de la Croatie à l'Union européenne est subordonnée au succès de ces négociations. Je répète que le présent arrêt intervient à un mauvais moment parce qu'il donne à penser, alors même que l'affaire pourrait être déférée à la Grande Chambre, que l'un des protagonistes est en position de force sur le plan politique et qu'il ne lui est plus nécessaire de faire preuve de bonne volonté et d'une attitude constructive dans les négociations en cours.

À cet égard, il me faut souligner que l'élément fondamental de l'arrêt rendu dans l'affaire Kovačič, qui a été déférée à la Grande Chambre pour une raison de pure forme, est à rechercher dans

> l'opinion concordante qu'y a jointe le professeur George Ress, ancien juge de la Cour et spécialiste mondialement connu du droit international, notamment des questions de succession. Le message que le professeur Ress a fait passer dans son opinion concordante et qui n'apparaît pas dans l'arrêt en question est fondamentalement identique à celui que contient le rapport Jürgen et peut se résumer comme suit : il est impossible de trouver une véritable solution à ce problème par la voie d'un arrêt rendu entre des particuliers et un État. À moins qu'elle ne se pose dans le cadre d'une affaire interétatique, cette question ne pourra être résolue que par des négociations dans le contexte d'un futur accord de succession[209].

Puisqu'il est évident que les concepts d'impartialité et de décision sont mutuellement exclusifs et incompatibles, il est également évident qu'en dernière analyse, dans tout processus décisionnel significatif, l'impartialité sera échangée contre une décision juridique. Par conséquent, nous parlons du report du « moment de la décision » afin de ne pas « inhiber la transmission de données contradictoires ».

Puisque la décision elle-même *ne peut pas* être impartiale (il ne peut y avoir de décision impartiale), on parle donc de la manière impartiale d'arriver à des décisions, c'est-à-dire d'un *processus* impartial d'arbitrage.

En dernière analyse, le but de tout jugement est de mettre fin à l'impartialité et de permettre au juge d'associer sa « volonté » (effets juridiques) à l'opinion obtenue sur la base de ce processus caractérisé par l'impartialité. Par conséquent, l'un des principaux aspects de l'impartialité doit être la volonté et en fait la capacité du juge de différer la formation finale de son opinion jusqu'à ce que les parties aient été entendues au tribunal et aient présenté toutes les informations qu'elles considèrent elles-mêmes comme pertinentes dans le contexte d'une décision donnée sur un conflit donné. La question se pose donc de savoir si la participation active du juge à la recherche de la vérité pertinente dans le litige qu'il est en train de trancher gêne son impartialité ou non.

---

[209] *Ališić et autres c. Bosnie-Herzégovine, Croatie, Serbie, Slovénie et Ancienne République yougoslave de Macédoine* [GC], requête n° 60642/08, 6 novembre 2012, opinion dissidente du juge Zupančič.

Personne ne peut être impartial au moment où il est engagé dans une hypothèse sur quoi que ce soit. Par « engagé dans une hypothèse », nous voulons simplement dire qu'il est prêt à croire provisoirement que la réalité de l'événement criminel passé présumé *était* telle que l'hypothèse allègue qu'elle l'est. Même un scientifique engagé dans son hypothèse sur un événement naturel ne peut plus être impartial une fois qu'il s'est engagé à croire provisoirement que telle est la vérité concernant le problème naturel : il est dès lors provisoirement *décidé*.

Dans le contexte scientifique, une expérience est une confirmation ou une infirmation d'une décision hypothétique provisoirement prise. Cependant, le fait qu'un scientifique perde son impartialité dans le cadre d'une enquête active sur un événement naturel n'est pas un dysfonctionnement. Il peut compter sur le fait que, dans l'analyse finale, le retour d'information venu de la réalité objective elle-même prouvera et montrera clairement si sa partialité hypothétique était correcte ou non. L'expérience permet à la réalité elle-même – dans la mesure où elle est accessible – de parler d'elle-même. En ce sens, l'expérience diffère essentiellement d'un procès devant un tribunal parce que l'esprit humain fournit un « retour d'information » beaucoup moins objectif et beaucoup plus arbitraire et subjectif à l'hypothèse initiale envisagée par exemple par le juge. Ainsi, alors que la perte d'impartialité de la part d'un scientifique relève, en fait, du processus normal d'enquête par l'essai et l'erreur empirique, il se peut que la perte d'impartialité dans le jugement ne soit jamais corrigée. Les processus d'élaboration des hypothèses et de vérification des hypothèses sont fusionnés en un seul processus d'évaluation, où aucun retour d'information final, définitif et objectif, n'est disponible.

Par conséquent, nous pourrions distinguer ici entre *impartialité* et *objectivité* scientifique. Ce dernier concept implique simplement la volonté d'accepter des données qui contredisent l'hypothèse scientifique lorsque celle-ci est testée dans le cadre d'une expérience. L'impartialité judiciaire, quant à elle, sert un processus dans lequel le juge ne dispose en fait d'aucun retour d'information définitif venant d'une expérience, alors que la question doit néanmoins être tranchée de façon définitive sur la base de l'information rendue disponible au cours du processus décisionnel.

Comme il s'agit de la seule information qui sera jamais disponible – contrairement aux sciences naturelles, où cette information ne fournit que le début du processus de formation de l'hypothèse – il est essentiel que la formation de l'opinion dans le processus décisionnel soit différée le plus longtemps possible. Cela augmentera les chances que *tout* élément pertinent présenté par les parties au cours du processus décisionnel puisse constituer, en fait, la base de l'opinion et de la décision finale du juge. Et cela, à savoir la prise en compte de tout ce qui est présenté par les parties, est un élément procédural essentiel de l'idée d'impartialité dans une structure contradictoire de prise de décision.

En d'autres termes, au moment où le juge se forge une opinion définitive au cours d'une décision, le processus a perdu son sens ; les données incohérentes ne seront plus prises en compte dans la décision. Bien sûr, je ne parle pas ici de partialité absolue et d'impartialité absolue. Je parle plutôt des nuances de gris entre ces deux extrêmes. Néanmoins, le système de prise de décision impartiale contradictoire doit tendre vers une situation qui rendra plus probable le report de la formation de la décision dans le jugement. La différence entre la décision et l'opinion n'est qu'une question de degré, de même que la différence entre la partialité finale d'une conviction et la partialité intermédiaire d'une hypothèse dans laquelle un juge actif doit s'engager pour pouvoir d'abord enquêter.

Ainsi, l'exigence fondamentale de l'impartialité est la *passivité* du jugement. Pourquoi est-ce si essentiel ?

La passivité du jugement signifie que le juge ne doit pas être tenu d'aller activement en quête de la vérité sur l'affaire. Il doit rester assis sans bouger et être ouvert passivement aux allégations et contre-allégations. Il en est ainsi parce que s'il est demandé au juge de découvrir lui-même ce qui s'est passé, de le découvrir seul, il doit forcément former une hypothèse. Sans hypothèse, il ne peut pas enquêter sur la vérité ; il doit distinguer ce qui est essentiel dans une affaire de ce qui ne l'est pas et il doit avoir des critères pour cela.

> La présentation contradictoire semble être le seul moyen efficace pour combattre la tendance naturelle de l'homme à juger trop rapidement en fonction de ce qui lui est familier ce qui ne lui est pas encore tout à fait connu. Les arguments de l'avocat maintiennent

> l'affaire, pour ainsi dire, en suspension entre deux interprétations opposées. Tant que la qualification appropriée de l'affaire n'est pas encore résolue, toutes ses particularités et nuances peuvent être explorées[210].

Par conséquent, l'impartialité est une attitude de non-engagement conceptuel, d'hypothèse qui maintient la distance. Une telle attitude ne peut être préservée que dans une situation procédurale où deux parties alternent devant un juge inactif, chacune faisant valoir sa propre hypothèse et, du même coup, essayant de neutraliser celle de la partie adverse. L'attention du juge va d'un côté à l'autre – l'ordonnancement de la salle d'audience manifeste cette disposition – et son engagement dans une hypothèse à un moment donné se transforme en sa propre négation l'instant d'après.

Cela ne veut pas dire que la procédure contradictoire représente une condition *suffisante* pour l'impartialité. Cela signifie qu'il s'agit d'une condition *nécessaire*.

Quelques conclusions très importantes s'ensuivent, si nous acceptons cette théorie. D'un côté, le juge d'instruction européen, par exemple, est une contradiction en soi : ou bien il enquête, ou bien il est juge[211]. L'idée d'enquête judiciaire est également inacceptable pour des raisons théoriques : elle implique la supposition erronée qu'une enquête judiciaire est moins partiale parce qu'elle n'est pas menée par la police.

D'un point de vue procédural comparatif, les différences culturelles entre le système continental et le système de common law sont pertinentes dans la mesure où elles donnent un sens aux différences de perception de la procédure. Si la recherche de la vérité est centrale, comme c'est le cas sur le continent, alors la manifestation de la vérité par le juge doit nécessairement devenir plus centrale que le jugement. De même dans le domaine scientifique : imaginons un scientifique qui, dans son « enquête », procède de manière « contradictoire ». S'il le fait, c'est pour des raisons dialectiques et seulement dans sa tête.

---

210 Voir Lon L. Fuller, « The Adversary System », *Talks on American Law*, édité par Harold J. Berman, p. 44.

211 Nous supposons ici que la qualité essentielle de l'acte de juger est l'impartialité, d'autant plus que c'est cette impartialité qui distingue le juge d'un bureaucrate.

Si, en revanche, le mode de règlement contradictoire est le mode prédominant dans la procédure, il est clair que la recherche de la vérité est secondaire par rapport aux idéaux d'impartialité et de résolution des conflits. Une telle attitude implique nécessairement que la procédure n'est pas un simple moyen de chercher la vérité dicté par le droit matériel. La procédure devient un *but en soi*, en ce sens qu'elle protège des *droits* différents, *procéduraux,* en tant qu'entités indépendantes et non pas simplement comme complément aux questions de droit matériel.

Néanmoins, si l'on considère que la procédure a une fonction indépendante, la « technicité » devient son but principal. Le concept même de recherche de la vérité implique qu'il existe une certaine « vérité » dont le droit matériel et le droit procédural – à des degrés divers – se préoccupent ici, qui n'est pas ici une concordance philosophique ou scientifique entre la réalité et la conscience, entre l'idée essentielle et l'existence accidentelle.

La concordance dont nous parlons ici est la simple subsumption syllogistique de la prémisse mineure (les faits) à la prémisse majeure (la norme juridique en droit matériel). Il ne faut pas s'inquiéter ici de ce que cette « vérité[212] » du syllogisme juridique n'a pas grand-chose à voir avec la vérité dans son ensemble, par opposition à une vérité pertinente simplement du point de vue juridique ou avec toute autre approche épistémologique plus profonde de la réalité. Essentiellement, le problème que nous abordons ici se manifeste en droit sous la forme d'une question de légalité. Comme nous le verrons, la question de la légalité est en réalité celle de la mesure dans laquelle les mots peuvent garantir certaines actions.

3. *Kyprianou c. Chypre*, mon opinion concordante

> Nous sommes en présence d'une affaire d'impartialité. Dans l'arrêt de Grande Chambre, en particulier au paragraphe 130, qui est le paragraphe clé, nous évoquons tour à tour « l'attitude personnelle » des juges, une « implication personnelle » de leur part et leur « sentiment d'indignation et de choc, très éloigné de l'approche détachée que l'on attend des décisions judiciaires ». Ce sont là les éléments de « partialité subjective » que la Cour européenne des

[212] Voir Alf Ross, « TûTû », *op. cit. infra* note 484, et le texte qui l'accompagne.

droits de l'homme a décelés en l'espèce. Je me propose ici simplement de contribuer à clarifier encore le point de savoir pourquoi, par exemple, il faut considérer « l'implication personnelle » comme une négation de l'impartialité.

Je ne pense pas que « l'impartialité » en droit diffère de l'impartialité dans n'importe quel autre domaine (science, historiographie, etc.). Je considère en revanche que le langage utilisé par la Cour en rapport avec l'impartialité « objective » et l'impartialité « subjective » n'a pas une grande valeur explicative. En d'autres termes, si une personne demandait : « Qu'est-ce que l'impartialité, en définitive ? », je ne pense pas qu'elle trouverait une réponse claire dans notre jurisprudence. Il serait donc utile de donner une définition précise permettant de mieux cerner la question.

L'impartialité est clairement une attitude mentale. Qu'il s'agisse d'une attitude dénuée de préjugés et de parti pris, cela semble clair. Une conclusion juridique et une décision judiciaire rationnelles requièrent une certaine objectivité de la part de celui qui statue. Aussi la règle de droit objective se distingue-t-elle de la règle subjective des juges. La prémisse est que les juges trouvent, interprètent et appliquent le droit personnellement, mais que le droit existe néanmoins objectivement et indépendamment d'eux. Dans un sens très concret, la notion complexe de « procès équitable » se confond avec celle d'impartialité des juges.

La nature contradictoire de la procédure judiciaire sert également l'idée d'impartialité. En droit, c'est le fait même du conflit (la contradiction) qui à la fois requiert et produit l'impartialité. Dans un cadre décisionnel monocentrique, l'impartialité judiciaire est une conséquence des partialités attendues et admises des deux parties adverses. Il se peut que cela soit une caractéristique propre à l'impartialité judiciaire, qui la distingue, par exemple, de l'objectivité scientifique, dans le cadre de laquelle on permet à la réalité objective elle-même, au travers de l'expérimentation scientifique, de confirmer ou d'infirmer l'hypothèse de départ.

Cependant, parce qu'ils s'intéressent aux lois perpétuelles fondamentales de la nature, les empiristes étudient des phénomènes récursifs. Les événements concrets et éphémères qui servent de substrats à des tests expérimentaux ne sont que de simples « symptômes » de la loi scientifique,

En droit, au contraire, les événements ne peuvent être dupliqués. Nous disons habituellement que les faits juridiquement pertinents sont « historiques ». L'expression « événement historique » vient de l'historiographie parce que dans ce domaine non plus l'objet de l'étude n'est pas reproductible. En conséquence, il est impossible de tester de façon expérimentale la véracité objective des événements historiques. En un mot, il n'y a pas d'épistémologie des événements historiques, alors qu'il existe une épistémologie empirique / scientifique. On dit que la première manque d'objectivité.

Toutefois, même en matière d'épistémologie scientifique, c'est la rigueur de la procédure expérimentale qui garantit que celle-ci puisse être reproduite par d'autres scientifiques. La confirmation d'un principe scientifique dégagé par l'expérience dépend de sa falsifiabilité, c'est-à-dire de la possibilité de le démontrer par un nombre illimité d'autres expérimentations. La légitimité de l'hypothèse scientifique dépend de la rigueur de cette procédure.

Combien plus est-ce alors le cas dans les procédures judiciaires, où l'événement historique ne peut être reproduit !

Ainsi, la légitimité du constat de vérité juridique dépend complètement et entièrement de la légitimité de la procédure suivie par les tribunaux. Une procédure qui présente un vice au regard de l'une quelconque des composantes du procès équitable, telle l'égalité des armes, ne peut conduire à un résultat légitime. Étant donné qu'il est impossible d'établir un fait historique passé, la « vérité » en matière juridique peut facilement devenir un mythe autoréférentiel non falsifiable, comme ce fut le cas avec les procès de sorcières. À l'époque, ces anomalies étaient une conséquence directe de la structure inquisitoire épistémologiquement défectueuse de la procédure judiciaire. En d'autres termes, un procès équitable n'est pas seulement un droit individuel et un droit fondamental. Un procès équitable, avec l'ensemble des garanties complexes qu'il implique, est une nécessité intellectuelle, sinon carrément scientifique. Un procès équitable est donc la clé de la légitimité de toute décision judiciaire.

Cela nous amène à l'un des éléments du procès équitable, l'impartialité. L'impartialité, d'un mot, est une attitude mentale ouverte caractérisée par l'indécision. Dans un cadre décisionnel monocentrique, un esprit judiciaire indécis peut rester ouvert au flux de données contradictoires provenant des deux parties adverses. L'impartialité signifie que les canaux de communication pertinents ne sont pas coupés, c'est-à-dire que ces données continuent à être acceptées. Dans la Convention européenne des droits de l'homme, l'article 6, et plus particulièrement ses paragraphes 2, 3 b), c) et d), peuvent, par exemple, passer non pas pour des droits fondamentaux mais pour des normes épistémologiques minimales[213].

Le contraire de l'impartialité est le « pré-jugé ». Comme le montre l'étymologie du terme « *pre-judicium* », « avoir un préjugé » signifie avoir une décision dans la tête avant que toutes les données n'aient été reçues. Un juge ayant un préjugé refuse d'écouter l'une des parties, ou les deux.

Pareil préjugé peut être exacerbé si le juge souscrit à des critères de jugement prématuré qui sont extrinsèques à la cause ou au droit en général. Par exemple, lorsque l'on parle de « préjugé racial » on se réfère à l'emploi d'un critère racial juridiquement extrinsèque dans une situation où ce critère n'a rien à voir avec la substance juridique de l'affaire. Si le magistrat a de l'aversion pour l'une des parties en raison de l'origine raciale de celle-ci, il décide sur la base d'un critère extrinsèque, juridiquement non pertinent et interdit. Il va sans dire qu'il faut à un juge de la sagesse et de l'expérience pour pouvoir adopter une attitude impartiale, objective, etc., maintenant la distance requise par rapport au processus qui se déroule devant lui. L'institution de jurys non professionnels, complètement passifs et plus réceptifs au renversement de la charge de la preuve, peut aussi servir à favoriser l'impartialité dans la procédure judiciaire.

Le terme « décision » est également approprié. Étymologiquement, il renvoie au fait de trancher. En effet, si une décision peut être le résultat final d'un processus décisionnel impartial (le procès

---

213 « *Article 6 – Droit à un procès équitable :*
[...] 2. Toute personne accusée d'une infraction est présumée innocente jusqu'à ce que sa culpabilité ait été légalement établie.
3. Tout accusé a droit notamment à :
a. être informé, dans le plus court délai, dans une langue qu'il comprend et d'une manière détaillée, de la nature et de la cause de l'accusation portée contre lui ;
b. disposer du temps et des facilités nécessaires à la préparation de sa défense ;
c.se défendre lui-même ou avoir l'assistance d'un défenseur de son choix et, s'il n'a pas les moyens de rémunérer un défenseur, pouvoir être assisté gratuitement par un avocat d'office, lorsque les intérêts de la justice l'exigent ;
d. interroger ou faire interroger les témoins à charge et obtenir la convocation et l'interrogation des témoins à décharge dans les mêmes conditions que les témoins à charge ; [....]. »

équitable), elle est par définition partiale. Lorsqu'une personne prend une décision, elle met fin à l'afflux de données contraires au contenu de sa décision.

Les questions qui peuvent se poser tiennent donc, premièrement, au moment de la décision et, deuxièmement, à l'absence de critères décisionnels extrinsèques.

Dès lors, la clé de l'impartialité est le maintien des canaux d'information ouverts aussi longtemps que possible pendant une procédure judiciaire contradictoire. Le procès à caractère accusatoire, dans lequel le juge n'est pas obligé de se former une hypothèse quant à la culpabilité de l'accusé – contrairement, par exemple, au juge d'instruction continental dans le modèle inquisitoire[214] – et peut maintenir une passivité réceptive, favorise l'impartialité. De plus, si la charge de la preuve se trouve de facto renversée par l'effet de la force persuasive de l'une des parties, cela peut contribuer à ce que le juge soit partagé, et donc ambivalent. Or être ambivalent signifie également rester dans l'indécision.

Divers codes de procédure pénale contiennent des dispositions relatives aux options dont disposent les juges du fond lorsque le fait pénal se produit sous leurs yeux, dans l'enceinte d'un tribunal où se déroule un procès. Souvent, la disposition applicable permet au tribunal « témoin oculaire » de statuer directement et de prononcer immédiatement une sanction.

La résolution d'une telle situation part de la supposition tacite que le rôle du tribunal se limite à la recherche de la vérité. De par l'immédiateté de la situation, la véracité du fait incriminé semble évidente. On suppose donc que les juges témoins oculaires sont dans une position idéale pour établir la vérité.

Le rôle de tout organe de décision judiciaire ne se limite toutefois pas à la recherche de la vérité. L'établissement objectif et impartial de la vérité est simplement un instrument de résolution du conflit. La recherche de la vérité judiciaire n'est pas une fin en soi. Une fois

---

[214] Ce problème est aggravé par le fait que, par exemple, le juge d'instruction doit nécessairement formuler une hypothèse de culpabilité. Sans elle, l'enquête n'aurait aucun sens. Il ne reste donc pas grand-chose de la présomption d'innocence postulée dans un contexte qui n'est pas contradictoire mais inquisitorial. Il n'est peut-être pas exagéré de dire que M. Kyprianou a été jugé dans un contexte inquisitorial.

qu'ils ont établi la vérité au mieux de leurs possibilités, les juges doivent appliquer le droit[215].

Ainsi qu'il ressort clairement de l'espèce, l'application de la loi peut aussi être empreinte de préjugés. Si le juge est *judex in causa sua*, cette probabilité de parti pris perdure même si l'événement incriminé, ici qualifié de *contempt of court*, est manifestement évident, réel, etc.

La présente affaire illustre parfaitement à quel point l'interprétation juridique de faits simples et anodins peut devenir absurde.

Eu égard aux considérations historiques qui, depuis la *Magna Carta* du 15 juin 1215, n'ont cessé de souligner l'indépendance plus grande du pouvoir judiciaire dans les pays de common law, je serais le premier à étendre la tolérance de la marge d'appréciation au modèle accusatoire de la procédure pénale. Ainsi que je l'ai souligné ailleurs, cette indépendance fut la source de beaucoup de liberté et de stabilité politique, et elle a été une réelle inspiration pour le reste du monde.

C'est donc une ironie de l'histoire que tant de siècles plus tard les pays de common law se sentent portés à défendre l'institution du *contempt of court* dans une affaire qui est un affront à tous les préceptes pouvant être dégagés des deux systèmes juridiques décrits ci-dessus. Le *contempt of court* n'est rien d'autre, en effet, qu'une

---

215 Pour simplifier l'argument, je dis « appliquer le droit ». Mais l'application subséquente du droit, à son tour, est épistémologiquement aussi complexe, et plus encore, que la « recherche de la vérité » qui a précédé. En fait, les deux processus mentaux ne peuvent être séparés artificiellement l'un de l'autre. Le choix de la norme à appliquer (la qualification du cas) détermine la perception sélective des faits « juridiquement pertinents ». La « découverte » de ces faits et d'autres « éléments » modifie à son tour le choix de la norme comme prémisse majeure du syllogisme juridique. C'est une voie à double sens. Le choix de la norme applicable détermine quels faits sont juridiquement pertinents. Le choix de la norme applicable détermine en grande partie ce sur quoi la « recherche de la vérité » juridique sélective se concentrera en premier lieu. Le fait que l'accusé, pour paraphraser Camus, n'ait pas pleuré aux funérailles de sa mère peut soudainement devenir un élément central d'une absurde « vérité » juridique. Ignorée et non explicitée, cette séquence en deux étapes des aspects inexplorés du raisonnement juridique génère presque invariablement, dans un esprit non sophistiqué, quelque chose qui s'apparente à une « croyance ». En raison de la nature autoréférentielle d'une telle « application du droit », les chasses aux sorcières inquisitoriales peuvent en venir à être considérées comme faisant référence à une « vérité » établie.

anomalie inquisitoire au sein d'un modèle accusatoire de procédure pénale, ce modèle même qui fut la véritable source juridique et morale de la doctrine générale du procès équitable et des articles 5 et 6 de la Convention européenne[216].

[216] *Kyprianou c. Chypre* [GC], requête n° 73797/01, 15 décembre 2005, opinion concordante du juge Zupančič.

I. Règles primaires et secondaires : inversion dans la CrEDH[217]

La distinction entre les règles prescriptives primaires et les règles instrumentales secondaires a été clarifiée par H.L.A. Hart dans son livre *The Concept of Law*[218].

La distinction est intuitivement évidente, du moins pour les avocats. Les règles prescriptives sont catégoriques, bien qu'elles n'équivalent pas, bien sûr, à l'impératif catégorique de Kant. Leur nature réelle apparaît en évidence si on les compare aux règles instrumentales[219].

Contrairement aux règles normatives, les règles instrumentales sont sujettes à une interprétation téléologique. Cette dernière, nous le savons, est une interprétation concernant le but de la règle, qui peut faire l'objet de spéculations : tel le but de l'interprétation. Souvent, le but de l'interprétation téléologique de la règle instrumentale est enraciné dans la règle prescriptive.

Est-ce le cas des articles 8, 9, 10 et 11 de la CEDH ?

---

[217] Le texte de ce sous-chapitre avait été adressé en mars 2016 sous forme de mémorandum interne aux juges de la CrEDH.

[218] H.L.A Hart, *The Concept of Law*, Clarendon Law Series, Oxford University Press, 1962. *« Hart a insisté sur le bien-fondé de la distinction de Bentham entre la jurisprudence descriptive, à caractère " d'exposé", et la jurisprudence prescriptive, à caractère "de censure". En effet – et c'est là que réside le noyau de sa position sur le rule of law – il a affirmé qu'il y a des avantages moraux à établir une séparation claire entre notre compréhension de la manière de déterminer ce qu'est la loi et nos critiques ou notre vision de ce qu'elle devrait être » :* Nicola Lacey, « H.L.A. Hart's rule of law : the limits of philosophy in historical perspective », *Quaderni Fiorentini*, 36, 2007, p. 1203-1224. Voir aussi B.M. Zupančič, *Owl of Minerva*, p. 132-136.

[219] Outre cela, il y a deux extrêmes en ce qui concerne la tension déontologique. À l'un des extrêmes, nous avons la règle redondante : *« Vous devez respirer ! »* et à l'autre extrême, nous avons la règle impossible : *« Vous n'avez pas le droit de respirer ! »* Toutes les règles de droit (et autres) se situent entre ces deux extrêmes. Voir B.M. Zupančič, *op. cit. supra*, note 218, p. 63.

Pour ce qui est du lien entre les règles instrumentales secondaires, d'une part, et les règles prescriptives primaires, d'autre part, il est clair que les règles instrumentales doivent être interprétées à la lumière des règles prescriptives.

Les règles instrumentales « servent » les buts prescriptifs et c'est la relation qui devrait être évidente, mais qui ne l'est pas assez, à la CEDH.

1. Articles 8, 9, 10 et 11 de la Convention

a) Article 8

Droit au respect de la vie privée et familiale

1 Toute personne a droit au respect de sa vie privée et familiale, de son domicile et de sa correspondance.

2 Il ne peut y avoir ingérence d'une autorité publique dans l'exercice de ce droit que pour autant que cette ingérence est prévue par la loi et qu'elle constitue une mesure qui, dans une société démocratique, est nécessaire à la sécurité nationale, à la sûreté publique, au bien-être économique du pays, à la défense de l'ordre et à la prévention des infractions pénales, à la protection de la santé ou de la morale, ou à la protection des droits et libertés d'autrui.

Le lien entre les règles normatives primaires et les règles instrumentales secondaires semble manifeste dans les articles 8, 9, 10 et 11 de la Convention. C'est un peu erroné, mais nous allons y revenir.

Le deuxième paragraphe de l'article 8, qui protège la vie privée et familiale, relativise la règle prescriptive du premier paragraphe. Cela signifie que l'autorité publique peut s'immiscer dans la vie privée et familiale lorsque la sécurité nationale, la sûreté publique, le bien-être économique du pays, la défense de l'ordre et la prévention des infractions pénales, la protection de la santé ou de la morale et la protection des droits et libertés d'autrui sont en cause. L'ingérence de l'autorité publique n'est toutefois autorisée par la CrEDH que si, *premièrement*, elle est conforme au droit préexistant et, *deuxièmement*, elle est également nécessaire dans une société démocratique.

b) Le critère de la proportionnalité

L'expression « nécessaire dans une société démocratique » relativise également les intérêts susmentionnés qui constituent une exception à la protection de la vie privée et de la vie familiale. Cela conduit à l'équilibre dit de « proportionnalité » des valeurs entre le caractère privé de la vie familiale, d'une part, et les intérêts publics énumérés, d'autre part.

Le critère de ce qui est « nécessaire dans une société démocratique » implique deux volets. Le *premier* volet est l'objectif que représente l'un des intérêts publics énumérés, à savoir que l'objectif spécifique de l'ingérence doit entrer dans l'une des catégories mentionnées, de la sécurité nationale à la protection des droits et libertés d'autrui.

Le *deuxième* volet du critère est la question de savoir si le type et l'intensité de l'ingérence correspondent à l'objectif déclaré. Tout cela peut être comparé aux tests constitutionnels américains « de rationalité », sauf que, contrairement à ce qui se passe en Europe, ces derniers sont différenciés en rapport avec des « classifications suspectes » particulières.

Les critères européens de proportionnalité, comme les « tests de rationalité » américains, permettent presque tout, car il appartient à la Cour d'équilibrer les valeurs, c'est-à-dire la qualité et l'intensité de l'« ingérence » avec tous les critères flous dont elle dispose et, bien sûr, avec le respect dû à la jurisprudence établie. Étant donné que la plupart des critères utilisés sont pratiquement impondérables, presque toutes les décisions de la Cour peuvent être justifiées.

Dans ce processus d'équilibre des valeurs, les critères secondaires (sécurité nationale, sûreté publique, bien-être économique du pays, défense de l'ordre et prévention de la criminalité, protection de la santé et de la morale et protection des droits et libertés d'autrui) énoncés à l'article 8, deuxième alinéa, sont traités dans la jurisprudence de la Cour, précisément, comme secondaires. Cela signifie que ces critères n'entrent en jeu qu'au regard de la règle prescriptive protégeant le caractère privé de la vie familiale et que ces règles sont interprétées comme étant secondaires par rapport à la règle prescriptive primaire du premier paragraphe de l'article 8.

Comme nous le verrons, ce n'est pas tout à fait vrai, parce que les intérêts énumérés ont le pouvoir d'annuler la vie privée et familiale au cas où l'un ou l'autre de ces intérêts entrerait en conflit avec elle. Néanmoins, ces critères ne semblent pas avoir leur vie propre, ils n'entrent en jeu que dans le contexte du critère dit de « proportionnalité ».

Cependant, il est important de réaliser que, par exemple, *la protection des droits et libertés d'autrui* est une règle primaire et prescriptive, presque un impératif catégorique. Cette règle prescriptive impose que mon droit à la vie privée et à la vie familiale ne puisse interférer avec un droit ou toute liberté de quelqu'un d'autre.

La règle prescriptive a été énoncée par John Stuart Mill : « Votre droit de balancer les bras dans tous les sens s'arrête là où commence mon nez ». En d'autres termes, la non-ingérence dans les droits et libertés d'autrui est probablement l'une des règles prescriptives les plus fondamentales de tout système juridique.

Néanmoins, le principe est relégué ici à un rôle secondaire. Il ne qualifie que l'étendue de la vie privée et de la vie familiale telle qu'elle est protégée par la Convention. Comme nous le verrons, ce rôle secondaire d'un intérêt formulé dans le deuxième paragraphe de l'article en question le place dans le moule d'un rôle instrumental – sauf que c'est tout sauf cela.

c) Article 9

Liberté de pensée, de conscience et de religion

1. Toute personne a droit à la liberté de pensée, de conscience et de religion ; ce droit comprend la liberté de changer de religion ou de conviction ainsi que la liberté de manifester sa religion ou sa conviction, individuellement ou en collectivement, en public ou en privé, par le culte, l'enseignement, les pratiques et l'accomplissement des rites.

2.La liberté de manifester sa religion ou ses convictions ne peut faire l'objet d'autres restrictions que celles qui, prévues par la loi, constituent des mesures nécessaires, dans une société démocratique, à la sécurité publique, à la protection de l'ordre, de la santé ou de la morale publiques, ou à la protection des droits et libertés d'autrui.

Le paragraphe 1 de cet article protège les libertés susmentionnées ainsi que la liberté de changer de religion ou de conviction et la liberté de manifester sa religion ou sa conviction par le culte, l'enseignement, les pratiques et l'accomplissement des rites.

Dans le deuxième paragraphe, ces libertés font l'objet de restrictions (nécessaires dans une société démocratique et prévues par la loi) découlant des exigences de sécurité publique, de protection de l'ordre, de la santé ou de la morale, de protection des droits et libertés d'autrui. La sécurité publique, l'ordre, la santé ou la morale ainsi que les droits et libertés d'autrui sont placés au second plan parce qu'ils délimitent la portée des libertés proclamées ci-dessus au premier paragraphe de l'article 9. Ainsi avons-nous à nouveau l'impression que ces considérations ne servent que le but du critère de « proportionnalité » et qu'elles ne sont elles-mêmes que les qualificatifs de la liberté de pensée, etc.

Pourtant, la sécurité publique, l'ordre, la santé ou la morale et les droits et libertés d'autrui sont généralement, et très probablement dans l'esprit des pères de la Convention, plus importants que la liberté de pensée, de conscience et de religion. Cela découle logiquement du fait que ces considérations sont là pour dégager la norme primaire. Cela n'aurait pas été possible si la norme primaire avait eu une valeur prépondérante. Il est vrai que ces considérations apparemment secondaires n'entrent en jeu que si elles sont prévues par la loi et nécessaires dans une société démocratique.

Si l'on se réfère au libellé original de la Convention, il est légitime de se demander dans quelle mesure les pères de la Convention avaient l'intention de relativiser ces règles nominalement instrumentales en faveur de la règle primaire : les normes du deuxième paragraphe par rapport à la norme du premier paragraphe de l'article 9.

Il est évident que la CrEDH a pris beaucoup de liberté au fil des ans pour interpréter de manière très peu claire les amortisseurs visés par la doctrine et le critère de « proportionnalité ». Si cette doctrine a carte blanche, toutes les considérations du deuxième paragraphe sont ramenées à un rôle instrumental, alors qu'elles étaient initialement destinées à être des normes prescriptives ayant un impact transcendant sur les droits de l'homme tels que promulgués aux articles 8, 9, 10 et 11 de la CEDH.

d) Article 10

Liberté d'expression

1. Toute personne a droit à la liberté d'expression. Ce droit comprend la liberté d'opinion et la liberté de recevoir ou de communiquer des informations ou des idées sans qu'il puisse y avoir ingérence d'autorités publiques et sans considération de frontière. Le présent article n'empêche pas les États de soumettre les entreprises de radiodiffusion, de cinéma ou de télévision à un régime d'autorisations.

2. L'exercice de ces libertés comportant des devoirs et des responsabilités peut être soumis a certaines formalités, conditions, restrictions ou sanctions prévues par la loi, qui constituent des mesures nécessaires, dans une société démocratique, à la sécurité nationale, à l'intégrité territoriale ou à la sûreté publique, à la défense de l'ordre et à la prévention du crime, à la protection de la santé ou de la morale, à la protection de la réputation ou des droits d'autrui, pour empêcher la divulgation d'informations confidentielles ou pour garantir l'autorité et l'impartialité du pouvoir judiciaire.

La Convention impose la liberté d'expression, la liberté d'opinion, la liberté de recevoir et de communiquer des informations et des idées.

Toutefois, les qualificatifs de cette liberté se trouvent déjà dans le premier paragraphe, plutôt que dans le deuxième paragraphe de l'article en question, car l'octroi de licences à des entreprises de radiodiffusion, de télévision ou de cinéma constitue une restriction immédiate à la liberté d'expression.

La liberté d'expression est encore une fois limitée pour des raisons de sécurité nationale, d'intégrité territoriale ou de sécurité publique, afin de prévenir le désordre ou la criminalité, de protéger la santé ou la morale, de protéger la réputation et les droits d'autrui, d'empêcher la divulgation d'informations reçues à titre confidentiel ou de préserver l'autorité et l'impartialité du pouvoir judiciaire.

Une fois de plus, ce sont tous des intérêts primordiaux qui sont ici considérés comme des restrictions à la liberté d'expression, à la liberté de la presse, etc.

La raison pour laquelle ces critères sont mentionnés (en tant que qualificatifs de la liberté d'expression) réside dans la qualité prépondérante des intérêts sociétaux en jeu ici.

Toutefois, au deuxième paragraphe de l'article 10, ils sont placés dans le rôle secondaire permettant d'appliquer le critère de « proportionnalité », étant donné que ces restrictions ou sanctions doivent être prescrites par la loi et doivent être nécessaires dans une société démocratique. Cette dernière évaluation, comme nous l'avons souligné plus haut, s'effectue par le biais du critère à deux volets, compte tenu de l'objectif d'accord avec l'un de ces critères, d'une part, et la proportionnalité de l'ingérence (en termes de qualité et de quantité) dans la liberté d'expression, d'autre part.

Une nouvelle fois, ces critères visés au second paragraphe de l'article 10 servent, aux termes de la Convention, à délimiter la portée de la liberté d'expression et, en ce sens, sont secondaires dans leur fonction interprétative.

C'est la raison pour laquelle les membres de la Cour ont tendance à considérer ces critères comme des règles instrumentales, étant donné qu'ils ne s'appliquent qu'en cas d'interférence avec la règle primaire et prescriptive (de la liberté d'expression). Il s'ensuit logiquement que la prise en compte secondaire de ces critères limitatifs tend à les reléguer intellectuellement au second plan. Les protagonistes de l'interprétation judiciaire ont donc tendance à considérer ces règles essentiellement prescriptives comme une exception au droit prévu au paragraphe 1 de l'article en question.

Il est important de noter que, même si l'on considère le libellé de la Convention elle-même, il ne s'agit définitivement pas de considérations secondaires et ce ne sont pas de simples exceptions à la règle. Ce sont les intérêts supérieurs de l'État et de la société qui, dans un contexte différent, seraient clairement considérés comme normatifs et primaires. Il n'est pas difficile d'imaginer une situation dans laquelle, inversement, la sécurité nationale, la protection des droits et libertés d'autrui, etc., devraient être proclamés comme quelque chose à quoi la liberté d'expression doit servir. Si tel devait être le cas, ce qui serait tout à fait normal, il apparaîtrait alors clairement que la liberté d'expression est une règle instrumentale, alors que la protection des droits et libertés d'autrui est incontestablement une règle prescriptive.

e) Article 11

Liberté de réunion et d'association

1. Toute personne a droit à la liberté de réunion pacifique et à la liberté d'association, y compris le droit de fonder avec d'autres des syndicats et de s'affilier à des syndicats pour la défense de ses intérêts.

2. L'exercice de ces droits ne peut faire l'objet d'autres restrictions que celles qui, prévues par la loi, constituent des mesures nécessaires, dans une société démocratique, à la sécurité nationale, à la sûreté publique, à la défense de l'ordre et à la prévention du crime, à la protection de la santé ou de la morale ou à la protection des droits et libertés d'autrui. Le présent article n'interdit pas que des restrictions légitimes soient imposées à l'exercice de ces droits par les membres des forces armées, de la police ou de l'administration de l'État.

Encore une fois, nous avons la règle prétendument prescriptive du paragraphe 1, c'est-à-dire que chacun a droit à la liberté de réunion pacifique et à la liberté d'association avec d'autres, y compris le droit de former des syndicats et de s'affilier à des syndicats pour la protection de ses intérêts.

Dans le deuxième paragraphe, nous avons l'énumération d'intérêts spécifiques. Ces intérêts doivent être prévus par la loi et doivent être « nécessaires dans une société démocratique ». En outre, la liberté de réunion ne doit pas nécessairement s'appliquer aux membres des forces armées, de la police ou de l'administration de l'État[220].

Les intérêts supérieurs en l'espèce (sécurité nationale, sûreté publique, prévention de l'ordre ou du crime, protection de la santé ou de la morale et protection des droits et libertés d'autrui) limitent la

[220] *Pellegrin c. France* [GC], requête n° 28541/95, 8 décembre 1999.

portée de la liberté de réunion et d'association. Ces intérêts figurent en tant qu'exceptions à la règle du premier paragraphe de l'article 11.

De plus, les intérêts énumérés sont toujours traités dans le contexte du critère de « proportionnalité » et ils n'entrent en jeu que s'il existe un fondement légitime et légal leur permettant d'influer sur le résultat dans une affaire particulière.

Comme plus haut, c'est trompeur. Bien qu'il soit évident à première vue que la sécurité nationale, la sûreté publique, la prévention des troubles ou des crimes, la protection de la santé ou de la morale et la protection des droits et libertés d'autrui sont plus importants que la liberté de réunion et d'association, ces critères ne sont pas traités comme des règles prescriptives et n'entrent en jeu qu'à titre secondaire en tant que qualificatifs de la liberté fondamentale de réunion et d'association.

Il n'empêche qu'il apparaît clairement que la protection des droits et des intérêts d'autrui, par exemple, est supérieure non seulement à la liberté d'association et de réunion, mais aussi à pratiquement tout le reste de la Convention. Il est donc erroné de traiter ces intérêts comme des règles secondaires, comme de simples qualificatifs de la règle primaire se référant à la liberté de réunion et d'association.

2. Discussion théorique

Les distinctions décrites ci-dessus se réfèrent uniquement à la façon dont la Convention traite divers intérêts sociétaux tout à fait élémentaires. Ce n'est que dans le contexte des droits fondamentaux de l'homme tels qu'ils sont énoncés dans ces articles de la Convention que les règles secondaires du deuxième paragraphe fonctionnent comme des qualificatifs simplement concomitants des règles primaires du premier paragraphe de ces articles.

Il est donc impossible d'affirmer en général que les intérêts dont il s'agit sont en quelque sorte secondaires ou instrumentaux. La meilleure preuve en est, comme je l'ai souligné, que la logique de n'importe lequel de ces articles de la CEDH pourrait être retournée comme un gant, en proposant, par exemple, que l'impératif selon lequel mes droits s'arrêtent là où commencent les droits d'autrui soit formulé comme principe fondamental. Et la liberté de la presse, par exemple, pourrait aussi être considérée comme une règle instrumentale secondaire servant à toutes fins utiles à la protection interpersonnelle contre l'abus de droits, par exemple en termes de diffamation.

Une autre façon de voir les choses est que les pères de la Convention ont eux-mêmes équilibré les valeurs sociétales énumérées. Il se sont trouvés parler de « droits de l'homme », qu'ils entendaient proposer comme postulats que les États contractants devraient observer et respecter. Ces « droits de l'homme » ont donc été conçus comme des principes de base, mais seulement dans la Convention. Si le but avait été de parler de la hiérarchie et de la classification des principes les plus fondamentaux de la vie sociétale, la classification serait, comme je l'ai souligné, souvent inversée.

Qu'en est-il alors, dans ce contexte plus large, de ces règles artificiellement classées comme secondaires ? Sont-elles moins importantes que les règles prescriptives primaires (celles des premiers paragraphes de ces articles) ?

a) Pinto Coelho c. Portugal, 2016

Dans l'affaire *Pinto Coelho c. Portugal*[221], nous avons une situation où une journaliste intraitable aurait été condamnée, dans une juridiction de common law, pour outrage au tribunal.

Elle avait enregistré le déroulement d'une audience publique d'un tribunal, ce qui en soi n'était pas interdit par la loi portugaise. Mais elle avait ensuite diffusé l'enregistrement de certains moments de l'audience sans avoir obtenu l'autorisation du tribunal de première instance comme le prévoit l'article 88, paragraphe 2 b, du Code de procédure pénale portugais.

L'affaire illustre la collision entre le premier paragraphe de l'article 10, qui impose la liberté de la presse, d'une part, et le dernier alinéa du même article (*in fine*), qui impose la limitation de la liberté de la presse lorsqu'il s'agit de « maintenir l'autorité et l'impartialité du pouvoir judiciaire », d'autre part. De toute évidence, dans cette

[221] *Pinto Coelho c. Portugal*, requête n° 48718/11, 22 mars 2016.

affaire, la journaliste avait agi « au mépris » de la règle portugaise protégeant « l'autorité du pouvoir judiciaire ».

Cependant, la Cour a statué en faveur de la journaliste, considérant que la liberté de la presse dans cette affaire était plus importante que la protection de l'autorité judiciaire. Naturellement, la Cour a soupesé ces deux valeurs et a décidé, en termes de « proportionnalité », de se ranger du côté de la journaliste.

Cependant, la vraie question est de savoir comment il s'est pu que la Cour ignore littéralement la règle prescriptive protégeant « l'autorité de la magistrature ». Mon but est d'expliquer ici comment cela a été possible malgré l'interdiction évidente de ce type de résultat dans la Convention.

C'est précisément cette question qui m'a incité à explorer le problème de la confluence des règles primaires prescriptives, d'une part, et des règles instrumentales secondaires, d'autre part. Je soupçonne que le libellé de la Convention est trompeur, dans la mesure où il place des règles prescriptives telles que « la protection de l'autorité judiciaire » comme addendum au premier paragraphe de l'article 10 de la Convention.

Là encore, il est facile d'imaginer que la règle prescriptive était ici le « maintien de l'autorité du pouvoir judiciaire » et que la « liberté de la presse » devait être la règle instrumentale. Il n'est pas exagéré d'affirmer que les reportages de presse sur les affaires judiciaires devraient faire preuve d'égards envers l'autorité judiciaire, qu'ils auraient dus être explicitement obligés d'accroître et de renforcer cette autorité, dans l'intérêt du maintien de la loi et de l'ordre dans la société.

Si tel était le cas, la règle prescriptive primaire serait la suivante : *« L'autorité du pouvoir judiciaire est inviolable »*. Et le rôle instrumental secondaire serait: *« La presse doit s'efforcer de maintenir l'autorité du pouvoir judiciaire »*. Dans une telle situation – si elle devait faire partie de la Convention – la Cour devrait se pencher sur la question de l'autorité du pouvoir judiciaire en tant que règle prescriptive, tandis que la règle instrumentale secondaire poserait la question de savoir si la presse a effectivement renforcé l'autorité du pouvoir judiciaire.

Évidemment, c'est un mauvais exemple, mais le but est simplement de montrer que l'inversion des règles est possible. L'exemple est utile car dans une telle situation, la Cour serait en état de considérer d'abord « l'autorité du pouvoir judiciaire » et d'examiner ensuite seulement la question de savoir si la presse s'est effectivement efforcée de la préserver.

J'espère que cela rend patent le fait que le mode de raisonnement de la Cour est quelque peu entaché par le fait que des impératifs sociaux très importants sont considérés comme une « pensée après coup » par rapport à, par exemple la liberté de la presse. La conséquence regrettable de cette situation est que l'équilibre des valeurs entre, par exemple, la liberté de la presse, d'une part, et l'autorité du pouvoir judiciaire, d'autre part, est compromis par la simple manière dont la Convention s'exprime, en penchant du côté de la liberté de la presse – comme si l'autorité du pouvoir judiciaire était une valeur secondaire et même instrumentale face à la liberté de la presse.

b) Medipress-Sociedade Jornalística, LDA c. Portugal

L'affaire *Medipress-Sociedade Jornalística, LDA c. Portugal*[222] nous offre un autre exemple de ce problème. Dans ce cas, les faits sont légèrement plus nuancés.

Le journaliste en question, ou plutôt la maison d'édition, avait publié un article attaquant le Premier ministre nouvellement élu du Portugal. L'allégation diffamatoire contenue dans l'article soutenait qu'« il y avait eu des rumeurs » au sujet de la dépendance aux drogues dures du Premier ministre. L'allégation ne concernait pas la consommation réelle de drogues dures par le Premier ministre, car elle mentionnait seulement des « rumeurs » ; mais ces rumeurs avaient été explicitement réfutées par la juridiction immédiatement supérieure de la Cour d'appel de Lisbonne.

Il s'agissait d'une attaque évidente contre le droit à la personnalité d'une personne, d'une diffamation. Mais là encore, l'important est simplement d'observer que le principe le plus fondamental, prescriptif

---

[222] *Medipress-Sociedade Jornalística, LDA c. Portugal*, requête n° 55442/12, 30 août 2016.

et primaire, selon lequel les droits d'une personne, en l'occurrence la liberté de la presse, se terminent là où les droits de l'autre personne commencent, ont été relégués au second plan, et donc ignorés.

Comment a-t-il été possible ?

En fait, il n'y a probablement pas de principe plus fondamental que celui qui concerne le conflit des droits de deux personnes. Pourtant, la Cour s'est rangée à cet égard du côté de la « liberté de la presse », contre le droit à la personnalité lésé d'un homme politique de premier plan.

Si nous renversons la règle de l'article 10, nous arrivons à la règle prescriptive qui affirme que le droit d'une personne s'arrête là où commence le droit de l'autre personne. La règle secondaire aurait été ici l'impératif que la presse soit catégoriquement responsable et s'efforce de maintenir cette délimitation entre des droits contraires les uns aux autres.

Encore une fois, cela n'est pas impossible à imaginer, mais le point est pédagogique. Si la liberté de la presse devait être considérée, dans le deuxième paragraphe de l'article 10, comme instrumentale par rapport au principe de base concernant les droits contradictoires, ce qui est certainement plus important que la liberté de la presse, le résultat, qu'on me permette de le dire, aurait été dans ce cas également l'inverse de ce qu'il a été.

3. Conclusion

Tout cela est lié au fait que la CrEDH néglige involontairement l'équilibrage de valeurs essentiellement de poids égal, comme si ces valeurs jouaient manifestement en faveur des règles prescriptives primaires des droits énumérés aux articles 8, 9, 10 et 11 de la CEDH.

Les valeurs énumérées au deuxième paragraphe de ces articles sont le plus souvent tout à fait comparables, sinon plus importantes, lorsqu'on les met en regard avec les droits à la vie privée et familiale, à la liberté de pensée, de conscience et de religion, à la liberté d'expression et à la liberté de réunion et d'association.

Si ce raisonnement est convaincant, on s'attendrait à ce que la sécurité nationale, la sûreté publique, le bien-être économique du pays, la défense de l'ordre ou la prévention du crime, la protection de la santé ou de la morale, la protection des droits et libertés d'autrui, l'intégrité territoriale, la protection de la réputation ou des droits d'autrui, la prévention de la divulgation d'informations confidentielles et le maintien de l'autorité et de l'impartialité de l'appareil judiciaire, aient plus de poids que ce n'est actuellement le cas.

Répétons-le, ces valeurs ne sont pas seulement des valeurs secondaires ou instrumentales.

Le fameux examen de « proportionnalité », tel que pratiqué par la Cour, a amené les juges à considérer ces valeurs comme secondaires, alors qu'elles devraient être à égalité avec les droits de l'homme proclamés (dans les premiers paragraphes des articles 8, 9, 10 et 11 de la Convention).

J. Syllogisme contre mode de raisonnement analogique

Dans son livre intitulé *The Master Algorithm*, Pedro Domingos arrive à la conclusion empirique que même lorsqu'il s'agit d'intelligence artificielle, le processus s'est éloigné de l'adhésion au raisonnement syllogistique, bien que ce dernier semble être par excellence applicable au fonctionnement formellement logique de l'intelligence artificielle [223]. Le processus de développement de l'intelligence artificielle semble avoir montré pragmatiquement et par l'approche pratique que le raisonnement analogique, pour dire les choses simplement, est supérieur au raisonnement syllogistique.

> Le raisonnement analogique a un pedigree intellectuel distingué. Aristote l'a exprimé dans sa loi de similitude : si deux choses sont semblables, la pensée de l'une aura tendance à déclencher la pensée de l'autre. Des empiristes comme Locke et Hume lui ont emboîté le pas. La vérité, dit Nietzsche, est une armée mobile de métaphores. Kant adhérait également à cette conception. William James pensait que « ce sentiment de similitude est comme l'ossature et la charpente de notre pensée ». Certains psychologues contemporains soutiennent même que la cognition humaine dans son ensemble est un tissu d'analogies. Nous comptons sur elle pour trouver notre chemin dans une nouvelle ville et pour déchiffrer des expressions comme « voir la lumière » et « se tenir debout »[224].

[223] *The Master Algorithm: How the Quest for the Ultimate Learning Machine Will Remake our World*, Basic Books, 2015. En format pdf, le livre est disponible gratuitement à l'adresse http://freepdf-books.com/the-master-algorithm/, consulté pour la dernière fois le 19 mars 2018.

[224] *Ibid.*, p. 178. *« Les premiers avocats-robots qui plaident en faveur d'un verdict particulier fondé sur des précédents ont déjà été construits. L'un de ces systèmes a prédit correctement les résultats de plus de 90 % des affaires de secrets commerciaux qu'il a examinés. Peut-être que dans un futur cyber-tribunal, en session quelque part sur le nuage d'Amazon, les avocats-robots attaqueront la*

C'est là, véritablement, l'essentiel de ce que je propose. Le raisonnement par analogie, tel que pratiqué en common law – pour le dire de manière purement empirique – a donné de meilleurs résultats que le raisonnement juridique continental par syllogisme, prétendument supérieur.

Mais lorsque je dis « de meilleurs résultats », qu'entends-je par là ?

Même pour un initié ayant une longue expérience des deux grands systèmes juridiques, il ne ressort pas de réponse immédiate du choc frontal des deux modes de raisonnement de la CrEDH. En principe, la Cour baigne effectivement dans des eaux analogiques, mais comme le processus est très contaminé, ces eaux sont troubles. Comme je l'ai indiqué, la grande majorité des juges et des avocats de la Cour ont été formés au mythe –contrasté ici – de la perfection syllogistique. Malgré leurs efforts, ils sont incapables d'échapper à cette situation.

1. Démonstration empirique : *Hic Rhodus, hic salta !*

Les affaires développées dans le système de common law, jusqu'à atteindre Strasbourg, sont en principe celles dans lesquelles le contraste entre les deux modes de raisonnement juridique devrait être le plus apparent. De telles affaires auront évolué en Angleterre, c'est-à-dire au cœur même de la common law. Elles seront parvenues à la CrEDH parce que l'examen du litige sur une base analogique au Royaume-Uni n'aura pas résolu la controverse. Mais cela ne prouve pas grand-chose sur la suffisance ou l'insuffisance, sur l'efficacité ou l'inefficacité du processus suivi jusqu'alors. Cela montre seulement que l'une des parties lésées dans le litige national s'est déclarée insatisfaite du résultat obtenu à ce niveau. Le contexte dans lequel l'affaire est soumise à la CrEDH restera donc le produit final authentique de la common law.

---

contravention pour excès de vitesse que RoboCop a mise à votre voiture sans chauffeur pendant que vous alliez à la plage, et que le rêve de Leibniz de réduire tout argument à un calcul sera enfin devenu réalité » : *ibid.*, p. 198.

2. Étude de cas : *Burden c. Royaume-Uni* (2008)[225]

L'affaire concernait l'exonération de l'impôt sur les successions au décès de l'un des conjoints pour les couples mariés et de l'un des membres de ce qu'on appelle les partenariats civils. Deux sœurs, parvenues à un âge avancé après avoir vécu sous le même toit toute leur vie et pendant trente et un ans dans une maison en copropriété, s'étaient inquiétées de l'impôt de succession de 40 % qui serait imposé à la survivante après le décès de l'autre[226]. Elles se sentaient victimes d'une discrimination par rapport à la situation fiscale des couples mariés et des personnes vivant en partenariat civil, pour lesquels le Royaume-Uni prévoyait une exonération fiscale de 100 % au décès de l'un des conjoints :

> L'article 18 § 1 de la loi sur les droits de succession prévoit l'exonération des biens qui passent du défunt à son conjoint[227].

L'exonération fiscale des couples mariés s'appliquait par analogie aux partenaires homosexuels, cette analogie ayant été établie par le législateur dans la loi de 2004 sur le partenariat civil. Au cours du

---

[225] Affaire *Burden c. Royaume-Uni* [GC], requête n° 13378/05, 29 avril 2008 : à l'origine de l'affaire se trouve une requête (n° 13378/05) dirigée contre le Royaume-Uni de Grande-Bretagne et d'Irlande du Nord et dont deux ressortissantes britanniques, Mme J.M. Burden et Mme S.D. Burden (« les requérantes »), avaient saisi la Cour le 29 mars 2005 en vertu de l'article 34 de la Convention de sauvegarde des droits de l'homme et des libertés fondamentales. L'arrêt a été rendu par la Grande Chambre de la CrEDH le 29 avril 2008. Dans cette affaire, j'ai écrit une opinion dissidente.

[226] « *Les requérantes sont des sœurs célibataires, nées le 26 mai 1918 et le 2 décembre 1925 respectivement. Elles ont toujours vécu ensemble, dans le cadre d'une relation stable, solide et mutuellement solidaire ; depuis trente et un ans, elles habitent une maison bâtie sur un terrain qu'elles ont hérité de leurs parents, dans le comté du Wiltshire. Les intéressées possèdent la maison en indivision. Une expertise en date du 12 janvier 2006 l'évaluait à 425 000 livres sterling (GBP) seule et à 550 000 GBP avec le terrain attenant. Par ailleurs, les deux sœurs ont ensemble deux autres propriétés, d'une valeur totale de 325 000 GBP. En outre, chacune possède en son nom propre des actions et d'autres placements, pour une valeur approximative de 150 000 GBP. Chacune a rédigé un testament en vertu duquel elle lègue à sa sœur l'ensemble de son patrimoine. Les requérantes affirment que la valeur de leur propriété indivise a augmenté au point que la moitié en revenant à chacune d'elles dépasse largement le seuil actuel d'exonération des droits de succession* (*ibid.*, §§ 10, 11 et 12).

[227] *Ibid.*, § 15.

débat parlementaire, un amendement avait été proposé à la Chambre des Lords afin d'exempter également les frères et sœurs[228].

a) Mon opinion dissidente

Je me suis prononcé pour la violation en l'espèce, ce pour des raisons qui n'ont pas grand-chose à voir avec la politique et les valeurs mais qui ont tout à voir avec la logique formelle. En d'autres termes, j'estime que la position de la majorité est illogique. La manière la plus simple d'expliquer cela revient à dire que lorsqu'une personne a dit A dans certaines situations, on lui demande en toute logique de dire B. De toute évidence, la question qui se trouve au cœur de cette affaire est une discrimination en matière d'exonération de droits de succession à l'égard de deux sœurs célibataires qui ont vécu ensemble de longues années sous le même toit. À l'automne de leur vie, les deux femmes prétendaient au bénéfice de cette exonération, dès lors que le législateur britannique l'avait accordée à d'autres couples dont les deux membres vivaient ensemble sous le même toit.

Cette question nous amène directement *in medias res* du droit fiscal. Les politiques appliquées à la fiscalité sont évidemment très importantes, parce qu'elles comportent des incitations financières en faveur de certains choix que les particuliers sont susceptibles de faire. Si par exemple le législateur entend encourager le mariage hétérosexuel, il est logique qu'il propose des incitations, des abattements et autres avantages fiscaux aux couples dont les deux membres vivent ensemble, qu'ils aient ou non des enfants. S'il souhaite encourager la maternité, il accordera les mêmes incitations fiscales traditionnelles uniquement aux couples dont les deux membres vivent ensemble et ont des enfants. S'il veut dissuader les citoyens de divorcer, il basera ces avantages sur les couples qui tiennent.

---

[228] *Ibid.*, § 19 : *« Durant l'examen par le Parlement du projet de loi sur le partenariat civil, la Chambre des lords adopta, par 148 voix contre 130, un amendement qui aurait eu pour effet d'étendre la possibilité de conclure un partenariat civil – et donc la concession fiscale l'accompagnant – aux membres d'une même famille se trouvant dans les "degrés de parenté prohibés" dès lors que les intéressés i. auraient été âgés de plus de trente ans ; ii. auraient habité ensemble pendant au moins douze ans ; et iii. n'auraient pas déjà contracté un mariage ou un partenariat civil avec une autre personne. Cet amendement fut toutefois écarté lorsque le projet de loi repassa devant la Chambre des communes. »*

Quant aux objectifs raisonnables vers lesquels ces incitations sont censées tendre, ils peuvent être dévoilés ou non par le législateur. Même s'ils sont complètement dévoilés, cela ne signifie pas qu'ils sont totalement prévisibles. Les incitations fiscales en question se combinent à de multiples autres facteurs, notamment de nombreux autres éléments d'incitation ou de dissuasion. En tout état de cause, la politique fiscale est non seulement une politique économique, mais également une politique sociale déguisée. Ainsi, la fiscalité progressive est un facteur économique ayant une action fortement égalisatrice, car elle pallie de nombreux aspects fâcheux de la stratification sociale.

Dans le domaine des droits de succession, des solutions radicales ont quelquefois été appliquées. Des droits de succession extrêmement élevés, par exemple, peuvent indiquer une préférence du législateur pour un patrimoine qui a été gagné et non hérité. Quoi qu'il en soit, définir la politique en matière de droits de succession ne relève pas d'un processus décisionnel simple et linéaire. En fait, cette politique fait partie intégrante d'un écheveau complexe de décisions économiques qui pèsent fortement sur la répartition de la richesse, et donc sur l'ensemble de la structure sociale.

Avant d'en venir à la question de la discrimination, permettez-moi de souligner que le terme « discrimination » en tant que tel désigne simplement le fait de concevoir et d'établir des différences. Tel est d'ailleurs le sens qui découle du mot latin *discriminare*. Dans les trois branches du pouvoir, tout processus décisionnel porte sur l'établissement et la mise en œuvre de différentes décisions face à différentes situations. Dans ce sens, il n'y a aucun mal à « discriminer », à moins que l'établissement spécifique de différences se rapporte à ce que l'on appelle en droit constitutionnel une « catégorie suspecte », comme l'une des catégories visées par l'énumération taxative faite à l'article 14 de la Convention européenne des droits de l'homme. En d'autres termes, la discrimination est en principe prohibée lorsqu'il s'agit du sexe, de la race, de la couleur de la peau, de la langue, de la religion, des opinions politiques ou de toutes autres opinions, de l'origine nationale ou sociale, de l'appartenance à une minorité, de la fortune, de la naissance ou de toute autre situation. Ces catégories suspectes, il faut le souligner, ne sont rien d'autre qu'une exception à la règle générale qui autorise, pour les catégories non suspectes, tout type de processus décisionnel différencié. L'interdiction de la discrimination – concrétisant une distinction – est donc l'exception et non la règle.

Cela ne signifie pas que la discrimination soit formellement interdite s'agissant des catégories suspectes. En fait, cela signifie qu'à l'intérieur desdites catégories la discrimination est permise si elle va de pair avec l'application des critères de protection égale, de proportionnalité et de raison. Même au sein des catégories suspectes, la discrimination peut être acceptable si le but qu'elle poursuit est suffisamment impérieux et si la loi ou la décision soumise à examen a un lien rationnel avec cet intérêt suffisamment important.

Il est clair que certaines des catégories visées à l'article 14, par exemple la race ou l'origine nationale, appellent l'application du critère de contrôle le plus rigoureux. En vertu de ce critère, la décision (ou la loi sur laquelle elle repose) ne sera confirmée que si elle est appropriée pour servir un intérêt public impérieux. S'il s'agit d'une discrimination fondée sur le sexe ou le caractère illégitime d'une naissance, la décision sera présumée non valable au regard du critère de niveau intermédiaire, à moins qu'elle ait un lien substantiel avec un intérêt suffisamment important.

Le critère de proportionnalité le plus modéré (le caractère raisonnable) est appliqué aux questions sociales et économiques comme celle en jeu dans la présente affaire. Ici, le critère permet de rechercher si la législation en cause a un lien rationnel avec un intérêt légitime de l'État. La question, en d'autres termes, est de savoir si le fait de ne pas octroyer l'exonération fiscale aux deux sœurs Burden a un lien rationnel avec un intérêt légitime de l'État.

Bien entendu, on pourra toujours dire que l'État a un intérêt légitime à recouvrer les sommes versées par les contribuables. Il en va de même pour les droits de succession à acquitter lorsqu'une personne décède et que son patrimoine est transféré par voie de succession à un autre individu. Mais quel est l'intérêt légitime de l'État qui se cache derrière ce type d'impôt ?

Il est difficile de soutenir qu'il y a quoi que ce soit de fondamentalement légitime dans le fait d'imposer le transfert des biens à la suite d'un décès. On pourrait arguer, par exemple, que l'État ajoute l'insulte au préjudice lorsqu'il impose le patrimoine dont hérite la personne qui a vécu une relation étroite avec le de cujus. Dans ce sens, on pourrait imaginer une échelle d'imposition progressive, en corrélation positive avec la distance relationnelle entre le défunt et le proche survivant. Il ne s'agit là que d'un aspect de l'imposition en matière successorale, mais qui montre peut-être à quel point le principe de ce type d'impôt est foncièrement critiquable.

S'agissant d'établir une différence entre catégories aux fins des droits de succession, il est donc forcément difficile de soutenir que le fait d'accorder un traitement préférentiel à une catégorie par rapport à une autre a un lien rationnel avec un intérêt légitime de l'État. Cependant, à partir du moment où l'on accepte l'imposition de la succession comme une chose normale, la distinction entre catégories devient déterminante aux fins des droits de succession.

La décision de l'État de ne pas imposer les couples mariés constitue le point de départ d'un soupçon de discrimination dans la présente affaire. L'État peut raisonnablement soutenir que la relation étroite entre deux conjoints offre une raison suffisante d'accorder l'exonération fiscale. En d'autres termes, les personnes qui ne sont pas mariées n'ont alors, *a priori*, pas droit à l'exonération. Le critère qui marque la limite est clair

Cependant, lorsque l'État décide d'étendre ce privilège à d'autres formes d'associations, il rompt cette distinction tranchée et ouvre la voie à un réexamen de la question de savoir si le refus d'accorder l'avantage fiscal à d'autres types d'associations a un lien rationnel avec un intérêt légitime de l'État.

La majorité traite ces questions aux paragraphes 62-65 de l'arrêt. Au paragraphe 62, elle remarque :

> Sur le plan qualitatif, la relation entre frères et sœurs est différente par nature de celle qui lie deux conjoints ou eux partenaires civils homosexuels en vertu de loi britannique sur le partenariat civil. L'essence même du lien entre frères et sœurs est la consanguinité, tandis que l'une des caractéristiques définissant le mariage ou l'union fondée sur la loi sur le partenariat civil tient à ce que ces formes d'union sont interdites aux personnes qui ont des liens de proche parenté.

À ce stade, je me demande en quoi la consanguinité serait moins importante que la relation existant entre des conjoints et des partenaires civils. Bien sûr, au niveau qualitatif la consanguinité est différente d'une relation impliquant des rapports sexuels, mais cela n'a pas d'incidence fondamentale sur la proximité des personnes concernées

On pourrait aisément inverser l'argument en disant, par exemple, que des vrais jumeaux « consanguins » sont plus proches sur les plans génétique et autres – puisqu'en réalité ils sont le clone l'un de l'autre – que quiconque ne pourra jamais l'être d'une autre personne. Pourtant, même si les sœurs Burden avaient été de vraies jumelles, elles n'auraient pas eu droit à l'exonération en question, contrairement à deux personnes qui vivraient la plus éphémère et la plus fragile des relations. Dès lors, en quoi consiste la différence qualitative évoquée par la majorité ? Est-ce le fait que deux personnes aient ensemble des relations sexuelles qui fait naître le lien rationnel avec un intérêt légitime de l'État ? Lorsqu'elle dit que ces formes d'union sont interdites aux personnes qui ont des liens de proche parenté, la majorité fait-elle allusion à l'interdit de l'inceste comme étant le véritable motif du refus d'accorder l'exonération fiscale ?

Au paragraphe 63 de l'arrêt, la Grande Chambre fait ensuite observer que le mariage confère un statut particulier à ceux qui s'y engagent. L'analyse de ce paragraphe tend à montrer que la majorité ne juge pas suffisamment convaincants les arguments formulés au paragraphe 62 : en effet, elle se sent obligée de mentionner aussi, *ex abundante cautela*, le caractère « particulier » du mariage en tant que contrat. Si le contrat n'est pas explicite, il n'emporte pas de conséquences juridiques. Or cet argument est lui aussi spécieux, même si l'on ne considère pas l'union libre comme un phénomène historique dans lequel la cohabitation consensuelle – même en droit canonique – confère au couple concerné tous les droits et devoirs. La mention des différentes solutions appliquées dans différents États membres étant dénuée de pertinence – puisque certains de ces États au moins considèrent la vie commune comme une question factuelle ayant des conséquences juridiques équivalentes à celles d'un mariage explicite – impose à la majorité de déclarer en dernier recours (paragraphe 65 de l'arrêt) :

> Ne change rien à cette position le fait que les États membres, comme l'indique le paragraphe 26 ci-dessus, ont adopté en matière successorale toute une variété de règles applicables aux survivants dans les couples mariés, les partenariats civils et les relations de proche parenté, et ont de même défini différentes politiques concernant l'octroi d'exonérations de droits de succession aux diverses catégories de survivants, les États demeurant en principe libres d'élaborer des règles différentes dans le domaine de la politique fiscale.

Inutile de dire que cette référence finale à la marge d'appréciation rend superflue toute autre argumentation.

La logique « si vous dites A, vous devez aussi dire B », que j'ai évoquée au début de la présente opinion dissidente, est rappelée de façon explicite au paragraphe 53 de la décision *Stec et autres* :

> Dès lors toutefois qu'un État décide de créer un régime de prestations [...], il doit le faire d'une manière compatible avec l'article 14 de la Convention (voir la décision sur la recevabilité rendue en l'espèce, §§ 54-55, CEDH 2005-X).

A priori, l'État n'est pas tenu de créer un avantage, en l'occurrence une exonération fiscale en faveur des personnes non mariées. Si toutefois il décide d'appliquer l'exonération fiscale à une catégorie autre que celle des personnes mariées, il doit faire appel à un minimum de raison lorsqu'il choisit de ne pas l'étendre à d'autres groupes de personnes vivant dans le cadre d'une relation tout aussi étroite, voire plus étroite.

J'estime qu'il est purement et simplement arbitraire de faire de la consanguinité un obstacle[229].

Premièrement, la logique de la formule « si vous dites A, vous devez aussi dire B », qui sous-tend l'opinion dissidente, est typiquement celle d'une situation où la prémisse majeure normative n'est plus nécessairement contraignante ; c'est le point préliminaire de l'affaire. Il est logique de le répéter, précisément parce que nous le tenons désormais pour acquis : il y a quelques décennies à peine, il aurait été vain de simplement penser à déloger la loi fiscale au motif qu'elle est illogique ou arbitraire.

Il est vrai qu'aux États-Unis, il aurait été possible de soutenir que la situation des sœurs Burden équivaut à une discrimination inconstitutionnelle – selon la logique expliquée dans l'opinion dissidente. Sans entrer dans les idiosyncrasies du système anglais, il suffit de dire qu'au Royaume-Uni, ce n'était pas possible ; si cela l'avait été, l'affaire n'aurait pas aboutit à Strasbourg.

Deuxièmement, l'affaire a finalement tourné autour de la logique A : B ≠ B : C[230], c'est-à-dire que la comparaison entre les couples

[229] *Ibid.*, *in fine*, opinion dissidente du juge Zupančič.

mariés et les partenaires d'un partenariat civil n'est pas analogue à la comparaison entre ces derniers et la consanguinité collatérale au second degré (sœurs)[231].

Troisièmement, la logique que j'ai avancée était que A : B ≈ B : C, c'est-à-dire que la relation entre frères et sœurs collatéralement consanguins est analogue à la relation des partenaires de droit civil.

Comme dans d'autres affaires, l'aspect possible de la question aurait pu être, mais ce n'est pas le cas ici, que le mariage et le partenariat civil étaient des relations officiellement enregistrées. S'il s'était agi d'un concubinage sans protocole officiel d'enregistrement de la liaison, cela aurait pu poser un problème. Cependant, la consanguinité collatérale est toujours enregistrée et il n'existait aucune difficulté de ce genre.

Il s'agit ici d'une question de similitude.

À l'inverse, la logique syllogistique prétend déterminer complètement le résultat, *secundum non datur*.

Quatrièmement, lorsqu'il s'agit en revanche de raisonnement analogique, l'*argumentum ad absurdum* peut être qu'à la fin, tout est semblable à tout, selon les critères de comparaison que l'on choisit. Dans l'abstrait, c'est bien sûr vrai.

Mais si nous considérons l'affaire *Burden*, il est tout aussi absurde de soutenir que les critères de similarité ont pu avoir été choisis arbitrairement. Le cadre juridique est, il est vrai, à texture ouverte, c'est-à-dire que l'on peut parler « de l'incapacité de certains concepts d'être pleinement ou précisément définis ou de la réglementation d'être exhaustive et de ne pas laisser place à l'interprétation[232] ». En termes formellement logiques, la notion clé de « partenariat civil »

---

[230] La formule [A : B ≈ B : C] est, selon Perelman, la principale formule logique applicable au droit. Ma propre expérience me le confirme. Voir, en général, Chaïm Perelman, *L'Empire rhétorique*, Paris, Vrin, 1977.

[231] Voir, en général, Blackstone, *The Commentaries on the Laws of England*, Book 1, ch. 15, *s.v.* « On Husband and Wife ».

[232] *Oxford Living Dictionaries*, *s.v.* « open textured », à l'adresse https://en.oxforddictionaries.com/definition/ open_texture, consulté pour la dernière fois le 11 octobre 2017.

peut ne pas être définie de manière complète et précise. Juridiquement, cependant, le concept est suffisamment clair puisqu'il est défini dans la loi britannique sur le partenariat civil. *Mutatis mutandis*, il en va de même pour le « mariage » et *a fortiori* pour la « consanguinité collatérale ».

Cinquièmement, la référence ci-dessus à la « place laissée à l'interprétation » se traduit par l'émancipation de la common law, voire de tout raisonnement juridique fondé sur l'analogie, par rapport aux contraintes insupportables de la réaffirmation mécanique de la prémisse majeure normative envahissante dans la qualification juridique[233].

Dans son aspect extrême, l'anomalie de la jurisprudence mécanique consiste en une application syllogistique irréfléchie – sans égard pour la justice matérielle – de la prémisse majeure normative (in)adéquatement choisie[234]. Dans la jurisprudence mécanique, il y a peu d'interprétation, même de la simple subsumption des « faits juridiquement pertinents[235] ».

---

[233] Pour notre propos ici, la *« qualification juridique »* est l'identification de la prémisse majeure normative applicable. Le processus nécessaire pour parvenir à une qualification juridique adéquate implique une interaction dialectique entre les faits dits « juridiquement pertinents » et le choix de la norme. J'ai déconstruit le mythe de son caractère pleinement déterminant (principe de légalité) dans B.M. Zupančič, *Owl of Minerva*, chapitre 10, sous-sections 4.4, 4.5 et 4.8.

[234] La « jurisprudence mécanique » est la marotte du formalisme juridique, en particulier dans la justice transitoire des anciens pays communistes. Voir, d'une manière générale, l'excellent travail de Zdenek Kühn, *The Judiciary in Central and Eastern Europe : Mechanical Jurisprudence in Transformation ?*, Martinus Nijhoff, Leyde et Boston, 2011.

[235] En Slovénie, la jurisprudence mécanique est désignée sous le nom d'application « à la lettre » (en slovène :*« črkobralstvo »*) de la loi et demeure la principale raison pour laquelle les affaires aboutissent à la Cour constitutionnelle et, ensuite, à la CrEDH à Strasbourg. Une telle simplicité d'esprit présuppose une formation juridique contaminée de génération en génération, qui remonte à l'époque communiste, et, pour parler franchement, un QI collectif pas très élevé. Ce dernier est victime d'un cercle vicieux dans lequel la magistrature jouit d'une faible estime et où, par conséquent, la sélection pour l'admission aux facultés de droit est négative. Pour corriger ce dernier point, j'ai introduit à l'université de Ljubljana une variante du LSAT *(Law School Admission Test)* qui, après mon départ pour Strasbourg, a été rapidement aboli. Loi d'airain de la sociologie : la structure sera remplacée par une structure identique.

K. La contrainte logique

L'art, quelque peu rhétorique, de la persuasion est au cœur du droit en action[236]. Dans l'affaire *Burden c. Royaume-Uni*, l'argument « si vous dites A, vous devez dire B » n'a pas été retenu. Cela aussi est dû à la « place laissée à l'interprétation » évoquée ci-dessus ; c'est le prix à payer pour l'émancipation cognitive par rapport au régime syllogistique de la contrainte logique.

Le terme « contrainte logique » est inhérent à la logique formelle ; le terme a été proposé par Barry G. Stroud en 1965[237]. Il est facile de concevoir ce que cela implique en mathématiques et en logique formelle. Compte tenu de la reconnaissance de certaines prémisses initiales (axiomes)[238], on peut être « logiquement contraint » de reconnaître la véracité des déductions.

Mais le droit n'est ni mathématique ni davantage qu'une approximation imparfaite de la logique formelle.

---

236 Chaïm Perelman, *L'Empire rhétorique, rhétorique et argumentation*, Bibliothèque des Textes Philosophiques de Poche, Librairie Philosophique J. Vrin, 2e éd., 1997 ; en slovène, *Kraljestvo Retorike* (O. Markič, traduction), FSPN, Ljubljana, 1993. Il est clair que l'art de la pratique du droit est l'art de la persuasion.

237 Voir, en général, Barry G. Stroud, « Wittgenstein and Logical Necessity », *Philosophical Review*, vol. 74, numéro 4, 1965, p. 504-518. Voir aussi son excellent livre intitulé *Understanding Human Knowledge*, Oxford University Press, 2000.

238 Les « théorèmes d'incomplétude » de Gödel sont la négation de cela, car la cohérence des axiomes ne peut pas être prouvée dans leur propre système. Ainsi, même en mathématiques, on a besoin du fameux « acte de foi » pour suivre les déductions des axiomes. Mais Gödel est beaucoup trop sophistiqué pour les besoins de la doctrine juridique. Voir, en général, Kurt Gödel, *On Formally Undecidable Propositions of Principia Mathematica and Related Systems I*, 1930. *« Gödel dit qu'un système formel qui n'est pas suffisamment puissant ne peut pas être parfait, au sens où il reproduirait chaque déclaration vraie comme un théorème » :* D.R. Hofstadter, dans son superbe livre sur *Gödel, Escher, Bach : An Eternal Golden Brand*, Basic Books, New York, 1979, p. 86.

Néanmoins, le syntagme « contrainte logique » est utile. Après tout, le droit de la preuve, lorsqu'il existe[239], traite des aspects pratiques de ce qui est permis comme preuve, comme le ouï-dire, dans certaines situations procédurales. Mais ce n'est pas ce que je veux dire. La notion même de preuve présuppose qu'il est possible de contraindre l'adversaire, le jury ou le juge, à accepter certaines conclusions. « Rien n'est stupide comme vaincre ; la vraie gloire est convaincre » (Victor Hugo). Le mot même de « preuve », comme en logique formelle, implique la possibilité de contrainte logique – et lui est pratiquement consubstantiel.

1. La contrainte logique et le raisonnement par analogie

Est-il possible, dans une affaire comme l'affaire *Burden c. Royaume-Uni*, de contraindre les juges à admettre qu'il est déraisonnable que les personnes mariées et les personnes en partenariat civil bénéficient d'une exonération fiscale – ces relations étant souvent de courte durée – et de ne pas donner suite à cela en permettant la même chose aux deux sœurs qui ont vécu ensemble toute leur vie et pendant trente et un ans sous le même toit ?

a) Argumentum a minori ad maius

En termes de rhétorique, il peut être persuasif de dire : « Si deux lesbiennes ont vécu en partenariat civil pendant quelques années, vous leur accorderez une exemption fiscale que vous n'accorderez pas aux deux vieilles dames qui ont vécu ensemble toute leur vie ? » Cet argument est désigné comme un argument *a fortiori*. La différence entre les deux situations est, pour parler dérisoirement, une question de libido.

b) Argumentum ad absurdum

Puis vient l'*argumentum ad absurdum*, qui consiste à dire : « Si les sœurs Burden étaient des lesbiennes incestueuses, leur accorderiez-

[239] Il n'y a pratiquement pas de droit de la preuve dans les juridictions continentales. Le professeur Bayer, de l'université de Zagreb, a soutenu que le système français de jury a été largement aboli en raison de l'absence de tout système de filtrage des preuves – ce qui rendait possible la manipulation des jurés par les avocats. Vladimir Bayer, *Cours universitaires*, faculté de droit de l'université de Zagreb, 1970-1971.

vous l'exemption d'impôt ? » La réponse formaliste à cette question sera : « Il n'aurait pas été possible pour les sœurs d'enregistrer leur partenariat incestueux parce que l'inceste est interdit ! »

Mais ici, nous aurons ouvert une autre boîte de Pandore. Il n'est pas logique de proscrire l'inceste homosexuel (deux frères ou deux sœurs) ; il n'existe pas de *ratio legis* pour cela, du moins pas en termes traditionnels et génomiques. En fin de compte, si les sœurs Burden avaient été en mesure d'enregistrer leur relation comme étant une liaison lesbienne, elles auraient eu droit à cette fameuse exonération fiscale. En fin de compte, à cause de cette absurdité, la sœur survivante paiera l'énorme impôt de 40 % sur la succession !

c) L'argument de la « pente savonneuse » et le raisonnement juridique fondé sur la finalité (méthode téléologique)[240]

S'il s'était agi que la CrEDH accorde l'exonération fiscale aux sœurs Burden, un autre problème se serait posé.

Désormais, les survivants de toutes sortes de relations de parenté par le sang à long terme (et, par extension, peut-être d'autres types de relations) demanderaient soudainement l'exemption fiscale équivalente. Le raisonnement A : B ≈ B : C s'étendrait soudainement à B : C ≈ C : D ; C : D ≈ D : E, etc.[241]. On peut supposer que mon argument « si vous dites A, vous devez également dire B » serait rejeté pour les motifs politiques découlant du raisonnement juridique fondé sur la finalité[242]. Il serait affirmé que la formule « si vous dites

---

240 « *La méthode téléologique* (*par les finalités du texte*) *repose sur la recherche de la finalité de la règle ou de son but social. Il faut rechercher quelle a été la finalité ou le but social recherché par le législateur. Cette méthode conduit, en cas de conflit entre la lettre et l'esprit d'une règle, à faire prévaloir l'esprit sur la lettre au motif qu'il faut s'en tenir à lecture rigide des mots.* » Voir http://www.cours-de-droit.net/l-interpretation-juridique-de-la-regle-de-droit-par-le-juge-a121611710, consulté pour la dernière fois le 12 octobre 2017.

241 Selon Perelman, la formule A : B = B : C (ce que A est à B, B est à C) est l'un des arguments juridiques les plus convaincants. Voir *supra*, note 236.

242 Voir *Maunsell c. Olins* [1975] AC 373 House of Lords. *« La Chambre des Lords devait déterminer si un chalet agricole rattaché à une ferme constituait un "local" aux fins de la loi sur les loyers. Lord Simon a établi le critère à deux niveaux à appliquer selon l'approche fondée sur l'objet : "La première tâche d'un tribunal de la construction est de se mettre à la place du rapporteur – d'examiner quelles connaissances il possédait et, surtout, quel objectif il avait pour la loi... étant ainsi*

A, vous devez aussi dire B » conduirait par extension à un résultat qui serait absurde : *argumentum*, aussi, *ad absurdum*.

Mais la méthode téléologique d'interprétation est à l'origine une méthode continentale d'interprétation de la loi. Cette restriction à l'interprétation des lois s'applique également à la common law. Le mode d'interprétation téléologique est également intéressant parce qu'il donne aux juges continentaux une large marge de manœuvre pour dépasser l'étroite méthode syllogistique[243].

Pour en revenir maintenant, en termes de raisonnement juridique fondé sur la finalité, à l'affaire *Burden*, la question qui se pose est la suivante : « Pourquoi le législateur britannique a-t-il, au départ, accordé l'exonération fiscale aux couples mariés ? » Outre l'évidence, la raison est sans doute aussi qu'il est difficile de déterminer *a posteriori* à quel point chacun des époux a contribué aux biens acquis pendant toute la durée du mariage[244]. Une autre raison valable pourrait être que le législateur a l'intention de stimuler l'industrie pendant la durée du mariage, alors que la perspective de perdre 40 % de cette industrie au décès de l'un des conjoints la découragerait[245]. Plus proche par analogie est le fait qu'aux États-Unis, et ailleurs également, le dépôt conjoint de la déclaration de revenus des époux est avantageux sur le plan financier. Le mariage a pour but d'avoir des enfants et c'est une institution socialement stabilisatrice, alors que les célibataires ont moins de dépenses, car ils vivent égoïstement.

---

placé... le tribunal procède à la vérification du sens du libellé de la loi... » : voir http://www.e-lawresources.co.uk/cases/Maunsell-v-Olins.php, consulté pour la dernière fois le 12 octobre 2017.

[243] Il n'est pas vraiment applicable en droit pénal en raison du principe de légalité, où l'*analogia juris* est strictement interdite alors que l'*analogia inter legem* est parfois autorisée, dans les cas où le législateur n'a pas été en mesure de définir, par la nature des choses, les éléments du crime *(corpus delicti)*, comme, par exemple, dans la définition de la « profanation du drapeau » ou du« traitement indécent du cadavre ». Le législateur énumérera certaines circonstances de l'infraction et le juge est alors autorisé à étendre le champ d'application de la définition à des « cas similaires » *(analogia inter legem)*.

[244] Les avocats spécialisés dans le divorce et les juges du droit de la famille connaissent bien le problème. Le juron des avocats américains consiste à dire que c'est là que « the s*** hits the fan » (là, c'est la m…).

[245] Cet enjeu ne s'appliquerait pas aux sœurs Burden, car la propriété en question était de toute façon héritée en grande partie de leurs parents.

Pour les sœurs Burden, ce dernier argument aurait une incidence négative car il s'agit ici de deux célibataires sans enfants et donc vivant « égoïstement ». C'est vrai, mais qu'en est-il de deux homosexuels (hommes ou femmes) vivant en partenariat civil ? Ici, l'argument habituel du mariage échoue, et la logique de l'argument « si vous dites A, vous devez également dire B » acquiert un poids critique[246]. En d'autres termes, le mouvement décisif de non-retour de la part du législateur avait en fait été accompli au Royaume-Uni lorsque le privilège de l'exonération fiscale a été étendu aux personnes vivant en partenariat civil. La mesure a été prise de façon imprudente et le législateur doit maintenant en assumer les conséquences.

---

[246] Si, toutefois, les homosexuels avaient la possibilité légale d'adopter, ou si l'insémination artificielle de l'une des lesbiennes du couple était autorisée, ce serait différent. Voir ma dissidence dans l'affaire *E.B. c. France* [GC], requête n° 43546/02, 22 janvier 2008. Il s'agissait principalement de la distinction entre le droit et le privilège (d'adopter). Voir B.M. Zupančič, « Of Rights and of Privileges : The Morality of Duty vs. the Morality of Aspiration », *Boston University International Law Journal*, vol. 34, numéro 2, disponible à l'adresse https://www.bu.edu/ilj/files/2016/06/BIN201.pdf, consulté pour la dernière fois le 12 octobre 2017.

L. La divergence entre ce que dit la Cour et ce qu'ont été les vraies *rationes decidendi*

Il existe ailleurs, mais en droit surtout, deux modes de raisonnement. La réflexion *per substitutionem* est typiquement le mode employé par les juges et les avocats : une affaire est tranchée, elle est mise *ad acta*, et l'affaire suivante se présente. C'est le glissement pressé caractéristique de la prise de décision judiciaire au cas par cas ; dans le meilleur des cas, elle s'appuie sur l'accumulation cognitive antérieure[247]. À côté de cela, les théoriciens du droit ont le temps et le luxe de penser *per profundationem*, c'est-à-dire d'aller aussi loin que leur perspicacité le leur permettra dans l'approfondissement du problème qu'ils décident librement d'aborder.

1. L'intuition en général

Dans sa psychologie analytique, Carl Jung a établi une division très nette des fonctions mentales. Il les conçoit en forme de croix, les fonctions de la pensée rationnelle et des sentiments étant juxtaposées aux deux extrémités de la branche horizontale, et l'intuition et la sensation irrationnelle sur la branche verticale. La force de la fonction, selon Jung, ne dépend pas de l'intensité : elle dépend de son niveau de différenciation. Plus la fonction est développée, plus elle est nuancée. Toutes les fonctions peuvent être extraverties ou introverties. Il définit l'intuition comme la capacité de voir au-delà des choses présentes. On naît avec une des fonctions comme fonction dominante. Comme elle

---

[247] Il y avait à la CrEDH (et il y a encore, dans une plus faible proportion) un certain nombre d'anciens professeurs de droit (Wildhaber, Caflisch, Ress, Conforti, Kovler, Sajo, etc.). Ces juges, à cause de leur QI plus élevé et de leur « accumulation de connaissances » antérieure, étaient incomparablement meilleurs et plus créatifs que ceux issus des rangs de la magistrature. D'ailleurs, il est notoire que les grands généraux ne sont jamais des hommes sortis du rang : ils viennent de l'extérieur. À la Harvard Law School, avant les ravages causés par les *Critical Legal Studies* à partir des années soixante-dix, l'adage était : *« Les A restent avec nous, les B deviennent juges – et les C gagnent de l'argent... »*.

est ontologiquement proche de son Soi, l'individu la prend pour acquise, il n'est souvent même pas conscient de sa primauté. L'individu s'efforcera d'abord de développer sa fonction secondaire, qui n'est jamais celle opposée sur la même branche de la croix. Ainsi, l'intuitif aura tendance à développer son intuition, ou sa pensée. La troisième fonction est rarement développée, et seul un génie développera la quatrième fonction, par rapport à sa fonction primaire[248].

Il s'agit ici de la primauté de la fonction intuitive introvertie en liaison avec la fonction secondaire de la pensée, c'est-à-dire de la manière dont la première peut se traduire dans la seconde. Je ne supposerai pas, comme chez Carl Jung, que la fonction intuitive est nécessairement une fonction irrationnelle. Emmanuel Kant a dit : « *Des pensées sans matière sont vides, des intuitions sans concepts sont aveugles*[249] ». L'intuition avec concept, et non pas sans concept, transforme la perception pure en aperception [250]. Dans la jurisprudence, cela a à voir avec l'antinomie de la théorie et des faits établie par Unger[251].

En bref, pour être un bon juge, il faut être doté d'un large acquis cognitif (conceptuel) qui doit servir, si elle existe, l'intuition juridique. On peut avoir l'intuition qu'une solution juridique particulière n'est

---

[248] La théorie des quatre fonctions mentales remonte à Carl Jung et à sa *Psychologie Analytique (The Tavistock Lectures)*, Pantheon Books, New York, 1968. Il y a quatre fonctions mentales : pensée, sentiment, intuition et sensation. La supériorité d'une fonction particulière – l'une des quatre – réside dans le fait qu'elle est plus différenciée. Selon Jung, par exemple, les Français excellent dans le sentiment et les Allemands dans la fonction de pensée. Mais la pensée exclut le sentiment, qui est alors inférieur.

[249] Kant, *Critique de la raison pure*, B 75.

[250] Le concept d'aperception a été développé par Leibniz : *« Ainsi il est bon de faire distinction entre la perception, qui est l'état intérieur de la monade représentant les choses externes, et l'aperception qui est la conscience, ou la connaissance réflexive de cet état intérieur, laquelle n'est point donnée à toutes les âmes, ni toujours à la même âme » :* Gottfried Wilhelm Leibniz, « Principes de la nature et de la grâce fondés en raison », *L'Europe savante*, 1718, nov., art. VI, *Œuvres philosophiques de Leibniz*, texte établi par Paul Janet, Félix Alcan, tome premier, 1900, p. 723. Disponible *in toto* à l'adresse https://fr.wikisource.org/wiki/Principes_de_la_nature_et_de_la_gr%C3%A2ce_fond%C3%A9s_en_raison, consulté pour la dernière fois le 23 février 2018.

[251] Roberto Mangabeira Unger, *Knowledge and Politics*, p. 31-36.

pas logique et juste, mais cela ne représente pas grand-chose si ce n'est pas transposé dans le cadre conceptuel juridique. Cela ne représente pas grand-chose parce qu'en droit, on est obligé d'exprimer les choses clairement, d'abord parce qu'il faut, comme le dit Perelman, persuader ses collègues juges, et ensuite parce qu'il faut expliquer à l'auditoire cible plus large pourquoi la position qu'on adopte est logique[252]. C'est particulièrement vrai en common law et autres systèmes fondés sur des précédents contraignants, car la logique de l'explication raisonnée de la position figurera ensuite parmi les éléments de droit contraignant.

2. Intuition juridique

J'ai dû rédiger mon opinion dissidente dans l'affaire *Burden* en un seul jour. C'est sans doute ici que l'intuition juridique instantanée rend le meilleur service ; je crois que, sans en avoir eu l'intention, j'ai fait ici une démonstration *in profundationem*, et que je n'étais pas très loin de la vérité[253].

---

[252] Les résultats sont parfois tardifs : *« Ce problème avait déjà été mis en évidence par le juge Zupančič, qui dans son opinion concordante dans l'arrêt* Broniowski *s'était exprimé ainsi : " Je suis complètement en désaccord avec la dernière phrase du paragraphe 190 de l'arrêt dans laquelle la majorité dit que 'cette résolution doit être replacée dans le contexte de l'augmentation de la charge de travail de la Cour, en raison notamment de séries d'affaires résultant de la même cause structurelle ou systémique'. La référence dans le premier alinéa du paragraphe 193 à la 'menace pour l'effectivité à l'avenir du dispositif mis en place par la Convention' n'a absolument rien à voir avec la position de principe prise par la Cour. De nouveau, au milieu du second alinéa du paragraphe 193, nous disons que 'les mesures adoptées doivent être de nature à remédier à la défaillance structurelle dont découle le constat de violation formulé par la Cour, de manière que le système instauré par la Convention ne soit pas surchargé par un grand nombre de requêtes résultant de la même cause'. La vraie raison de la logique adoptée pour la première fois dans l'affaire* Scozzari et Giunta *et poursuivie dans l'affaire* Assanidzé *n'a rien à voir avec la charge de travail de la Cour" » :* voir *Burmych et al. c. Ukraine* [GC], requêtes n°s 46852/13 *et al.*, 12 octobre 2017.

[253] Une remarque autobiographique : à supposer encore une fois que je n'avais pas été dans l'erreur, une connotation introspective me vient à l'esprit, qui est la question de savoir quelle est la qualité du raisonnement juridique. Pendant dix-huit ans, j'ai siégé aux délibérations de toutes les différentes formations de la CrEDH (comités, chambres et grande chambre) et j'ai également été président de la troisième section (chambre). Comme j'étais probablement celui qui écrivait le plus grand nombre d'opinions dissidentes (et concordantes), il y avait manifestement

D'après mon expérience, l'intuition et la nécessité de penser rapidement *per substitutionem* ne sont pas une si mauvaise combinaison. Sur le plan cognitif, l'intuition consiste à « voir au-delà des apparences », mais ce n'est pas une fonction irrationnelle. Aristote, par exemple, a soutenu quelque part que le fil directeur, dans l'écriture et la parole, dérive de la profondeur inconsciente du *pneuma*, c'est-à-dire de l'âme. Si Michel-Ange, par exemple, a détecté sa première future sculpture d'un Faune dans un bloc brut de marbre blanc de Carrare, cela venait bien de son génie et certainement pas de sa fonction cognitive consciente : ce qui n'était pas était l'essence de son talent. Le bon médecin est avant tout celui qui a un bon diagnostic mais, pour paraphraser Bertrand Russell, si nous savions d'où vient le diagnostic, nous ne prendrions pas la médecine au sérieux. Cette dernière comparaison est plus appropriée.

L'entreprise du juriste est diagnostiquée de la même façon. Dans le système continental, le diagnostic est ce qu'on appelle la qualification juridique, perçue à tort comme « automatique » une fois que la prémisse majeure normative a été identifiée[254]. Pour ce qui est de la common law, Max Weber a parlé quelque part de « fiches paratactiques », faisant allusion à la recombinaison requise des précédents afin de construire d'abord la prémisse majeure. Comme je l'ai déjà souligné, les deux processus mentaux nominalement différents ne sont pas aussi dissemblables qu'il semble. La prémisse majeure continentale n'est pas du tout construite comme Nathan l'a

---

quelque chose qui n'allait pas chez moi, qui insistais, solitaire, dans mon mode de pensée, d'un côté, face aux autres juges de la CrEDH et aux avocats, membres du Greffe, d'autre part. Le spirituel Benedetto Conforti m'appelait *« Bastian contrario »*. Ce livre est en quelque sorte un cadeau d'adieu à la CrEDH, qui s'enfonce dans le mode autoréférentiel de « pensée ». toujours plus mécanique et de moins en moins inspiré par le sens de la justice matérielle.

[254] Voir, par exemple, Nathan, *L'exercice de qualification juridique*, à l'adresse www.ac-nice.fr/stmg/images/contrat/la_qualification_juridique.pptx, consulté pour la dernière fois le 16 octobre 2017 : *« La démarche de la qualification juridique est celle du syllogisme (raisonnement par lequel deux propositions sont mises en rapport pour déduire une conclusion). Le syllogisme en droit ou syllogisme judiciaire se décompose de la manière suivante : une règle juridique (la majeure) ; la constatation des faits et leur qualification (les faits entrent dans une catégorie juridique) : cela constitue le cas particulier (la mineure) ; enfin, l'application du régime juridique (la règle de droit) au cas particulier : on obtient la conclusion du syllogisme (la décision), déduite <u>automatiquement</u> des deux propositions précédentes »* (soulignement ajouté)

décrit[255]. Ceux qui ont conçu le Code civil français, par exemple, étaient manifestement conscients du fait qu'ils avaient composé « un alphabet à recombiner en mots », contrairement à la common law, qui fonctionne comme un énorme ensemble de caractères chinois combinables[256].

Dans l'abstrait, parler des deux modes de recombinaison tels qu'ils existent en droit continental ou en common law paraît assez simple. Mais dans des affaires comme l'affaire *Burden* ou l'affaire *Giuliani*[257], la question épistémologique est simplement de savoir si l'idée de Russell se présentera ou non à l'esprit du juge. Il est trop pressé et manque de temps.

Dans les délibérations, il doit être persuasif. Qu'il convainque ses collègues dépendra de sa capacité à expliciter son intuition. Cela dépend de l'équipement cognitif qu'il a acquis, de l'accumulation mentionnée ci-dessus. La formule selon laquelle « l'intuition sans concept est aveugle » est fatalement déterminante, parce que l'intuition introvertie du juge doit alors être retournée comme un gant : une intuition introvertie, non explicitable, doit maintenant se traduire en un mode de pensée extraverti[258]. Beaucoup dépend, évidemment, du public visé. Ce dernier est déterminant : si le juge est un pas devant la foule, la foule suivra ; s'il est deux pas devant elle, elle ne suivra pas.

Soit dit en passant, d'après mon expérience, la plupart des juges sont des positivistes et des formalistes rigides parce que leur fonction première est de penser. Ils se complaisent littéralement dans le mode analytique de raisonnement hautement différencié qui témoigne de la fonction de pensée ci-dessus : le formalisme se prête à tout raisonnement analytique. En conséquence, l'essentiel de la question oubliée *ex post facto* de la justice est nécessairement reléguée au second plan. *Summum ius, summa iniuria*, aurait dit Cicéron.

---

[255] *Ibid.*, *supra* note 254.

[256] La réduction sémiotique d'environ 35 000 caractères chinois en environ 25 lettres de l'alphabet s'appelle une « simplification stratégique » : Karl Deutsch, Kennedy School of Government, Harvard University, *Conférences académiques*, 1975-1976. Deutsch était l'un de ceux mentionnés *supra*, note 8.

[257] Voir l'arrêt *Giuliani et Gaggio c. Italie* [GC], requête n° 23458/02, 24 mars 2011.

[258] Les quatre fonctions mentales de Carl Jung peuvent être extraverties ou introverties. Voir *supra*, note 248.

3. Sens de la justice

Le droit est une entreprise cognitive. Cependant, le sens de la justice est une question de développement moral, ce qui implique en premier lieu l'autonomie du raisonnement juridique.

Partant des travaux de Piaget, Lawrence Kohlberg a développé et testé psychologiquement la théorie du développement moral de celui-ci[259]. Pour résumer, la phase de « l'autonomie » est le niveau le plus élevé. Il convient donc de ne pas prendre à la légère l'expression de « raisonnement juridique autonome ».

Comme très peu atteignent ce niveau, Kohlberg a eu du mal à trouver des exemples dans la vie réelle, le juge de la Cour suprême des États-Unis William O. Douglas[260] en étant l'un des rares[261]. Ayant

---

[259] *« Aux stades 1 et 2, qu'il appelle pré-conventionnels, l'enfant conçoit les actes justes comme étant ceux qui lui permettent d'éviter la punition (stade 1) ou de faire une bonne affaire ou une affaire équitable (stade 2). Aux stades conventionnels, les stades 3 et 4, les actes justes sont ceux qui obtiennent l'approbation des autres (stade 3) ou qui consistent à faire son devoir ou à suivre les règles de la société (stade 4). Enfin, aux stades post-conventionnels, les stades 5 et 6, l'enfant est guidé par le respect des lois et des règles morales (stade 5) – bien qu'il les identifie comme quelque peu arbitraires et pas toujours valides – ou par des principes éthiques abstraits tels que la justice et l'égalité (stade 6). Selon Kohlberg, le stade 6 n'est que rarement atteint » :* Mary Doorey, *Encyclopedia Britannica, s.v.* « Kohlberg », à l'adresse https://www.britannica.com/biography/Lawrence-Kohlberg, consulté pour la dernière fois le 13 octobre 2017.

[260] Voir, par exemple, Bruce Murphy, *Wild Bill, The Legend and Life of William O. Douglas*, Random House, New York, 2003, https://www.amazon.com/Wild-Bill-Legend-William-Douglas/dp/0394576284, consulté pour la dernière fois le 13 octobre 2017 : *« William Orville Douglas a été à la fois le juge le plus accompli et le plus controversé qui ait jamais siégé à la Cour suprême des États-Unis. Il est sorti de l'isolement de la ville de Yakima, dans l'État de Washington, pour être surnommé, à l'âge de trente ans, "le professeur de droit le plus remarquable de la nation" ; à trente-huit ans, il était président de la Securities and Exchange Commission, nettoyant une Wall Street corrompue pendant la Grande Dépression ; à l'âge de quarante ans, il était le deuxième plus jeune juge de la Cour suprême de l'histoire des États-Unis, et a servi plus longtemps – et écrit plus d'opinions concordantes et dissidentes – que n'importe quel autre juge. »*

[261] D'ailleurs, j'ai été fasciné par ses opinions dissidentes pendant les dix ans (1976-1986) où j'ai enseigné la procédure pénale constitutionnelle dans diverses facultés de droit aux États-Unis. En termes d'autonomie cognitive, je n'ai jamais rien vu de comparable – y compris à la CrEDH. Le juge qui s'est le plus rapproché de cet idéal a été Ann Power, la juge irlandaise.

enseigné la procédure pénale constitutionnelle pendant vingt-deux ans et connaissant parfaitement les opinions dissidentes de Douglas, j'ai l'impression qu'il a surtout été capable de résister aux pressions de la « subjectivité collective » à la Cour suprême des États-Unis, entre 1939 et 1975. Je ne peux en parler ici, mais le raisonnement insipide du juge en chef Rehnquist concernant probablement l'utilité marginale de la règle d'exclusion de la preuve obtenue illégalement pour sanctionner le comportement répréhensible de la police était un modèle de malhonnêteté intellectuelle « fondée sur la politique » qui, pour Douglas, était une cible facile. Douglas était réputé pour écrire ses opinions dissidentes alors qu'il siégeait encore et ne discutait même plus avec ses collègues. Il y a, en outre, deux types de juges : ceux qui se rangent habituellement du côté de l'autorité (de l'État) et ceux qui, vis-à-vis de l'autorité, sont habituellement mal disposés[262].

Freud a adopté la position controversée selon laquelle les femmes n'ont pas le sens de la justice[263], et Carol Gilligan, de Harvard comme Kohlberg, s'est efforcée de la réfuter[264]. Quant à moi, ayant été juge (et professeur de droit) pendant vingt-trois ans, je vois le problème autrement. Dans le contexte du formalisme juridique, le « sens de la justice » est extrêmement rare, qu'il s'agisse d'hommes ou de femmes. Je ne sais pas si, comme l'affirme Gilligan, l'empathie est le

---

262 Psychologiquement, les autoritaires ont tendance à être les premiers nés, qui défendent leur territoire contre l'assaut de ceux nés plus tardivement, donc antiautoritaires.

263 « *Le fait qu'il faille reconnaître à la femme peu de sens de la justice est sans doute en corrélation avec la prédominance de l'envie dans sa vie d'âme, car l'exigence de justice est une élaboration de l'envie, indiquant à quelle condition on peut se départir de celle-ci :* Sigmund S. Freud, *Nouvelle suite des leçons d'introduction à la psychanalyse (1933), Œuvres complètes*, PUF, XIX, 2004, p. 218. *« On hésite à le dire, mais on ne peut se défendre de l'idée que le niveau de ce qui est moralement normal chez la femme est autre. (...) Nous ne nous laisserons pas détourner de telles conclusions par les arguments des féministes qui veulent nous imposer une parfaite égalité de position et d'appréciation des deux sexes » :* Sigmund Freud, « Différence anatomique entre les sexes », 1925, *La vie sexuelle*, PUF, 1970, p.131-132.

264 « *Cependant, la théorie (de Kohlberg) a aussi fait l'objet de nombreuses critiques, notamment de la part de la psychologue américaine Carol Gilligan, qui a fait valoir qu'elle ignorait les modèles distincts de développement moral des filles » :* ouvrage cité *supra,* note 260 ; cf. Carole Pateman, *The Disorder of Women : Democracy, Feminism and Political Theory*, Ch. I, Wiley, Hoboken, N.J., 1990.

sens de la justice des femmes. Dans l'affaire *Maumousseau et Washington c. France*[265], les deux juges femmes de ma section III étaient les moins empathiques[266]. D'un autre côté, la première femme juge de la CrEDH était littéralement guidée par son empathie, en particulier dans les affaires de demandeurs d'asile. Mais son empathie, dans l'affaire *Lambert c. France* aussi, était logiquement convaincante[267] au point que l'affaire a finalement atterri à la Grande Chambre – plutôt que d'être renvoyée à la section V en vertu de l'article 39 du Règlement de la Cour[268]. Le sens de la justice peut dériver de l'intuition et de l'empathie, l'un n'exclut pas l'autre. En fin de compte, l'autonomie morale et l'autonomie de raisonnement juridique ne sont hélas pas plus fréquentes chez les membres féminins que chez les membres masculins d'un tribunal. Sans autonomie morale, il n'y a pas de véritable sens de la justice.

Une grande partie du jargon juridique dans les opinions de la CrEDH, et probablement de tout tribunal, couvre de manière réfléchie cette absence ; ou, pour reprendre les termes de Shakespeare : *« La dame fait trop de protestations, ce me semble»*, ou à la manière de Lacan se référant à Sade : *« Ça prêche un peu trop là dedans... »*

La formule du juge Holmes selon laquelle « le droit n'est pas logique, le droit est expérience[269] » est probablement vraie dans les tribunaux de première instance où le juge doit débrouiller la vérité de l'affaire à la manière d'un jury. Ce n'est certainement pas vrai dans les tribunaux de dernier ressort. Comme je l'ai souligné, la dialectique de l'intuition et de la pensée, c'est-à-dire la logique, devrait être le mode de raisonnement établi.

---

[265] *Maumousseau et Washington c. France*, requête n° 39388/05, 6 décembre 2007.
[266] L'une d'elles m'a avoué plus tard, à propos de sa position dans l'affaire, que son propre fils l'avait appelée« *cruella* ».
[267] Voir *supra*, note 237.
[268] *Lambert c. France* [GC], requête n° 46043/14, 5 juin 2015. Règlement de la Cour, article 39 : « *Mesures provisoires - 1. La chambre [peut], soit à la demande d'une partie ou de toute autre personne intéressée, soit d'office, indiquer aux parties toute mesure provisoire qu'elle estime devoir être adoptée dans l'intérêt des parties ou du bon déroulement de la procédure* » (soulignement ajouté). Il s'agit d'un gel procédural général de la situation, logique dans toutes les situations irréversibles. Toutefois, la Cour l'emploie presque exclusivement dans les affaires d'asile – ce qui n'est pas logique.
[269] Holmes, *supra*, note 70.

4. Évêque Berkeley : Raisonnement juridique *ex ante* et justification *ex post*

Nous rencontrons ici un problème majeur dans les systèmes juridiques tels que la common law et la récente jurisprudence constitutionnelle continentale. Je pense que c'est l'évêque George Berkeley qui a été le premier à discuter de la distinction cruciale entre deux aspects différents de la prise de décision. D'une part, nous avons la manière et la méthode réelles par lesquelles la décision a été prise et, d'autre part, le raisonnement décrit *ex post* destiné à la justifier. En fait, la différence est insurmontable.

a) Arriver à une décision

Pour ce qui est de la science, Bertrand Russell affirme que si nous savions d'où viennent les idées, nous ne prendrions pas la science au sérieux[270]. La nouveauté des idées scientifiques est donc un mystère, le résultat d'un processus créatif en grande partie inconscient, et il a fallu des décennies pour que certaines idées d'Einstein soient empiriquement prouvées.

En comparaison, cela tend à montrer que le raisonnement juridique n'est pas vraiment créatif. S'il y a en lui quelque originalité, le parallèle littéraire de E.M. Forster est plus approprié : « Comment puis-je savoir ce que je pense si je ne vois pas ce que je dis ?[271] ».

De plus, en droit, le processus décisionnel est destiné à être prédéterminé, en droit continental par le choix de la combinaison de normes (qualification juridique) comme prémisse majeure de contrôle, et en common law par référence analogique au précédent contraignant. Alors qu'une telle transparence est pratiquement

[270] Bertrand Russell, *Human Knowledge : Its Scope and Limits*, 1923, p. 524 : *« Par conséquent, nous connaissons quelque chose indépendamment de l'expérience, ou bien la science n'est que du vent »* (paru en français sous le titre *La Connaissance humaine*, 1948).

[271] E.M. Forster, *Aspects of the Novel*, écrivant sur André Gide, 1927, p. 17. Je me souviens que l'ancien président de la CrEDH a fait remarquer qu'il avait changé sa compréhension de l'affaire alors qu'il rédigeait son opinion séparée.

impossible – c'est censé être intrinsèquement clair et évident – ce qu'on appelle le « principe de légalité » n'exige pas moins[272].

En conséquence, dans les deux grands systèmes juridiques, de vastes efforts sont déployés, premièrement, non pas pour expliquer comment et d'où l'idée de la prémisse majeure (syllogistique ou analogique) est venue au départ, ce qui est de toute façon impossible, mais deuxièmement, pour la rationalisation *ex post*, qui explique comment l'hypothèse initialement formulée était justifiée et est confirmée par toutes sortes d'autorités.

Ce dernier élément, « toutes sortes d'autorités », est caractéristique du raisonnement analogique et de la common law. En somme, un nouvel élément de prise de décision en common law est potentiellement un nouvel élément de loi. C'est peut-être là la plus grande faiblesse, par rapport au droit continental, de ce mode de raisonnement juridique. La simple rationalisation *ex post* d'un précédent, même si elle est souvent tirée par les cheveux, lie les autres tribunaux.

Ce qui est expliqué peut être l'essentiel de l'affaire, et souvent ce n'est pas le cas, mais ce qui est contraignant, c'est sa rationalisation *ex post*. Ainsi, ce qui est contraignant, c'est souvent non pas les motifs réels de la décision, mais plutôt la justification verbalisée qui en découle. Bien entendu, il est difficile de faire la distinction entre la poule et l'œuf, et l'autorité judiciaire émettrice est vraisemblablement consciente de son impact contraignant[273]. Pour revenir à l'affaire *Burden*, le meilleur antidote est la confiance éventuelle dans les faits et la foi qui s'ensuit dans cet aspect objectif de l'affaire[274].

À l'autre extrême, vraisemblablement, le système juridique continental n'a pas ce problème. Les rationalisations judiciaires dans

---

[272] *Kononov c. Lettonie* [GC], requête n° 36376/04, 17 mai 2010.

[273] *Lambert v. California*, 22 Ill.355 U.S. 225 (1957), erreur de droit, voir *supra*, note 128.

[274] Rollin M. Perkins, « Memorandum Concerning the National Symposium (2nd Series), The Law of Homicide », *Journal of Criminal Law and Criminology*, vol. 36, numéro 6, 1946, p. 399 et suiv., à l'adresse https://scholarlycommons.law.northwestern.edu/cgi/viewcontent.cgi?article=3366&context=jclc, consulté pour la dernière fois le 24 février 2018. Paru à l'origine dans *Perkins On Criminal Law*, Foundation Press, University Textbook Series, 1957.

la résolution raisonnée de l'affaire ne sont même pas, comme je l'ai souligné, confiées à la mémoire du système juridique. Seul le législateur est habilité à édicter des normes contraignantes pour les tribunaux. Ainsi, *a priori*, chaque tribunal, lorsqu'il statue sur une nouvelle affaire, doit revenir à la même norme contraignante et réinventer *ab ovo* son interprétation correcte de celle-ci.

Cela va aussi loin que ça. Inévitablement, cependant – et les lois procédurales dans les deux systèmes l'exigent – les cours d'appel sont obligées de rationaliser la « pratique judiciaire ». Elles doivent, malgré tout, émettre des précédents qui lient les tribunaux inférieurs, ce que l'on appelle en français la jurisprudence[275]. Si par la suite survient le besoin de modifier le précédent, il s'ensuit parfois un revirement de jurisprudence.

Encore une fois, le mode de raisonnement juridique à texture ouverte fondé sur un précédent est en principe susceptible de donner lieu à une cascade d'interprétations des interprétations apparemment susceptible d'altérer totalement l'original.

Ici, le salut se trouve dans la formule épistémologique traditionnelle des trois aspects de chaque affaire : 1) les faits de l'affaire ; 2) la question à trancher ; et enfin 3) la décision contraignante (l'arrêt) construite sur les deux questions précédentes. C'est notre manière de prodiguer notre enseignement aux étudiants en droit. Est de rigueur le dialogue socratique de Harvard qui extrait ces trois aspects comme un moyen de soutirer à l'« esprit vierge » ce qui est effectivement contraignant, et comment y parvenir dans un précédent particulier. Comme je l'ai déjà dit, cela nécessite un QI plus élevé parce que les chemins de la compréhension en common law sont beaucoup plus sinueux que dans le mode de raisonnement juridique continental, ce dernier faisant semblant pour le moins de ne se référer qu'à la prémisse majeure contraignante, éventuellement évidente et à texture non ouverte.

---

[275] Ils sont appelés ailleurs « pratique judiciaire » et font l'objet de qualifications euphémiques similaires, suggérant que les précédents contraignants des jugements en appel ne sont que d'humbles exemples de ce que font les tribunaux, tout simplement.

Dans la triade ci-dessus (faits, question, décision), les faits sont l'aspect objectif contraignant parce que la décision dans l'affaire ne s'applique par analogie que lorsque les faits de l'affaire précédente sont similaires aux faits de l'affaire en question. Mais encore une fois, les faits peuvent être simplement perçus ou ils peuvent être aperçus à travers le bout étroit de la lorgnette d'une norme juridique particulière. Parfois, cette dernière difficulté brouille complètement la genèse et l'applicabilité d'un précédent particulier[276].

5. L'exemple du privilège de ne pas s'accuser soi-même

La manière dont la Cour suprême des États-Unis a fait dévier la justification de la règle d'exclusion des preuves obtenues par des moyens illégaux en est un bon exemple. La Cour est partie de la prémisse erronée que l'exclusion de la preuve contaminée (hors des yeux et des oreilles du jury) avait pour but de sanctionner le comportement déplacé de la police à l'égard du suspect : « L'agent de police commet une bavure et le criminel est libéré ». Elle a ensuite, au fil des ans, interprété toute une science à partir des gradations du mauvais comportement et de l'utilité marginale de l'exclusion des preuves illégales. À la Cour suprême elle-même, affaire après affaire, ce malentendu fondamental : *quod ab initio vitiosum est tractu tempore convalescere non potest*, a connu des couches successives. On ne sait même pas, puisque cette distorsion s'est répercutée sur les tribunaux inférieurs (fédéraux et d'État), quel genre de malentendus elle a créés, là et partout. Par doses échelonnées et dans une cascade d'idées fausses, l'histoire se poursuivra pendant des décennies[277].

---

[276] Voir Kamisar et Brennan, *supra*, note 118.

[277] Le privilège de ne pas s'accuser soi-même, dont il s'agit ici, est cependant ancien et a été reconnu en droit romain : *« nemo contra se prodere tenetur »* (« Nul n'est tenu de s'accuser lui-même ». La citation de ce principe en droit romain n'est pas disponible.) Conformément au cinquième amendement de la Constitution des États-Unis, *« nul ne pourra, dans une affaire criminelle, être obligé de témoigner contre lui-même »*. Le mot « obligé » évoque ici le recours à la force (de la part de la police). Celui-ci est cependant incompatible avec le principe le plus fondamental du rule of law, dont l'intention est d'être un substitut absolu à la force et de bannir celle-ci des procédures judiciaires. L'adage « vivre par le fusil ou mourir par la loi » est une bonne approximation de l'idée. « Vivre par le fusil » illustre le non-droit fondamental, l'antichambre de l'anarchie. La règle d'exclusion de la force est donc un remède parfait. Parce qu'elle empêche la preuve contestable d'atteindre le jury, elle empêche l'auto-incrimination comme conséquence de l'usage de la force (de la

D'un autre côté, au moins une des cours suprêmes des États américains s'est ralliée à la théorie selon laquelle la règle d'exclusion était un *alter ego* du privilège de ne pas s'accuser soi-même :

> Un autre auteur déclare que « le privilège de ne pas s'accuser soi-même est donc simplement l'exclusion d'une telle preuve : sans cette exclusion, ce droit n'existe pas ». (...) On ne saurait trop insister sur ce point. Les sanctions de fond contre la police qui viole ce droit (...) ne sont tout simplement pas adéquates. Il ne s'agit pas de dissuader la police de futurs comportements répréhensibles[278].

6. Le rôle de la théorie juridique

Il est quelque peu déprimant de reconnaître que l'erreur la plus fondamentale ci-dessus n'a pas été – et n'aurait pas pu être – démêlée. L'idée simple de la finalité originelle du rule of law – être le substitut catégorique de tout recours à la force pour résoudre les conflits dans la société – aussi autonome que soit le raisonnement, par exemple chez William O. Douglas, est théorique et, en ce sens, presque philosophique. Le raisonnement *per substitutionem* ne peut pas la révéler si le sujet n'a pas été auparavant abordé et compris dans un contexte théorique complètement différent. *Si parva licet componere magnis*, comme dirait Virgile, le droit romain est au droit ce que les mathématiques sont à la science et à la technologie[279].

---

part de la police). C'est là son but véritable – et non de sanctionner de la police. Voir B.M. Zupančič, « The Crown and the Criminal : The Privilege Against Self-Incrimination – Towards General principles of Criminal Procedure », *Nottingham L.J.*, vol. 5, première partie, 1996. Sans modestie excessive, à la CrEDH, j'ai fini par réussir à briser la barrière mentale dans l'affaire *Jalloh c. Allemagne* [GC], requête n° 54810/00, 11 juillet 2006. Elle a été naturellement suivie par l'affaire *Gäfgen c. Allemagne* [GC], requête n° 22978/05, 1er juin 2010. Les deux affaires auraient de toute façon dû être prédéterminées – mais elles ne l'ont pas été – par l'article 15 de la Convention des Nations unies contre la torture (1987) : *« Tout État partie veille à ce que toute déclaration dont il est établi qu'elle a été obtenue par la torture ne puisse être invoquée comme un élément de preuve dans une procédure, si ce n'est contre la personne accusée de torture pour établir qu'une déclaration a été faite. »*. En d'autres termes, le tribunal régional européen avait un retard d'une vingtaine d'années par rapport à la prescription mondiale de la règle d'exclusion de l'ONU.

[278] *People v. Briggs*, 709 P.2d 911, 919 à la p. 19 n. 5 (1985), citant B.M. Zupančič, « The Privilege Against Self-Incrimination », *Ariz.St.L.J.*, 1981.

[279] « S'il est permis de comparer les petites choses aux grandes », Virgile, *Géorgiques* IV, 176.

Par exemple, la première règle de la Loi des XII Tables et la plus nécessaire au droit (de tout droit en général) est que, si vous êtes appelé au tribunal, vous devez vous y rendre[280]. Il s'agit du reflet ancien du droit à présent fameux d'accès au tribunal[281]. Le but, qui, à ma connaissance, n'a jamais été explicitement énoncé, est d'éliminer la contrainte physique et la force (le combat) comme moyen de résolution de tous les conflits et controverses[282]. C'est le premier et inévitable canon pour l'établissement du rule of law (État de droit, *Rechtsstaat*). À un niveau d'abstraction un peu plus élevé, la formule de Hobbes, « là où il n'y a pas de loi civile, il n'y a pas d'infraction à la loi » équivaut à la même prise de conscience[283].

Il n'appartient évidemment pas aux juges de comprendre cela ou de s'occuper de la contemplation *per profundationem*. C'est le rôle de la doctrine : c'est le commentaire *per profundationem* en retour au raisonnement juridique *per substitutionem*. En même temps, l'absence d'une véritable doctrine dans le système de common law, celle-ci étant réduite à ce que R. M. Unger, dans ses cours à la Harvard Law School, a appelé un « *analogy mongering* » (analogisme)[284], a trois effets importants.

Premièrement, le concept explicité dans « le droit de ne pas s'accuser soi-même » n'est jamais bien compris. Parce qu'il est par exemple conçu comme « la sanction du comportement répréhensible de la police », toutes sortes d'interprétations absurdes, telles que « l'utilité marginale de la règle d'exclusion » de la preuve contaminée énoncée par le président de la Cour suprême Rehnquist, sont susceptibles d'être proposées et de créer la confusion quant à la véritable signification de ce droit.

Deuxièmement, et plus important encore, la qualité à texture ouverte d'un système reposant sur un précédent peu éclairé devient ici nuisible. Le rôle de la doctrine (la « jurisprudence » aux États-Unis) est de cristalliser et de fixer le sens et la véritable *ratio legis* de la

---

280 *Si in ius vocat, ito*. Voir *infra*, note 342.
281 Voir *infra*, note 336.
282 Voir *supra*, note 202.
283 Voir Hobbes, *supra*, note 46.
284 Roberto Mangabeira Unger, *Conférences académiques* à la Harvard Law School, 1972-1973.

règle primaire, c'est-à-dire de la libérer de la surcharge instrumentale imposée par la mauvaise compréhension du juge. Cette cristallisation du sens empêche également les juges de soumettre la règle primaire à des changements et des modifications volontaristes. Une fois que la véritable *ratio legis* est exprimée, le sens du précédent n'est plus « à texture ouverte », c'est-à-dire qu'il n'est plus sujet à d'autres interprétations arbitraires erronées.

Troisièmement, cela délimite la portée de la règle dans un cadre de référence différent. Par exemple, si la *ratio legis* pour la règle d'exclusion est d'exclure l'usage de la force comme moyen de résolution des conflits, alors la ruse – dans le contexte de ce droit – est néanmoins implicitement permise[285].

7. Le problème pertinent à la CrEDH : la pente savonneuse

Pour en revenir au dilemme de Berkeley, la question se pose de savoir lequel des deux systèmes est le plus sensible à la différence potentiellement pernicieuse entre : 1) les motifs réels de la décision judiciaire, d'une part, et 2) la formule de Lacan, *« ça prêche un peu trop la dedans... »* (ou la phrase de Shakespeare, *« la dame fait trop de protestations... »*). La sur-citation autoréférentielle du copier-coller des arrêts de la CrEDH semble se situer dans le pire de ces deux univers.

Les raisons en sont les suivantes.

---

[285] Voir, par exemple, *Brewer v. Williams*, 430 U.S. 387 (1977). L'affaire concernait le droit à un avocat (sixième amendement), car l'aveu implicite du suspect avait été obtenu en l'absence de l'un de ses deux avocats en Iowa. Mais une fois encore, le droit à la présence d'un avocat répond à la nécessité de prévenir seulement l'auto-accusation *forcée*. Selon la théorie *nemo contra se prodere tenetur*, la ruse, comme en l'espèce, était donc permise ; le droit à l'assistance d'un avocat est une règle essentielle qui sert de règle primaire du privilège de ne pas s'accuser soi-même. *Toute loi est une conversion de la force en persuasion.* Pour le dire cyniquement, le passage de la force à la ruse est permis, à moins que nous ne soyons prêts à croire qu'en droit, les différends, privés ou publics, sont tranchés sur la base d'une honnête sincérité...! L'affaire *Brewer c. Williams* était un précédent absurde, mais malheureusement pas pour les raisons avancées par les juges dissidents (Burger, White et Blackmun). Leurs opinions dissidentes, vues de mon point de vue, sont intuitivement correctes mais, pour paraphraser Kant, leur intuition avait été aveugle. Elle était « aveugle » parce qu'elle n'était pas informée par les *concepts* dérivés de la *ratio legis* du privilège de ne pas s'accuser soi-même.

Premièrement, les arrêts de la Cour ne sont pas rédigés par les juges : ils sont formulés par les avocats membres du Greffe. C'est la raison pour laquelle il est facile, par exemple, pour le juge dissident de rédiger une opinion dissidente désobligeante.

Deuxièmement, la plupart de ces avocats ne sont ni éduqués à déchiffrer ni versés dans le décryptage de la signification des précédents ; ils recourent de façon surabondante à la technique du copier-coller en essayant de faire un copier-coller-justifier à chaque ligne de l'arrêt, avec des références à des affaires qui n'ont rien à voir ni avec les faits ni avec la question de l'affaire examinée. Il s'agit d'une incapacité typique à distinguer ce qui est essentiel de ce qui ne l'est pas. Ce sont des avocats de droit continental qui appliquent à petites touches le mode de raisonnement de la common law.

Troisièmement, le juge rapporteur est formellement habilité à diriger ce travail, en particulier dans les affaires de la Grande Chambre. Cependant, les avocats ne sont pas dépendants des juges, leur promotion repose sur des critères bureaucratiques indépendants au sein du Greffe lui-même, ce dernier étant carrément subordonné non pas à la Cour mais au Conseil de l'Europe. Tout est prévu pour obtenir un désastre sous forme de jargon, de verbiage et d'absurdité autoréférentielle courante.

Quatrièmement, pour empirer les choses, ces derniers temps, les juges sont limités à un mandat de neuf ans. Les juges vont et viennent, les avocats du Greffe, bien installés dans leurs propres modes maladroits de rédaction des décisions, restent indéfiniment. Le dommage collatéral ici est que le Greffe, au moins pendant les deux premières années de mandat du juge, contrôle le discours pertinent, le juge étant plus ou moins sans défense face au *Blitzkrieg* des membres du Greffe.

Cinquièmement, c'est peut-être là le cœur du problème, puisque les qualifications des juges élus aujourd'hui ne sauraient se comparer à celles des juges du début de la « nouvelle Cour » ou, *a fortiori*, d'avant 1998. En outre, rares sont les juges qui arrivent à la Cour avec une connaissance suffisante de sa jurisprudence passée. Les États signataires de la CEDH ne font plus l'effort de déléguer à Strasbourg le meilleur de leurs meilleurs juges ; des motivations diverses et politiques guident leur choix dans la nomination des futurs juges.

M. Que sont les droits de l'homme ?

1. Universalité des droits de l'homme ?

a) Un obstacle historique à l'essor de l'État-nation

Aujourd'hui, c'est un cliché de dire que le monde devient de plus en plus petit, de plus en plus intensément interconnecté et interdépendant, en raison d'une division du travail de plus en plus intensive et de l'échange transcontinental de biens et de services toujours plus efficace. Parler de l'universalité des droits de l'homme, par exemple, dans le contexte « mondialisé » d'aujourd'hui, a plus de sens que jamais.

Toutefois, certaines des préoccupations mondiales actuelles sont comparables aux développements historiques à l'origine de l'État-nation. Les États-nations, comme la France, ont vu le jour en grande partie en raison de la concentration du pouvoir par le roi. En termes constitutionnels, il s'agissait d'une entreprise à prédominance exécutive : les aspects législatifs et surtout judiciaires de l'État national naissant y étaient largement négligés ou même complètement relégués au second plan, comme partout ailleurs en Europe, sauf en Grande-Bretagne et plus tard aux États-Unis.

De nombreux États modernes paient aujourd'hui le prix – en termes d'instabilité politique et sociale – de cette négligence historique à l'égard du maintien de freins et contrepoids appropriés sur la société tels qu'ils sont exercés par les trois différentes branches du pouvoir. Ainsi les déficiences spécifiques du rule of law et, par conséquent, de la protection adéquate des droits de l'homme et des droits constitutionnels, comme on le voit chaque jour à la CrEDH, ont-elles une origine commune.

L'indépendance et l'autonomisation insuffisantes du pouvoir judiciaire – bien qu'elle se manifeste bien entendu différemment et à des degrés divers en Russie actuelle et généralement en Europe de l'Est par rapport, par exemple, à la Belgique, la France, l'Allemagne, l'Espagne, etc. – sont l'unique cause du dysfonctionnement du rule of law, de l'application irrégulière de la loi, etc., et par conséquent des graves disparités dans le respect des droits constitutionnels et des droits de l'homme. En termes historiques, les différentes sociétés paient maintenant différents prix pour avoir à différents degrés mis des obstacles historiques et des sursis à l'habilitation du pouvoir judiciaire[286].

2. Universalité des droits de l'homme

Par conséquent, suggérer que les droits de l'homme sont intrinsèquement universels – comme l'a fait un professeur de droit international dans un article de *Foreign Affairs* intitulé « Are Human Rights Universal ? » est une idée trompeuse[287]. L'idée, précisons-le clairement dès le départ, n'est pas de savoir si les droits de l'homme doivent ou non *devenir* universels. L'universalité est clairement indiquée, en tant que mode d'interprétation, dans le préambule de la Déclaration universelle des droits de l'homme des Nations unies :

> Considérant qu'une conception commune de ces droits et libertés est de la plus haute importance pour remplir pleinement cet engagement, l'Assemblée générale proclame la présente Déclaration universelle des droits de l'homme comme l'idéal commun à atteindre par tous les peuples et toutes les nations, afin que tous les individus et tous les organes de la société, ayant cette Déclaration

286 En termes purement légalistes, nous pouvons considérer les « marges d'appréciation » de la CrEDH comme critère décisif pour déterminer à quel point les droits de l'homme, même en Europe, *ne sont pas* universels. Inversement, l'application par la Cour suprême des États-Unis de la doctrine de la « fondamentalité », conformément au quatorzième amendement à la Constitution des États-Unis, selon lequel certains droits constitutionnels sont trop importants pour être laissés aux différents États, illustre l'inversion des « marges d'appréciation » européennes. Cependant, les disparités entre les différents États des États-Unis sont incomparablement plus faibles que les disparités des normes minimales en Europe. C'est aussi la conséquence d'une tradition plus longue, par rapport à l'Europe, dans une autonomisation beaucoup plus importante du pouvoir judiciaire dans le système américain. En tout état de cause, l'homogénéité des normes minimales concernant les droits constitutionnels et les droits de l'homme dans un État ou une région particulière est le critère véritable et révélateur de l'universalité des droits de l'homme, même à une échelle beaucoup plus petite.

287 Thomas M. Franck, « Are Human Rights Universal », *Foreign Affairs*, vol. 80, n° 1, janv./fév. 2001, p. 191-204.

constamment à l'esprit, s'efforcent, par l'enseignement et l'éducation, de développer le respect de ces droits et libertés et d'en assurer, par des mesures progressives d'ordre national et international, la reconnaissance et l'application universelles et effectives, tant parmi les populations des États membres eux-mêmes que parmi celles des territoires placés sous leur juridiction. (Soulignement ajouté)

3. Universalité : matérielle ou procédurale ?

a) En droit romain

Pourtant, tout en insistant là-dessus, il faut cesser de commettre l'erreur déterminante du XIXe siècle, qui sous-tend en grande partie la conception continentale erronée de notre droit, pas si moderne, en général. Ou, en termes purement juridiques : il ne faut jamais oublier la primauté, en matière d'évolution, des procédures, du procès ouvert et équitable, par rapport au droit matériel dérivé. Au risque de me répéter, beaucoup de juristes ne se rendent pas compte qu'en 529 apr. J.-C., lorsque Justinien a publié dans la ville maintenant appelée Istanbul le premier projet de *Corpus Juris Civilis*, il ne s'agissait pas d'une codification. Il s'agissait en grande partie d'un réexposé des avis juridiques des juges (*praetores*). Comment ces solutions spécifiques de différends réels sont-elles apparues au départ, autrement dit, qu'y avait-il avant qu'il y ait des normes juridiques matérielles ? Quant à la première règle de la Loi des XII Tables, elle était porteuse d'un seul message : tout différend doit être soumis à un tribunal et le défendeur est obligé d'y assister[288].

Ainsi, dès le début de la tradition juridique, l'existence obligatoire d'une procédure, à savoir l'accès à une sorte de forum, a été le vecteur du développement du droit matériel. À l'époque, il s'agissait pour l'essentiel d'une procédure civile, mais elle garantissait la soumission de problèmes réels à de vrais juges – précisément comme cela a été le cas à la CrEDH ou dans n'importe quelle cour constitutionnelle à leurs débuts respectifs. C'est la raison pour laquelle Hannah Arendt a dit que les droits de l'homme sont simplement le droit d'avoir des droits.

---

[288] Sur les *Leges Duodecim Tabularum*, voir, en général, Alan Watson, *Rome of the XII Tables, Persons and Property*, Princeton University Press, Princeton et Londres, 1975.

Cependant, le droit d'avoir des droits n'est universel que dans la mesure où il existe un processus juridique obligatoire. Le droit d'avoir des droits équivaut à l'accès au tribunal et, d'une façon générale, au processus judiciaire. Les recours matériels qui s'ensuivent viennent après cela. Au début était la procédure, et la procédure est devenue substance.

Cependant, une fois que nous sommes dans le contexte du processus juridique, ou bien la réponse est logique et donc universellement la même, ou bien il n'est pas question de prééminence du rule of law.

b) L'« universalité » du professeur Franck

La question du professeur Franck, « les droits de l'homme sont-ils universels ? », dissimule un certain nombre de prémisses préliminaires qui doivent être divulguées avant de lancer la discussion. Mais une fois qu'elles le sont, il devient clair que la question posée se déconstruit facilement en une proposition idéologiquement égoïste. L'objectif implicite de cette question est de perpétuer un mythe sans consistance. Cette tentative de mythe témoigne d'un aveuglement typiquement américain, occidentalocentrique, sauf qu'il est énorme. Elle atteste que cet aveuglement égocentrique est à l'origine des problèmes illustrés par le « choc des civilisations » de Huntington[289].

(1) Le choc des civilisations

Comme nous le verrons plus loin, même si le rejet est indiqué d'emblée, je ne fais bien sûr pas référence aux chinoiseries du type : « Les normes culturelles et juridiques occidentales ne s'appliquent pas à nous parce que nous sommes culturellement, historiquement, racialement, etc., différents ! » Il est clair que la décence minimale, la tolérance et le respect de la dignité de la personne humaine doivent être inextricablement liés à la naissance même – partout ! – de chaque être humain sur cette planète. Malheureusement, c'est une autre question que de savoir s'il en va ainsi partout en Asie, en Afrique, en Amérique du Sud, en Amérique du Nord, en Europe, etc. Comme nous le verrons, la vraie question pratique et réelle est de savoir

[289] Article original de Samuel P. Huntington, « The Clash of Civilizations », *Foreign Affairs*, vol. 72, n° 3, 1993, p. 22-49.

pourquoi ce n'est pas le cas. Pourquoi les normes minimales de respect de la dignité de l'existence humaine ont-elles toujours et partout été cruellement violées ? Quant à nous, en tant que praticiens du droit, nous ne devons pas nous laisser séduire par le cynisme philosophique à la Nietzsche et répondre par exemple que l'animal humain, à moins d'être fouetté dans l'obéissance, glissera sous le niveau le plus bas de la décence.

c) Les divergences culturelles et le pouvoir contraignant de la CrEDH et des cours constitutionnelles

La pertinence historique de la CrEDH à Strasbourg est au cœur de ce défi civilisationnel. Après la glissade nazie sous le niveau le plus bas imaginable de décence morale, les pères fondateurs de la CEDH ont créé *ex nihilo* ce qu'on appelle le mécanisme de Strasbourg. Ce n'est que parce qu'ils ont sagement et concrètement créé cette réalité *procédurale* – cela devrait être amplement évident – qu'il est maintenant réaliste de parler de « droits de l'homme ». Le discours juridique et politique international sur « l'universalité des droits de l'homme » ne serait qu'une fanfaronnade politique vide de sens sans mise en œuvre et application ou, plus précisément, sans ce qui est devenu l'article 41, qui se lit comme suit :

> Satisfaction équitable – Si la Cour déclare qu'il y a eu violation de la Convention ou de ses protocoles, et si le droit interne de la Haute Partie contractante ne permet d'effacer qu'imparfaitement les conséquences de cette violation, la Cour accorde à la partie lésée, s'il y a lieu, une satisfaction équitable,

Il en va précisément de même pour la mise en œuvre continue des droits constitutionnels par les cours constitutionnelles, surtout si leur compétence englobe le pouvoir de répondre à une plainte constitutionnelle individuelle. Partout, la validité des droits de l'homme et des droits constitutionnels – et ce sont, à toutes fins pratiques, deux cercles qui se chevauchent largement – est en rapport avec la réalité de l'étendue des compétences de la CrEDH et des cours constitutionnelles.

Étendue de la compétence ? Il est évident que je parle, au niveau national et au niveau international, de l'habilitation du pouvoir judiciaire.

Même aujourd'hui, la duplicité des politiciens démocratiquement élus, et en particulier ceux du pouvoir exécutif à l'ego enflé, témoigne de l'hypocrisie de ceux qui ne sont pas obligés de prendre au sérieux la dignité de la personne humaine. Une affaire récente, *Jalloh c. Allemagne*, dans laquelle la police allemande a provoqué par la force des vomissements chez un étranger noir transportant de la drogue enfermée dans des sacs en plastique dans son estomac, l'a montré de manière patente[290].

[290] *Jalloh c. Allemagne* [GC], requête nº 54810/00, 11 juillet 2006. À l'origine de l'affaire se trouve une requête introduite par Abu Bakah Jalloh, ressortissant sierra-léonais, né en 1965 et résidant à Cologne (Allemagne). *« En octobre 1993, des policiers en civil surprirent à plusieurs reprises le requérant en train de retirer un petit sachet de sa bouche et l'échanger contre de l'argent. Soupçonnant que les sachets contenaient des stupéfiants, les policiers procédèrent à l'arrestation de l'intéressé. Alors qu'ils étaient en train de l'appréhender, le requérant avala un autre petit sachet qu'il avait dans la bouche. Les policiers n'ayant pas trouvé de drogue sur l'intéressé, le procureur compétent ordonna qu'on lui administrât un émétique pour provoquer le rejet du sachet. Le requérant fut emmené dans un hôpital où il fut présenté à un médecin. Comme il refusa de prendre les médicaments nécessaires pour provoquer les vomissements, quatre policiers l'immobilisèrent pendant que le médecin lui faisait passer un tube dans le nez et lui administrait de force une solution salée et du sirop d'Ipecacuanha. Le médecin lui injecta également de l'apomorphine, substance émétique dérivée de la morphine. Le requérant régurgita alors un petit sachet de cocaïne. Peu après, il fut examiné par un médecin qui le déclara apte à la détention. Environ deux heures après l'administration des médicaments, le requérant indiqua à des policiers venus pour l'interroger, dans un mauvais anglais – on s'aperçut alors qu'il ne parlait pas l'allemand – qu'il était trop fatigué pour faire une déposition. Le lendemain, le requérant fut mis en détention provisoire Son avocat allégua que les preuves à charge avaient été obtenues de manière illégale et ne pouvaient donc être utilisées dans le cadre du procès. Il affirma en outre que les policiers et le médecin qui avaient participé à l'opération s'étaient rendus coupables de coups et blessures dans l'exercice de leurs fonctions. Enfin, il soutint que l'administration de substances toxiques était prohibée par le code de procédure pénale, et que la mesure était également disproportionnée au regard du même code, dès lors qu'il eût été possible de parvenir au même résultat en attendant l'excrétion naturelle du sachet. En mars 1994, le tribunal de district reconnut le requérant coupable de trafic de stupéfiants et lui infligea une peine d'un an d'emprisonnement avec sursis. L'intéressé interjeta vainement appel de la décision, mais sa peine fut réduite à six mois d'emprisonnement avec sursis ; le pourvoi en cassation qu'il forma fut rejeté. La Cour constitutionnelle fédérale déclara irrecevable la plainte constitutionnelle de l'intéressé, estimant que celui-ci n'avait pas épuisé les voies de recours disponibles devant les juridictions pénales allemandes. Elle jugea également que la mesure litigieuse ne justifiait pas la formulation d'objections constitutionnelles*

En d'autres termes, l'esprit de Strasbourg, en tant qu'expérience historique, réside dans le fait que ses arrêts ont du mordant. Il réside dans le caractère supranational et contraignant des arrêts de la CrEDH. De même, la question du caractère contraignant *de facto* des arrêts s'applique à toutes les cours constitutionnelles qui, elles aussi, rendent des arrêts concernant les droits de l'homme en tant que droits constitutionnels.

Parler de l'exécution, de la mise en œuvre et du caractère contraignant des arrêts relève de ce que le droit constitutionnel appelle la séparation des pouvoirs, les freins et contrepoids, etc. Dans chaque affaire, la préoccupation centrale est de savoir si les pouvoirs exécutif et législatif respecteront ou non la décision de la cour constitutionnelle et la mettront en œuvre. En termes très réels, bien sûr, c'est une question de pouvoir. Comment une branche du gouvernement sans armée et sans marine peut-elle se faire prendre au sérieux ?

4. Les droits de l'homme en tant qu'épiphénomène

J'espère que ce que j'ai expliqué jusqu'à présent montrera clairement que les « droits de l'homme » sont un épiphénomène interculturel complexe et qu'il ne saurait y avoir de signification unique à cette expression.

Les droits de l'homme sont aussi une zone de combat entre deux cultures juridiques. La confrontation entre les deux systèmes juridiques peut s'observer dans de nombreuses affaires telles que délibérées dans les Chambres et à la Grande Chambre de la CrEDH. On pourrait dire que ces délibérations sont ce que Roscoe Pound aurait appelé « le droit comparé en action ». Naturellement, comme il n'y a que quatre pays de common law (le Royaume-Uni, l'Irlande, Malte et Chypre) qui fonctionnent entourés de quarante-trois autres pays, leur voix n'est pas entendue comme elle devrait l'être dans un

---

concernant la protection de la dignité humaine et du droit de ne pas contribuer à sa propre incrimination, au sens de la Loi fondamentale allemande. Le requérant s'est plaint qu'on lui avait administré de force un émétique et que les preuves ainsi obtenues – illégalement, selon lui – avaient été utilisées contre lui lors de son procès. Il s'est également plaint que son droit de ne pas s'accuser lui-même avait été violé. Il s'est appuyé sur les articles 3, 6 et 8 de la Convention » : communiqué de presse 421(2006), 11 juillet 2006, du Greffier de la CrEDH.

système ; c'est ironique parce que le système est à au moins deux égards l'enfant de la common law.

Premièrement, l'idée même d'avoir un système juridique pratiquement nouveau, fondé sur des précédents, est quelque chose d'inouï dans certains pays du continent, du moins jusqu'à récemment, dans la mesure où les cours constitutionnelles de nombreux pays, de la République tchèque à la Turquie, fonctionnent sur la base de leur propre jurisprudence, lentement acquise.

Deuxièmement, l'esprit de la Convention, comme je l'ai amplement démontré, procède de la culture anglo-saxonne à la fois pour des raisons idéologiques et politiques caractéristiques des lendemains de la Seconde Guerre mondiale et pour des raisons spécifiquement juridiques (voir notamment les articles 5 et 6 de la Convention).

Troisièmement, il est bien plus complexe encore de savoir si les « droits de l'homme », en tant que phénomène du XXe siècle au niveau juridique international, appartiennent ou non, à l'origine, à l'un des deux systèmes juridiques occidentaux. Il pourrait être raisonnable de se demander si, à leur origine, les droits de l'homme sont, ou non, plus « démocratiques ».

a) L'individu contre l'État

Comme je l'ai rappelé, le plaignant à la CrEDH est toujours un individu, à l'exception de très rares affaires interétatiques, tandis que le défendeur est toujours l'un des quarante-sept États. À cet égard, même au vu de l'histoire relativement récente, il est pratiquement inédit pour tous les États membres que le siège même du pouvoir et de l'autorité souveraine, l'État, devienne un simple défendeur face à un citoyen individuel. Il faut admettre que c'est en soi étonnant, même si nous nous y sommes habitués et que nous avons oublié à quel point c'est révolutionnaire. Les droits de l'homme sont par définition un phénomène antiautoritaire, parce qu'ici, à la CrEDH, toute action malencontreuse de l'État autoritaire, de la Turquie et de la Russie à l'Ukraine et bien d'autres, fait l'objet d'un examen minutieux au regard des dispositions de fond et de procédure de la CEDH.

En fait, en tant que processus juridique, cet examen est la raison d'être des « droits de l'homme ». La jurisprudence et le rôle des causes de la CrEDH sont le bilan des violations des droits individuels des plaignants individuels commises par les États, et seulement par eux. Il semble donc évident que les « droits de l'homme », tels qu'ils figurent dans le registre de la CrEDH, sont, empiriquement parlant, les droits individuels susceptibles d'être violés par les États.

Inversement, nous considérons par définition les droits de la personne humaine (à l'exception de la *Drittwirkung* [291], effet horizontal des droits constitutionnels et des droits de la personne) comme quelque chose qui ne peut pas être violé par un autre individu ou un groupe d'individus. Seul l'État organisé, avec ses instruments de pouvoir, peut se rendre coupable de telles violations. Les droits de l'homme sont par définition susceptibles d'être lésés par l'État. Prenons par exemple l'article 2 de la CEDH, qui protège le droit à la vie[292]. Si une personne ôte la vie à une autre, cela ne viole pas ses droits humains, à moins, bien sûr, que l'État ne fasse preuve de négligence dans l'enquête sur l'acte criminel dont la perte de la vie est une conséquence. Ainsi, cette perte de vie ne devient une question de droits de l'homme que lorsque l'État en question est impliqué dans l'affaire au moins sur le plan procédural, ce qui, du point de vue de la victime, n'est pas logique.

---

[291] « *La doctrine de l'effet à l'égard des tiers* (Drittwirkung) *instancie l'idée que la Constitution (...) entraîne des obligations juridiques sur les interactions de droit privé des personnes privées dans leurs relations* inter se. *Les questions fonctionnelles sont les suivantes : l'existence d'un droit, qui peut le faire valoir, contre qui, et quels sont les recours. Ces questions sont distinctes, mais liées. La* Drittwirkung *(effet à l'égard des tiers) peut être direct ou indirect. (...) L'effet à l'égard des tiers peut être vertical (entre l'organisme de droit public et une autre personne, qu'elle soit publique ou privée) ou horizontal (entre individus). L'effet horizontal peut être direct ou indirect. » :* voir E. Engle, « Third Party Effect of Fundamental Rights (Drittwirkung) », *Hanse L.R.*, vol. 5, n° 2, 2009, p. 165, à l'adresse https://web.archive.org/web/20110726140849/http://www.hanselawreview.org/pdf8/Vol5No2Art02.pdf, consulté pour la dernière fois le 25 octobre 2017.

[292] *Article 2 - Droit à la vie, 1 et 2: 1. Le droit de toute personne à la vie est protégé par la loi. La mort ne peut être infligée à quiconque intentionnellement, sauf en exécution d'une sentence capitale prononcée par un tribunal au cas où le délit est puni de cette peine par la loi. 2. La mort n'est pas considérée comme infligée en violation de cet article dans les cas où elle résulterait d'un recours à la force rendu absolument nécessaire: a) pour assurer la défense de toute personne contre la violence illégale ; b) pour effectuer une arrestation régulière ou pour empêcher l'évasion d'une personne régulièrement détenue ;* c) pour réprimer, conformément à la loi, une émeute ou une insurrection. »

N. Les recours procéduraux

1. L'opinion partiellement concordante dans l'affaire *Lucá c. Italie*[293]

a) Partie II

Un examen attentif des travaux préparatoires de ce qui est aujourd'hui l'article 41 (ancien article 50) fait apparaître quelles étaient les intentions initiales des pères fondateurs de la Convention. La version originale de l'article que P.-H. Teitgen présenta le 5 septembre 1949 était ainsi libellée :

> « L'arrêt de la Cour pourra prescrire à l'État intéressé : 1. *d'annuler, de suspendre ou d'amender la décision incriminée ;* 2. de réparer le dommage causé ; 3. de requérir contre la ou les personnes responsables les sanctions pénales, administratives ou civiles encourues[294]. » (Mis en italique par moi)

Le Comité d'experts des Droits de l'Homme, composé de représentants des gouvernements, modifia ce libellé par la suite. Le délégué italien, T. Perassi, membre de la Cour permanente d'arbitrage, proposa un amendement qui a abouti à la version actuelle de l'article 41[295].

---

[293] *Lucà c. Italie*, requête nº 33354/96, 27 février 2001, opinion partiellement concordante du juge B.M. Zupančič.

[294] Voir le rapport de la Commission des questions juridiques et administratives de l'Assemblée consultative (maintenant parlementaire), préparé par P.-H. Teitgen, Conseil de l'Europe, Recueil des travaux préparatoires de la Convention de sauvegarde des droits de l'homme et des libertés fondamentales, vol. I, Martinus Nijhoff, La Haye, 1975, p. 212.

[295] La version originale de ce texte était ainsi libellée : *« Si la décision de la Cour déclare qu'une décision prise, ou une mesure ordonnée par une autorité judiciaire ou toute autre autorité d'une Partie Contractante se trouve entièrement ou partiellement en opposition avec des obligations découlant de la présente Convention, et si le droit interne de ladite Partie ne permet qu'imparfaitement*

Cette disposition s'inspirait du Traité germano-suisse d'arbitrage et de conciliation de 1921 (article 10) et de l'Acte général de Genève pour le règlement pacifique des différends internationaux de 1928 (article 32). Certes, ces dispositions visaient des situations interétatiques particulières dans lesquelles l'État partie à un accord d'arbitrage n'était pas en mesure de modifier son droit interne mais était disposé à accorder une satisfaction équitable d'un autre ordre. L'arbitrage avait pour base une compensation extrajudiciaire pour le dommage qu'un État étranger avait causé à un individu..

Le membre de phrase « si le droit interne de la (...) Partie (...) ne permet qu'imparfaitement d'effacer (...) » est logique pour les différends interétatiques dans lesquels l'État était prêt, d'un point de vue politique, à fournir à l'individu lésé une compensation à la restitution, mais ne pouvait le faire en raison de dispositions spécifiques de son droit interne, d'habitude le droit constitutionnel. Cette disposition tendait donc à contourner les obstacles juridiques internes et à transférer la question de la compensation au niveau de la protection diplomatique interétatique. C'est aussi pourquoi, comme nous le verrons, ces termes sont difficiles à interpréter dans le cadre de la Convention. À ma connaissance, la Cour n'a jamais pleinement interprété les termes « le droit interne de la (...) Partie (...) ne permet qu'imparfaitement d'effacer (...) ».

Dans le cadre de la Convention, ce membre de phrase, repris d'un accord d'arbitrage interétatique, a deux significations possibles. On peut le mettre sur un lit de Procruste afin de lui donner n'importe quel sens, dans la mesure où il se contente de redire qu'il faut prouver que le droit interne ne permet pas de régler la violation des droits de l'homme dont il s'agit. Comme les voies de recours internes devront être épuisées avant que l'affaire n'arrive à la Cour, cette disposition, préalable formel à l'octroi d'une satisfaction équitable, semble tautologique..

La question peut aussi être inversée. La Convention n'est pas un accord d'arbitrage. Maintes violations d'ordre procédural des droits de l'homme ne peuvent être redressées par une « satisfaction équitable » financière. Les craintes d'une atteinte à la souveraineté nationale qui planaient sur le Comité d'experts des Droits de l'Homme en 1949 ne sont à l'évidence plus de mise aujourd'hui. La situation sous-jacente a radicalement changé ; le démontre aisément

d'effacer les conséquences de cette décision ou de cette mesure, la décision de la Cour accorde, s'il y a lieu, à la partie lésée, une satisfaction équitable. »

le fait que les États soient aussi nombreux à avoir renoncé *sua sponte* à cet aspect de la souveraineté nationale et, en adoptant une législation spécifique, aient soumis les arrêts définitifs de leurs juridictions pénales et de droit privé à un procès *de novo*[296]. En cas de procès en révision, le constat par la Cour d'une violation passe pour un *novum factum* juridique. Cela implique, bien entendu, que les constats de notre Cour doivent avoir un effet contraignant direct sur les juridictions nationales de première instance qui rejugent les affaires. On ne peut se contenter de rien de moins si l'on veut dans une affaire comme celle de l'espèce que justice soit faite.

La seconde interprétation, plus raisonnable, du membre de phrase « si le droit interne de la Haute Partie contractante ne permet qu'imparfaitement d'effacer les conséquences (...) » doit à mon avis être celle-ci. Avant que la Cour n'accorde une satisfaction équitable d'ordre financier, ces termes essentiels présupposent logiquement (argument *a contrario*) que la Haute Partie contractante aura tout mis en œuvre dans le cadre de son système juridique pour redresser la violation en cause. Les voies de recours internes ayant été épuisées au moyen des recours judiciaires successifs avant que l'affaire ne parvienne à la Cour, il faut en déduire dans la plupart des cas que « le droit interne de la Haute Partie contractante» ne permettait pas d'effacer (...) « les conséquences de cette violation ».

L'implication logique n'est toutefois pas que le système juridique interne ne peut réagir et corriger la violation une fois que la Cour l'a constatée. Ainsi, dans la présente affaire, l'article 632 § 1 b) du code italien de procédure pénale habilite le *procuratore generale presso la corte di appello* à requérir un procès en révision et la cour d'appel a la compétence de l'ordonner. Dès lors, en bonne logique, il n'est pas nécessaire que la violation soit effacée seulement en partie ; elle peut l'être totalement.

Se pose certes le problème de la succession des événements dans le temps. Avant que l'affaire ne parvienne à la Cour, le système juridique interne n'a pas enregistré la violation de la Convention. Il est toutefois souvent susceptible de réparer le dommage ultérieurement, une fois que la Cour constate la violation. Quand elle rend son arrêt, la Cour ne devrait donc pas supposer *a priori* que le

[296] Voir Pradal et Corstens, *Droit pénal européen*, Dalloz, 1999, p. 277.

système juridique interne est dans l'incapacité d'assurer une *restitutio in integrum*[297].

La Cour devrait à tout le moins examiner si le système juridique interne peut (ou ne peut pas) assurer la *restitutio in integrum* ; l'impossibilité de la fournir est la condition juridique préalable stricte à l'octroi par la Cour d'une satisfaction équitable d'ordre financier. Celle-ci constitue à l'évidence un *ultimum remedium*.

D'un autre côté, l'article 1 de la Convention fait obligation à l'État partie à celle-ci de reconnaître « à toute personne relevant de [sa] juridiction les droits et libertés définis au titre 1 de la (...) Convention ». Il ne serait pas logique de présumer que cette obligation cesse simplement d'exister, éventuellement après que la satisfaction équitable financière aura été versée, une fois que la Cour a constaté que l'État concerné a failli à son obligation de reconnaître au requérant un droit procédural essentiel défini à l'article 6 § 3 b). Défendre cette position impliquerait l'existence d'un rapport de *quid pro quo* entre un droit de l'homme d'ordre procédural essentiel (et peut-être la liberté) du requérant d'une part et le versement d'une somme d'argent de l'autre. En dépit de l'arrêt Delta précité, j'ai du mal à admettre une relation aussi réductrice entre un droit de l'homme et le remède à sa violation.

b) Partie III

Vu ce qu'énonce l'article 1 de la Convention, il ne fait aucun doute que l'État partie à celle-ci est dans l'obligation morale de redresser la violation d'un droit de l'homme que la Cour a constatée. L'article 41 faisant état de l'impossibilité d'effacer parfaitement la violation (en en faisant le préalable juridique négatif à l'octroi d'une satisfaction équitable), l'État partie à la Convention est aussi dans l'obligation juridique d'envisager toutes les possibilités qu'offre son droit interne pour aboutir à une *restitutio in integrum*.

Donner à entendre que cette obligation juridique de *restitutio in integrum* cesse d'exister une fois que notre Cour a constaté une violation, qu'elle octroie ou non une satisfaction équitable, irait à

[297] Le mot inadéquat « réparation », qui provient d'une convention d'arbitrage, signifierait *stricto sensu* une indemnisation pécuniaire pour le préjudice subi par le demandeur. La Cour a toutefois laissé entendre qu'en tant que condition préalable à la satisfaction équitable, ce mot signifiait *restitutio in integrum*. Voir l'affaire *Scozzari et Giunta*, précitée.

l'encontre de l'article 1 comme de l'article 41. À l'encontre de l'article 1, qui implique clairement que les États sont tenus de tout mettre en œuvre pour redresser la violation. Comme c'est là toute la finalité de la Convention, cela vaut *a fortiori* après que le système juridique interne a manqué à déceler cette violation qui a, par la suite, été identifiée par le dispositif de Strasbourg. À l'encontre de l'article 41, qui présuppose une restitution pleine et entière sauf si le droit interne se révèle d'un point de vue constitutionnel incapable de la fournir[298].

Pour replacer les choses en perspective, je soulignerai que dans certaines affaires, comme celles concernant des violations de l'article 1 du Protocole n° 1, une réparation financière est le mode de redressement par excellence. Dans d'autres affaires, les conséquences de la violation de tel ou tel droit de l'homme, par exemple les affaires portant sur les articles 2 et 3, sont véritablement irréversibles et ne peuvent être atténuées, quoique toujours de manière insuffisante, par l'octroi d'une satisfaction équitable d'ordre financier. Par contre, dans des situations comme celle-ci qui découlent du procès inéquitable du requérant, une *restitutio in integrum* est éminemment possible. Elle implique que toute l'affaire soit rejugée.

2. Le changement révolutionnaire dans les recours devant la CrEDH

a) L'opinion en partie concordante dans l'affaire *Lucá c. Italie* (partie I)

La formulation incongrue de l'actuel article 41 de la CEDH était un obstacle. L'indemnisation pécuniaire des requérants dont l'action a abouti a un sens en matière délictuelle, mais elle n'a aucun sens,

[298] Pour se conformer à cette logique, la Cour devrait diviser sa procédure en deux phases. Dans la première phase, la Cour vérifierait s'il y a eu violation. Dans la seconde phase, il devrait incomber à l'État concerné de démontrer que le droit interne est incapable de restitution intégrale. Ce n'est qu'au cours de cette seconde phase que la Cour pourrait accorder une satisfaction équitable. Mais comme une telle division de la procédure ne se produira manifestement pas, il incombe au Comité des Ministres de se conformer à la logique ci-dessus. Par conséquent, il serait très utile que nos arrêts contiennent des recommandations spécifiques concernant les voies et moyens possibles de restitution, comme, par exemple, ceux que la Cour a indiqués dans l'arrêt *Scozzari et Giunta*, précité.

comme dans l'affaire *Lucà c. Italie*[299], en cas de violation de la procédure et ailleurs, où la *restitutio in integrum* est la seule solution. Avant 1998, le mantra des internationalistes de la Cour était que « la Cour ne spéculera pas sur l'issue de l'affaire », c'est-à-dire sur le fait de savoir si la question était la violation procédurale au sens de l'article. 6.

Entre-temps, *sua sponte*, les États signataires, à commencer par la Suisse dont ils se sont inspirés, avaient commencé à introduire des recours internes dans les cas où la CrEDH avait conclu à une violation de la procédure. En Suisse, cette règle s'appliquait généralement aux procédures pénales, civiles et administratives, mais dans la plupart des autres États, elle ne s'appliquait qu'aux procédures pénales. Cela a d'ailleurs soulevé, comme nous le verrons plus loin, une nouvelle question concernant le caractère contraignant non seulement et simplement de l'arrêt de la CrEDH, mais aussi du raisonnement et même de l'« esprit » de la motivation de l'arrêt. Mais l'Italie n'était pas l'un de ces États.

Finalement, mon opinion séparée dans l'affaire *Lucà* a changé tout cela et la Cour a commencé à demander aux États en question d'organiser un procès *de novo*[300].

(1) Opinion partiellement concordante – Partie I

Dans les affaires où des vices de procédure entachent la crédibilité juridique de la condamnation, le problème de la « satisfaction équitable » demeure. Dans mon opinion séparée jointe aux arrêts *Cable et autres* et *Hood c. Royaume-Uni* ([GC], n°s 24436/94 et suivants, 18 février 1999, non publié, et [GC], n° 27267/95, CEDH 1999-I), j'avais souligné l'absurdité qu'il y a à séparer artificiellement l'injustice procédurale de son résultat substantiel. Au

---

[299] *Lucà c. Italie*, requête n° 33354/96, 27 février 2001.

[300] Parce qu'il n'est pas logique d'obliger l'État à activer son propre recours, dans la plupart des autres affaires, notamment contre la Turquie, la CrEDH a inséré la formule dite *Gençoğlu* uniquement dans l'exposé du raisonnement de l'arrêt, c'est-à-dire comme une vive recommandation. Toutefois, la doctrine de la Cour a été, avant même l'affaire *Stec et autres c. Royaume-Uni* [GC], requêtes n°s 65731/01 et 65900/01, 12 avril 2006, que dans les affaires où l'État n'est pas obligé de proposer un certain droit, il doit, s'il le fait, traiter ce droit comme s'il avait été accordé par la CrEDH. Il devrait en être de même pour le recours procédural concernant le procès *de novo*.

regard de la Convention, il ne s'agit pas de « simples » erreurs de procédure qui ne seraient à prendre en compte que dans la mesure où elles rejaillissent sur la recherche de la vérité dans une procédure pénale donnée et sur le bien-fondé de la condamnation qui en résulte. Elles figurent elles-mêmes parmi les violations substantielles les plus graves des droits de l'homme. Les auteurs de la Convention avaient pensé à l'origine que ces erreurs de procédure entreraient dans les quelques rares situations où un arrêt de la Cour européenne des droits de l'homme serait directement exécutoire de manière à renverser la décision judiciaire interne. Nous parlons ici de garanties légales substantielles.

En droit interne, il existe deux moyens essentiels possibles de redresser les violations des droits de l'homme concernant la procédure, selon la personne qui commet ces violations et le stade de la procédure pénale où celles-ci se produisent. Ces deux moyens sont 1. la règle de l'exclusion et 2. un procès en révision de l'ensemble de l'affaire. La règle de l'exclusion, pendant du droit de ne pas s'incriminer soi-même, s'applique surtout à la phase *focusi* avant le procès lorsque la violation est le fait de la police. Le recours du procès *de novo* entre en jeu lorsque la juridiction de première instance, et non la police, a commis ce que l'on appelle parfois en droit continental « une erreur procédurale absolument fondamentale ». Ces erreurs coïncident souvent avec des violations de droits de l'homme relatives à la procédure.

Dans le cadre de l'article 41 se pose la question de savoir si notre « satisfaction équitable » financière ne représente pas un remède totalement inapproprié pour les violations des droits de l'homme de nature procédurale dans le cas où, par suite de ces violations, la personne qui n'a pas bénéficié d'un procès pénal équitable demeure en prison.

L'octroi d'une somme d'argent à titre de satisfaction équitable n'est logique que si nous posons comme prémisse que des procédures pénales gravement viciées peuvent néanmoins déboucher sur des condamnations justes sur le fond. Si telle est la prémisse, je doute que les auteurs de la Convention auraient considéré les violations de nature procédurale en soi comme de graves atteintes aux droits de l'homme auxquelles ils ont consacré une part importante de la Convention. Comme un large pan de notre jurisprudence traite des conditions procédurales essentielles du procès équitable énoncées aux articles 5, 6, etc., je pense que nous manquerions de logique si nous partions du principe que la procédure, équitable ou non, est simplement un moyen d'aboutir à une condamnation correcte quant au fond et que ce qui importe en dernière analyse est le point de savoir si la condamnation est un « vrai positif ». D'un point de vue épistémologique, la crédibilité de la condamnation et de l'acquittement ne peut en toute hypothèse être éprouvée que par le biais d'une procédure sans faille. Il s'ensuit inévitablement que le seul recours qui convienne est un procès en révision. La majorité affirme qu'elle ne saurait spéculer sur l'issue qu'aurait l'affaire si l'on recommençait la procédure et si l'irrégularité était corrigée. Mais elle suppose alors implicitement que si la procédure avait été régulière, l'affaire aurait été tranchée à l'identique (condamnation). Dans les affaires *Cable et autres* et *Hood* précitées, nous avons estimé que le simple constat d'une violation constituait un redressement suffisant, ce qui du moins concorde avec l'attitude agnostique adoptée vis-à-vis de la justice (ou de l'injustice) de la condamnation ultime.

Je soutiens toutefois qu'une procédure pénale entachée de graves violations des droits de l'homme ne peut *a priori* déboucher sur une condamnation acceptable sur le fond. Affirmer le contraire revient à souscrire au point de vue inquisitoire classique selon lequel la fin justifie les moyens.

Si l'on en veut une preuve en droit international, l'on peut se référer à la Convention des Nations unies contre la torture (« la CCT »). La CCT énonce catégoriquement qu'aucun élément obtenu directement ou indirectement par la torture ne doit parvenir, que ce soit par écrit ou oralement, à celui (juge ou jury) qui statue sur l'affaire pénale. La CCT commande d'exclure de telles preuves en dépit du fait que des aveux et autres éléments de preuve extorqués sous la torture puissent aider à la recherche de la vérité à laquelle tend la procédure pénale : *confessio regina probationum.* Si la règle de l'exclusion est méconnue, la procédure doit être rouverte *ab initio* ; il faut ensuite s'en tenir strictement à l'exclusion des éléments de preuve viciés. *A fortiori*, lorsque le vice de procédure, tel le refus d'interroger des témoins, porte irrémédiablement atteinte à la mission de recherche de la vérité que poursuit la procédure pénale, il faut un procès *de novo*.

Dans l'arrêt *Scozzari et Giunta c. Italie* ([GC], n°s 39221/98 et 41963/98, § 249, CEDH 2000-VIII), nous avons fait un pas vers la solution de ce problème. Nous avons fortement recommandé de s'orienter vers une *restitutio in integrum pro futuro*[301]. Certes, l'affaire *Scozzari et Giunta* concernait une situation non définitive relevant du droit de la famille, alors que nous sommes confrontés ici au caractère définitif d'une condamnation pénale. J'ai néanmoins préconisé en l'espèce une recommandation dans le même sens. Les Hautes Parties contractantes à la Convention sont nombreuses à avoir d'ores et déjà adopté dans leur droit procédural interne une disposition d'après laquelle un jugement de droit pénal ou de droit privé qui sinon serait définitif peut faire l'objet d'un procès en révision dans le cas où la Cour viendrait à constater une violation de la Convention.

Dès lors, il est selon moi inacceptable – dans une affaire où l'accusé n'a pu interroger ou faire interroger les témoins – d'allouer 15 000 000 lires italiennes à titre de « satisfaction équitable » pour préjudice moral, prétendument pour « perte de chances réelles [c'est-à-dire procédurales][302] ».

---

[301] *« La Cour souligne tout d'abord qu'en vertu de l'article 46 de la Convention les Parties contractantes se sont engagées à se conformer aux arrêts définitifs de la Cour dans les litiges auxquels elles sont parties, le Comité des Ministres étant chargé d'en surveiller l'exécution. Il en découle notamment que l'État défendeur, reconnu responsable d'une violation de la Convention ou de ses Protocoles, est appelé non seulement à verser aux intéressés les sommes allouées à titre de satisfaction équitable, mais aussi à choisir, sous le contrôle du Comité des Ministres, les mesures générales et/ou, le cas échéant, individuelles à adopter dans son ordre juridique interne afin de mettre un terme à la violation constatée par la Cour et d'en effacer autant que possible les conséquences (voir,* mutatis mutandis, *l'arrêt* Papamichalopoulos et autres c. Grèce *(article 50) du 31 octobre 1995, série A n° 330-B, p. 58-59, § 34). Il est entendu en outre que l'État défendeur reste libre, sous le contrôle du Comité des Ministres, de choisir les moyens de s'acquitter de son obligation juridique au regard de l'article 46 de la Convention pour autant que ces moyens soient compatibles avec les conclusions contenues dans l'arrêt de la Cour »* (soulignement ajouté).

[302] Pour une affaire analogue, voir *Delta c. France*, requête n° 11444/85, 19 décembre 1990, § 43 : *« La seule base à retenir pour l'octroi d'une satisfaction équitable réside en l'espèce dans le fait que le requérant n'a pas joui de toutes les garanties de l'article 6 (art. 6). La Cour ne saurait certes spéculer sur ce qu'eût été l'issue du procès dans le cas contraire, mais n'estime pas déraisonnable de penser que l'intéressé a éprouvé une perte de chances réelles (voir entre autres,* mutatis mutandis, *les arrêts* Goddi *du 9 avril 1984, série A n° 76, p. 13-14, par. 35-36, et* Colozza *du 12 février 1985, série A n° 89, p. 17, par. 38) »*. Cependant, dans l'arrêt *Cable et autres c. Royaume-Uni* [GC], requêtes n°s 24436/94 et suiv, 18 février 1999, non publié, nous avons considéré que la simple constatation d'une violation

b) Le recours au fond : Scozzari et Giunta c. Italie

Pour la première fois dans l'affaire italienne *Scozzari et Giunta c. Italie*[303], étant rapporteur dans cette affaire, j'ai introduit l'idée de la *restitutio in integrum* comme nouveau remède approprié pour la violation en question. La question en l'espèce était de savoir si les deux enfants qui se trouvaient alors dans un foyer près de Florence devaient être rendus à leur mère et à leur grand-mère. La « satisfaction équitable » pécuniaire n'aurait pas été un remède approprié à une situation des plus irrégulières. Après tout, quel genre de remède serait-ce que de donner de l'argent à la mère et à la grand-mère lésées plutôt que de leur rendre les enfants éloignés de manière injustifiée ?

(1) Douglas, Zidar, Chayes et Bultrini

Dans l'affaire *Scozzari et Giunta*, je me suis inspiré de la théorie du juge William Douglas sur la « *penumbra* » d'une disposition particulière de la Constitution des États-Unis selon laquelle la règle avait des implications plus larges par rapport à la règle étroite explicite dans la lecture textuelle de la règle primaire[304]. Le travail concomitant de Zidar sur les travaux préparatoires de la Convention et l'explication qu'il a donnée des raisons de la maladresse du libellé de celle-ci m'ont fait prendre conscience de la portée artificiellement limitée de l'article 41 de la Convention. Une autre inspiration décisive, dans cette affaire et plus tard dans d'autres affaires ultérieures portées devant la CrEDH, m'est venue d'Abraham Chayse, professeur à Harvard, et de son article fondateur expliquant que les droits et les recours sont les deux faces d'une même monnaie[305]. Pendant quelques années, cette analyse est devenue mon leitmotiv

---

constituait une satisfaction morale suffisante. La jurisprudence est donc incohérente. Dans les deux cas, les requérants ont continué à purger leur peine.

[303] *Scozzari et Giunta c. Italie* [GC], requêtes n°s 39221/98 et 41963/98, 13 juillet 2000.

[304] Juge William O. Douglas, écrivant pour la majorité de la Cour suprême dans l'affaire *Griswold v. Connecticut*, 381 U.S. 479 (1965).

[305] Abraham Chayes, « The Role of the Judge in Public Law Litigation », *Harvard Law Review*, vol. 89, n° 7, mai 1976, p. 1302 : 1) la poursuite est *bipolaire ;* 2) le litige est *rétrospectif* ; 3) le droit et le recours sont interdépendants ; 4) la poursuite est un *épisode autonome ;* 5) le processus est *initié par les parties et contrôlé par les parties*.

dans d'autres affaires et a joué un rôle central, par exemple, dans l'affaire *Lucà c. Italie*.

Dans l'affaire *Scozzari*, le fait que j'étais rapporteur à la Grande Chambre m'a aidé. Le brillant Antonio Bultrini, professeur de droit international à l'université de Florence, et moi-même, complices dans la préparation de l'affaire, avons tenté de faire passer l'idée le plus possible *sub rosa :* les autres juges ne devaient pas voir que la réinterprétation de la « satisfaction équitable », autrefois étroite et purement pécuniaire, devait avoir le nouveau sens de restitution. Notre réussite est confirmée par le fait qu'aucune référence dans l'arrêt *Scozzari* n'a été faite à la « Convention, instrument vivant[306] ».

c) Les affaires qui ont suivi l'arrêt *Scozzari*

L'arrêt *Scozzari* est cependant devenu un précédent très important. Immédiatement après, il y a eu l'affaire *Assanidze c. Géorgie*, où la solution a été la libération du prisonnier, et la célèbre affaire *Broniowski c. Pologne*, où l'État a été désormais obligé de restituer leurs biens immobiliers à des milliers de personnes qui avaient vécu au-delà de la rivière Boug[307]. Pour les non-initiés, l'arrêt *Broniowski* en est venu à être considéré à tort comme le premier arrêt pilote de la CrEDH. De nombreuses autres affaires importantes ont suivi, mais peu de gens se sont rendu compte qu'elles n'auraient pas été possibles sans le précédent de l'arrêt *Scozzari et Giunta*.

---

[306] Je ne me souviens pas non plus qu'un juge ait jamais admis ma contribution à l'impact, en termes de nouvelle *restitutio in integrum*, de l'interprétation radicalement différente de l'article 41 de la Convention. Ensuite, les nouveaux juges, bien sûr, n'étaient plus au courant des procédures de la Grande Chambre dans l'affaire *Scozzari*, ce qui confirme une fois de plus que le roulement des juges à la CrEDH est hautement dysfonctionnel.

[307] Voir *Assanidze c. Géorgie* [GC], requête n° 71503/01, 8 avril 2004, et *Broniowski c. Pologne* [GC], requête n° 31443/96, 22 juin 2004.

O. Des droits et des privilèges : moralité du devoir contre moralité d'aspiration

> En parlant de la relation entre les deux moralités, j'ai proposé l'image d'une échelle ascendante, commençant en bas avec les conditions clairement essentielles à la vie sociale et terminant au sommet avec les efforts les plus nobles vers l'excellence humaine. Les échelons les plus bas de cette échelle représentent la moralité du devoir ; ses échelons les plus hauts, la moralité d'aspiration. Une ligne de démarcation fluctuante sépare les deux, qu'il est difficile de localiser avec précision, mais qui a une importance vitale.(...) Si la moralité du devoir dépasse sa propre sphère, la main de fer de l'obligation imposée risque d'étouffer l'expérience, l'inspiration et la spontanéité. Si la moralité d'aspiration envahissait le domaine du devoir, les hommes pourraient commencer à peser et à nuancer leurs obligations à l'aune de leurs propres critères et on finirait avec un poète jetant sa femme à l'eau, dans l'espoir – peut-être quelque peu justifié – qu'il sera plus inspiré en son absence[308].

> La raison est régulière comme un comptable ; la vie, anarchique comme un artiste, Georges Canguilem[309].

1. Introduction

Dans ses travaux novateurs, le professeur Lon L. Fuller, de la Harvard Law School, introduit cette distinction fondamentale entre les deux moralités[310] : d'une part, la moralité du devoir et, d'autre part, la

---

[308] Lon L. Fuller, *La moralité du droit* (trad. française de J. Van Meerbeeck, Presses de l'Université Saint-Louis, Bruxelles, 2017, p. 35-36).

[309] Voir Cristina Chimisso, « The Life Sciences and French Philosophy of Science : Georges Canguilhem on Norms », *New Challenges to Philosophy of Science*, H. Andersen *et al.* (ed.), 2013, p. 399 (citant Georges Canguilhem, « Note sur la situation faite en France à la philosophie biologique », *Revue de métaphysique et de morale*, 1947, p. 326).

[310] Voir, de façon générale, Fuller, ouvrage cité *supra*, note 308, p. 27-28.

moralité d'aspiration. Il est clair que la moralité du devoir représente la substance de ce que nous appelons le droit, c'est-à-dire ses commandements, ses interdictions et ses autorisations [311]. D'une manière ou d'une autre, la moralité du devoir renvoie au plus petit dénominateur commun du comportement humain [312]. Comme le souligne Fuller, il est très important de le comprendre, pour des raisons qui ont été le plus souvent ignorées, car les définitions des actions humaines – commandées, interdites ou autorisées – ne sont possibles que si elles se réfèrent à un comportement qui est, dans tous les sens du terme, courant, ordinaire ou même statistiquement prévalant [313]. Ce comportement peut faire l'objet de descriptions juridiques simplement parce qu'il est ordinaire et peut être empiriquement soumis à la définition *per genus proximum et differentiam specificam* : définition d'après la catégorie générale la plus proche, d'une part, et d'après la différence spécifique caractérisant ce mode particulier de comportement dans cette catégorie, d'autre part[314].

Le droit pénal, par exemple, dans sa branche matérielle, se réfère à des actions criminelles qui sont faciles à décrire afin que le procureur ait une charge de la preuve bien définie (*corpus delicti*), dans laquelle il doit prouver chaque élément du crime[315]. On pourrait même dire

---

311 *Ibid.*, p. 15, 42.

312 *Ibid.*, p. 2, 13, 19-22, 27.

313 *Ibid.*, p. 22-23.

314 *Ibid.*, p. 25, 29.

315 La charge de la preuve hors de tout doute raisonnable incombe à l'accusation et comporte également le risque de non-persuasion *(in dubio pro reo)*. Cela s'applique à tous les éléments du crime prévus dans la partie spéciale du Code pénal, mais cela ne s'applique pas nécessairement, comme dans l'affaire *Patterson v. New York*, à un élément découlant de la partie générale du Code pénal : un trouble émotionnel extrême comme circonstance atténuante, ou l'ardeur de la passion suite à une provocation soudaine, comme dans l'affaire *In re Winship*. Le rapprochement des affaires montre que la formule simple selon laquelle la poursuite doit prouver tous les éléments du crime ne fonctionne pas. Cela ne fonctionne pas parce que la prémisse majeure du syllogisme du droit pénal est le produit de la combinaison d'infractions spécifiques, d'une part, et des éléments découlant de la partie générale du Code pénal, d'autre part. Inutile de dire qu'il y a littéralement des milliards de combinaisons possibles – et cela vaut aussi pour la compréhension continentale simpliste du principe de légalité *(Legalitätsprinzip)*. Sur le dit triangle *Winship-Mullaney-Patterson* de la Cour suprême des États-Unis, voir *Patterson v. New York*, 432 U.S. 197 (1977) ; *Mullaney v. Wilbur*, 421 U.S. 684 (1975) ; *In re Winship*, 397 U.S. 358 (1970).

que les définitions du droit pénal matériel sont vraiment le plus petit dénominateur commun du comportement humain, raison pour laquelle nous qualifions parfois le Code pénal de code moral minimal[316]. Mais cette conclusion concernant la possibilité de définir le comportement humain ne se réfère pas seulement au droit pénal. Dans le champ observé par Fuller, cela implique toutes sortes de délits de droit privé, de contrats, ainsi que les différents aspects du droit administratif[317]. Même dans le contexte international des droits de l'homme, on parle souvent des obligations positives et négatives des États, dont le comportement dans des situations particulières est également susceptible d'être défini, cette définition permettant de condamner l'État particulier pour un type particulier de violation des droits de l'homme[318].

En revanche, la moralité d'aspiration ne se prête pas à ce genre de description. Les aspirations auxquelles Fuller fait référence sortent par définition de ce qui est courant, ordinaire, et statistique[319]. Lorsque nous parlons de réalisations particulières d'êtres humains dépassant, au sens positif, les frontières ordinaires du comportement, nous parlons de quelque chose qu'il est *a priori* impossible de réduire le plus petit dénominateur commun[320].

Par exemple, il y a quelque temps, en 2015, un concours d'enfants prodiges organisé à la télévision française a présenté des enfants de différents âges exécutant divers morceaux de musique au violon et au violoncelle[321]. Comme nous le verrons plus loin, il est important de noter que le gagnant de ce concours a été une jeune fille qui a joué au

---

316 Voir, en général, Edmund L. Pincoffs, « Legal Responsibility and Moral Character », *Wayne L. Rev.*, vol. 19, 1973 (discussion de la pertinence du droit pénal pour un « code moral minimal »).

317 Fuller, *ibid.*, p. 23-25, 32.

318 Voir, par exemple, la CEDH, 4 novembre 1950, 213 U.N.T.S. 221, amendée par le Protocole n° 11 à la Convention de sauvegarde des droits de l'homme et des libertés fondamentales.

319 Fuller, *ibid.*, p. 28 (définition de la nature des aspirations humaines à la perfection, à la recherche de la rentabilité maximale, à la souplesse et à l'adaptation aux conditions changeantes).

320 *Ibid.*, p. 5.

321 Voir Anas Tazi, « Prodiges (France 2) : Qui est Camille Berthollet, la grande gagnante ? », *Télé Star* (29 décembre 2014), sur http://www.telestar.fr/2014/articles/prodiges-france-2-qui-est-camille-berthollet-la-grande-gagnante-66427.

violon « l'Été » des *Quatre Saisons* de Vivaldi[322]. Au moment où la jeune fille a commencé à jouer, il était clair qu'elle allait gagner la compétition : tous les autres concurrents se sont effacés dans le fond. Le jury, composé d'un violoncelliste adulte, d'un chanteur et d'un danseur, faisait l'éloge de tous les concurrents et essayait de rassurer tout le monde. Mais lorsqu'il s'est agi de la formidable violoniste, ils ont été incapables de trouver les superlatifs dignes de la complimenter. En réalité, la performance de la jeune fille avait dépassé les critères habituels de qualité musicale d'une manière impossible à définir, et surtout, bien sûr, à définir à l'avance. Le jury a eu beaucoup de mal à faire l'éloge de la jeune fille, mais les superlatifs sur lesquels il s'était mis d'accord n'avaient pas vraiment pu grand-chose pour « définir » cette aspiration extraordinaire. Personne, dans le public ou le jury, n'a été capable de dire pourquoi. Dans un sens, comme nous le verrons plus loin, c'est là l'aspect métaphysique de la moralité d'aspiration[323].

Comme nous le voyons, il est relativement facile d'établir la différence fondamentale entre moralité du devoir et moralité d'aspiration. En droit, *a priori*, la moralité d'aspiration semble tout simplement non pertinente. Les ordres, interdictions et autorisations de la loi sont là pour réglementer un comportement humain

---

[322] Voir Fabien Randanne, « Camille Berthollet : Ce que montrent mon album et "Prodiges", c'est que la musique classique, c'est aussi la jeunesse », *20 Minutes* (10 octobre 2015), à l'adresse http://www.20minutes.fr/culture/1711091-20151016-camille-berthollet-montrent-album-prodiges-musique-classique-aussi-jeunesse.

[323] Mais pas sur le plan métajuridique (éthique), où la moralité d'aspiration est complètement séparée de la question que nous traitons ici. Voir, en général, David Ingram, « Of Sweatshops and Subsistence : Habermas on Human Rights », *Ethics & Global Pol.*, vol. 2, n° 3, 2009, p. 193 : *« La tension entre les aspects juridiques et les aspects moraux des droits de l'homme ne peut être résolue que si et seulement si les droits de l'homme sont conçus comme des aspirations morales et non comme de simples revendications juridiques. En particulier (....) il y a deux raisons pour lesquelles les droits de l'homme doivent être compris comme des aspirations morales qui fonctionnent de manière non juridique : premièrement, les biens humains de base auxquels les droits de l'homme garantissent l'accès ne peuvent être déterminés qu'en fonction des capacités humaines de base qui se révèlent progressivement au cours d'un processus indéfini (pleinement inclusif et universel) d'apprentissage collectif ; deuxièmement, les obstacles institutionnels à la jouissance des droits de l'homme sont de nature culturelle et ne peuvent être levés par la coercition juridique. »* Ingram ne semble pas connaître *The Morality of Law* de Fuller.

définissable – et non pour inspirer des réalisations extraordinaires[324]. En outre, on ne peut pas être un brillant violoniste, un chercheur remarquable ou un romancier digne du prix Nobel sur ordre ou sur autorisation. Fuller le reconnaît et en tire certaines conséquences[325]. En d'autres termes, le comité du prix Nobel, par définition, ne peut être lié, lors de l'attribution de ses prix, à des critères légaux et formellement définis proclamés au préalable. Fuller semble croire que de tels critères, en raison du caractère extraordinaire de certaines réalisations humaines, ne peuvent être décrits[326].

Cependant, comme nous le verrons, cette distinction entre moralité du devoir et moralité d'aspiration a des répercussions très spécifiques. L'une d'elles est la distinction entre droit et privilège[327]. Partant du cadre de Fuller, ce chapitre a donc pour but de se concentrer sur ce dernier aspect et d'explorer l'impact des raisons pour lesquelles, dans certains cas, de la même manière que pour les privilèges, le pouvoir discrétionnaire du décideur ne peut être soumis à des règles strictes.

2. Le droit et le recours

Le concept de « droit » peut être spécifié en « droit à quelque chose ». Cela signifie que le titulaire du droit a droit à un certain résultat dans le cas où il entame une procédure judiciaire[328]. La *rei vindicatio* du droit romain, par exemple, était une action « en défense d'une chose » que la personne lésée « possédait », c'est-à-dire une action en droit qui ressuscitait le droit seulement à l'initiative explicite de celui qui, dans la procédure, se prétendait propriétaire de la chose[329]. Le droit de propriété a été défini comme suit : « *ius utendi et*

---

[324] Fuller, *ibid.*, p. 5.
[325] Voir, en général, *ibid.*, p. 4-6, 11-15, 27-29.
[326] *Ibid.*, p. 14, 30.
[327] *Ibid.*, p. 29 (où l'auteur déclare que les rigidités sociales essentielles doivent se maintenir, non pas simplement en étant là, mais en faisant pression activement pour être reconnues, ce qui est le sens fondamental d'un « droit ») ; voir aussi *ibid.*, p. 30 *(« Des considérations de symétrie suggèrent que dans la moralité d'aspiration, qui vise le superlatif, la récompense et la louange devraient jouer le rôle que la punition et la désapprobation jouent dans la moralité du devoir. »)*
[328] Voir *ibid.*, p. 5 (comment la société grecque ancienne a développé ses normes sociales à travers des qualifications de la moralité d'aspiration).
[329] Voir Joshua C. Tate, « Ownership and Possession in the Early Common Law », *AM. J. Legal Hist.*, vol. 48, 2006, p. 280, 286-287.

abutendi re sua ... », c'est-à-dire le droit d'utiliser et de consommer (ou d'abuser de) la chose « appartenant » au propriétaire[330]. Le « droit à quelque chose » *était* ce droit.

Cependant, cette définition abstraite *et* statique du droit à quelque chose appelé « propriété[331] » ne tient pas compte du simple fait que des millions de choses « appartiennent » à leurs propriétaires sans que personne ne revendique jamais ce droit, un droit à quelque chose[332]. En d'autres termes, le droit et le droit à quelque chose restent latents jusqu'au moment où le propriétaire est contraint à une *rei vindicatio* dynamique, c'est-à-dire à défendre son bien mobilier ou immobilier, vraisemblablement parce que quelqu'un s'y est ingéré.

Sur le fond, le droit de propriété n'est donc rien d'autre que le droit d'exclure d'autres personnes du bien en question ; ce droit statique et latent n'est recouvré dynamiquement en tant que droit à quelque chose que lorsqu'il est contesté par ceux qui en sont exclus. En d'autres termes, mais non sans une certaine ambiguïté, le droit matériel n'existe pas en dehors de son contexte procédural[333].

---

[330] Voir Ulrich Duchrow, *Property for People, not for Profit : Alternatives to the Global Tyranny of Capital*, Zed Books Ltd. 2004, p. 11-13. Mais voir le Code civil français, article 544 : *« La propriété est le droit de jouir et disposer des choses de la manière la plus absolue, pourvu qu'on n'en fasse pas un usage prohibé par la loi ou par les règlements ».*

[331] Voir le Protocole à la Convention de sauvegarde des droits de l'homme et des libertés fondamentales, 20 mars, 1952, 213 U.N.T.T.S. 262 : la définition dans la version française est la suivante : *« Toute personne physique ou morale a droit au respect de ses biens. Nul ne peut être privé de sa propriété que pour cause d'utilité publique et dans les conditions prévues par la loi et les principes généraux du droit international. »* Dans la version anglaise : *« Every natural or legal person is entitled to the peaceful enjoyment of his possessions. No one shall be deprived of his possessions except in the public interest and subject to the conditions provided for by law and by the general principles of international law. »* La divergence entre les deux textes (propriété/ *possessions*) est surprenante. Depuis le droit romain, il est clair que la simple possession est un fait, alors que la propriété est un droit.

[332] Voir *ibid.* Voir aussi Duchrow, ouvrage cité *supra*, note 330, p. 12.

[333] Dans le cadre américain, ce contexte procédural est plus ou moins tenu pour acquis. Il n'en va pas ainsi en droit continental, où les juristes ont tendance à considérer les entités matérielles statiques (définitions juridiques, etc.) comme des réalités réifiées, totalement distinctes de leur dépendance dynamique. Je considère qu'il s'agit là d'un facteur majeur (à la fois cause et conséquence) du formalisme

Il n'est donc pas surprenant que le droit et le recours[334] soient les deux faces d'une même monnaie. En effet, comme l'a dit le professeur Chayes de la Harvard Law School dans son article fondateur, le droit et le recours sont interdépendants[335].

3. Le contexte procédural

Il est manifeste que le droit et le recours sont interdépendants, mais j'aimerais faire un pas de plus en direction de la procédure. Étant donné que le recours dépend fatalement de l'accès au tribunal[336], il est également manifeste que le droit matériel est en interdépendance avec sa *procédure*. Comme je l'ai souligné plus haut, les droits matériels abondent, mais ils restent en sommeil jusqu'à ce qu'une procédure soit diligentée pour leur défense. Il s'ensuit logiquement que le droit matériel n'est pas seulement en interdépendance avec son recours, mais que le recours lui-même est, en fait, une question de procédure.

Pour aller plus au fond des choses, l'origine du droit réside dans ses procédures. On peut imaginer l'accès à la justice et les procédures concomitantes sans droit matériel, quel qu'il soit ; mais on ne saurait imaginer les droits matériels sans une procédure permettant d'obtenir le recours[337]. C'est Hannah Arendt qui a soutenu que l'essence des droits de l'homme réside dans l'accès procédural au forum où ces

---

juridique continental encore dominant. J'ai abordé cette question dans un texte portant sur la réification similaire, sur le continent, des droits de l'homme.

[334] Voir Thomas R. Phillips, « Speech, The Constitutional Right to a Remedy », *N.Y.U.L. Rev.*, vol. 78, n° 4, 2003, p. 1309-1322 (constatant que les dispositions de l'État garantissent le droit à un recours).

[335] Abram Chayes, « The Role of the Judge in Public Law Litigation », *HARV. L. Rev.*, vol. 89, n° 7, 1976, p. 1281-1283.

[336] J'en ai parlé plus longuement dans un autre travail : voir B.M. Zupančič, « Access to Court as a Human Right According to the European Convention on Human Rights », *Nottingham L.J.*, vol. 9, n° 2, 2000.

[337] C'est pourquoi, avant l'avènement des cours constitutionnelles, les Constitutions continentales énuméraient des droits surabondants, qui ne signifiaient littéralement rien, puisqu'ils n'étaient pas directement susceptibles d'être portés devant un juge. On peut supposer qu'ils ne liaient que le législateur, etc., mais même cela ne pouvait faire l'objet d'un contrôle juridictionnel et d'autres recours. Voir R.H. Helmholz, « Continental Law and Common Law : Historical Strangers or Companions », *Duke L.J.*, vol. 1990, n° 6, 1990, p. 1207, 1210-1216, 1225 (décrivant divers chapitres de la *Magna Carta* dérivés du droit continental) ; voir aussi *Haver v. Thorol*, Lit. 228, 230, 124 Eng. Rep. 221, 222 (C.P. 1629).

droits peuvent être exprimés et défendus[338]. Mais cela vaut pour le droit en général, même sur le plan anthropologique. Il est facile d'imaginer des sociétés primitives dans lesquelles il n'existe pas de droits matériels figés, mais seulement des procédures ancestrales par lesquelles certains droits à quelque chose non exprimés pourraient être revendiqués et défendus. Imaginons, de même, que les colons du roman de Jules Verne, *L'Île mystérieuse*, aient pu prospérer et se multiplier et devenir une petite société nouvelle et isolée[339]. Comme dans toute communauté humaine, les désaccords auraient été inévitables. Comment auraient-ils été résolus ? Probablement, comme dans la région habitée reculée de Tristan da Cunha, le médiateur aurait-il été « l'insulaire principal », exerçant son autorité sur la procédure sans référence à des définitions matérielles des droits, sauf celles du « droit naturel », comme « certaines lois immuables qui concernent la nature de l'homme, qui peuvent être découvertes par la raison, et auxquelles les lois faites par l'homme doivent se conformer[340] ». Ainsi l'origine de tout droit réside-t-elle dans ces procédures premières anthropologiquement parlant, et les droits matériels sont le précipité conventionnel, sur le long terme, de ces procédures.

a) L'exemple du droit romain

C'est certainement le cas du droit romain. La première Table des *Leges Duodecim Tabularum* (vers 450 av. J.-C.)[341] était, de manière caractéristique, à l'impératif : « *Si in ius vocat, ito ; ni it,*

[338] Voir, en général, Hannah Arendt, *The Human Condition*, 1959, p. 25.

[339] L'île isolée de l'Atlantique Sud, Tristan da Cunha, qui compte moins de 300 habitants, est une société de ce genre. Pour un aperçu de son gouvernement et de ses lois, voir, en général, « Tristan da Cunha », à l'adresse http://www.tristandc.com/.

[340] « Natural Law », *Oxford English Dictionary*, 2e éd., 1989. Mais voir John Finnis, *Natural Law and Natural Rights*, H. L.A. Hart éd., 1980, p. 29-53, p. 364-365 (avec une reformulation complète de la « loi naturelle », principalement selon la théologie néothomiste).

[341] Voir Samuel Parsons Scott, « The Civil Law, Constitution Society », http://www.constitution.org/sps/sps01_1.htm, consulté pour la dernière fois le 12 février 2016.

antestamino : igitur em capito ». La deuxième règle était :« *Si calvitur pedemve struit, manum endo iacito*[342] ».

En fait, comme je l'ai expliqué ailleurs[343], ce premier impératif procédural n'est pas seulement à l'origine de tout droit. Son importance cardinale se trouve à la base de la nécessité de prévenir le risque que chacun se fasse justice lui-même, c'est-à-dire la lutte physique entre les deux parties lésées. Si cela était toléré, la société régresserait très rapidement vers l'anarchie, vers le *bellum omnium contra omnes* de Hobbes, une guerre de tout le monde contre tout le monde[344]. Néanmoins, étant donné que la mise en œuvre organisée par l'État à ce moment de l'histoire était pratiquement inexistante, la Troisième Table a permis une sorte d'auto-justice circonscrite[345] : cela

---

[342] « *Si quelqu'un est cité en justice, qu'il y aille. S'il n'y va pas, que l'on appelle des témoins. Ensuite, qu'on s'en saisisse. Si le défendeur tente de ruser ou de fuir, mets la main sur lui* » : *Loi des Douze Tables* (vers 451-449av. J.-C.), à l'adresse https://droitromain.univ-grenoble-alpes.fr/Francogallica/twelve_fran.html#t1.

[343] Voir B.M. Zupančič, *The Owl of Minerva*, p. 13-42.

[344] Hobbes, *Léviathan* (1651), A.P. Martinich & Brian Battiste (Eds.), 2011, paragraphe 125.

[345] Pour un aperçu de la IIIe Table dans les deux langues, voir ci-dessous :

TABULA III

aeris confessi rebusque iure iure iudicatis XXX dies iusti sunto. post deinde manus iniectio esto. in ius ducito. ni iudicatum facit aut quis endo eo in iure vindicit, secum ducito, vincito aut nervo aut compedibus XV pondo, ne maiore aut si volet minore vincito. si volet suo vivito, ni suo vivit, qui eum vinctum habebit, libras faris endo dies dato. si volet, plus dato. tertiis nundinis partis secanto. si plus minusve secuerunt, se fraude esto adversus hostem aeterna auctoritas esto.

IIIe TABLE

Une fois la dette reconnue et l'affaire jugée en procès légitime, qu'il y ait trente jours de délai légal. Ensuite qu'il y ait finalement main mise sur lui, qu'on le conduise devant le préteur. S'il n'exécute pas le jugement ou si personne ne se porte garant pour lui en justice, que le créancier l'emmène avec lui, l'attache avec une corde ou avec des chaînes d'un poids minimum de quinze livres ou, s'il le veut, davantage. S'il le veut, qu'il vive à ses propres frais. S'il ne vit pas à ses frais, que celui qui le tiendra dans les chaînes lui donne une livre de farine par jour. S'il le veut, qu'il donne plus. (S'il y avait plusieurs plaignants auxquels le débiteur avait été adjugé, les anciens Romains permirent de couper, s'ils le voulaient, et de partager ensuite son corps). *Au troisième marché, que les parts soient coupées. S'ils en coupent trop ou pas assez, que cela ne porte pas à préjudice... Vis-à-vis de l'étranger, que la garantie soit perpétuelle :* voir https://droitromain.univ-grenoble-alpes.fr/Francogallica/twelve_fran.html#t3.

Voir *supra*, note 341.

a inspiré *Le Marchand de Venise* de Shakespeare et la proverbiale « livre de chair[346] ».

4. Droit moderne

En droit moderne, l'origine procédurale de tout ce qui est juridique est très facile à prouver. Par exemple, il y a environ soixante ans, la CrEDH a été inaugurée avec le maigre texte de la CEDH et absolument aucune jurisprudence sur laquelle s'appuyer [347]. En d'autres termes, l'acquis de la CrEDH a commencé de manière purement procédurale, à partir d'une *tabula rasa* complète, ce qui est d'ailleurs également vrai de la plupart des cours constitutionnelles naissantes dans les « nouvelles démocraties ».

L'accent mis sur le droit matériel est plus typique du droit continental que de la common law. Montesquieu, par exemple, détestait les « procédures » alors qu'il était magistrat à Bordeaux[348], et Kelsen lui-même considérait la procédure comme un droit « adjectif » insignifiant – adjectif, car adjoint à l'important droit matériel[349]. J'ai expliqué ailleurs comment cette réification du droit matériel, due à l'interférence des codifications, surtout, est née de la nécessité pour les monarques absolus des XVIIIe et XIXe siècles de contrôler le pouvoir judiciaire. Si tout avait été laissé, comme auparavant, aux procédures, le contrôle serait entre les mains des juges. Ils seraient libres de créer le droit – comme ils l'étaient en Angleterre[350]. La formule précitée de Chayes, selon laquelle le droit et le recours sont interdépendants, est la façon matérielle de percevoir la nature procédurale des droits. Le

---

[346] Voir Edith Z. Friedler, « Essay : Shakespeare's Contribution to the Tracking of Comparative Law – Some Reflections of The Merchant of Venice », *La. L. Rev.*, vol. 60, n° 4, 2000, p. 1091 ; Max Radin, « *Secare Partis* : The Early Roman Law of Execution against a Debtor », *Am. J. Philology*, vol. 43, n° 1, 1922.

[347] Voir CEDH, comme citée *supra*, note 318, article 19.

[348] Voir Matthew P. Bergman, « Montesquieu's Theory of Government and the Framing of the American Constitution », *Pepp. L. Rev.*, vol. 18, n° 1, 1990, p. 4.

[349] Voir, en général, Petra Gümplová, « Law, Sovereignty and Democracy : Hans Kelsen's Critique of Sovereignty » (29 novembre 2014), (non publié), à l'adresse http://www.newschool.edu/uploadedFiles/NSSR/Departments_and_Faculty/Political_Science/Recent_Placements/Gumplova-Law_Sovereignty_Democracy.pdf?n=7291.

[350] Voir B.M. Zupančič, *The Owl of Minerva*, *supra*, note 343, p. 108-125.

recours est l'aide-mémoire matériel pour rappeler que le droit, sans son contexte procédural, se ramène à rien.

5. Le droit et la légalité

Cependant, en dépit de la clause procédurale et contextuelle susmentionnée, le principe de légalité appartient complètement au droit matériel. Les définitions des droits, des infractions, etc.[351], ont beau être le précipité matériel de l'accumulation de procédures juridiques ancestrales, une fois posées, elles sont autonomes. Les droits contenus dans le droit matériel circonscrivent l'impact des recours dans les procédures concomitantes. C'est là que la concision juridique formaliste entre en jeu, ce qui explique pourquoi le droit est un apprentissage abstrait. Encore une fois, c'est plus vrai dans le système juridique continental, où les juristes sont soumis à l'illusion collective – la réification ci-dessus – qui consiste à croire que les droits matériels existent indépendamment de leur contexte procédural. Le contraire de cette légalité formaliste est la prise de décision discrétionnaire. Comme nous le verrons, la CrEDH a été confrontée directement à ce problème dans l'affaire *Boulois c. Luxembourg*[352].

a) Le principe de légalité en droit pénal

En droit pénal, le principe de légalité (*principle of legality, Legalitätsprinzip*) est particulièrement strict ; le principe général étant que plus l'enjeu est important, plus les garanties juridiques sont strictes[353]. Inversement, cela signifie que cette pure moralité du devoir (minimal) ne permet aucun pouvoir discrétionnaire de la part du décideur. Il semblerait donc qu'en droit pénal, les privilèges[354]

---

[351] Les infractions au droit pénal matériel sont également, *stricto sensu*, plus que dans d'autres branches du droit, les « droits ». La définition de l'infraction *(corpus delicti)* est en même temps le *droit de ne pas être puni* à moins que tous les éléments de ce *corpus delicti* aient été prouvés hors de tout doute raisonnable.

[352] *Boulois c. Luxembourg* [GC], requête n° 37575/04, 3 avril 2012.

[353] Voir par exemple *Streletz, Kessler et Krenz c. Allemagne* [GC], requêtes n°s 34044/96, 35532/97 et 44801/98, 22 mars 2001, opinion concordante du juge Župančič.

[354] Inutile de dire que le « privilège » de ne pas s'accuser soi-même n'est pas un privilège : c'est un droit constitutionnel dérivé du cinquième amendement à la Constitution des États-Unis et de l'ancienne maxime *nemo contra se prodere tenetur*. Voir B.M. Zupančič, *The Owl of Minerva*, p. 87-159.

découlant de la moralité d'aspiration n'ont aucune place[355]. Quant au le principe de légalité, par une seule phrase de l'article 7, paragraphe 1, de la CEDH – « Pas de peine sans loi » – il couvre l'ensemble du droit pénal matériel[356]. La formule *nullum crimen, nulla poena sine lege praevia* n'est pas d'origine romaine : elle a été conçue par Anselm von Feuerbach et inscrite dans le Code pénal bavarois de 1813[357]. L'idée, cependant, provient des Lumières et de l'Italien Cesare Beccaria et de son traité *Dei delitti e delle pene*[358]. Le célèbre théoricien du droit pénal autrichien Franz von Liszt soutenait que le droit pénal matériel combiné avec le principe de légalité était la *Magna Carta Libertatum* de l'accusé[359]. La description ci-dessus se limite au droit pénal mais peut être généralisée en ce sens que le rôle de garantie de toute disposition légale dépend directement de la concision de la définition du droit en question. La prévention de l'arbitraire de la prise de décision en droit dépend de ce type de légalité formelle.

---

[355] Ce n'est pas tout à fait vrai. Il est notoire qu'en common law, à la phase de détermination de la peine de la procédure pénale, le juge était investi d'un pouvoir discrétionnaire pratiquement illimité quant à la peine qu'il pouvait imposer. Une fois la présomption d'innocence surmontée, la phase de jugement de la procédure était terminée et les garanties ne s'appliquaient plus. Les choses n'ont commencé à changer que dans les années soixante-dix, aux États-Unis. D'autre part, personne ne sait vraiment dans quelle mesure le jury enfermé dans la salle des jurés se sent lié par les instructions du juge. Voir, en général, Harry Kalven, Jr. & Hans Zeisel, *The American Jury*, Phoenix ed., The Univ. of Chi. Press, 1971 ; Joseph L. Gastwirth & Michael D. Sinclair, « A Re-examination of the 1966 Kalven-Zeisel Study of Judge-Jury Agreements and Disagreements and Their Causes », *Law, Probability & Risk*, vol. 3, numéro 3-4, 2004, p. 169-191. À cet égard, il est vrai que le système juridique continental offre beaucoup plus de garanties. À titre de comparaison, voir *Taxquet c. Belgique* [GC], requête n° 926/05, 16 novembre 2010. Les jugements continentaux sont raisonnés (motivés) tant en fait qu'en droit, alors que le verdict d'un jury, même en Belgique, est laconique.

[356] « *Nul ne peut être condamné pour une action ou une omission qui, au moment où elle a été commise, ne constituait pas une infraction d'après le droit national ou international. De même il n'est infligé aucune peine plus forte que celle qui était applicable au moment où l'infraction a été commise* » : CEDH, comme citée *supra*, note 318, article 7, paragraphe 1.

[357] Voir *supra*, note 353.

[358] Cesare Beccaria, *Des délits et des peines* (1764), traduction française (par M. Chaillou de Lisy, à Paris en 1773) consultable à l'adresse https://www.institutcoppet.org/wp-content/uploads/2011/12/Des-délits-et-des-peines-Cesare-Beccaria.pdf.

[359] Voir *supra*, note 353.

6. Le privilège

Contrairement au droit, le privilège, selon Fuller, n'est pas soumis à ces effets contraignants du principe de légalité et du formalisme juridique qui y est associé[360]. Pour Fuller, les privilèges s'attachent à la moralité d'aspiration, et ils sont accordés de manière entièrement discrétionnaire[361]. Bien sûr, le droit à quelque chose du bénéficiaire du privilège peut, une fois accordé, devenir un droit, mais le *processus* de réception est complètement en dehors des limites du formalisme juridique. Comme je l'ai dit, le comité du prix Nobel ou tout autre organisme privé de remise de prix est totalement libre dans ses considérations, qui peuvent ou non aboutir à l'attribution du prix.

Mais qu'en est-il de l'attribution de la Légion d'honneur par le président de la République ? Il est clair que ce choix n'est plus un choix privé de l'organisme privé mais, au contraire, l'attribution de l'honneur par une autorité étatique. Un exemple encore plus convaincant est celui de la commutation de peine accordée à un condamné, dont l'effet est qu'il est libéré de la peine qui lui a été légalement infligée[362]. Ici, nous ne parlons plus de la moralité d'aspiration, à moins bien sûr que nous ne considérions, de façon absurde, l'octroi de la commutation de peine à un criminel condamné comme une sorte d'émanation de cette moralité.

7. Les deux affaires de la CrEDH

Deux affaires portées devant la CrEDH ont traité indirectement, puis directement, de la question du privilège. La première affaire était *E.B. c. France*[363] et la seconde, *Boulois c. Luxembourg*[364].

---

[360] Voir Fuller, ouvrage cité *supra*, note 308, p. 30-31.

[361] *Ibid.*

[362] L'octroi de la grâce par le chef de l'exécutif est, dans toute juridiction, une *lex in privos data*, c'est-à-dire un acte quasi législatif qui ne s'applique qu'au cas concret. Par contraste, *l'amnistie* est un acte législatif général qui s'applique *in abstracto* à un certain nombre de cas spécifiques. Dans le premier cas, on ne parle que de privilège (être sujet de l'octroi de la grâce), alors que dans le second cas, on parle de droit du condamné particulier selon les critères de l'acte législatif d'amnistie.

[363] *E.B. c. France* [GC], requête n° 43546/02, 22 janvier 2008.

[364] *Boulois c. Luxembourg* [GC], requête n° 37575/04, 3 avril 2012.

a) *E.B. c. France :* l'introduction de l'idée

Dans l'affaire *E.B. c. France*, la question était de savoir si un membre d'un couple homosexuel lesbien était ou non victime de discrimination en ce qui concerne son privilège d'adopter un enfant[365]. Jusque-là, la Cour ne percevait pas la distinction entre le droit et le privilège. L'arrêt dans cette affaire ne mentionnait pas du tout le privilège, mais j'ai déposé une opinion dissidente[366]. Je suis parti du principe que nous parlions du point de vue de « l'intérêt supérieur de l'enfant ». Cela impliquait que la possibilité pour une femme, *n'importe quelle femme*, d'adopter un enfant, *a priori*, ne pouvait pas être un droit[367]. Les considérations qui entrent en jeu lorsque l'organe de protection sociale compétent décide d'accorder ou non le privilège de l'adoption à une personne en particulier, entre autres choses, ne peuvent pas être exprimées sur le plan juridique. Ces impondérables découlant de « l'intérêt supérieur de l'enfant » à adopter sont, par exemple, de nature psychologique et ils exigent et présupposent une totale liberté d'appréciation de la part du décideur qui accorde le privilège de l'adoption[368].

Il semble que mon opinion dissidente ait eu un certain impact sur la Cour. J'y ai, pour la première fois, introduit la distinction entre un droit et un privilège :

> Le problème à trancher est voilé sur certains points, mais en l'espèce la question clé est celle de la discrimination – fondée sur l'orientation sexuelle de la requérante – en ce qui concerne le privilège d'adopter un enfant. Le fait qu'il s'agisse d'un privilège est déterminant pour l'examen de la cause ; il implique – et la majorité le reconnaît – que nous n'avons pas à connaître du droit de la requérante du point de vue de l'article 8.
>
> La différence entre un privilège et un droit est capitale. La discrimination née d'une inégalité de traitement s'applique aux situations mettant en jeu des droits ; elle ne s'applique pas aux situations qui concernent avant tout des privilèges. Ce sont des

---

[365] Voir *E.B. c. France* [GC], requête n° 43546/02, 22 janvier 2008 (opinion dissidente du juge B.M. Zupančič).

[366] *Ibid.*

[367] *Ibid.*

[368] *Ibid.*

situations où l'octroi *vel non* du privilège permet à l'organe décisionnel, en l'occurrence un organe administratif, d'exercer son pouvoir d'appréciation sans crainte de méconnaître le droit de la personne lésée.

Pour m'exprimer en termes des plus simples, je dirai que le principe théorique voulant qu'un droit puisse être porté en justice et qu'une violation de ce droit soit redressée, ne vaut pas pour les cas où un privilège est accordé. Pour donner un exemple extrême de pareille situation, je citerai le privilège de recevoir une décoration ou un prix, ou d'autres situations où un traitement spécial est réservé à des personnes exceptionnellement méritantes.

En d'autres termes, il serait bizarre que n'importe qui prétende avoir droit à une récompense particulière, à une décoration particulière ou à un privilège particulier.

Il existe évidemment des situations se situant à mi-chemin comme les candidatures à un poste donné auquel la personne concernée postule. On peut par exemple imaginer le cas d'un requérant qui souhaitait devenir magistrat ou notaire ou qui avait posé sa candidature à une charge de ce genre mais en a été écarté pour telle ou telle raison. Même dans cette hypothèse, la Cour n'appliquerait habituellement pas les critères de la discrimination à un refus d'accorder un privilège.

Dans le cas qui nous préoccupe ici, le point d'une importance cruciale à trancher en premier lieu est de savoir si le privilège d'adopter un enfant est soumis aux critères de la discrimination visés par l'article 14. Comme je l'ai dit plus haut, la majorité n'est pas encline à voir dans le privilège d'adopter un enfant un droit.

Il y a donc incohérence à dire qu'il y a eu telle ou telle violation dès lors que la Cour persiste dans sa position (justifiée !), à savoir que la possibilité d'adopter un enfant n'est assurément pas un droit et est en toute hypothèse au mieux un privilège. Il faut alors rechercher quelle latitude l'organe administratif est en droit d'exercer lorsqu'il rend une décision se rapportant au privilège d'adopter un enfant.

D'un autre côté, peut-on concevoir que le Comité du prix Nobel soit taxé de discrimination parce qu'il n'alloue jamais de prix Nobel à des scientifiques de telle ou telle race ou de telle ou telle nationalité ? Pareille affirmation exigerait bien entendu des preuves statistiques. Les éléments statistiques sont, de fait, courants dans les affaires de discrimination en matière d'emploi et les causes similaires. En d'autres termes, si dans ce cas particulier, la Cour européenne des droits de l'homme devait établir que les autorités administratives françaises ont systématiquement une attitude discriminatoire envers les lesbiennes désireuses d'adopter un enfant, la question à trancher serait beaucoup plus claire.

Mais nous sommes ici en présence d'un cas individuel où une discrimination est alléguée simplement sur la base d'une occurrence unique. Comme je l'ai relevé, cela ne permet pas à la Cour de conclure qu'il existe en France une attitude discriminatoire générale à l'encontre des homosexuels souhaitant adopter un enfant. La question d'une discrimination systématique n'a pas été envisagée dans cette affaire précise et il ne serait probablement pas même possible d'admettre des éléments statistiques à l'appui de cette allégation. Si cela se révélait pourtant possible, l'affaire serait traitée d'une manière totalement différente que le cas présent.

(...)

Une question distincte sous ce même volet consiste à se demander si les procédures qui ont abouti à une réponse négative pour la femme lesbienne ont permis d'écarter la discrimination. C'est là, semble-t-il, la distinction sur laquelle la majorité fonde son raisonnement.

Le problème que ce raisonnement fait ressortir est celui de savoir si les procédures – même lorsqu'elles conduisent à l'octroi non d'un droit mais d'un privilège – doivent être exemptes de caractère discriminatoire. En droit administratif, la distinction se situe peut-être entre une décision qui se situe légitimement dans le cadre de la compétence des organes administratifs et de leur latitude légitime, d'une part, et une décision qui glisse vers l'arbitraire, d'autre part.

Une décision est arbitraire lorsqu'elle ne se fonde pas sur des motifs raisonnables (aspect matériel) et un processus décisionnel raisonnable (aspect procédural), mais découle au contraire d'un préjugé, en l'espèce d'un préjugé contre les homosexuels. Il est bien établi en doctrine que la logique de la discrimination ne s'applique pas aux privilèges, mais elle peut fort bien s'appliquer aux procédures où se trouve en jeu l'octroi ou non du privilège.

Il est allégué que les procédures de droit administratif français ont revêtu un caractère discriminatoire pour cette homosexuelle précise, mais se pose alors la question de savoir si cette procédure

> discriminatoire se concilie néanmoins avec le pouvoir d'appréciation que l'organe administratif a légitimement exercé.
>
> Je crains que dans la plupart des cas ce soit précisément ce genre de « contamination » du fond par la procédure qui soit au cœur de la controverse. Je ne puis m'étendre sur ce sujet ici, mais la question pourrait se poser en ces termes. Si l'octroi de privilèges ne se rapporte pas à des droits, ne peut-on dire que celui qui octroie un privilège peut – *argumento a majori ad minus* – non seulement exercer une latitude mais aussi une discrimination aussi bien quant au fond que du point de vue de la procédure ? Pour répondre brièvement, je dirai que dans le domaine public – par opposition à la sphère purement privée des récompenses, prix, etc. – certains privilèges ont le potentiel de devenir des droits, comme celui d'adopter un enfant, de voir examiner sa candidature à une charge publique, etc. Pour autant que le processus par lequel le privilège a le potentiel de « devenir un droit » est entaché d'arbitraire, de préjugé et de légèreté, la logique de la discrimination doit assurément s'appliquer.
>
> Le reste est une question de fait. Pas plus que le juge Loucaides, je ne souscris à la théorie de la contamination par osmose avancée par la majorité.
>
> Une dernière considération, enfin. La partie non représentée, dont l'intérêt doit absolument primer dans pareil litige, c'est l'enfant dont il faut protéger l'intérêt supérieur pour l'avenir. Devant le droit absolu de cet enfant, tous les autres droits et privilèges s'effacent. Si, pour les affaires de droit de garde, nous estimons que c'est l'intérêt supérieur de l'enfant qui doit prévaloir – et non les droits des parents biologiques – cette conclusion ne prendra-t-elle pas bien davantage de force dans des cas comme celui-ci, où se trouvent en jeu les privilèges d'un parent adoptif potentiel[369] ?

En d'autres termes, il est souvent difficile de distinguer la procédure d'octroi du privilège du privilège lui-même. Bien que le privilège, en termes de droit matériel, soit par définition discrétionnaire, la procédure d'octroi – bien que discrétionnaire – ne doit pas être arbitraire.

---

[369] *Ibid.*

b) *Boulois c. Luxembourg* : la suite du précédent

Dans l'affaire *Boulois c. Luxembourg*, la question était différente. Il s'agissait du privilège d'un condamné d'être admissible à une permission pendant qu'il purgeait sa peine d'emprisonnement[370]. Là encore, les critères d'amélioration et de resocialisation, qui sont déterminants pour l'octroi du privilège de congé temporaire de la prison, sont pour la plupart psychologiques et, dans le même sens, impondérables. Ces critères ne peuvent donc pas être définis à l'avance, ce qui oblige le système juridique à conférer un pouvoir discrétionnaire à la commission des libérations conditionnelles. La loi luxembourgeoise, très utile, faisait explicitement référence à la possibilité pour le condamné d'obtenir un congé temporaire de la prison *au titre de privilège*[371]. Il était donc plus facile pour la Cour d'adopter carrément la distinction entre un droit, par exemple dans le contexte des recours après condamnation, et un privilège. Néanmoins, l'affaire constitue un précédent puissant et, à l'avenir, la Cour aura la possibilité de traiter certains quasi-droits comme de simples privilèges. La Cour a statué comme suit :

> 95. La Cour note tout d'abord qu'il y a « contestation » en l'espèce, concernant l'existence même du droit au congé pénal tel que revendiqué par le requérant. 96. Pour ce qui est de savoir si le droit interne reconnaît, au moins de manière défendable, un tel « droit », la Cour rappelle que l'article 6 de la loi de 1986 définit le congé pénal comme une autorisation de quitter l'établissement pénitentiaire, soit pendant une partie de la journée, soit pendant des périodes de vingt-quatre heures. L'article 7 de cette même loi prévoit qu'il s'agit d'une « faveur » qui « peut être accordée » aux détenus dans certaines circonstances (...). 97. La notion de « faveur » peut avoir différentes acceptions selon les cas. En effet, il peut s'agir soit d'un avantage pouvant être accordé ou refusé à la guise des autorités, soit d'une mesure liant la compétence des autorités lorsque des conditions préétablies sont remplies par l'intéressé. 98. En l'espèce, la Cour estime que la qualification de « faveur » retenue par le législateur doit s'analyser conjointement aux termes « peut être accordée » et à la lumière du commentaire du projet de loi, qui précise que l'octroi du bénéfice des modes d'exécution des peines « ne sera jamais de droit et relèvera toujours,

---

[370] *Boulois c. Luxembourg* [GC], requête n° 37575/04, 3 avril 2012.
[371] Voir *ibid.*, § 47.

en fin de compte, de l'appréciation souveraine de l'autorité chargée de l'exécution des peines (...) » (...). Ainsi, le législateur avait clairement l'intention de créer un privilège n'impliquant pas de voie de recours. (...) [L]a présente affaire concerne un avantage, créé en vue d'encourager les détenus. (...) 99. (...) [L]a commission pénitentiaire dispose d'un certain pouvoir discrétionnaire pour apprécier si le détenu mérite cette faveur. Elle tient compte de la personnalité et de l'évolution du comportement de ce dernier, ainsi que du danger de récidive, pour évaluer si l'intéressé peut bénéficier ou non d'un congé pénal. Les informations statistiques produites par le Gouvernement (...) confirment le caractère discrétionnaire du pouvoir des autorités compétentes. Il s'ensuit que, au Luxembourg, les détenus ne disposent pas d'un droit de se voir accorder un congé pénal, quand bien même ils rempliraient formellement les critères requis. (...) 101. Il ressort donc des termes de la législation luxembourgeoise, ainsi que des éléments fournis quant à la pratique applicable en matière de congé pénal, que le requérant ne pouvait se prétendre, de manière défendable, titulaire d'un « droit » reconnu dans l'ordre juridique interne. (...)

104. Au vu de l'ensemble des considérations qui précèdent, la Cour ne saurait estimer que les revendications du requérant portaient sur un « droit » reconnu en droit luxembourgeois ou dans la Convention. Partant, elle conclut, avec le Gouvernement, à l'inapplicabilité de l'article 6 de la Convention. 105. Il s'ensuit qu'il y a lieu d'accueillir l'exception préliminaire du Gouvernement. Dès lors, l'article 6 n'a pas été violé[372].

8. Affaires académiques

En principe, le privilège est donc quelque chose qui relève de l'entière discrétion de l'organe décisionnel. Cela signifie que la décision sur le privilège n'a pas besoin d'être motivée ou ne peut pas l'être. Par conséquent, aucun recours n'est possible contre une telle décision. On pourrait encore, avec Fuller, soutenir que le fait d'être digne de devenir un parent adoptif ou de bénéficier d'une libération temporaire de prison relève de la moralité d'aspiration, bien que de telles « aspirations » n'appartiennent pas vraiment au cercle des réalisations humaines extraordinaires[373]. L'important, du moins dans

---

[372] *Ibid.*, §§ 95-99, 101, 104-105.

[373] Voir Fuller, *supra*, note 308, p. 17 (qui explique que la moralité d'aspiration *« implique une certaine conception du bien supérieur de l'homme »*).

les deux cas documentés, semble plutôt résider dans le caractère *impondérable* des considérations décisives, qui empêchent un raisonnement exprimé en mots de la part du décideur. On peut faire un rapprochement intéressant avec la liberté académique des professeurs de donner telle ou telle note aux étudiants. Aux États-Unis, par exemple, les tribunaux refusent de s'immiscer dans les notes attribuées par les professeurs :

> Lorsqu'on demande aux juges de revoir la substance d'une décision véritablement académique, ils doivent faire preuve d'un grand respect pour le jugement professionnel de la Faculté. Il est clair qu'ils ne peuvent l'annuler, à moins qu'il ne s'agisse d'un écart si important par rapport aux normes académiques acceptées que cela démontre que la personne ou le comité responsable n'a pas réellement exercé son jugement professionnel[374].
>
> Les notes doivent être données par les enseignants dans la salle de classe, tout comme les affaires sont tranchées dans la salle d'audience. (....) Les enseignants doivent donc jouir d'un large pouvoir discrétionnaire pour donner des notes[375].

Les tribunaux n'ont jamais fait référence à la moralité d'aspiration de Fuller ; ils n'ont jamais défini l'obtention de certaines notes comme des privilèges – mais la logique essentielle est la même. Il semble que les tribunaux refusent de s'immiscer dans la liberté académique de la Faculté, mais l'essence du problème réside dans l'incapacité des juges, en raison des impondérables, de revoir le processus de classement dans un cas particulier.

9. Le juste milieu

Dans le domaine des nominations ou des élections judiciaires ainsi que des révocations de la fonction judiciaire, deux affaires portée devant la CrEDH méritent, dans ce contexte, une certaine attention. La première est l'affaire *Volkov c. Ukraine*[376] et la seconde est l'affaire de l'ancien juge de la Cour, *Baka c. Hongrie*[377]. Dans les deux cas, il s'agissait de la révocation prétendument sans fondement de juges de

[374] *Regents of Univ. of Mich. v. Ewing*, 474 U.S. 214, 225 (1985) (citation omise).
[375] *Settle v. Dickson Cty. ann. Bd.* 53 F.3d 152, 155-156 (6th Cir. 1995).
[376] *Oleksandr Volkov c. Ukraine*, requête n° 21722/11, 9 janvier 2013.
[377] *Baka c. Hongrie*, requête n° 20261/12, 27 mai 2014.

l'appareil judiciaire ukrainien et hongrois, respectivement[378]. Ces deux affaires sont pertinentes non pas parce qu'elles soulèveraient la question du privilège, mais parce qu'au contraire, elles soulèvent la question du rejet arbitraire du privilège d'être juge. Dans l'affaire *Volkov c. Ukraine*, le juge a été démis de ses fonctions au motif flou d'avoir violé le serment judiciaire[379]. Dans l'affaire *Baka c. Hongrie*, le requérant a été démis de ses fonctions de président de la Cour suprême de Hongrie en vertu d'une loi constitutionnelle ayant obtenu la majorité des deux tiers au Parlement hongrois[380]. Cela signifiait que le requérant n'avait pas de recours constitutionnel contre cette décision, qui était évidemment une décision politique du gouvernement.

Comme je l'ai dit, les deux affaires semblent être l'inverse de la question que nous traitons ici, à savoir que la vraie question serait le privilège de choisir et de nommer un juge ou plutôt le refus non motivé d'élire et de nommer un juge.

Dans l'affaire *Baka c. Hongrie*, en particulier, il était évident que le requérant avait bénéficié de la position « privilégiée » de président de la Cour suprême de Hongrie, dont il avait été « arbitrairement » privé[381]. C'est donc l'image inversée de la question qui se serait posée s'il n'avait pas été nommé. Ainsi, les deux cas impliquent la violation des *droits* des requérants, étant donné que leur nomination antérieure, qui était un *privilège*, avait entre-temps été convertie en droits relatifs à leurs fonctions[382]. En dehors de cela, la CrEDH ne semble pas avoir traité la question, par exemple, de la discrimination concernant le privilège à un moment antérieur du développement. Il semblerait que la distinction entre *droit* et *privilège* soit pour l'instant limitée aux arrêts *E.B. c. France* et *Boulois c. Luxembourg*[383].

---

[378] Voir *supra*, note 376, § 76 ; voir *supra*, note 377, § 62.
[379] Voir *supra*, note 376, §§ 40 à 55.
[380] Voir *supra*, note 377, §§ 17 à 23.
[381] *Ibid.*
[382] Voir *supra*, note 376, § 84 ; voir *supra*, note 377, § 26.
[383] Pour une discussion sur le privilège, voir *supra*, note 277, et le texte qui l'accompagne.

10. Majhen c. Slovénie

Entre-temps, en 1995, alors que j'étais juge à la Cour constitutionnelle de Slovénie, m'inspirant de Fuller, j'ai soulevé pour la première fois (dans mon opinion dissidente) la question d'un privilège en tant que distinct d'un droit [384]. L'affaire *Majhen c. Slovénie*[385] est, à ma connaissance, la première mise en œuvre, dans l'histoire du droit, de la théorie de Fuller dans le contexte judiciaire. L'affaire soulevait une question assez typique de l'ère postsocialiste, parce que l'appelant devant la Cour constitutionnelle, un avocat de la ville de Maribor, s'était vu refuser sa nomination au poste de notaire public[386]. Il ne s'agit pas ici du « notaire public américain », mais d'une institution continentale dans laquelle le notaire exerce une fonction semi-publique et est donc *a priori* une personne de confiance publique [387]. La fonction de notaire est donc beaucoup plus prestigieuse et mieux rémunérée que celle d'un avocat privé ordinaire.

M. Majhen était avocat, mais il a ensuite demandé à être retenu pour le poste de notaire[388]. Le ministère de la Justice ayant refusé de le nommer à la fonction de notaire, il a alors formulé devant la Cour constitutionnelle une demande de contrôle juridictionnel abstrait de la règle contestée concernant la nomination des notaires[389]. En outre, le ministère de la Justice avait commis une erreur en motivant son refus d'accorder à l'appelant le privilège de devenir notaire. Cela a permis à ce dernier de faire appel des motifs de refus [390]. La Cour constitutionnelle a toutefois traité l'affaire, telle qu'elle apparaît maintenant dans la base de données de la Cour, exclusivement à partir

384 *Majhen c. Slovénie*, Ustavno Sodišče Republike Slovenije [US-RS][Cour constitutionnelle de la République de Slovénie] 1er juin 1995, U-I-344/94 (opinion dissidente du juge B.M. Zupančič), http://odlocitve.us-rs.si/sl/odlocitev/US17453.

385 *Ibid.*

386 Voir *ibid.*, § 1 (opinion majoritaire).

387 Voir *ibid.*, § 6 (opinion majoritaire).

388 *Ibid.*

389 L'appelant a comparé la règle contestée avec le critère de « la conformité morale et politique », qui était une condition *sine qua non* pour la nomination à toutes les fonctions judiciaires dans la République socialiste fédérale de Yougoslavie. Dans l'abstrait du moins, il n'y avait rien à redire à ce critère. Cependant, dans l'euphorie qui a suivi la transition, l'initiateur du contrôle abstrait de la règle contestée a soutenu qu'elle était inconstitutionnelle simplement parce que le critère lui rappelait la conformité morale et politique du critère socialiste. Voir *ibid.*, §§ 1-2.

390 Voir *ibid.*, § 4.

du motif abstrait de la compatibilité de la règle litigieuse sur le fondement de laquelle le requérant s'était vu refuser sa nomination[391].

Néanmoins, au cours des délibérations, j'ai soulevé pour la première fois la distinction entre la moralité du devoir, d'une part, et la moralité d'aspiration, d'autre part. J'ai soutenu que l'aspiration à devenir notaire était une aspiration à être digne du privilège, c'est-à-dire que la nomination au poste de notaire n'était décidément pas un droit et qu'elle relevait du pouvoir discrétionnaire du ministre de la Justice, qui n'avait donc pas besoin de raisonner pour motiver la décision[392].

11. Conclusion

La distinction entre moralité du devoir et moralité d'aspiration ne recoupe pas entièrement, sauf aux deux extrêmes, la distinction entre droit et privilège. Évidemment, il n'y a pas d'appel concevable contre le fait de ne pas avoir reçu le prix Nobel ou la Légion d'honneur. À l'autre extrême, celui du droit pénal, le droit de *ne pas* être condamné est soumis au principe de légalité et à des garanties procédurales extrêmement strictes.

---

[391] Voir *ibid.*, § 15.

[392] L'affaire *Thlimmenos c. Grèce* (requête n° 34369/97, 6 avril 2000) est une affaire portée devant la CrEDH qui est similaire à l'affaire *Majhen c. Slovénie.* Dans l'affaire *Thlimmenos*, le requérant, tout comme M. Majhen, aspirait à devenir expert-comptable (§ 8). M. Thlimmenos avait réussi tous les examens nécessaires *cum laude* mais s'était vu ensuite refuser sa nomination comme expert-comptable au motif qu'il avait été antérieurement condamné pour avoir refusé de porter l'uniforme militaire, cela étant contraire à ses convictions religieuses (§§ 2, 7). La Cour a traité cette question comme une question de discrimination au sens inverse du terme, dans la mesure où les autorités grecques avaient traité plutôt mécaniquement le requérant comme n'importe quel autre candidat au poste d'expert-comptable précédemment condamné (§ 33, §§ 39 à 49). En d'autres termes, les autorités grecques n'avaient pas fait de distinction entre la condamnation pour des crimes de turpitude morale *(malum in se)*, d'une part, et la violation d'une interdiction sociétale *(malum prohibitum)*, d'autre part. Cette absence de différenciation constituait une sorte de discrimination à laquelle la Cour n'avait pas été confrontée. Non seulement les cas similaires doivent être traités de façon identique, mais les cas différents doivent être traités différemment. L'affaire *Thlimmenos* est similaire à l'affaire *Majhen*, parce que dans les deux cas, le privilège d'occuper un certain poste avait été refusé. La matière, dans l'affaire *Thlimmenos*, aurait été encore plus intéressante si la question avait été soulevée de la nécessité, pour les autorités grecques, de justifier la décision prise sur la base de ces motifs de discrimination manifeste.

Cependant, le poste d'expert-comptable ou de notaire est-il quelque chose à quoi on « aspire », au sens de Fuller ? Ici, beaucoup dépend du contexte juridique spécifique. Le droit interne peut exiger ou non la décision motivée de l'organe décisionnel, par exemple, l'organe administratif. Si cela s'avère nécessaire, il est tout à fait logique qu'un appel puisse être interjeté contre une telle décision, comme cela a été le cas dans l'affaire *Thlimmenos c. Grèce*[393]. Toutefois, dans l'affaire *Boulois c. Luxembourg*[394], le droit interne faisait explicitement référence à un privilège contre lequel il n'y avait pas de recours. Il existe, comme nous l'avons souligné, un principe général de droit qui met en corrélation positivement, comme sur une courbe, les enjeux de l'issue d'une procédure particulière et la rigueur des garanties de fond et de procédure liées à ce qui est en jeu : plus les enjeux sont élevés, plus le droit est strict. Il n'y a qu'un pas entre cela et dire que les privilèges et les récompenses n'ont pas besoin de légalité et de procédures, tandis que les droits et surtout les peines en ont besoin.

Qu'en est-il alors de la découverte nietzschéenne de Fuller :

> Si la moralité du devoir dépasse sa propre sphère, la main de fer de l'obligation imposée risque d'étouffer l'expérience, l'inspiration et la spontanéité[395] ?

Je pense que Fuller se réfère obliquement au « droit comme le grand égalisateur » et à la sur-réglementation qui, selon Roland Gori, est devenue, aux temps modernes, la réglementation généralisée de tout ce qui est possible et impossible[396]. La question n'est donc pas celle de l'égalité contre l'inégalité. Dès que quelque chose est soumis à des règles strictes, le type d'« égalité » juridiquement formaliste est activé. Ce formalisme est capable, comme dirait Nietzsche (et Fuller), d'étouffer la vie elle-même (expérience, inspiration et spontanéité). C'est peut-être aussi le cas pour les droits de l'homme. Mais la question est en réalité de savoir d'où vient ce besoin de réglementer et de juger, d'imposer partout la moralité dominante du devoir.

---

[393] Voir *supra*, note 392.

[394] Voir *supra*, note 89 et le texte qui l'accompagne, et note 370.

[395] Fuller, *supra*, note 308, p. 27-28.

[396] Voir Roland Gori, *La Fabrique des imposteurs*, Éditions Des Liens qui libèrent, 2013 : *« De cette civilisation du faux-semblant, notre démocratie de caméléons est malade, enfermée dans ses normes et propulsée dans l'enfer d'un monde qui tourne à vide. »*

La réponse courte à cette question est que, comme le dirait Roberto Mangabeira Unger, les règles et l'arbitrage ne seraient pas nécessaires si nous partagions entièrement toutes les valeurs. Inversement donc, nous parlons de l'effondrement de l'intégration normative [397] et, comme je l'ai décrit, du processus sous-jacent d'œdipianisation. Ce n'est pas le lieu d'aborder ce vaste sujet métajuridique[398]. Qu'il suffise de dire que Fuller et Canguilhem ont vécu à une autre époque.

---

[397] Voir Boštjan M. Zupančič, LL.M. Thesis, « Criminal Law and Its Influence on Normative Integration », *Acta Criminologica*, vol. 7, n° 1, 1974, à l'adresse https://www.erudit.org/fr/revues/ac/1974-v7-n1-ac1011/017031ar.pdf.

[398] J'ai traité cette question dans quatre livres, parus uniquement en slovène : Boštjan M. Zupančič, *Epifanija : Cetrta Od Suhih Krav*, 2015 ; Boštjan M. Zupančič, *Prva Od Suhih Krav*, 2009 ; Boštjan M. Zupančič, *Tembatsu : Druga Od Suhih Krav*, 2011 ; Boštjan M. Zupančič *et al.*, *Tretja Od Suhih Krav : Razprave O Razprave O Razlogih Za Razsulo*, 2012 [en possession de l'auteur].

P. Droit à la vie privée et droits de la personnalité contre liberté d'expression

1. Introduction

Il y a une quarantaine d'années, lorsque j'étais à Harvard, j'ai lu l'article de Warren et Brandeis de 1890 intitulé « Le droit à la vie privée [399] ». Dès ce moment, j'ai su qu'il s'agissait d'un texte fondateur et je sentais en quelque sorte, sans vraiment comprendre pourquoi, que le texte était très proche de mes propres instincts juridiques. J'ai découvert plus tard que Louis Brandeis était partiellement de formation allemande et qu'il avait eu accès au débat sur la théorie allemande des « droits de la personnalité » (*Persönlichkeitsrechten*). En effet, il semble qu'à cette époque, les droits de la personnalité étaient, parmi les juristes qui comptaient en Allemagne et en France, un sujet brûlant de réflexion théorique et philosophique. La polémique portait à la fois sur Kant, d'une part, et sur le droit romain, d'autre part.

2. Attentes raisonnables en matière de protection de la vie privée

a) Olmstead v. the United States

Trente-huit ans après l'article paru dans la *Harvard Law Review*, l'affaire *Olmstead c. US* (1928)[400] a été la première affaire américaine dans laquelle le juge Brandeis a exprimé sa dissidence pour les raisons de protection de la vie privée exposées dans l'article qu'il avait écrit avec Warren [401]. L'affaire concernait l'écoute téléphonique de

[399] Warren et Brandeis, « The Right to Privacy », *Harvard Law Review*, vol. 4, n° 5, 1890, p. 193-220.

[400] *Olmstead v. United States*, 277 U.S. 438 (1928).

[401] « *Roy Olmstead était suspecté de contrebande. Sans autorisation judiciaire, des agents fédéraux ont installé des écoutes téléphoniques dans le sous-sol de son immeuble (où il avait un bureau) et dans les rues près de chez lui. Olmstead a été*

personnes qui fomentaient un crime fédéral (contrebande) et a porté sur le quatrième amendement à la Constitution des États-Unis, qui parle de « perquisitions et saisies non motivées ». La « saisie » d'une conversation en tant que chose éphémère a été considérée comme impossible étant donné que l'amendement protège les « lieux » et non les conversations fugitives (par téléphone).

La Cour a également refusé d'appliquer le privilège de ne pas témoigner contre soi-même (cinquième amendement), bien qu'en fait, par le biais de la preuve enregistrée, les défendeurs aient été écoutés « témoigner contre eux-mêmes[402] ». L'expression « vie privée » a été mentionnée quatre fois, mais seulement par Brandeis.

b) Halford c. Royaume-Uni

Lorsque je suis arrivé à la Cour en 1998, j'ai remarqué la référence des avocats anglais à l'« attente raisonnable en matière de vie privée ». J'avais alerté Michael O'Boyle, le rédacteur du Greffe de l'opinion de l'arrêt *Halford*, en soulignant le retard de trente ans dans l'adoption de ce critère extrêmement utile. « Oh, vous êtes tellement imprégné de la loi américaine... », a été alors la réponse dédaigneuse que j'ai reçue.

L'arrêt *Olmstead* a été suivi trente-neuf ans plus tard d'un revirement de jurisprudence, parce que « le quatrième amendement protège les gens plutôt que les lieux », dans l'affaire *Katz v. U.S.* L'arrêt *Katz* a inauguré en 1967 la fameuse norme de l'« attente raisonnable en matière de vie privée[403] ». Dans l'affaire *Halford c. Royaume-Uni*, trente ans plus tard exactement, la CrEDH a manqué la

condamné avec des preuves obtenues grâce aux écoutes téléphoniques » : voir *Olmstead v. United States, Oyez*, 25 janvier 2018, à l'adresse www.oyez.org/cases/1900-1940/277us438, consulté pour la dernière fois le 25 janvier 2018.

[402] C'est la question complexe de l'auto-incrimination qui découle également de la formule de droit romain *« Nemo contra se prodere tenetur »*. Voir B.M. Zupančič, « The Crown and the Criminal : The Privilege against Self-Incrimination – Towards General Principles of Criminal Procedure », *Nottingham L.J.*, vol. 5, première partie, 1996.

[403] *Katz v. U.S.*, 389 U.S. 347 (1967).

première occasion d'adopter cette formulation conséquente proposée par les avocats anglais de Mme Halford[404].

> Mme Halford a été nommée au grade de contrôleur général (Assistant Chief Constable) de la police de Merseyside. Suite à un refus de promotion, Mme Halford a engagé une action pour discrimination fondée sur le sexe devant le tribunal du travail. Mme Halford allègue que certains membres de la Merseyside Police Authority ont lancé une « campagne » contre elle parce qu'elle avait déposé plainte devant le tribunal du travail. Cela s'est traduit par des fuites dans la presse et l'interception de ses appels téléphoniques. Mme Halford allègue que les appels téléphoniques passés depuis son domicile et son bureau ont été interceptés dans le but d'obtenir des informations à utiliser contre elle au cours de la procédure en matière de discrimination. Elle a invoqué une violation de l'article 8 de la Convention. La CrEDH a estimé que les conversations téléphoniques que Mme Halford a eues dans son bureau au quartier général de la police de Merseyside relevaient de la « vie privée » et de la « correspondance » visées au paragraphe 2 de l'article 8, puisque la Cour avait, dans sa jurisprudence, adopté une interprétation large de ces expressions (*Niemietz c. F.R.G.* et *Chappell c. Royaume-Uni*). Toutefois, elle n'a pas conclu à une violation de l'article 8. En ce qui concerne l'article 8, la Cour a observé que les appels téléphoniques passés à partir de locaux commerciaux peuvent être couverts par les notions de « vie privée » et de « correspondance ». Les conversations téléphoniques que Mme Halford a eues à ses téléphones de bureau relevaient des notions de « vie privée » et de « correspondance » et l'article 8 était donc applicable à cette partie de la plainte. La Cour n'a pas conclu qu'il y avait eu ingérence dans le droit de Mme Halford au respect de sa vie privée et de sa correspondance en ce qui concerne son téléphone à domicile. En conséquence, la Cour n'a pas conclu à une violation de l'article 8 de la Convention en ce qui concerne les appels téléphoniques passés depuis le domicile de Mme Halford[405].

Ainsi, le 14 septembre 1990, le comité spécial a adressé à la commission disciplinaire des hauts fonctionnaires un rapport rédigé par l'inspecteur général *indiquant que Mme Halford aurait commis une faute professionnelle le 24 juillet 1990.* La commission disciplinaire a décidé, le 20 septembre 1990, d'ouvrir une enquête

---

404 *Halford c. Royaume-Uni*, requête n° 20605/92, 25 juin 1997.
405 Voir http://www.hrcr.org/safrica/privacy/Halford.html, consulté pour la dernière fois le 27 janvier 2018.

> officielle et de renvoyer l'affaire à la direction des plaintes contre la police, puis, le 8 février 1991, d'engager une procédure disciplinaire. Mme Halford a été suspendue de ses fonctions en continuant à percevoir intégralement son traitement à compter du 12 décembre 1990[406]. (Soulignement ajouté)

Si le critère de l'« attente raisonnable en matière de vie privée » avait été appliqué, cela aurait conduit à un rejet à court terme de la cause de Mme Halford. Comment peut-on s'attendre à ce qu'une personne ait des attentes en matière de protection de la vie privée à propos d'une ligne téléphonique dédiée au poste de police[407] ? J'ai d'abord introduit la notion d'« attente raisonnable en matière de vie privée » dans mon opinion concordante dans l'affaire *von Hannover (1)*[408], les avocats dans cette affaire et d'autres l'ont réintroduite dans l'affaire *von Hannover c. Allemagne (2)*[409], mais la CrEDH a une fois de plus manqué le coche. Le critère a finalement été adopté dans l'affaire *Peev c. Bulgarie*[410] en 2007, soit vingt ans après que je l'avais proposé dans l'affaire *von Hannover (1)*, et exactement soixante ans plus tard que dans l'affaire *Katz v. U.S.* (1967). Il a ensuite été repris dans des affaires successives, jusqu'à la dernière affaire *López Ribalda c. Espagne* (2018)[411].

3. Droits de la personnalité et droits de l'homme

Quelle est la distinction actuelle entre droits de l'homme et droits de la personnalité ? Les droits de l'homme sont les droits vis-à-vis de l'État (droit public), tandis que les droits de la personnalité font en principe l'objet de litiges horizontaux (*Drittwirkung*) entre sujets juridiques privés (droit privé). Ce dernier droit privé est devenu l'objet d'un règlement judiciaire constitutionnel et européen de droit public

---

406 Voir *supra*, note 404, § 13.

407 L'origine de ce malentendu a été que la CrEDH n'avait pas accès à LexisNexis ou à Westlaw, systèmes alors considérés comme trop coûteux par le Conseil de l'Europe, dans la perspective d'une croissance budgétaire nulle. Les avocats anglais avaient accès aux systèmes, et donc au critère de *Katz*, alors que la CrEDH ne savait même pas d'où venait cette expression.

408 *Von Hannover c. Allemagne*, requête n° 59320/00, 26 juin 2004.

409 *Von Hannover c. Allemagne* (no 2) [GC], requêtes n°s 40660/08 et 60641/08, 7 février 2012.

410 *Peev c. Bulgarie*, requête n° 64209/01, 26 juillet 2007.

411 *López Ribalda et al. c. Espagne*, requêtes n°s 1874/13 et 8567/13, 9 janvier 2018.

dans le contexte des « droits de l'homme » dans le cas où les tribunaux nationaux (inférieurs) ne se sont pas montrés suffisamment attentifs à la protection objective des droits de la personnalité. Les affaires de *Drittwirkung* peuvent bien entendu relever de la CrEDH et donc du droit public *via* les tribunaux nationaux violant les droits des requérants lésés prévus à l'article 8.

De même, il est peut-être juste de dire, d'une manière très générale, que la tradition britannique issue de la *Magna Carta* (1215) se situe davantage dans la veine des droits de l'homme publics (constitutionnels), alors que la tradition continentale est, en raison de l'ancienne tradition du droit romain, plus encline, *via* le droit privé, à la protection de la personnalité individuelle.

4. Droit romain

Dans les *Leges XII Tabularum* (vers 450 av. J.-C.)[412], figure à la *Tabula* VIII la disposition suivante : « *Si membrum rupsit ni cum eo pacit, talio esto....[...] Si iniuriam facit, viginte quinque poenae sunto.* »

Il s'agit, selon les juristes, de la première référence à la protection de la personnalité en tant que telle, car *iniuria* se réfère à la fois aux blessures réelles et aux blessures verbales[413].

> Les Douze Tables ont constitué la première codification du droit romain. Selon la tradition, elle a été promulguée en 450 avant J.-C. La huitième Table a fixé la peine pour *iniuria* ou préjudice injustifié à une somme fixe de 25 as. Cette pénalité est restée valable pendant des siècles, longtemps après que l'inflation monétaire eut fait de 25 as une somme négligeable. La conception romaine de la blessure était beaucoup plus large que la nôtre aujourd'hui. Pour les Romains, avec leur sens très développé de l'honneur personnel, les blessures n'ont pas

---

[412] Voir, en général, William Smith, « Lex Duodecim Tabularum », A *Dictionary of Greek and Roman Antiquities*, John Murray, Londres, 1875, à l'adressehttp://penelope.uchicago.edu/Thayer/E/Roman/Texts/secondary/SMIGRA*/Lex_XII _Tabularum.html, consulté pour la dernière fois le 22 janvier 2018.

[413] « *S'il a arraché un membre et n'a pas conclu d'accord amiable avec la victime, que la peine du talion soit appliquée. (....) S'il a fait un acte contre le droit à un autre, que la peine soit de vingt-cinq as* » (traduction en français à l'adresse https://droitromain.univ-grenoble-alpes.fr/Francogallica/twelve_fran.html). Les Lois des XII Tables distinguent ainsi entre l'*iniuria* verbale et l'*iniuria* réelle, comme « arracher un membre » à autrui.

besoin d'être physiques, ni de causer des pertes matérielles tangibles. Outre la diffamation ou la calomnie, le préjudice peut également inclure la simple insulte (bien que pour les Romains, il n'existe pas de « simple » insulte).

L'antiquaire romain Aulu-Gelle raconte dans ses *Nuits attiques* (20.1.13) une histoire amusante au sujet d'un riche citoyen du Ier siècle av. J.-C., Lucius Veratius, qui trouva un moyen intéressant de protester contre l'absurdité (due à l'inflation) de la somme fixe traditionnelle à payer pour préjudice réel injustifié. Selon l'histoire, Veratius avait coutume de se promener sur le forum accompagné d'un de ses esclaves portant une bourse contenant de la monnaie. Il giflait les citoyens libres au visage (énorme *iniurium réel* pour les normes juridiques romaines) et demandait ensuite à son esclave de leur distribuer le nombre approprié de pièces de monnaie. Cette étrange forme de protestation a peut-être finalement mené à une refonte du droit privé concernant l'*iniuria*[414].

Les intérêts de la personnalité protégés étaient attachés à la « personne en tant que telle », c'est-à-dire à son corps, sa santé, son honneur, etc. La personne lésée par une *iniuria* avait droit à des dommages-intérêts, les fameux 25 as.

Plus tard, sous l'influence de la doctrine du droit naturel, ces intérêts envers la « personne en tant que telle » deviennent des droits. Le grand juriste français Hugues Doneau (dit Hugo Donellus), dans son *Commentarium de iure civili* (1584), par exemple, distingue entre « *iura in rebus externis* » et « *jura in persona cuiusque* ». C'est pourquoi nous parlons maintenant des droits de la personne « en tant que telle » : « *Quod proprium nostrum est, id consistit aut in persona cuiusque aut in rebus externis*[415] ».

Quoi qu'il en soit, c'est dans ce cadre de droit naturel que certains intérêts personnels ont été considérés comme « *iura connata* », c'est-à-dire les droits *innés*, ceux avec lesquels on naît. On peut supposer que ces *iura connata* ont été le premier fondement des droits de l'homme

[414] J. Pratt, « A Curious Miscellany of Items Philosophical, Historical, and Literary », à l'adresse http://spectacledavenger.blogspot.fr/2009/03/slap-in-face-to-corrective-justice_19.html, consulté pour la dernière fois le 22 janvier 2018.
[415] Pour autant que je me souvienne, Finnis, dans son *Natural Law*, Oxford, 1980, n'en fait pas mention.

moderne, à savoir les droits qui sont attachés à la naissance (et grâce à Julius Paulus Prudentissimus, même avant, pour le *nasciturus*)[416].

Aujourd'hui, il s'agit *à la fois* des droits de l'homme, d'une part, et des droits de la personnalité dans le domaine du droit privé, d'autre part. *Nihil novum sub sole*.

Le droit romain est au droit ce que les mathématiques sont à la physique. Il est déplorable que l'illettrisme moderne nous ait fait oublier cette corrélation historique extrêmement pertinente, comme si les droits de l'homme avaient été une invention du XXe siècle ou, au mieux, une conséquence de la Révolution française. Les répercussions à la CrEDH en sont patentes[417]. Initialement, l'« ancienne Cour » (avant 1998) ayant été animée principalement par des internationalistes, cette situation était, dans une certaine mesure, explicable et compréhensible. Mais à long terme et à l'heure actuelle, la *plébéianisation* générale de l'érudition juridique est due au manque de formation au droit romain – et à sa cause, l'ignorance de la langue latine[418].

Dans *La Métaphysique des mœurs* (1797), Kant affirme qu'il existe quelque chose comme un « proto-droit » embryonnaire qui s'attache à la personne en tant que telle (*an sich*) – le droit d'être libre[419] – qui est devenu plus tard la source d'autres droits de la personnalité, plus variés[420].

---

[416] Voir *infra*, note 473.
[417] Voir *infra*, les affaires comme *Bohlen* et *August Ernest von Hannover*.
[418] Quant à la distinction, en droit romain, entre droit privé et droit public, c'est-à-dire, *mutatis mutandis*, entre droits de la personnalité (privés) et droits de l'homme (publics), voir Albert A. Ehrenzweig, *Law : A Personal View*, Max Knight, ed., A.W. Sijthof, Leyden, 1977, p. 53. Ce travail illustre tout ce que l'érudition juridique devrait être – et n'est plus.
[419] « *Ce droit unique, originaire, que chacun possède par cela seul qu'il est homme, c'est la liberté (l'indépendance de toute contrainte imposée par la volonté d'autrui), en tant qu'elle peut s'accorder, suivant une loi générale, avec la liberté de chacun.* » (traduction française de Jules Barni, 1853, à l'adresse https://fr.wikisource.org/wiki/Kant_-_Doctrine_du_droit/Introduction_à_la_doctrine_du_droit)
[420] Cela est, bien sûr, très intéressant parce que la question suivante est : « libre de quoi » ? Dans le langage de la CrEDH (proportionnalité), nous dirions aujourd'hui que la personne doit être « exempte d'ingérences ». La similitude avec la devise du juge Cooley concernant « le droit d'être laissé tranquille » n'est probablement pas

Ce droit unique, originaire, que chacun possède par cela seul qu'il est homme, c'est la liberté (l'indépendance de toute contrainte imposée par la volonté d'au-trui), en tant qu'elle peut s'accorder, suivant une loi générale, avec la liberté de chacun. — L'égalité naturelle, c'est-à-dire cette indépendance qui fait qu'on ne peut être obligé par les autres à rien de plus que ce à quoi on peut les obliger soi-même à son tour ; par conséquent, cette propriété qu'a l'homme d'être son propre maître *(sui juris)* ; en même temps la qualité d'honnête homme *(justi)*, qu'on peut revendiquer, lorsque, antérieurement à tout acte juridique, on n'a fait d'injustice à personne ; enfin la faculté de faire à l'égard des autres quelque chose qui ne leur ôte rien du leur et où ils n'attachent aucun intérêt sérieux, comme de leur communiquer simplement ses pensées, de leur raconter ou de leur promettre quelque chose, que ce soit vrai et sincère ou faux et trompeur *(veriloquium aut falsiloquium)*, parce qu'il dépend absolument d'eux de vous croire ou de ne pas vous croire : tous ces droits sont déjà contenus dans le principe de la liberté innée, et n'en diffèrent réellement pas comme membres d'une division fondée sur un concept supérieur du droit. La raison pour laquelle on a introduit une division de ce genre dans le système du droit naturel (en tant qu'il concerne ce qui est inné) est celle-ci : on a voulu que, si une

---

fortuite, mais la question se pose de savoir quelle est la sphère de la vie privée à l'intérieur de laquelle les ingérences du monde extérieur ne sont plus acceptables. Parler, comme c'était la coutume, de la personne *per se*, en tant que telle, n'est pas d'un grand secours, car la question suivante est de savoir quelle sera objectivement l'« attente raisonnable en matière de vie privée ». Ce critère, introduit en 1967 dans l'affaire *Katz v. United States*, 389 U.S. 347 (1967), impliquerait naturellement un critère à la fois subjectif et objectif. Il se peut que je m'attende à ce que ma vie privée soit respectée selon mes critères privés. Cependant, une fois le litige dans le contexte accusatoire, la question pourrait se poser de savoir si mon attente était objectivement « raisonnable » ou non. Par exemple, en ce qui concerne le privilège de ne pas s'accuser soi-même, l'atteinte à la vie privée dans la cabine téléphonique publique, comme dans l'affaire *Katz*, était « raisonnable », à savoir que la preuve obtenue par le « micro de pointe », comme on l'appelait à l'époque, ne serait donc pas admissible. Il est clair que cette exclusion radicale de la preuve dans une affaire pénale (droit public) devrait également servir de point d'orientation pour les ingérences dans la vie privée dans le domaine du droit privé. En d'autres termes, si nous sommes prêts à sacrifier des preuves décisives, par exemple l'écoute d'une conversation incriminante dans une cabine téléphonique publique, *a fortiori*, nous devrions être prêts à apprécier cet aspect de la vie privée vis-à-vis d'une autre personne privée. Cela nous donne déjà un point d'orientation en ce sens qu'un événement, dans une chambre d'hôtel par exemple, est protégé parce qu'une chambre louée dans un hôtel est comme une sphère territoriale dans laquelle on s'attend à pouvoir rester tranquille. Il s'ensuit logiquement que les attentes en matière de vie privée ne sont pas seulement effectives à l'égard de la police, mais encore plus à l'égard d'autres personnes d'importance simplement privée.

> contestation s'engage sur un droit acquis et qu'on élève la question de savoir sur qui retombe la charge de faire la preuve *(onus probandi)*, soit d'un fait douteux, soit, si le fait est avéré, d'un droit douteux, on a voulu, dis-je, que celui qui décline cette obligation puisse en appeler méthodiquement et comme à divers titres à son droit inné de liberté (lequel se spécifie suivant ses diverses relations).
>
> Mais, comme relativement à ce qui est inné, par conséquent au mien et au tien intérieurs, il n'y a pas des droits, mais un droit, on pourra rejeter dans les prolégomènes la division précédente, qui se compose de deux membres tout à fait inégaux par leur contenu, et réduire la division de la doctrine du droit au mien et au tien extérieurs[421].

Dans leur article, parce qu'il est paru en 1890, Warren et Brandeis n'étaient pas au courant de l'ensemble du débat à cet égard. Mais il est indicatif qu'ils se réfèrent par exemple au droit d'auteur (droit moral et droit matériel selon Savigny) et à des avantages similaires dans le contexte des droits de la personnalité. Quoi qu'il en soit, une argumentation philosophiquement et académiquement riche et abondante s'est développée avant et après l'article fondateur de Warren et Brandeis. Je n'ai aucun doute que Brandeis, en raison de son éducation allemande, sut tirer profit de ces considérations les plus intéressantes.

Dans mon opinion concordante mais non admise dans l'affaire *Hannover (1)*, j'avais à l'esprit quelques vieilles affaires autrichiennes dans lesquels la CrEDH avait fait fi de cette riche tradition de droits de la personnalité – tout cela au nom de la liberté de la presse[422]. J'avais le

---

[421] Kant, voir *supra*, note 419, p. 185 et 186.

[422] Mon opinion concordante dans l'affaire *Von Hannover c. Allemagne*, requête n° 59320/00, 26 juin 2004 : *« De surcroît, il me paraît que, dans une certaine mesure et sous l'influence américaine, les tribunaux ont fait de la liberté de la presse un fétiche. La doctrine du droit de la personnalité consacre un niveau plus élevé de civilisation dans les relations interpersonnelles. Il est temps que le balancier revienne à un type d'équilibre différent entre ce qui est privé et protégé et ce qui est public et non protégé. »* Et la réponse raciste de Hoffmann : *« Quelle grandeur ! aurait dit Bentham. Quel pouvoir législatif le représentant judiciaire de la Slovénie peut-il exercer depuis ses chambres à Strasbourg ! Qu'on nous explique cette pernicieuse influence américaine. Que savent leurs tribunaux ou leurs pères fondateurs des droits de l'homme ? C'est nous, à Strasbourg, qui décrétons l'ordre public européen. Qu'un autre équilibre soit trouvé, dis-je, et tous les tribunaux d'Europe doivent rentrer dans le rang »* : Hoffman, « The Universality of Human Rights », Judicial Studies Board Annual Lecture, 19 mars 2009, à http://www.brandeis.edu/ethics/pdfs/internationaljustice/biij/BIIJ2013/hoffmann.pdf

sentiment que les aspects plus subtils de la protection de la personnalité et de la réputation étaient relégués au second plan.

, consulté pour la dernière fois le 22 janvier 2017. Mais voir aussi : *« En fait, l'exemple de Lord Hoffmann se retourne contre lui. Le juge slovène qu'il mentionne, le juge Zupančič, a siégé à la Cour constitutionnelle slovène et au Comité des Nations unies contre la torture avant de rejoindre la Cour de Strasbourg, et est titulaire d'un LLM et d'un SJD de la Harvard Law School. Il semble donc extrêmement qualifié à la fois pour statuer sur des plaintes au titre de la CEDH et pour faire des commentaires sur la jurisprudence américaine, nonobstant le handicap allégué de sa nationalité slovène »* : Colm O'Cinneide, « In Defence of the Strasbourg Court », à l'adresse https://ukconstitutionallaw.org/2011/06/13/colm-o%E2%E2%80%9999cinneide-in-defence-of-the-strasbourg-court/, consulté pour la dernière fois le 22 janvier 2018. Voir aussi « Law Lords Condemn Hoffmann », *Guardian*, 16 janvier 1999, https://www.theguardian.com/uk/1999/jan/16/claredyer, consulté pour la dernière fois le 22 janvier 2018.

Q. La tendance

Je n'ai pas l'intention de répéter ici la littérature juridique et la jurisprudence, c'est-à-dire de considérer les arbres tout en ignorant la forêt. Si je devais formuler les choses en une seule phrase, je dirais simplement que je suis tout à fait d'accord avec Warren et Brandeis. L'oubli généralisé du droit de l'individu lésé à la réputation, contre la diffamation, etc., est pour moi une atteinte à l'un des droits de l'homme les plus fondamentaux. Les écrits truffés d'analogisme sur la dernière affaire de la CrEDH[423] n'ont aucun sens si l'on n'est pas prêt à admettre que la liberté de la presse, comme aux États-Unis, est pratiquement un droit absolu, équilibré seulement en apparence par le droit à la vie privée prévu à l'article 8[424].

Les « critères » retenus dans l'arrêt *Axel Springer*, à savoir :1) la contribution à un débat d'intérêt général, 2) la notoriété de la personne visée et l'objet du reportage, 3) le comportement antérieur de la personne concernée, 4) le mode d'obtention des informations et leur véracité, 5) le contenu, la forme et les répercussions de la publication, et 6) la gravité de la sanction imposée, ne sont pas des critères pour un esprit juridique cohérent[425]. Qu'est-ce qui est « d'intérêt général » ? Qu'est-ce qu'une « personnalité publique » ? Dans quelle mesure la conduite antérieure de la personne lésée doit-elle être « publique » ? Quel type de « mode d'obtention des informations » est encore acceptable ?

Le parti pris en faveur de la violation directe des droits de la personnalité de l'individu serait tout simplement barbare pour Warren et Brandeis. Les auteurs se sont plaints de la « photographie instantanée ». Aujourd'hui, avec les médias sociaux, l'occasion de mauvais traitements est mille fois plus grande.

---

[423] *Axel Springer AG c. Allemagne* [GC], requête n° 39954/08, 7 février 2012.
[424] Voir, par exemple, *When Human Rights Clash at the European Court of Human Rights*, Oxford University Press, 2017.
[425] Voir *supra*, note 423.

1. Les deux affaires « Lucky Strike[426] »

Dans deux affaires liées à une publicité humoristique pour des cigarettes, la Cour européenne des droits de l'homme a conclu que les autorités nationales n'avaient pas de raison d'interférer avec la liberté d'expression commerciale d'une société afin de protéger le droit à la réputation et le droit à leurs noms de deux personnes publiques mentionnées dans les annonces publicitaires de celle-ci sans leur consentement. Plus précisément, la Cour européenne a estimé que la Cour fédérale de justice allemande avait ménagé un juste équilibre entre la liberté d'expression (article 10) et le droit à la vie privée (article 8).

Le premier requérant, Dieter Bohlen, est un musicien bien connu et un producteur artistique en Allemagne, tandis que le second, Ernst August, est le mari de la princesse Caroline de Monaco. En 2000, la société British American Tobacco (Allemagne) avait utilisé leurs prénoms dans une campagne publicitaire et fait des références à des événements associés à M. Bohlen et M. Von Hannover, qui ont tous les deux demandé des injonctions interdisant la diffusion desdites publicités. Le fabricant de cigarettes a immédiatement arrêté la diffusion de la campagne publicitaire, mais a refusé de payer les sommes réclamées par les requérants pour l'utilisation de leurs prénoms. Le tribunal régional de Hambourg et la cour d'appel ont fait droit aux réclamations et ont alloué aux requérants les sommes de 100 000 euros et 35 000 euros respectivement. *Toutefois, la Cour fédérale de justice a annulé les arrêts de la cour d'appel et a conclu qu'en dépit de leur nature commerciale, les annonces en question étaient susceptibles de jouer un rôle dans la formation de l'opinion publique et ne contenaient aucun contenu dégradant la bonne réputation des requérants.* Pour cette raison, elle a rejeté les prétentions des requérants à une réparation financière. M. Bohlen et M. Von Hannover ont introduit des requêtes devant la Cour européenne des droits de l'homme en invoquant une violation de leur droit à la vie privée et au nom, protégé par l'article 8 de la Convention européenne des droits de l'homme[427]. (Soulignement ajouté)

[426] *Ernest August von Hannover c. Allemagne*, requête n° 53649/09, 19 février 2015, et *Bohlen c. Allemagne*, requête n° 53495/09, 19 février 2015.
[427] Rapport de Dirk Vorhof, voir

Les deux affaires avaient été examinées par la Section V et l'arrêt a été rendu le même jour. La question de la « liberté d'expression » s'applique à la publicité pour le tabac qui, pour des raisons de santé, aurait de toute façon pu être interdite. Comme je l'ai souligné dans mon opinion dissidente, compte tenu de ce précédent « pertinent », les entreprises pourraient protester demain contre l'interdiction par l'État de la publicité pour les produits du tabac. Il n'empêche, la Section a accordé la liberté d'expression à la British American Tobacco Co. Cela malgré le fait que M. Bohlen avait fait remarquer *expressis verbis* qu'il était en principe opposé au tabagisme. (Peut-être que la compagnie de tabac le savait, puisqu'il est une célébrité, auquel cas l'insulte s'ajoutait à l'injure).

L'histoire de Dieter Bohlen était quelque peu fondée sur la supposition absurde qu'il avait lui-même cherché à se faire de la publicité ou peut-être sur la fameuse théorie constitutionnelle allemande selon laquelle il était une personnalité absolument (plutôt que « relativement») historique.

Voici mon opinion dissidente (29 janvier 2015) :

> Je regrette de ne pas pouvoir me rallier à la majorité dans cette affaire. Je pense en effet que les tribunaux allemands inférieurs à la Cour fédérale de justice avaient dans une large mesure une perception plus juste de l'affaire.
>
> L'annulation de leurs décisions n'est en rien convaincante à mes yeux.
>
> Au cœur de la controverse, telle que définie par la Cour fédérale de justice allemande (§ 24 de l'arrêt de la majorité), se trouve la hiérarchie à établir entre les droits de la personnalité (*Persönlichkeitsrecht*) de M. Bohlen et la liberté d'expression.
>
> Les règles allemandes régissant les droits de la personnalité de M. Bohlen ont comme pendant international l'article 8 de la Convention européenne des droits de l'homme (« la Convention »). Par conséquent, dire que l'ordre juridique allemand les place en

---

http://merlin.obs.coe.int/iris/2015/5/article1.en.html, consulté pour la dernière fois le 23 janvier 2018. Dans le rapport Vorhof, la citation en italique ci-dessus n'est tout simplement pas vraie.

dessous de la protection constitutionnelle de la liberté d'expression a peut-être un sens au sein de cet ordre – même si je trouve pareille opinion extrêmement formaliste –, mais cela n'est manifestement pas vrai sur le plan international. Il ne peut y avoir de primauté *a priori* de la liberté d'expression sur les droits de la personnalité garantis par l'article 8 de la Convention.

Certes, la Cour fédérale de justice a évoqué l'aspect patrimonial, c'est-à-dire les dommages-intérêts pour la violation des droits de la personnalité de M. Bohlen. Elle a dit que c'était cet élément indemnitaire qui ne pouvait être mis sur le même pied que la protection constitutionnelle de la liberté d'expression. Je trouve cela surprenant. Comment peut-on séparer le *remedium* (en l'occurrence l'indemnisation pour violation des droits de la personnalité) du droit lui-même ? Le droit et le *remedium* sont les deux facettes du même concept.

Par ailleurs, le message véhiculé par la publicité est dénué d'ambiguïté. Il est suggéré que M. Bohlen n'aurait pas commis les fautes d'écriture alléguées s'il avait fumé des cigarettes « Lucky Strike ». La cigarette allumée au-dessus du paquet de cigarettes est une recommandation claire à cet effet. Le message n'est même pas subliminal ; il est péremptoire et évocateur.

De surcroît, nous parlons ici de la liberté d'expression de la British Tobacco Company en train de railler M. Bohlen – à des fins purement et manifestement commerciales.

Il n'y a dans ce message de marchand de tabac aucune vertu rédemptrice. Ce n'est pas un message qui aurait une quelconque finalité sociale, sauf à considérer que fumer des cigarettes soit cette vertu sociale rédemptrice.

Au contraire, dans le contexte social très honorable de la lutte contre le tabagisme – un but social reconnu ! –, la publicité pour le tabac n'est certainement pas un domaine relevant de la protection de la liberté d'expression. À mon avis, ce serait vrai en principe même indépendamment des doléances de M. Bohlen. Demain, nous pourrions être saisis d'une affaire dans laquelle les restrictions imposées par les États membres à la publicité pour le tabac seront contestées au nom de la liberté d'expression. La présente affaire pourrait alors être citée à titre de précédent pertinent.

Il est compréhensible que M. Bohlen – qui ne fume pas – se soit senti blessé et ait protesté contre l'utilisation abusive de son nom et de ses travaux dans le cadre d'une opération de promotion du tabagisme.

Comme je l'ai écrit dans mon opinion concordante en l'affaire *Von Hannover c. Allemagne* (n° 59320/00, CEDH 2004-VI), celui qui vit dans une maison de verre n'a guère le droit de jeter des pierres :

> Si j'estime que les distinctions qu'opère le système juridique allemand entre les différents niveaux d'exposition admissibles relèvent trop de la jurisprudence conceptuelle (*Begriffsjurisprudenz*), je considère que le critère de mise en balance entre le droit du public à savoir, d'une part, et le droit à l'intimité de la vie privée de la personne concernée, d'autre part, doit être appliqué de manière adéquate. Celui qui monte volontairement sur la scène publique ne peut prétendre être une personne privée ayant droit à l'anonymat. Les membres des familles royales, les acteurs, les universitaires, les hommes politiques, etc., accomplissent leurs tâches de manière publique. Ils peuvent ne pas rechercher la publicité mais, par définition, leur image est, dans une certaine mesure, propriété publique.
>
> J'entends ici me concentrer non pas tellement sur le droit du public à savoir – ce droit s'applique d'abord et avant tout à la question de la liberté de la presse et à la doctrine constitutionnelle y relative – mais plutôt sur le simple fait qu'il n'est pas possible de séparer par un rideau de fer la vie privée de l'accomplissement de tâches publiques. Vivre parfaitement incognito est le privilège de Robinson ; en ce qui concerne le commun des mortels, chacun suscite, dans une mesure plus ou moins grande, l'intérêt d'autrui..
>
> Le droit à l'intimité de la vie privée, par contre, est le droit à ne pas être importuné. Chacun peut prétendre ne pas être importuné pour autant précisément que sa vie privée ne s'entrecroise pas avec la vie privée d'autrui. À leur manière, les notions juridiques telles que la calomnie, la diffamation, etc., attestent de ce droit et des barrières interdisant à autrui d'y porter atteinte. La doctrine du droit de la personnalité que connaît le droit privé allemand consacre un cercle concentrique plus large de vie privée protégée. (...) La doctrine du droit de la personnalité consacre un niveau plus élevé de civilisation dans les relations interpersonnelles..
>
> Il est temps que le balancier revienne à un type d'équilibre différent entre ce qui est privé et protégé et ce qui est public et non protégé..
>
> La question en l'espèce consiste à savoir comment on peut assurer et apprécier cet équilibre. (...) J'estime toutefois qu'elle aurait pu

appliquer un critère différent : celui qu'elle a utilisé dans son arrêt *Halford c. Royaume-Uni* (25 juin 1997, Recueil des arrêts et décisions 1997-III), où elle s'est demandé si la personne concernée « pouvait raisonnablement croire au caractère privé » des appels en cause..

Le contexte de la procédure pénale et l'utilisation de preuves obtenues en violation du principe de protection des éléments que l'on peut raisonnablement croire de nature privée dans l'affaire *Halford* n'empêchent pas la Cour de faire usage du même critère dans les affaires telles que la présente. La question de savoir si la requérante en l'espèce était ou non une personnalité publique cesse alors d'exister ; le critère proposé, qui vise à déterminer si la personne s'estimant victime d'une atteinte à sa vie privée pouvait raisonnablement croire au caractère privé de la situation litigieuse autorise une approche nuancée dans chaque nouvelle affaire. (...)

Il faut bien sûr éviter ici le raisonnement circulaire. Le caractère « raisonnable » de la croyance à la nature privée d'une situation pourrait se réduire au critère de mise en balance précité. Mais invoquer le caractère raisonnable d'une croyance, c'est aussi faire appel au sens commun éclairé, qui nous dit que celui qui vit dans une maison de verre n'a guère le droit de jeter des pierres.

Dire que quiconque publie un livre recherche la publicité est une tautologie. C'est précisément le but de toute opération de publication. Toutefois, la Cour fédérale de Justice va trop loin lorsqu'elle dit que M. Bohlen a recherché lui-même, et dans son propre intérêt, la publicité (paragraphe 26 de l'arrêt) et qu'il a en conséquence été pris en otage d'une publicité négative parce qu'il a publié un livre[428].

2. Le système immunitaire de l'organisme politique

Dans un État ou une société, le rule of law est aussi, entre autres choses, le système immunitaire du corps politique. Cet organisme est un sous-système de la société locale et mondiale. Si le rule of law ne fonctionne pas, les personnes lésées sont laissées à elles-mêmes si elles souhaitent mettre en œuvre leurs droits. Elles prennent la loi en main. En droit de la responsabilité civile, on parle d'« application

---

[428] *Bohlen c. Allemagne*, requête n° 53495/09, 19 février 2015, opinion dissidente du juge Zupančič. Traduction française de l'original en anglais, voir http://hudoc.echr.coe.int/eng?i=001-152647, dernier accès le 25 janvier 2018.

privée d'un droit[429] » ; en droit pénal, on parle parfois de « se faire justice soi-même » ou, en gros, d'« auto-volonté[430] ». Ripstein et Keating, les principaux auteurs en la matière (la responsabilité civile), ne semblent pas comprendre, malgré la citation de Locke et de Kant, qu'il s'agit du principe juridique le plus fondamental. Kant :

> Sans doute l'état de nature pourrait bien n'être pas précisément un état *d'injustice (injustus)*, où les hommes ne reconnaîtraient dans leurs rapports réciproques d'autre principe que celui de la force, mais ce serait du moins un état *privé de toute garantie légale (status justitia vacuus)*, où, lorsque le droit serait *controversé (jus controversum)*, il n'y aurait point de juge compétent pour rendre un arrêt ayant force de loi, en vertu duquel chacun pût contraindre autrui à se soumettre à l'état juridique. En effet, quoique, d'après les *idées* que chacun a du *droit*, on puisse acquérir quelque chose d'extérieur par occupation ou par contrat, cette acquisition n'est toujours que *provisoire*, tant qu'elle n'a pas encore pour elle la sanction d'une loi publique, car elle n'est déterminée par aucune justice (distributive) publique, et n'est garantie par aucune puissance exerçant ce droit[431]. (Soulignement ajouté)

Si nous retournons ce langage philosophique à l'envers, nous arrivons à la simple conclusion que l'absence de « sanction d'une loi publique » chez Kant, c'est l'anarchie. Ou du moins l'antichambre de l'anarchie, c'est-à-dire le *status justitiae vacuus*. Comme je l'ai souligné précédemment, cela n'avait rien de nouveau, même en 1797, puisque la loi romaine des XII Tables l'a très bien introduit en affirmant qu'on est obligé de se présenter devant le tribunal si l'on y

[429] Voir, en général, Arthur Ripstein, « Private Order and Public Justice : Kant and Rawls », *92 Vanderbilt Law Review* 1391-1438, 2006 ; Gregory Keating, « Personal Inviolability and Private Law », *1st Journal of Tort Law* 1, 2006-2007.

[430] Dans le Code pénal type américain (MPC), article 242.1, le discours est si alambiqué qu'il serait impossible de reconnaître l'idée de « se faire justice soi-même » si nous ne savions pas à l'avance ce que nous y recherchons : *« Obstruction à l'administration de la loi ou autre fonction gouvernementale : [il] fait obstruction à, entrave ou pervertit délibérément l'administration de la loi (....) par la force, la violence, l'ingérence physique ou l'obstacle »*. Dans le Code pénal slovène, l'article 310 parle de *« samovolja »* (anciennement« *samopomoc* », soit le fait de « s'aider soi-même »).

[431] E. Kant, *Doctrine du droit*, 2e partie, Droit public, 1re section, Droit politique, chap. LXV, trad. J. Barni, 1853, https://fr.wikisource.org/wiki/Page:Kant_-_Doctrine_du_droit.djvu/167

est appelé. Cela impliquait à la fois l'« accès au tribunal » moderne et l'interdiction absolue de se faire justice soi-même[432].

En d'autres termes, la « sanction d'une loi publique » de Kant peut fonctionner – ou ne pas fonctionner. Le pouvoir de la logique (loi) doit s'appuyer sur la logique du pouvoir (la paix du roi) et, bien que le « rule of law » soit censé être l'antithèse du pouvoir brut, il nécessite le pouvoir brut pour ne pas finir dans le *status justitiae vacuus*. Dans ce contexte, la relation entre la logique du pouvoir et le pouvoir de la logique illustre une antinomie, parce qu'ils se nécessitent et s'excluent l'un l'autre. (Le souligner comme ci-dessus, c'est, *stricto sensu*, *déconstruire* la relation entre les deux.)

Si le système immunitaire de la société (de l'État) est compromis, s'il ne protège plus le corps politique contre les différents microbes, la société (l'État) se rapproche du désordre du SIDA, les bactéries opportunistes prolifèrent et la santé générale du corps se détériore.

Le système immunitaire est avant tout son système répressif pénal : la police, le parquet et les tribunaux pénaux. D'autres aspects du rule of law, de la responsabilité civile, du droit administratif, etc., jouent également des rôles analogues dans l'application des devoirs et des droits. Pour que les dysfonctionnements du système deviennent apparents, le public a le « droit de savoir » et la presse est libre de publier ce que le public, ainsi que le système de répression, pénale et autre, ont intérêt à savoir. C'est ce qu'on appelle la fonction de « chien de garde » de la presse libre[433].

Aux antipodes de tout cela, le public malsain et ridicule qui fouine dans la vie privée d'autrui est tout ce à quoi Warren et Brandeis s'opposaient. Il n'est pas besoin qu'il s'agisse d'un intérêt grivois : le public n'a absolument aucun intérêt légitime à savoir si M. Bohlen fume ou non des cigarettes Lucky Strike. L'approche typiquement allemande de la *Begriffsjurisprudenz* de la Cour suprême fédérale

[432] B.M. Zupančič, « Access to Court as a Human Right According to the European Convention on Human Rights », *Nottingham L.J.*, vol. 9, n° 2, 2000, p. 1.

[433] Ce mot *(wachtdog)* est apparu pour la première fois, dans la version anglaise, dans l'affaire *Barthold c. Allemagne*, requête n° 8734/79, 25 mars 1985, et a été utilisé ensuite des dizaines de fois, la dernière étant dans l'affaire *Gra Stiftung gegen Rasismus und Antisemitismus c. Suisse*, requête n° 18597/13, 9 janvier 2018.

relève du formalisme juridique pur et simple, tout comme la distinction stupide entre les personnalités « absolument historiques » et les personnalités « relativement historiques » manifeste dans toutes les affaires *von Hannover*. Le fait est que le public peut avoir un intérêt plus ou moins ridicule à savoir, mais cela ne justifie pas la publication. Évidemment, la révélation publique n'a lieu que pour des raisons commerciales, afin d'augmenter les ventes. L'intérêt public de savoir en soi ne justifie pas la révélation publique.

3. La CrEDH a tendance à ignorer le paragraphe 2 de l'article 10

> 2. L'exercice de ces libertés, comportant des devoirs et des responsabilités, peut être soumis à certaines formalités, conditions, restrictions ou sanctions prévues par la loi, qui constituent des mesures nécessaires, dans une société démocratique, à la sécurité nationale, à l'intégrité territoriale ou à la sûreté publique, à la défense de l'ordre et à la prévention du crime, à la protection de la santé ou de la morale, à la protection de la réputation ou des droits d'autrui, pour empêcher la divulgation d'informations confidentielles ou pour garantir l'autorité et l'impartialité du pouvoir judiciaire. (Soulignement ajouté)

La référence à « la protection de la réputation ou des droits d'autrui » est une indication claire de l'intention des pères de la Convention de protéger les droits de la personnalité (interprétation téléologique), de même que la mention des devoirs et responsabilités. La formule américaine est que plus la liberté est grande, plus l'est aussi la responsabilité. Les dommages causés par l'abus de la liberté de la presse sont irréversibles ; il n'y a pas de remède une fois que le mal est fait[434]. La complicité, la véritable connivence de la CrEDH en la matière est scandaleuse, même si elle est parfois simplement due à la méconnaissance des véritables intentions de la Convention. Je maintiens la position que j'ai défendue dans l'arrêt *Hannover (1)*, à savoir que sous l'influence américaine – et à cet égard, selon Freud,

---

[434] Comme je l'ai expliqué ailleurs, la règle d'exclusion de la preuve obtenue par des moyens illégaux dans la procédure pénale est, en revanche, dans un système de jury, le remède idéal, parce qu'elle empêche préventivement les éléments de preuve contaminés d'arriver jusqu'aux yeux et aux oreilles du jury : voir B.M. Zupančič, *The Owl of Minerva*, p. 125-136.

l'Amérique est vraiment dans l'erreur – la CrEDH a procédé à la fétichisation de la liberté non liée de la presse[435].

Même selon le premier amendement, la liberté de la presse n'est pas une fin en soi. Elle est censée être un moyen de contrôler l'exercice du pouvoir, qu'il soit établi ou non établi, un contrôle qui reste le but de cet examen public et du « droit de savoir » concomitant du public.

4. L'affaire Fürst-Pfeifer c. Autriche

OPINION CONCORDANTE DU JUGE ZUPANČIČ

Je suis d'accord avec l'issue de cette affaire. Cependant, je pense que l'affaire aurait plus de force consultative si elle avait eu une autre qualification juridique. Étant donné que la Cour est maître de ses propres qualifications juridiques, elle aurait pu requalifier l'affaire.

1. En termes de faits tels que présentés dans l'arrêt, nous avons une situation dans laquelle de sérieux doutes ont été soulevés quant à la compétence de l'experte psychologique nommée par le tribunal (psychiatre), qui avait donné ses conseils devant les tribunaux locaux dans des milliers d'affaires concernant des questions de garde d'enfants et d'autres questions similaires.

2. Il n'y a donc aucun doute quant à la pertinence publique de la question en l'espèce, c'est-à-dire quant à la question de l'aptitude psychologique exigée également par l'article 2 § 2 de la loi fédérale autrichienne sur la certification et la déclaration sous serment des experts et interprètes (§ 25 de l'arrêt). En effet, à l'origine de tout ce problème, nous sommes confrontés à la question de savoir si les autorités autrichiennes compétentes auraient dû examiner l'« aptitude psychologique » de la requérante *ab initio*, alors que sa nomination en tant qu'expert judiciaire certifié était à l'étude. Si cela avait été fait, nous ne serions pas confrontés à la situation que nous avons devant nous.

---

[435] « *L'inconvénient du règne de l'opinion, qui d'ailleurs procure la liberté, c'est qu'elle se mêle de ce dont elle n'a que faire ; par exemple : la vie privée. De là, la tristesse de l'Amérique et de l'Angleterre* » : Stendhal, *Le Rouge et le noir*, chap. 46, *in fine*.

3. La requérante a été enregistrée depuis 2000 en tant qu'experte psychologique nommée par le tribunal ; elle a fourni ses conseils d'expert en matière de garde, de droits de visite et de différends connexes, ainsi que sur l'assistance publique aux enfants, y compris les cas présumés de maltraitance d'enfants.

4. Sept ans auparavant, en 1993, la requérante avait été diagnostiquée comme décrit dans le premier paragraphe du texte cité (§ 8 de l'arrêt). Par la suite, selon le même article, dont la véracité a été vérifiée, la requérante a entendu plus de 3 000 couples mariés dans des litiges relatifs à la garde.

5. Il convient de mentionner ici que toutes ces affaires ont été traitées à huis clos, c'est-à-dire que le public n'a généralement pas été autorisé à être présent et que la presse n'a généralement pas été autorisée à rendre compte de ces procédures. Comme nous le savons, le fonctionnement public des tribunaux a précisément pour but de permettre que les anomalies soient rendues publiques dès qu'elles ont été détectées. Il apparaît que nous ne savons pas dans combien de ces 3 000 cas l'intervention de l'experte psychologique a été, ou non, dysfonctionnelle. Étant donné le secret de ces procédures, la publication de l'article incriminé était peut-être le seul moyen d'alerter le public et les autorités sur le problème potentiel. Comme nous le verrons, l'article avait pour fonction de« donner l'alerte », et cela parce que d'autres voies possibles n'étaient apparemment pas disponibles.

6. Ce qui suit est une citation de l'affaire *Heinisch c. Allemagne*, requête n° 28274/08 (2011), traitant de la question des « donneurs d'alerte » :

> B. Droit et pratique internationaux pertinents
>
> 37. Dans sa Résolution 1729 (2010) relative à la protection des « donneurs d'alerte », l'Assemblée parlementaire du Conseil de l'Europe a reconnu l'importance des « donneurs d'alerte » – toute personne soucieuse qui tire la sonnette d'alarme afin de faire cesser des agissements pouvant représenter un risque pour autrui –, qui permettent de renforcer la responsabilisation et de mieux lutter contre la corruption et la mauvaise gestion, tant dans le secteur public que dans le secteur privé. Elle a invité tous les États membres à passer en revue leur législation sur la protection des donneurs d'alerte, en gardant à l'esprit les principes directeurs suivants :
>
> 6.1.1. la définition des révélations protégées doit inclure tous les avertissements de bonne foi à l'encontre de divers types d'actes

> illicites, y compris toutes les violations graves des droits de l'homme, qui affectent ou menacent la vie, la santé, la liberté et tout autre intérêt légitime des individus en tant que sujets de l'administration publique ou contribuables, ou en tant qu'actionnaires, employés ou clients de sociétés privées ; [...]
>
> 6.2.4. Tout donneur d'alerte doit être considéré comme agissant de bonne foi, sous réserve qu'il ait des motifs raisonnables de penser que l'information divulguée était vraie, même s'il s'avère par la suite que tel n'était pas le cas, et à condition qu'il n'ait pas d'objectifs illicites ou contraires à l'éthique.

7. L'Autriche n'a pas de législation spécifique concernant les « donneurs d'alerte » . Néanmoins, la situation dans le cas d'espèce peut parfaitement être subsumée à la disposition des recommandations de soft law ci-dessus :

> 6.2.3. Lorsqu'il n'existe pas de voies internes pour donner l'alerte, ou qu'elles ne fonctionnent pas correctement, voire qu'il ne serait pas raisonnable de s'attendre à ce qu'elles fonctionnent correctement étant donné la nature du problème dénoncé par le donneur d'alerte, il conviendrait de la même manière de protéger celui qui utilise des voies externes, y compris les médias.

8. Pour des raisons analogues, l'article 7 de la loi sur les médias, paragraphe 2, point ii), prévoit que la demande d'indemnisation du plaignant pour les dommages subis de la part du propriétaire du média (éditeur) n'est pas défendable lorsque« les déclarations publiées sont vraies et sont directement liées à la vie publique... »

9. Il s'agit de l'exception bien connue où le défendeur peut démontrer par le critère de la véracité que ce qu'il a publié est lié à la vie publique et que c'est vrai. Mais le but de cette disposition, comme indiqué ci-dessus, est exactement le même que celui de la disposition qui excepte les « donneurs d'alerte » de diverses sanctions – dans l'intérêt public incontesté. Là encore, étant donné qu'en Autriche, la législation sur les donneurs d'alerte n'existe pas, la citation de l'article 7 ci-dessus ouvre la voie immédiate vers un effet similaire. L'application du critère de l'article 7 de la loi sur les médias, paragraphe 2, point ii), est donc acceptable.

10. La question suivante concerne l'affirmation de la requérante selon laquelle la publication d'un rapport d'expert datant de 17 ans sur sa santé mentale était prétendument périmée et n'était pas pertinente pour évaluer ses compétences professionnelles actuelles.

Par conséquent, le but de la publication n'était pas d'informer le public, mais seulement de nuire à sa réputation. De plus, pour ces raisons, les éditeurs ne pouvaient pas invoquer leurs droits en vertu de l'article 10, car elle n'était pas une personnalité publique.

11. Évidemment, être un expert nommé par le tribunal, c'est être une personnalité publique. En outre, le but de la publication, compte tenu du texte bien équilibré en question, n'était certainement pas de nuire à la réputation de la requérante. De plus, dans les systèmes juridiques continentaux, l'expert est nommé par le tribunal, c'est-à-dire qu'il n'est pas choisi par les parties. Le juge nommera un expert à partir de la liste, dans les cas où il n'a pas les connaissances spécialisées, en l'occurrence les connaissances psychologiques concernant, entre autres, les affaires de garde. Un témoin expert ne témoigne pas seulement sur les faits, comme c'est le cas des témoins ordinaires. Il témoigne sur les faits, tels qu'il les a établis, et est également tenu de donner son opinion sur les mêmes faits. Étant donné que les faits et l'opinion se chevauchent au point d'être consubstantiels, le juge est rarement en mesure de remettre en question l'expertise de l'expert nommé par le tribunal. Par conséquent, le cas dépendra souvent principalement de l'opinion de l'expert.

12. La question qui demeure dans ce contexte est de savoir si un rapport d'expert datant de 17 ans est pertinent ou non. Dans l'affaire *Scozzari et Giunta c. Italie* [GC], n°s 39221/98 et 41963/98, CEDH 2000 VIII, la Cour a adopté la position selon laquelle les enfants n'auraient pas dû être confiés à une famille d'accueil à « Fortetto » près de Florence, en raison du fait que l'un des responsables de cette famille d'accueil avait déjà été diagnostiqué comme pédophile. Toute l'affaire reposait sur ce fait établi, mais le diagnostic de pédophilie avait déjà 20 ans à l'époque. Pour cette raison, on ne peut *a priori* soutenir qu'un diagnostic psychiatrique de longue date n'était pas pertinent. Bien sûr, beaucoup dépend de la nature du trouble psychiatrique sous-jacent et nous n'affirmons pas ici que cela peut être différent d'une situation où le diagnostic indique des sautes d'humeur, des crises de panique, des pensées suicidaires et des hallucinations visuelles, ainsi que des idées paranoïaques. La meilleure façon d'annuler l'ancien diagnostic aurait été que la requérante se soumette à une autre évaluation psychiatrique de bonne foi. Cela aurait pu réfuter l'opinion précédente.

13. La Cour d'appel de Vienne a confirmé que la publication en question était directement liée au statut public de la requérante.

Comme indiqué, elle a été nommée expert judiciaire en 2000 et a ensuite été désignée dans de nombreuses affaires. Nous sommes d'accord avec la Cour d'appel pour dire que l'importance et la sensibilité des procédures de garde et le rôle dominant des experts dans un tel domaine exigent que l'intégrité psychologique d'un expert affecté à ce genre d'affaires soit incontestable. Toute réserve à cet égard devait faire l'objet d'une enquête approfondie dans l'intérêt de la bonne conduite de l'administration de la justice. Cette évaluation revient à la question de savoir si la requérante, pour défendre son statut, aurait dû se soumettre à un autre examen psychiatrique.

14. À cela s'ajoute un addendum de bon sens selon lequel le candidat à une fonction publique importante doit être irréprochable. Le moindre doute, si la fonction est importante, quant à son aptitude psychologique doit entraîner le rejet de la candidature à une telle fonction. Nous pouvons réitérer ici que de telles fonctions, y compris la fonction d'expert nommé par le tribunal, relèvent du privilège, c'est-à-dire qu'elles ne sont pas des droits. Cela a des répercussions sur le processus de nomination parce que, étant donné que la nomination est un privilège et non un droit, l'organisme de nomination n'a pas besoin de motiver sa décision. Pour la même raison, il n'est pas possible de faire appel d'une telle décision[436].

15. Cette affaire concerne également le droit de la personnalité de la requérante *(Persönlichkeitsrecht)*, son droit à la vie privée.

L'article 8 de la Convention oppose ce droit à la« protection des droits et libertés d'autrui ». Dans trois affaires récentes (*Dungveckis c. Lituanie*, n° 32106/08, 12 avril 2016 ; *Pinto Coelho c. Portugal (n° 2)*, n° 48718/11, 22 mars 2016 ; *Medipress-Sociedade Jornalística, LDA c. Portugal*, cité*), et longtemps avant cela (*Von Hannover c. Allemagne*, n° 59320/00, CEDH 2004 VI ; *Ernst August von Hannover c. Allemagne*, n° 53649/09, 19 février 2015 ; *Bohlen c. Allemagne*, n° 53495/09, 19 février 2015), j'ai été un fervent défenseur des droits de la personnalité. Je considère que les droits de la personnalité sont, depuis le droit romain, l'équivalent en droit privé des droits de l'homme.

Les valeurs sociales prétendument secondaires, mentionnées dans les paragraphes suivants des articles 8, 9, 10 et 11, sont au moins

---

[436] Voir B.M. Zupančič, « Of Rights and of Privileges », *Boston University International Law Journal*, *infra*, note 519.

équivalentes (voir Dungveckis) lorsqu'on les compare aux droits de l'homme nominalement primaires promulgués dans les premiers paragraphes de ces articles de la Convention. Par conséquent, cela exige un équilibre de la valeur (évaluation de la proportionnalité).

16. Dans les cas où le point de départ est, par exemple, la liberté d'expression (liberté de la presse), le droit de la personnalité secondaire du demandeur pourrait néanmoins l'emporter. De même, dans ce cas, la valeur secondaire (la protection des droits et libertés d'autrui) l'emporte sur la valeur primaire, le « respect du droit [de la requérante] à sa vie privée », c'est-à-dire la vie privée (voir § 40 à 46 de l'arrêt), sauf qu'il s'agit ici du droit de la personnalité de la requérante.

Encore une fois, cela montre que les considérations secondaires ne sont pas moins importantes que les droits de l'homme primaires. C'est particulièrement vrai dans les cas où la liberté de la presse (liberté d'expression, article 10 de la Convention), en tant que considération primordiale, entre en conflit avec une autre valeur primordiale, le droit à la vie privée. Ici, contrairement aux autres affaires citées ci-dessus, l'équilibre se situe entre deux règles prescriptives explicites (primaires) de la Convention.

17. Il s'agit d'un des rares cas où il est indéniablement clair que l'intérêt public de la multitude d'affaires relevant du droit de la famille et la liberté de la presse qui en découle doit l'emporter sur le droit de la requérante au respect de sa vie privée[437].

[437] *Furst-Pfeifer c. Autriche*, requêtes n°s 33677/10 et 52340/10, 17 mai 2016, opinion concordante du juge Zupančič (texte non disponible en français, traduction libre).

R. Le droit à la vie et la subjectivité juridique du *nasciturus*

1. Introduction

En guise d'introduction, je donne un bref aperçu de l'évolution légale, historique et juridique de la question de l'avortement.

Pendant plus de trois millénaires, les sanctions dans les sources anciennes relatives à l'interruption volontaire ou involontaire de grossesse sont allées de la loi du talion, œil pour œil, etc., à la compensation pécuniaire pour la mort de l'embryon ou du fœtus avorté.

Ce n'est qu'avec l'arrivée de Platon et d'Aristote que la distinction est apparue entre l'enfant non formé (embryon) et l'enfant formé (fœtus) *in utero*. Cependant, Hippocrate a condamné l'aide et la complicité à l'avortement à n'importe quel stade de la grossesse.

Dans les écrits ultérieurs des pères de l'Église médiévale, le critère était celui de « l'infusion de l'âme », différenciant l'embryon, dans lequel l'âme n'était pas encore « infusée », du fœtus dont l'avortement était par conséquent condamné.

Le droit canonique établi par Gratien, resté en vigueur pendant plus d'un demi-millénaire, condamnait l'avortement sans discrimination, point de vue étendu par le pape Sixte V, qui a condamné tout avortement comme un meurtre. Cela a ensuite été défait comme irréaliste par le Pape Grégoire XIV.

Dans la seconde moitié du XXe siècle, les lois pro-avortement l'ont emporté dans les années cinquante dans les États communistes, puis notamment avec l'affaire *Roe c. Wade* (1973)[438] portée devant la Cour suprême des États-Unis et, en France, la loi Veil en 1974[439]. En vertu de ces lois, des millions d'avortements ont été pratiqués en Europe et en Amérique ; selon certaines estimations, au moins vingt pour cent des générations ont été avortées, ce dont la crise démographique actuelle en Europe est une des conséquences. Une véritable industrie de l'avortement s'est développée aux États-Unis à partir de cette libéralisation de l'avortement.

Cependant, la question strictement juridique est celle de la subjectivité juridique de l'enfant à naître. Si l'on revient au droit romain et à son *nasciturus*, on constate que la subjectivité juridique avait été accordée à l'enfant *in utero*. Cependant, dans les sources grecques et médiévales ultérieures, la question de la subjectivité juridique du *nasciturus* n'a jamais été abordée dans un tel contexte.

L'idéologie féministe moderne n'aborde la question que sous l'angle du droit de la femme à son corps, ignorant complètement le corps du fœtus, l'existence même du fœtus, pour ne pas parler de la subjectivité juridique du fœtus.

Le Conseil des droits de l'homme de l'ONU est en train d'adopter le projet de proposition rédigé par Yval Shany, libéralisant complètement l'avortement jusqu'à la dernière minute de la grossesse. Il est absurde de soutenir que l'enfant n'acquiert sa subjectivité juridique qu'une fois qu'il passe par le canal de la naissance et qu'il est délivré, car même le meurtre de l'enfant dans les dernières heures avant la naissance est ainsi légalisé, et est entre autres choses en contradiction manifeste avec l'instrument international valide (la résolution américaine sur les droits de l'homme).

Cela est également incompatible avec la position de la CrEDH de Strasbourg. Tout en esquivant avec succès la question de l'avortement, elle a néanmoins admis, comme l'a fait la Cour suprême des États-Unis, que la protection des droits de l'enfant à naître dans les quarante-sept États membres du Conseil de l'Europe était un objectif légitime.

---

438 *Roe v. Wade*, 410 U.S. 113 (1973).

439 Voir *infra*, note 461.

En fin de compte, le point principal que nous soulevons ici est l'illogisme, comme nous le verrons, de la CrEDH, qui octroie la subjectivité juridique au corps inanimé de Vincent Lambert en 2015, tout en refusant implicitement la même subjectivité juridique au « fœtus formé », doté de nombreuses capacités neurologiques naissantes qui fonctionnent pleinement, par exemple, à douze semaines de sa vie *in utero*.

2. Histoire de l'avortement

a) Sources anciennes

(1) Code d'Hammourabi (1772-1771 av. J.-C.) : six dispositions relatives à l'avortement

209. Si un homme frappe une femme née libre pour qu'elle perde son enfant à naître, il devra payer dix shekels pour sa perte.

210. Si la femme meurt, la fille (de l'homme) sera mise à mort.

211. Si une femme de la classe libre perd son enfant à cause d'un coup, il doit payer cinq shekels en argent.

212. Si cette femme meurt, il devra payer la moitié d'une mine.

213. S'il frappe la servante d'un homme et qu'elle perd son enfant, il doit payer deux shekels en argent.

214. Si cette servante meurt, il doit payer un tiers d'une mine.

Le Code d'Hammourabi est, en dehors des sources de droit de l'Extrême-Orient, la plus ancienne loi connue et, en fait, une codification comportant 282 dispositions plus ou moins casuistiques, écrites par des scribes sur 12 tablettes. Contrairement aux lois antérieures, il était écrit en akkadien, la langue courante à Babylone, et pouvait donc être lu par n'importe quel individu non illettré de la ville.

Le niveau d'abstraction requis pour un traitement systémique des questions juridiques est étonnamment élevé, mais les dispositions sur l'avortement ne sont pas logiquement cohérentes.

La loi du talion prédominante guide, quoique de manière incohérente, la provocation involontaire de l'avortement, où le fait de provoquer un avortement en frappant une femme est suivi d'une amende, alors que sa mort subséquente entraîne le sacrifice de la fille de l'auteur en punition de celui-ci. Apparemment, le point 211 se rapporte à un coup non intentionnel, donné par simple négligence, et la sanction est encore une fois des dommages-intérêts pécuniaires.

(2) Le Code d'Assur (vers 1075 av. J.-C.) : trois dispositions

I.50. Si un homme frappe la femme d'un homme, au premier stade de sa grossesse, et lui fait lâcher ce qui est en elle, c'est un crime ; il paiera deux talents de plomb.

I.51. Si un homme frappe une prostituée et lui fait lâcher ce qui est en elle, il lui sera imposé coup pour coup ; il fera restitution pour une vie.

Peine de mort pour l'avortement volontaire :

I.52. Si une femme abandonne de son plein gré ce qui est en elle, on la poursuivra, on la condamnera, on la crucifiera, on ne l'enterrera pas. Si elle meurt en laissant tomber ce qui est en elle, on la crucifiera, on ne l'enterrera pas.

Ici, la punition pour l'avortement volontaire par une femme elle-même est pour la première fois évoquée et est la mort par crucifixion. De plus, le cadavre de la femme est profané en n'étant pas enterré.

(3) Le Pentateuque, selon le Talmud (Ancien Testament) : Exode, Ve siècle av. J.-C., influencé par l'exil babylonien, 21:22-2.

Lorsque des hommes se battent, et que l'un d'entre eux pousse une femme enceinte et qu'une fausse couche en résulte, mais qu'il n'en résulte pas d'autre dommage, le responsable sera condamné à une amende selon ce que le mari de la femme peut exiger de lui, le paiement étant basé sur le calcul.

Mais s'il s'ensuit d'autres dommages, la peine sera la vie pour la vie.

Il est clair que la disposition incomplète de l'Exode est copiée de la source babylonienne. L'avortement involontaire provoqué par une tierce personne est suivi d'une simple amende, alors que les « autres dommages », impliquant vraisemblablement, mais pas seulement, la mort de la femme, sont traités selon la loi du talion. Sinon, il n'apparaît pas clairement pourquoi d'autres « dommages », quels qu'ils soient, seraient également compensés par la mort.

b) Les Grecs

(1) Le serment d'Hippocrate (460-357 av. J.-C.)

> Je n'administrerai pas de poison à qui que ce soit lorsqu'on me le demande [euthanasie], et je ne suggérerai pas non plus une telle démarche [incitation au suicide].
>
> De même, je ne donnerai pas à une femme un pessaire pour provoquer l'avortement[440].

Le serment était (et est toujours) applicable à tous les médecins et exclut l'aide et la complicité au suicide ainsi que la fourniture d'abortifs à une femme enceinte pour son propre usage. Pour le reste, les avortements dans la Grèce antique étaient courants, la question n'étant ici que l'implication du médecin.

(2) Platon (428-347 av. J.-C.) et Aristote (384-322 av. J.-C.)

Tous deux ont accepté l'avortement dans leurs points de vue sur l'individu en relation avec l'État, et pas nécessairement en termes de nature éthique de la décision prise par la femme. Tous deux, cependant, font la distinction entre l'avortement nécessaire et l'avortement inutile.

Le concept aristotélicien d'« infusion de l'âme retardée » a profondément influencé les enseignements chrétiens ultérieurs. Dans

[440] En grec : πεσσάριον (pessarion) : « un morceau de laine ou de peluche imbibé de médicaments, inséré dans le vagin ». Voir aussi la référence à Hippocrate dans Paulus, *Responsae*, 90, concernant la présomption irréfragable de légitimité : « *Septimo mense nasci perfectum partum iam receptum est propter auctoritatem doctissimi viri Hippocratis : et ideo credendum est eum, qui ex iustis nuptitis nuptimo septimo mensae natus est, fillium iustum esse.* »

ses instructions sur le retardement de l'infusion de l'âme, il pensait que l'âme humaine entrait dans le corps lorsque le fœtus était complètement formé. Il a placé l'infusion de l'âme humaine à 40 jours pour le sexe masculin et à 80 jours pour le sexe féminin.

c) Le droit romain : le *nasciturus* comme sujet de droit

Pour la première et unique fois, c'est en droit romain que le *nasciturus*, à savoir « celui qui va naître », a incontestablement fait l'objet de droits. Sa subjectivité juridique ne résultait pas seulement de sa naissance, mais a été reconnue plus tôt, alors qu'il était encore *in utero* :

> *Nasciturus pro iam nato habetur quomodo de iuris eius agitur* (« Celui qui va naître est considéré, en ce qui concerne ses droits, comme déjà né[441] »).

Naturellement, cela ne s'appliquait pas à toute la panoplie des droits (et devoirs) des sujets humains qui, par la nature des choses, ne pouvaient pas être exercés par quelqu'un encore *in utero*. Cependant, cela s'appliquait aussi, par exemple, aux droits de succession du sujet ou au fait qu'il était le destinataire d'un don (*donatio*), et même d'une *donatio dotis* (don de dot), dans le cas où l'enfant à naître était une fille.

Contrairement à la *praesumptio iuris et de iure* (présomption irréfragable) du droit romain, il s'agissait d'une fiction. Juridiquement parlant, comparée à la présomption irréfragable, une fiction est plus éloignée de la réalité existante. Pour présenter une fiction, Paulus devait donc avoir de sérieuses raisons.

---

441 Paulus, Dig. 50, 16, 231, voir *infra*, note 473. Voir aussi Maria Polo Arevalo :« *No obstante, el conceptus no sólo es considerado como esperanza de vida humana, como se acaba de mencionar ; las fuentes van más allá al referirse a él como algo que se encuentra in rebus humanis o in rerum natura : así, Juliano afirma que el concebido intelleguntur in rerum natura esse ; Celso que quodammodo que in rerum natura esse existimatur y Paulo que perinde ac si in rebus humanis esset ; incluso Gayo llega a equiparar la posición del concebido con la del nacido en materia hereditaria. Por ello, el concebido no sólo sería esperanza de vida futura sino un ser humano que podía considerarse existente en el momento actual* ». Sur http://ruc.udc.es/dspace/bitstream/handle/2183/2521/AD-11-41.pdf, consulté pour la dernière fois le 15 novembre 2017.

En outre, cette fiction est une disposition générale et il est trompeur de soutenir qu'elle n'avait à voir qu'avec les droits successoraux de l'enfant à naître. La fiction était applicable à toutes les relations juridiques[442]. Ainsi le *nasciturus* était-il en position d'être un sujet juridique dans toutes les situations juridiques avantageuses pour lui, par exemple en recevant légalement un cadeau (*donatio*), etc.[443].

En ce qui concerne les droits successoraux, ceux-ci incluaient naturellement les obligations découlant de l'héritage en tant que tel, ou d'une *donatio* qui pouvait être assortie d'une condition suspensive que l'enfant né ensuite devrait remplir pour obtenir la *donatio*. Paulus l'a certainement sous-entendu, puisqu'il parlait *de iuris* (de ses droits), qui étaient *principalement* avantageux pour le *nasciturus*.

d) Le droit médiéval

(1) Gratien, 1140 : Concordia Discordantium Canonum, 4 000 réexposés

Ce texte est resté la première partie du corpus traditionnel du droit canonique jusqu'à la codification de 1917. Gratien fait la distinction entre les avortements précoces et les avortements tardifs, ce qui a été la loi en vigueur pendant 448 ans.

Le pape Sixte V, dans son *Encyclica Efraenatum* (1588), a ensuite décrété diverses peines contre les auteurs de toutes les formes d'avortement sans distinction, assimilées à un meurtre.

Ceux qui ont provoqué l'avortement d'un fœtus, « *qu'il soit animé ou inanimé, formé ou non formé* », subissent les mêmes peines que « les vrais meurtriers et assassins qui ont effectivement et réellement commis un meurtre ».

---

442 « *Premesso che la capacità giuridica si acquista solo con la nascita, nonostante ciò la legge attribuisce anche al concepito alcune posizioni giuridiche vantaggiose, come la capacità di succedere per causa di morte e di ricevere donazioni* ». Voir Brocardi, à l'adresse http://www.brocardi.it/N/nasciturus-pro-iam-nato-habetur-quotiens-de-eius-commodo.html, consulté pour la dernière fois le 15 novembre 2017.

443 Justinien, *Codex Iuris Civilis*, Paulus, *Digestae* 1.5.7. Voir Brocardi, à l'adresse http://www.brocardi.it/N/nasciturus-pro-iam-nato-habetur-quotiens-de-eius-commodo.html, consulté pour la dernière fois le 4 novembre 2017.

Trois ans plus tard, Grégoire XIV abolit l'encyclique *Efraenatum* et revient, sous l'influence du critère aristotélicien d'« infusion de l'âme retardée », à la distinction entre le « formé » (le fœtus) et le « non formé » (l'embryon).

3. Les derniers développements

a) Subjectivité juridique des animaux

La subjectivité juridique concédée à un individu implique qu'il peut faire l'objet de droits (et d'obligations) légaux. Les choses inanimées (biens meubles et immeubles) peuvent faire l'objet de la loi, comme la possession et le droit à la propriété, mais ne peuvent pas avoir droit à des droits. En droit romain, même les êtres humains, les esclaves, étaient des objets de propriété. Plus tard, avec le développement du droit romain, les esclaves ont néanmoins été protégés contre la torture, l'assassinat arbitraire, etc.

Les animaux (*ferae naturae*) étaient des objets à posséder, c'est-à-dire, à l'origine, pris en possession et, par conséquent, acquis d'abord en possession de fait et ensuite en propriété légale (*occupatio*). S'ils étaient *res nullius* (la chose de personne) ou *res derelictae* (biens abandonnés), ils pouvaient être acquis à l'origine, par exemple traqués, possédés, et le droit de propriété était ainsi établi par la possession de fait[444].

Le même statut d'absence de droits était jusqu'à récemment normal pour les « êtres vivants non humains », certains animaux : mais ils peuvent maintenant avoir le droit, par exemple, de ne pas être traités

[444] Le libellé de l'article 1, paragraphe 1, du Protocole n° 1 à la CEDH, dans sa version anglaise, est franchement trompeur : *« Protection of PROPERTY: Every natural or legal person is entitled to the peaceful enjoyment of his POSSESSIONS. No one shall be deprived of his POSSESSIONS except in the public interest and subject to the conditions provided for by law and by the general principles of international law »* (soulignement ajouté). Il ne fait pas de distinction entre *« possession »*, d'une part, et *« property »*, d'autre part. Il est surprenant que les rédacteurs anglais du Protocole n'aient pas fait la distinction entre la propriété, qui est un droit, et la possession, qui est un fait. Le texte français, en revanche, est exact : « *Protection de la PROPRIÉTÉ : Toute personne physique ou morale a droit au respect de ses biens. Nul ne peut être privé de sa PROPRIÉTÉ que pour cause d'utilité publique et dans les conditions prévues par la loi et les principes généraux du droit international* » (soulignement ajouté) (voir *supra*, note 331).

avec cruauté[445]. Cependant, puisqu'ils ne peuvent pas revendiquer eux-mêmes ces droits, ils doivent être légalement « représentés » par un humain qui doit, par exemple, défendre le droit des animaux à ne pas être traités avec dureté. Mais « être représenté » ne signifie pas ici que les animaux ont, par exemple, un tuteur *ad litem*, car cela présuppose aussi, comme nous le verrons dans l'affaire *Lambert c. France*[446], un minimum de subjectivité juridique, que les animaux n'ont pas. Quoi qu'il en soit, les droits des animaux continuent d'être des droits en *statu nascendi*, et nous ne savons pas ce qu'il sortira de leur progrès.

> (Il découle de) la nature du changement juridique et des sources de valeurs et principes juridiques fondamentaux comme la liberté, l'égalité, l'intégrité corporelle et la liberté corporelle, (...) des droits juridiques spécifiques qui reviennent aux êtres humains en vertu de leur personnalité juridique. Ces valeurs, principes et droits juridiques ne sont pas intrinsèquement limités aux êtres humains, mais donnent au moins à certains animaux non humains le droit de transcender leur statut juridique historique de chose et de puiser également dans ces sources un statut juridique de personne, au moins dans une mesure limitée[447].

---

[445] Voir l'article de Steven M. Wise, « The Legal Thinghood of Non-Human Animals », *Boston College Environmental Affairs Law Review*, vol. 23, numéro 3, article 2, 1996, à l'adresse http://lawdigitalcommons.bc.edu/cgi/viewcontent.cgi?article=1334&context=ealr, consulté pour la dernière fois le 29 octobre 2017.

[446] *Lambert c. France* [GC], requête n° 46043/14, 5 juin 2015.

[447] Steven M. Wise, *ibid.*, p. 46. *« L'organisation Nonhuman Rights Project mène la lutte pour obtenir des droits légaux réels pour les animaux non humains à travers une campagne juridique à long terme, État par État, pays par pays. Nos procès révolutionnaires en* habeas corpus *exigent la reconnaissance de la personnalité juridique et du droit fondamental à la liberté corporelle des grands singes, éléphants, dauphins et baleines détenus en captivité à travers les États-Unis. Avec l'appui de scientifiques de renommée mondiale, nous soutenons que les tribunaux de droit commun doivent libérer ces êtres autonomes et conscients d'eux-mêmes afin qu'ils s'approprient des sanctuaires non pas par souci de leur bien-être, mais par respect de leurs droits »* (soulignement ajouté) : voir https://www.nonhumanrights.org/litigation/, consulté pour la dernière fois le 27 octobre 2017.

4. Sources juridiques nationales modernes

a) L'affaire *Row v. Wade*, 410 U.S. 113, Cour suprême des États-Unis, p. 114-115 (1973)

L'affaire *Row v. Wade* était une affaire fédérale en vertu du quatorzième amendement à la Constitution des États-Unis. Dans ce contexte, la Cour suprême décide toujours si les droits en question sont si « fondamentaux » que la Cour suprême fédérale puisse interférer avec la législation des États.

(1) L'arrêt Row v. Wade divise la grossesse en trois étapes

Dans un *premier* temps, la femme enceinte peut décider plus ou moins librement avec son médecin de se faire avorter. Dans la *deuxième* étape, seules les indications médicales s'appliquent, et dans le *troisième* trimestre, le critère le plus rigoureux exige que la vie ou la santé de la femme soit mise en danger, si cela est établi par le médecin agréé. Pour le troisième trimestre, les États peuvent généralement interdire l'avortement, sauf dans les circonstances susmentionnées où la vie ou la santé de la femme est en danger. Il faut garder à l'esprit qu'il s'agit d'un arrêt de la Cour fédérale suprême des États-Unis traitant d'une question « fondamentale » dans le contexte du quatorzième amendement à la Constitution des États-Unis, concernant les droits des États réglementant l'avortement :

> Les lois sur l'avortement criminel de l'État, comme celles en cause ici, qui exceptent du crime seulement une procédure permettant de sauver la vie de la mère sans égard au stade de sa grossesse et aux autres intérêts en jeu, violent la clause de procédure régulière du quatorzième amendement, qui protège contre toute action de l'État le droit à la vie privée, y compris le droit qualifié d'une femme de mettre fin à sa grossesse. Bien que l'État ne puisse passer outre à ce droit, il a des intérêts légitimes [le « but légitime » de la CEDH] à protéger à la fois la santé de la femme enceinte et le potentiel de la vie humaine, chacun de ces intérêts croissant et atteignant un point « incontestable » aux différentes étapes de l'approche du terme par la femme :
>
> (a) Pour l'étape précédant approximativement la fin du premier trimestre, la décision d'avortement et son exécution doivent être

laissées au jugement médical du médecin traitant de la femme enceinte.

(b) Pour l'étape suivant approximativement la fin du premier trimestre, l'État, promouvant son intérêt pour la santé de la mère, peut, s'il le souhaite, réglementer la procédure d'avortement d'une manière raisonnablement liée à la santé de la mère.

(c) Pour l'étape postérieure à la viabilité, l'État peut, promouvant son intérêt pour la potentialité de la vie humaine, s'il le souhaite, réglementer et même proscrire l'avortement, sauf si cela est nécessaire, selon un jugement médical approprié, pour préserver la vie ou la santé de la mère.

L'État peut définir le terme « médecin » comme désignant uniquement un médecin actuellement agréé par l'État et peut interdire tout avortement pratiqué par une personne qui n'est pas un médecin au sens de cette définition[448].

b) La position de la Cour constitutionnelle allemande (1975)

Elle a statué en 1975 que les mots « toute personne », dans l'expression « toute personne a droit à la vie » dans la disposition correspondante de la Loi fondamentale allemande (qui a précédé la Constitution de l'Allemagne réunifiée) faisait référence à « tout être humain vivant » et que le droit s'étendait donc aux êtres humains (vivants) pas encore nés[449].

5. Le droit international

a) La Déclaration universelle des droits de l'homme (1948)

Article 3 : Tout individu a droit à la vie, à la liberté et à la sûreté de sa personne.

Article 30 : Aucune disposition de la présente Déclaration ne peut être interprétée comme impliquant, pour un État, un groupement ou un individu, un droit quelconque de se livrer à une activité ou

---

[448] *Roe v. Wade*, 419 U.S. 113 (1973), 163-164.

[449] Voir l'opinion dissidente du juge Georg Ress dans *Vo c. France* [GC], requête n° 53924/00, 8 juillet 2004.

d'accomplir un acte visant à la destruction des droits et libertés qui y sont énoncés.

b) La Convention américaine relative aux droits de l'homme (1969)

Article 4. Droit à la vie - 1. Toute personne a droit au respect de sa vie.. Ce droit doit être protégé par la loi et, en général, à partir de la conception. Nul ne peut être privé arbitrairement de la vie. (Soulignement ajouté)

c) La CEDH (1953)

Article 2 – Droit à la vie
1. Le droit de toute personne à la vie est protégé par la loi. (...)

2) La mort n'est pas considérée comme infligée en violation de cet article dans les cas où elle résulterait d'un recours à la force rendu absolument nécessaire :

a) pour assurer la défense de toute personne contre la violence illégale ;

b) pour effectuer une arrestation régulière ou pour empêcher l'évasion d'une personne régulièrement détenue ;

c) pour réprimer, conformément à la loi, une émeute ou une insurrection.

En fin de compte, comme nous le verrons, la question est de savoir si le *nasciturus* est, ou non, un sujet juridique. Tout, dans tous les instruments juridiques, dépend de la subjectivité juridique de l'enfant à naître. La présence ou l'absence du deuxième paragraphe a également eu des répercussions sur la question du droit à la vie du *nasciturus*. Le fait qu'il ne mentionne pas la licéité de l'avortement, c'est-à-dire le droit à la vie de l'enfant à naître, a parfois été interprété comme protégeant manifestement l'avortement – ou comme le refusant de toute évidence.

d) Pacte international relatif aux droits civils et politiques (1966)

L'article 6 prévoit que :

Le droit à la vie est inhérent à la personne humine. Ce droit doit être protégé par la loi. Nul ne peut être arbitrairement privé de la vie.

Au stade de la rédaction de la Déclaration universelle, on a examiné des propositions visant à préciser le point de départ du droit à la protection de la vie. Néanmoins, le texte final laisse ouverte la question de l'application de l'instrument à l'avortement et à l'euthanasie.

e) L'affaire Vo c. France (2005) : *petitio principii* (pétition de principe)

(1) Les faits

Le 27 novembre 1991, la requérante, (Mme Thi-Nho Vo), d'origine vietnamienne, se présenta à l'hôpital de l'Hôtel-Dieu de Lyon pour y subir la visite médicale du sixième mois de sa grossesse. Le même jour, une autre femme, nommée Mme Thi Thanh Van Vo, devait se faire enlever un stérilet dans le même établissement. Le médecin, le docteur G., qui devait effectuer cette opération appela dans la salle d'attente « Madame Vo », appel auquel la requérante répondit. Après un bref entretien, le médecin constata que la requérante ne comprenait pas bien le français. Ayant étudié le dossier, il entreprit d'ôter le stérilet sans aucun examen préalable de la patiente. En cours d'opération, le médecin perça la poche des eaux, entraînant ainsi une importante perte du liquide amniotique. Après un examen clinique qui révéla l'existence d'un gros utérus, le médecin prescrivit une échographie. Il apprit alors que celle-ci venait d'être faite et comprit qu'une erreur sur la personne avait été commise. La requérante fut immédiatement hospitalisée. Le docteur G. tenta ensuite de procéder à l'enlèvement du stérilet sur Mme Thi Thanh Van Vo et, n'y réussissant pas, prescrivit une intervention sous anesthésie générale devant avoir lieu le lendemain matin. Une nouvelle erreur était alors commise et la requérante, conduite au bloc opératoire à la place de Mme Thi Thanh Van Vo, ne dut qu'à ses protestations et au fait qu'un médecin anesthésiste la reconnut d'échapper à l'intervention chirurgicale destinée à son homonyme. La requérante quitta l'hôpital le 29 novembre 1991. Le 4 décembre 1991, elle y revint pour la vérification de l'évolution de sa grossesse ; les médecins constatèrent que le liquide amniotique ne s'était pas reconstitué et que la grossesse ne pouvait plus se poursuivre. Une interruption thérapeutique de la grossesse fut effectuée le 5 décembre 1991[450].

(2) L'enjeu

L'affaire avait des implications pénales, civiles (dommages-intérêts) et disciplinaires. Cependant, la question centrale était de savoir si la vie d'un *nasciturus* à vingt semaines de gestation était « une autre personne » au sens de l'article 2 de la CEDH, c'est-à-dire si elle avait une subjectivité juridique. La situation différait de celles dans lesquelles les femmes enceintes avaient consenti à l'avortement. Dans certaines législations nationales (pas toutes), à l'époque, en 2004, les avortements volontaires étaient autorisés, ce qui donne à penser que la subjectivité juridique de l'enfant *in utero* dépendait du consentement de la femme enceinte.

C'est absurde en soi. L'incongruité est cependant présentée fugitivement par cette affaire. Dans d'autres affaires où l'enfant est perdu, comme dans toutes les anciennes législations – du Code d'Hammourabi jusqu'au droit romain – en raison d'un acte de violence à l'égard des femmes enceintes, le comportement coupable de l'auteur est considéré au moins comme un homicide ou, si l'acte était intentionnel, comme un meurtre. Alors, comment est-il possible que dans un avortement volontaire, le *nasciturus* soit un objet (littéralement : un bien), alors que dans les avortements involontaires il devient un sujet de façon inattendue ? La CrEDH doit sortir de l'impasse logique et, comme souvent, la vérité ressort de l'opinion dissidente.

> [La Cour] observe qu'en l'absence de statut juridique clair de l'enfant à naître, celui-ci n'est pas pour autant privé de toute protection en droit français. Toutefois, dans les circonstances de l'espèce, la vie du fœtus était intimement liée à celle de sa mère et *sa protection pouvait se faire au travers d'elle*. Il en allait particulièrement ainsi [?] dès lors qu'aucun conflit de droit n'existait entre la mère et le père, pas plus qu'entre l'enfant à naître et ses parents, mais que la perte du fœtus résultait de la négligence involontaire d'un tiers.

---

[450] *Vo c. France* [GC], requête n° 53924/00, 8 juillet 2004, voir §§ 10-12.

> La Cour [avait déjà] estimé que, à supposer même que le fœtus puisse être considéré comme étant titulaire de droits protégés par l'article 2 de la Convention, la loi italienne relative à l'interruption volontaire de grossesse ménageait un juste équilibre entre les intérêts de la femme et la nécessité d'assurer la protection de l'enfant à naître. En l'espèce, l'objet du litige concerne l'atteinte mortelle involontaire de l'enfant à naître, contre la volonté de la mère, et au prix d'une souffrance toute particulière de celle-ci ; force est de constater que leurs intérêts se confondaient. Dès lors, il appartient à la Cour d'examiner, sous l'angle de la question du caractère adéquat des voies de recours existantes, la protection dont la requérante disposait pour faire valoir la responsabilité du médecin dans la perte de son enfant *in utero* et pour obtenir réparation de l'interruption de sa grossesse qu'il lui a fallu subir. La requérante allègue que seul un recours de nature pénale eût été à même de satisfaire aux exigences de l'article 2 de la Convention. La Cour ne partage pas ce point de vue pour les raisons suivantes[451].

(3) L'arrêt

L'arrêt a été adopté à la majorité de quatorze juges, les trois juges dissidents étant Ress, Mularoni et Strážnická.

La Cour a esquivé la question centrale et a statué comme suit :

> Toutefois, si l'atteinte au droit à la vie ou à l'intégrité physique n'est pas volontaire, l'obligation positive découlant de l'article 2 de mettre en place un système judiciaire efficace n'exige pas nécessairement dans tous les cas un recours de nature pénale. Dans le contexte spécifique des négligences médicales, « pareille obligation peut être remplie aussi, par exemple, si le système juridique en cause offre aux intéressés un recours devant les juridictions civiles, seul ou conjointement avec un recours devant les juridictions pénales, aux fins d'établir la responsabilité des médecins en cause et, le cas échéant, d'obtenir l'application de toute sanction civile appropriée, tels le versement de dommages-intérêts et la publication de l'arrêt[452].

La Cour a commis une erreur logique commune de *petitio principii* (pétition de principe) : elle a littéralement sauté par-dessus la question *antérieure* de la subjectivité juridique de l'enfant à naître en insinuant

[451] *Ibid.*, §§ 86-87.
[452] *Ibid.*, § 90.

faussement qu'elle était déjà résolue et en concentrant son appréciation sur la technicité *postérieure* des recours pénaux, civils et disciplinaires ; elle a supposé *ab initio* que la question antérieure de la subjectivité juridique avait été résolue et s'est concentrée sur la conclusion postérieure concernant les mesures correctives. Ce n'est qu'en commettant cette erreur logique qu'elle pouvait éluder la question de savoir si l'enfant *in utero* était un être humain.

Évidemment, l'octroi de la subjectivité juridique dans cette affaire aurait impliqué que la question de l'homicide ne pouvait dépendre que du consentement, *vel non*, de la femme enceinte. Si elle avait conclu qu'il s'agissait d'un homicide, comment la CrEDH pourrait-elle statuer autrement dans les affaires d'avortements légaux ?

(4) L'opinion dissidente du juge Georg Ress

Dans sa dissidence catégorique, le juge Ress, l'un des meilleurs juges que la Cour ait jamais eus, n'avait pas identifié la *petitio principii*, mais son sens de la justice ainsi que sa compétence cognitive lui ont permis d'identifier la conséquence illogique ambiguë d'une question restée sans réponse. Il a bienveillamment attribué l'absurdité de la majorité à « l'économie procédurale ».

> La notion de « toute personne » (*everyone*) a été perçue dans l'histoire juridique comme englobant aussi l'être humain dans la phase antérieure à la naissance et, surtout, la notion de « vie » s'étend à toute vie humaine qui commence avec la conception, c'est-à-dire avec le moment où se développe une existence indépendante, et qui finit avec la mort, la naissance n'étant qu'une étape de ce développement[453].

[453] *Ibid.*, § 4 de l'opinion dissidente. Dans son opinion individuelle, le juge J.-P. Costa déforme les exceptions prévues au paragraphe 2 de l'article 2 en s'opposant à « l'argument » spécieux selon lequel – on excusera la double négation – puisque l'avortement n'est pas mentionné dans les exceptions, l'article 2 ne s'applique pas à l'enfant à naître : *« De même on pourra observer que l'article 2 étant non dérogeable au sens de l'article 15 de la Convention il serait saugrenu que la Cour admît qu'il n'est pas absolu ; ou qu'il pût souffrir des limitations implicites en dehors des cas limitativement énoncés au second alinéa de l'article 2. Cela militerait en faveur d'une inapplicabilité de cet article au cas de l'enfant à naître (cas qui n'est nullement envisagé au second alinéa). Mais je ne suis pas convaincu par ce double argument. ».*

> [... il] me semble devoir constater que l'article 2 s'applique à la vie de l'enfant à naître. Je suis disposé à accepter qu'il y a des différences admissibles du niveau de protection entre l'embryon et l'enfant né. Mais cela ne mène néanmoins pas à la conclusion [...] qu'il n'est pas possible de répondre *in abstracto* à la question de savoir si l'embryon à naître est une personne aux fins de l'article 2 de la Convention. Toute la jurisprudence de la Cour comme les décisions de la Commission [...] reposent sur un argument « supposant que » (*in eventu*). Désormais, ce n'est plus une question d'économie de procédure qui nécessite d'éviter une réponse claire. En plus, le problème de la protection de l'embryon dans le cadre de la Convention ne peut pas être résolu seulement à travers la protection de la vie de la mère. L'embryon et la mère étant deux « êtres humains » différents, comme le montre cette affaire, ils ont besoin d'être protégés chacun séparément[454]. [...] Étant donné que l'article 2 est applicable à l'être humain dès avant sa naissance, interprétation qui me semble aussi conforme au développement de la Charte des droits fondamentaux de l'Union européenne, et étant donné que la protection du fœtus contre des ingérences de tiers par négligence n'est pas suffisante en France, j'arrive à la conclusion qu'il y a eu violation de l'article 2 de la Convention[455].

f) L'arrêt *Lambert c. France* (2015) et la subjectivité juridique d'un être humain non vivant

Sauf dans une affaire, nous avions l'habitude de considérer la « subjectivité juridique » comme allant de soi, ce qui signifie que d'autres objets animés ou inanimés, comme par exemple le cadavre d'une personne décédée, ne sont pas des sujets légaux.

Mais dans l'affaire *Lambert c. France*, la CrEDH s'est penchée sur une question intermédiaire, qui était celle de savoir si l'État français peut déconnecter de la sonde d'hydratation et d'alimentation un corps dans un état complètement végétatif[456]. Le corps avait été dans cet état pendant une période de sept ans, au cours de laquelle toutes les tentatives de réanimation par les médecins avaient complètement échoué. Le corps restait « vivant » mais sans aucune activité perceptible du cerveau pouvant indiquer qu'il pourrait reprendre

[454] *Ibid.*, § 3 de l'opinion dissidente.
[455] *Ibid.*, § 9 de l'opinion dissidente.
[456] Voir *Lambert c. France* [GC], requête n° 46043/14, 5 juin 2015.

conscience. La seule fonction neurologique perceptible que le corps avait conservée était la déglutition spontanée de la salive.

Cependant, la loi française admet la notion d'acharnement thérapeutique, c'est-à-dire la possibilité de mettre fin aux mesures de maintien de la vie végétative qui seraient « acharnées » compte tenu de la chance nulle que l'état végétatif du corps puisse être inversé. L'ex-femme insistait pour que le corps soit déconnecté de la sonde rattachée à son estomac, mais la mère et les frères se sont battus jusqu'au Conseil d'État, qui a finalement endossé la fin de l'hydratation et de l'alimentation par le tube rattaché directement à l'estomac du corps. L'organisme serait donc autorisé à expirer. À l'exception de la continuité purement biologique, le corps n'avait pas de signes vitaux d'ordre supérieur.

L'affaire a été portée devant la cinquième Section de la CrEDH suite à une demande de mesure provisoire présentée par la mère et les frères, insistant pour que l'arrêt du Conseil d'État soit annulé[457].

---

[457] « *Article 39 – Mesures provisoires. 1. La chambre ou, le cas échéant, le président de la section ou un juge de permanence désigné conformément au paragraphe 4 du présent article peuvent, soit à la demande d'une partie ou de toute autre personne intéressée, soit d'office, indiquer aux parties toute mesure provisoire qu'ils estiment devoir être adoptée dans l'intérêt des parties ou du bon déroulement de la procédure.* »
L'intention évidente de cette disposition est de geler toutes les situations dans lesquelles un développement factuel irréversible est en suspens – le plus souvent, mais pas uniquement, l'expulsion d'un demandeur d'asile étranger vers un pays tiers. Dans de tels cas, la demande d'injonction peut être refusée *a limine.* Dans l'affaire *Lambert*, cela signifierait que l'arrêt du Conseil d'État aurait été confirmé sans autre forme de procès. Le rapporteur dans cette affaire, la juge allemande Angelika Nussberger, avec le soutien du juge national André Potocki, a insisté sur ce point. Finalement, l'affaire a néanmoins été abandonnée à la Grande Chambre. Le fait qu'un examen sérieux d'une telle affaire aurait pu être évité est un autre exemple du formalisme aveugle de la CrEDH.
Dans une autre affaire en 2016, il s'agissait de l'extradition de la Slovénie vers l'Allemagne en violation de la double incrimination *(ne bis in idem)*, article 4 (Droit à ne pas être jugé ou puni deux fois) du Protocole n° 7 à la CEDH. L'extradition étant imminente, la demande d'injonction a été déposée en temps utile. Elle a été rejeté *a limine* par le Greffe sans que la question n'ait jamais été posée au juge, au motif que l'injonction prévue à la règle 39 ne s'applique qu'aux cas d'expulsion imminente de demandeurs d'asile. Encore une fois, cela montre que la Cour est en grande partie gérée par des infirmiers (le Greffe) sans que le patient n'ait jamais été vu par le médecin.

Finalement, la Section s'est dessaisie de l'affaire au profit de la Grande Chambre, non sans contestation.

La Grande Chambre a dûment traité la question de savoir si le corps simplement végétatif, sans activité cérébrale détectable, pouvait, ou ne pouvait pas, être déconnecté, et elle a permis d'y mettre fin. L'affaire a été traitée dans le contexte du « droit à la vie » de l'article 2 de la CEDH, c'est-à-dire que la Cour a naturellement accordé au corps végétatif de l'ancien Vincent Lambert la pleine subjectivité juridique. La question a donc été posée de savoir si cette subjectivité juridique pouvait être intentionnellement interrompue par les médecins, par la déconnexion du corps en simple état somatique.

Par conséquent, la question était de savoir si l'organisme a, ou non, le droit à la vie. En fin de compte, la Grande Chambre a estimé, par douze voix contre cinq, qu'il n'y aurait pas violation de l'article 2 de la Convention – c'est-à-dire du droit de l'organisme à poursuivre son existence végétative – si l'arrêt du Conseil d'État du 24 juin 2014 était exécuté.

Cependant, par inadvertance, en accordant la subjectivité juridique à un simple corps dans son état végétatif d'existence – la Cour s'est mise dans une situation d'incohérence flagrante avec son traitement par ailleurs évasif de la question de l'avortement[458].

(1) La subjectivité juridique d'un embryon ou d'un fœtus

La question suivante est la subjectivité juridique du *nasciturus*, embryon ou fœtus. En ignorant la question de l'avortement au regard de l'article 2 de la Convention, la Cour a continué à dénier implicitement la subjectivité juridique aux êtres humains à naître, qui

[458] « *La Cour estime n'avoir pas à décider du point de savoir si le fœtus peut bénéficier d'une protection au regard de la première phrase de l'article 2 telle qu'interprétée ci- dessus. En effet, à supposer même que dans certaines circonstances, le fœtus puisse être considéré comme étant titulaire de droits protégés par l'article 2 de la Convention, la Cour note que dans la présente affaire, si le requérant n'a pas indiqué après combien semaines de grossesse et pour quelles raisons spécifiques l'avortement a eu lieu, il ressort du dossier qu'en l'espèce l'interruption volontaire de grossesse s'est effectuée conformément à l'article 5 de la loi n° 194 de 1978* » : voir la décision finale sur la recevabilité de la requête dans l'affaire *Boso c. Italie*, requête n° 50490/99, 5 septembre 2002.

présentent tous les signes vitaux neurologiques supérieurs qui sont absents du simple corps physique de Vincent Lambert. Parce que ce n'est pas la question ici, je laisse de côté la question de savoir quand, *in utero*, l'enfant à naître acquiert ces signes vitaux. Le fait est qu'à un certain stade du développement du fœtus, l'enfant à naître commence à réagir à l'intrusion chirurgicale de l'avorteur. Son rythme cardiaque grimpe à 200 et il essaie d'esquiver l'instrument chirurgical[459]. À un certain stade du développement du fœtus, l'avortement nécessite une mise à mort préalable par l'avorteur, par exemple en injectant du poison par l'orbite du fœtus.

Pour que les restes du corps soient retirés de l'utérus, le corps de l'enfant doit être écrasé et sa tête, qui est la plus grande partie du corps, doit être écrasée pour être retirée par le col de l'utérus et le vagin. Ensuite, l'avorteur doit compter les parties corporelles extraites de l'enfant mort pour s'assurer que tous les restes ont été enlevés. Médicalement donc, il ne fait aucun doute qu'à un certain stade de développement de la croissance *in utero*, il s'agit, en tant que fœticide, d'un homicide intentionnel, d'un meurtre.

g) La Convention et la Cour

La Convention a été élaborée, ratifiée et est entrée en vigueur dans les années cinquante. À cette époque, dans certains États membres du Conseil de l'Europe, l'avortement était un crime, une variante d'homicide qualifiée, punissable à la fois pour l'avorteur et pour la femme avortée. Ce n'est qu'ensuite, vingt ans plus tard, que la revendication de la femme « pour le choix » de l'option d'avorter l'a emporté sur le droit à la vie de l'embryon ou du fœtus. On pourrait soutenir ici que la loi postérieure annule la précédente – *lex posterior derogat legi priori* – mais cela s'est produit au niveau interne, national et jamais au niveau international. En d'autres termes, la question n'était jamais parvenue à Strasbourg et la CrEDH n'a jamais traité directement la question.

[459] En ce qui concerne les signes vitaux du fœtus à la 12e semaine de grossesse, voir https://www.youtube.com/watch?v=4Hb3DFELqELq4Y.

(1) Interprétations : Le niveau régional européen : la CrEDH sur les droits de l'enfant

(i) Interprétation téléologique (finale)

Au début, les intentions des Américains et des pères fondateurs étaient, bien qu'implicites, très claires. Le passage par le canal de naissance ne devait pas être le point de départ de la subjectivité juridique. L'intention était de protéger la vie d'un être humain dans toutes ses manifestations. D'ailleurs, c'est, comme nous l'avons vu, l'implication claire de l'affaire *Lambert* (2015) à la CrEDH. Il ne fait aucun doute que les pères fondateurs de la CEDH ont sciemment laissé entendre que l'embryon et le fœtus, bien qu'étant encore *in utero*, et alors qu'ils évitaient prudemment la question du calendrier, étaient des sujets de droits de l'homme, c'est-à-dire du droit à la vie conformément à l'article 2 de la Convention. Cela a été tellement pris pour acquis que les travaux préparatoires ne mentionnent même pas la question du droit à la vie de l'enfant à naître. En France également, cela a été vrai jusqu'à la loi Weil en 1974, c'est-à-dire jusqu'à 25 ans après l'entrée en vigueur de la Convention[460].

(ii) But légitime

La CrEDH n'a traité qu'indirectement des droits de l'enfant à naître[461]. Mais elle a considéré la protection de l'enfant à naître, pour les États signataires, comme un objectif légitime.

---

[460] Voir la loi Veil, n° 75-17 du 17 janvier 1975, relative à l'interruption volontaire de la grossesse, article L. 162 : *« La femme enceinte que son état place dans une situation de détresse peut demander à un médecin l'interruption de sa grossesse. Cette interruption ne peut être pratiquée qu'avant la fin de la dixième semaine de grossesse »* (soulignement ajouté). La « situation de détresse », évidemment, est un « critère » volontariste, et rien d'autre. Dans de telles situations juridiques, le simple fait d'ouvrir la porte l'ouvrira complètement, et c'est exactement ce qui s'est passé en France. Selon certains, la loi Veil a eu pour conséquence l'avortement de 20% de la génération.

[461] *Open Door Counseling & Dublin Well Women Centers c. Irlande*, requête n° 14234/88, 29 octobre 1992, et *Odievre c. France* [GC], requête n° 42326/98, 13 février 2003.

iii) Critères de proportionnalité et de protection égale

En soi, le « but légitime » fait partie de l'évaluation de la proportionnalité, à l'instar des critères américains de « protection égale », sauf que la proportionnalité n'est pas différenciée selon les différents niveaux de contrôle (léger, intermédiaire ou strict), en fonction de la classe de suspects en question.

La proportionnalité de la CrEDH examine la question à la lumière des deuxièmes paragraphes des dispositions particulières de la CEDH qui contiennent ces dispositions relativisantes[462]. Le deuxième paragraphe de l'article 2 de la CEDH déclare textuellement ce qui suit :

> La mort n'est pas considérée comme infligée en violation de cet article dans les cas où elle résulterait d'un recours à la force rendu absolument nécessaire : a) pour assurer la défense de toute personne contre la violence illégale ; b) pour effectuer une arrestation régulière ou pour empêcher l'évasion d'une personne régulièrement détenue ; c) pour réprimer, conformément à la loi, une émeute ou une insurrection.

Cela signifie, parce que l'énumération est exhaustive et parce qu'il s'agit de *ius cogens*, que la mort de l'enfant à naître ne peut faire l'objet d'une relativisation au moyen de la doctrine de la proportionnalité. Par omission délibérée des auteurs, le deuxième paragraphe ne le permet tout simplement pas.

(2) Récapitulation

Pour résumer, *tout d'abord*, l'avortement d'un enfant à naître ne fait pas partie du deuxième paragraphe de l'article 2, ce qui confirme

---

[462] Aux articles 2, 4, 5, 8, 9, 10 et 11 de la CEDH ainsi qu'à l'article 1 du Protocole n° 1 et à l'article 2 du Protocole n° IV, les dispositions contiennent les exceptions aux droits énoncés chaque fois au premier paragraphe. Ces dispositions autorisent la CrEDH à relativiser les droits de l'homme en s'engageant dans le débat sur la « proportionnalité », à l'instar des « critères d'égalité de protection » des États-Unis, mais avec moins de nuances. L'article 2 sur le droit à la vie contient une énumération exhaustive des exceptions à ce droit. Aucune mention n'est faite d'une exception concernant l'avortement et de l'interruption de la vie d'un être humain naissant !

que les pères fondateurs n'ont pas envisagé l'avortement comme une exception au droit à la vie.

Deuxièmement, comme aucune clause ne le permet, la doctrine de la proportionnalité ne s'applique pas. Cela signifie, par exemple, que le raisonnement relativisant de l'arrêt *Roe v. Wade*, aux États-Unis, est inapplicable[463].

Troisièmement, les critères de proportionnalité, même s'ils devaient être appliqués, sont : 1) le *but* légitime, 2) la *nécessité* de l'interférence, et 3) la *proportionnalité* de l'interférence. Ces trois critères doivent être remplis si l'on veut que la Cour ratifie l'atteinte au droit à la vie. Cela signifierait soit 1) que le but (d'interdire l'avortement) n'est pas *légitime*, soit 2) que la nécessité de l'ingérence de l'État signataire (en autorisant l'avortement) est *incontestable*, et 3) que les moyens spécifiques par lesquels l'avortement est légalisé sont « proportionnés », c'est-à-dire adéquats pour atteindre le but (de l'avortement légitime).

Quatrièmement, il est donc significatif que l'objectif des États signataires de protéger les droits des enfants à naître soit « légitime ». La CrEDH n'a jamais considéré, implicitement ou explicitement, que les droits de l'enfant à naître n'étaient pas légitimes, qu'ils étaient étrangers à la Convention. Au contraire, la Cour a explicitement statué que l'objectif de protection des enfants à naître *était* légitime[464].

Cinquièmement, la CrEDH soutient plus ou moins tacitement, parce qu'elle n'a jamais affronté directement le problème, que les

---

[463] Voir *Roe v. Wade*, 410 U.S. 113 (1973), l'opinion dissidente du juge White : *« Je ne trouve rien dans le texte ou l'histoire de la Constitution pour appuyer le jugement de la Cour. La Cour façonne et annonce simplement un nouveau droit constitutionnel pour les femmes enceintes et, pratiquement sans raison ni autorité pour ce faire, investit ce droit d'une substance suffisante pour l'emporter sur la plupart des lois étatiques existant en matière d'avortement. Le résultat est que le peuple et le législateur des 50 États ne sont pas habilités constitutionnellement à peser l'importance relative de l'existence et du développement du fœtus, d'une part, face à un ensemble d'impacts possibles sur la femme, d'autre part. En tant qu'exerçant un pouvoir judiciaire brut, la Cour a peut-être le pouvoir de faire ce qu'elle fait aujourd'hui ; mais à mon avis, son jugement est un exercice improvisé et extravagant du pouvoir de contrôle juridictionnel que la Constitution confère à cette Cour »* (soulignement ajouté).

[464] *A, B et C c. Irlande* [GC], requête n° 25579/05, 16 décembre 2010, § 222.

États peuvent légitimement s'efforcer de protéger l'embryon ou le fœtus. Il est clair que la légitimité de l'objectif, dans les trois critères ci-dessus, est primordiale ; les deux autres critères sont secondaires.

Sixièmement, le reste de l'histoire concerne la déférence dont la Cour fait montre, comme dans tant d'autres arrêts, envers les lois nationales des États signataires. Ce sont les fameuses « marges d'appréciation ». La doctrine soutient que certaines questions, comme par exemple la croix dans les salles de classe italiennes, sont une affaire interne de l'État en question, où la CrEDH n'interviendra pas[465].

Septièmement, tel est le *statu quo* actuel : la Cour considère que l'objectif de protection de la vie à naître est légitime, mais elle laisse le reste de la question aux lois internes des États.

h) Développements récents au niveau international de l'ONU : *argumentum ad absurdum*

(1) Aperçu du statu quo juridique

Prenons l'exemple de la présentation trompeuse du *statu quo* en droit international.

> Pour ce qui est du moment où commence le droit à la vie, on considère généralement qu'il s'agit de la date de naissance. Les tentatives visant à l'étendre à l'enfant à naître n'ont pas été couronnées de succès. Au cours des cinquante dernières années, les progrès de la médecine ont constamment repoussé le point de viabilité de l'enfant à naître. Cependant, peut-être trop prudemment, les organisations de défense des droits de l'homme ont toujours choisi d'étendre le droit à la vie uniquement aux enfants nés vivants[466]. À ce stade, le droit à la vie n'implique pas nécessairement un droit aux soins de santé nécessaires pour permettre à la vie de continuer, bien que (...) le Comité des droits de l'homme souhaite la réduction du taux de mortinatalité. Le Pacte international relatif aux droits civils et politiques fait une référence oblique au droit de

[465] *Lautsi c. Italie* [GC], requête n° 30814/06, 18 mars 2011, où la Cour s'en est remise à la législation nationale italienne concernant les crucifix dans toutes les salles de classe en Italie.

[466] Ce n'est pas logique. Comment le droit à la vie pourrait-il être étendu aux enfants mort-nés ?

l'enfant à naître dans la mesure où l'article 6, paragraphe 5, prévoit qu'une sentence de mort ne peut être exécutée contre des femmes enceintes. Il est clair qu'il y a une justification humanitaire (d'autres instruments internationaux témoignent de la considération spéciale à accorder aux femmes enceintes). Toutefois, cela peut également être interprété comme empêchant le décès de l'enfant à naître. Seule la Convention américaine prévoit explicitement le droit à la vie « en général, à partir de la conception » (article 4). Cela peut peut-être être considéré comme un résultat inévitable pour un instrument élaboré et adopté par une organisation régionale dont la majorité des États membres adhèrent principalement aux enseignements de l'Église de Rome[467].

(2) Le Pacte international relatif aux droits civils et politiques des Nations unies

L'article 6 prévoit que :

> Le droit à la vie est inhérent à la personne humaine. Ce droit doit être protégé par la loi. Nul ne peut être arbitrairement privé de la vie[468].

(i) Le projet d'observation générale

Mais récemment, le membre israélien[469] du Comité des droits de l'homme des Nations unies (CCPR), Yuval Shany, a proposé l'ajout suivant au *Commentaire général*[470] :

---

[467] Rona K.M. Smith, *The Right to Life, Textbook on International Human Rights*, 6e édition, Oxford University Press, ch. 13, « The Right to Life», p. 4, à l'adresse http://web-local.rudn.ru/web-local/prep/rj/files.php?f=pf_db3131e4f7803c26e50ac95393777216, consulté pour la dernière fois le 30 octobre 2017.

[468] Concernant l'histoire de la Déclaration universelle : *« Au stade de la rédaction de la Déclaration universelle, on a examiné des propositions visant à préciser le point de départ du droit à la protection de la vie. Néanmoins, le texte final laisse ouverte la question de l'application de l'instrument à l'avortement et à l'euthanasie »*. Smith, *ibid.*, *supra*, note 467. Cependant, Smith évite d'en dire plus sur les travaux préparatoires, c'est-à-dire sur l'indubitable implication historique qu'à cette époque la vie était considérée comme protégée dès la conception. Ce n'est pas acceptable...

[469] Voir Exode 21:22-23 : « Si des hommes, en se battant, bousculent une femme enceinte et que celle-ci avorte mais sans autre accident, le coupable paiement l'indemnité imposée par le maître de la femme, il paiera selon la décision des arbitres. Mais s'il y a accident, tu donneras vie pour vie. » (Trad. en français sous la

9. Bien que les États parties puissent adopter des mesures destinées à réglementer l'interruption de grossesse, de telles mesures ne doivent pas aboutir à une violation du droit à la vie de la femme enceinte ni de ses autres droits consacrés par le Pacte, notamment l'interdiction des peines ou traitements cruels, inhumains ou dégradants. Ainsi, les restrictions légales de l'accès des femmes à l'avortement ne doivent pas, notamment, mettre leur vie en danger ni les soumettre à une douleur ou une souffrance physique ou mentale qui constituerait une violation de l'article 6. Les États parties doivent donner accès à l'avortement dans des conditions de sécurité pour protéger la vie et la santé de la femme enceinte et lorsque le fait de mener la grossesse à terme causerait pour la femme une douleur ou une souffrance considérable, tout particulièrement lorsque la grossesse résulte d'un viol ou d'un inceste ou que le fœtus présente des malformations mortelles. Les États parties ne doivent pas réglementer la grossesse

---

direction de l'École biblique de Jérusalem, éd. Desclée de Brouwer, 1975). La position de Shany est apparemment celle du Talmud et la position générale d'Israël sur l'avortement : *« Toutes les femmes israéliennes cherchant à mettre fin à une grossesse (et à la faire payer par l'assurance maladie de l'État) doivent comparaître devant un comité de trois personnes, mais dans la pratique, presque toutes les demandes sont acceptées. Il n'y a pas de lois limitant le moment où un avortement peut être pratiqué, et une femme dont la demande est refusée par le comité peut toujours demander un avortement dans une clinique privée. »* Voir https://www.myjewishlearning.com/article/abortion-in-jewish-thought/, consulté pour la dernière fois le 30 octobre 2017.

[470] Voir Jonathan Abbamonte, « UN Human Rights Committee Attempts to Reinterpret the 'Right to Life' to Mean the Legalization of Abortion and Assisted Suicide », 2017, à l'adresse https://www.pop.org/un-human-rights-committee-attempts-to-reinterpret-the-right-to-life-to-mean-the-legalization-of-abortion-and-assisted-suicide/.

« L'Observation générale en question doit être adoptée lors de la session d'octobre-novembre du CCPR. Il est fort probable qu'elle sera adoptée. » « Les observations générales sont des déclarations que le CCPR (Comité des droits de l'homme) adopte de temps à autre et qui donnent un aperçu de l'interprétation du Comité sur les principales dispositions du traité. Les observations générales ont une incidence sur la manière dont les États sont évalués par le Comité lorsqu'il émet des recommandations concernant les obligations des États parties en vertu du traité. »

« Les États parties ne sont pas tenus d'accepter l'interprétation du traité par le Comité, à moins que ces recommandations ne soient faites en vertu de l'un des protocoles facultatifs du traité. Mais comme de nombreux pays pro-vie sont liés par le premier protocole facultatif du PIDCP, une observation générale qui propose de réinterpréter le traité pour y inclure l'avortement est troublante. Les recommandations du Comité peuvent souvent exercer une pression considérable sur les États indépendants pour qu'ils modifient leurs lois sur l'avortement. »

ou l'avortement d'une manière contraire à leur obligation de veiller à ce que les femmes n'aient pas à recourir à un avortement risqué.

63. Le paragraphe 1 de l'article 24 du Pacte dispose que tout enfant a droit, de la part de sa famille, de la société et de l'État, « aux mesures de protection qu'exige sa condition de mineur ». Cet article exige l'adoption de mesures spéciales visant à protéger la vie de chaque enfant, en sus des mesures générales requises par l'article 6 pour protéger la vie de toutes les personnes. Lorsqu'ils prennent des mesures spéciales de protection, les États parties devraient être guidés par l'intérêt supérieur de l'enfant et la nécessité d'assurer la survie, le développement et le bien-être de tous les enfants.

(ii) *Res ipsa loquitur*

Si la contradiction entre les deux langages ci-dessus n'est pas évidente, puisqu'il est question de l'interdiction de « *restrictions légales de l'accès des femmes à l'avortement* », soulignons l'incongruité de l'implication que l'enfant à naître ne devient un sujet légal qu'une fois sorti du canal de naissance. Tuer l'enfant *in utero* au dernier moment de la grossesse n'est pas illégal, encore moins un meurtre ? De plus, il est évident que Shany a l'intention de faire passer en douce l'autorisation absolue d'avorter sous le « critère » complètement indéfini selon lequel la femme serait soumise à « *une douleur ou une souffrance considérable* » (par opposition à une douleur ou souffrance « *aiguë* »)[471]. Sous le prétexte apparent de protéger les femmes de la souffrance, la proposition de Shany vise à ouvrir complètement les portes à l'avortement sans aucune restriction quant au moment de l'avortement. Que cela soit proposé dans le contexte de la protection des femmes contre la douleur et la souffrance, c'est le comble du cynisme. L'intention *sub rosa* de

[471] C'est moins ouvert que la *« situation de détresse »* de Simone Veil, mais cf. le *ius cogens* de la définition de la *« douleur ou des souffrances aiguës »* à l'article 1 du CAT, *supra*, note 1. Tous les autres mauvais traitements qui ne satisfont pas à ce critère sont, selon le CAT, des *« traitements inhumains et dégradants »*. Comment se fait-il que personne n'ait abordé juridiquement la question *de la douleur ou de la souffrance aiguë* du fœtus ? La torture, en tant que *ius cogens*, n'est peut-être même pas équilibrée en tant que justification du droit pénal par rapport à une autre valeur, ici la « *douleur ou la souffrance considérable* » (par opposition à la douleur ou à la souffrance« *aiguë* ») de la femme enceinte, et pourtant ce critère est complètement ignoré dans le véritable massacre mondial des enfants à naître !

couvrir l'avortement *illimité* de l'enfant à naître sous le voile de la protection de la santé des femmes, etc., est un subterfuge patent.

Le projet d'observation générale de Shany sur l'article 6 vise à passer outre une autre source de droit international, à savoir la Convention américaine relative aux droits de l'homme.

6. Conclusion

Dans toute l'histoire du droit, du Code d'Hammourabi en passant par le droit grec et ecclésiastique, l'enfant à naître, l'embryon ou le fœtus, a été traité comme un *objet juridique*, dont la mère – en vertu de la fiction selon laquelle il fait partie intégrante de son propre corps – peut à présent se débarrasser. Toutes ces sources juridiques contiennent des dispositions selon lesquelles l'avortement, par la femme elle-même ou par une autre personne, est punissable. Cependant, aucune de ces dispositions n'accorde le « droit à la vie » à l'enfant à naître en tant que sujet juridique. Toute cette histoire considère plus ou moins inconsciemment l'embryon ou le fœtus comme une « chose » à laquelle l'avortement peut ou non arriver.

Cette incongruité est mise en évidence dans la dernière tentative du projet d'observation générale du Comité des droits de l'homme de l'ONU, dans lequel l'enfant, jusqu'au dernier moment avant sa naissance, est traité comme un simple objet dont on se défausse sans plus de cérémonie. De ce fait, le sort d'un être humain non encore né, à la merci de sa propre mère, est pire que la situation, pour laquelle on se bat, des « animaux non humains » ou des restes végétatifs d'un corps humain. Il y a cinq exceptions notables à ce qui précède.

a) Premièrement

Avec Ulpien, le véritable génie du droit romain, Julius Paulus Prudentissimus (IIe-IIIe s. apr. J.-C.) a anticipé la naissance de l'enfant par sa formule « *Nasciturus pro iam nato habetur quomodo de iuris eius agitur* » (« Celui qui va naître est considéré, en ce qui concerne ses droits, comme déjà né[472] »). Il le considérait comme ayant droit *ex*

[472] « *(Pour le* Codex Jusitinianus,*) les compilateurs de Justinien ont sélectionné plus de 2 000 passages de ce dernier, soit 17 % du Digeste, souvent pour compléter le compte rendu donné par Ulpien* » : voir Tony Honoré, *Oxford Reference, s.v.*

ante à l'héritage et à d'autres droits. Il a donc explicitement accordé à l'enfant à naître une subjectivité juridique sans équivoque.

La *fictio* de Paulus ne concernait que la naissance de l'enfant. Mais pour ce qui est de l'existence de l'enfant à naître, il ne s'agissait pas d'une fiction, car elle était parfaitement réelle. Logiquement, la fiction de la naissance faisait de l'existence même de l'enfant à naître une présomption réfutable (*praesumptio iuris*). L'enfant n'était pas seulement là, *in utero*, mais il était présumé devoir naître. Bien sûr, si l'enfant n'était pas mis au monde, la présomption se trouvait alors réfutée.

b) Deuxièmement

Dans ce contexte, on pourrait ajouter que partout, l'avortement forcé sur une femme enceinte – intentionnellement ou par la mort causée par négligence de l'enfant *in utero* à tout stade de son développement – est à la fois une infraction pénale et un *delictum* de droit privé. Comment se fait-il alors que l'action d'une tierce personne à l'égard de l'enfant *in utero* soit une infraction pénale (ou un délit civil), alors que la même action commise par un avorteur avec le consentement de la femme ne l'est pas ? La vie *in utero* n'est protégée que si la femme ne consent pas ?

Il s'ensuit inéluctablement que la femme n'est pas seulement le maître de son propre corps, mais aussi du corps d'un autre être réel. Si elle consent, c'est un avortement légal ; si elle ne consent pas, c'est un homicide. La différence prouve que la femme ne consent pas seulement à une intervention chirurgicale sur son propre corps, mais qu'en fait, elle décide librement de la vie d'une autre personne. Cet être a la subjectivité juridique s'il n'y a pas de consentement, mais n'a pas la subjectivité juridique s'il y a consentement à l'avortement ?

c) Troisièmement

Les « animaux non humains » ne sont pas, comme nous l'avons vu, des sujets juridiques, mais ils seront tôt ou tard protégés contre la

---

« Julius Paulus », à l'adressehttp://www.oxfordreference.com/view/10.1093/oi/authority.20110803100311493, consulté pour la dernière fois le 19 février 2018.

cruauté. Un primate supérieur n'est donc plus un simple objet, tout comme les esclaves qui acquièrent lentement, en droit romain tardif, certains droits les protégeant contre l'homicide, la torture, etc. Ces esclaves devenaient donc progressivement des sujets juridiques et étaient à mi-chemin entre l'objet et le sujet. Le fait que cela soit vrai aujourd'hui est prouvé par les propositions visant à protéger certains animaux.

Pendant ce temps, à un certain stade de son développement, le fœtus peut être un objet de torture et de meurtre. Jusqu'à la dernière minute avant sa naissance, suivant la proposition du projet d'observation générale du Comité des droits de l'homme. Il est louable que les animaux soient protégés, mais c'est *a fortiori* vrai, même si nous ne lui accordons pas la subjectivité juridique, pour un être humain *in utero* pleinement formé. Bref, même si la loi n'accorde pas la subjectivité juridique au fœtus, il doit être protégé contre la cruauté et les tueries gratuites.

d) Quatrièmement

Dans l'affaire *Lambert c. France*, nous avons apprécié que la CrEDH accorde une subjectivité juridique à un être qui ne peut plus être considéré comme pleinement humain. Les progrès de la science médicale ont permis à un être humain naguère complet d'avoir une existence purement végétative, quelque part entre l'existence humaine et la non-existence. La Cour s'est demandé – à juste titre – si le corps de Vincent Lambert avait droit ou non au respect de son droit à la vie. Tout en refusant finalement ce droit, c'est-à-dire en approuvant l'euthanasie, la Cour n'a pas cessé, tout au long de ses procédures devant la Chambre et la Grande Chambre, de définir la question comme une relevant du droit à la vie.

Cependant, le droit humain – qu'il soit approuvé ou dénié – implique inévitablement la subjectivité juridique de celui dont les droits sont débattus. Bien que cela soit tout à fait comme il se doit, le fœtus humain est, à n'en pas douter, existentiellement plus « pleinement humain » que le corps de Vincent Lambert.

e) Cinquièmement

En dernière analyse, tout se résume à une autre fiction juridique. L'avortement ne rend pas la femme non enceinte ; il fait d'elle la mère d'un enfant mort. L'invention de la femme ne décidant que de son propre corps est une fiction intenable. Il y a le corps de la femme et il y a le corps du fœtus. Ils sont deux. La femme a une subjectivité juridique, mais pour garder la fiction vivante, on en prive le fœtus.

S. Lien de causalité

1. Introduction

En droit, la compréhension des liens de causalité est un problème très ancien [473]. Comme toujours, là où les théories différentes abondent, quelque chose ne va pas, et la causalité en est un bon exemple. Citons pour commencer les dispositions du Code pénal type américain (*Model Penal Code*, MPC) relatives au lien de causalité, qui reposent sur la théorie minimale dite de « *sine qua non* » : il suffit, pour que la responsabilité pénale dans les crimes commis soit engagée, que l'acte de l'auteur soit seulement une condition nécessaire de la conséquence incriminée. Mais au-delà de cela, cette solution intelligente n'aborde pas l'association probabiliste, comme nous le verrons, des événements de la vie réelle, découlant de la question de la causalité. Les auteurs du MPC, qui est sans doute la meilleure codification du droit pénal matériel au monde, sont partis de l'hypothèse, et plus encore de la considération pratique, que le concept de causalité est hautement trompeur. La théorie de la condition nécessaire et suffisante est donc une anti-théorie où la réflexion sur la causalité se trouve facilement inversée. Ce qui, pour le sens commun, pourrait ressembler à la cause des conséquences interdites par le droit pénal ne figure en fait que comme l'une des centaines de conditions nécessaires. La loi choisit l'une des conditions nécessaires pour être « la cause », c'est-à-dire qu'elle choisit celle qui

[473] Voir, en général, Hart et Honoré, *Causation in the Law*, Oxford Clarendon Press, 1985 ; Engisch, *Introduzione al pensiero giuridico*, a cura di Alessandro Baratta, Giuffrè, Milano, 1970. Ces travaux ne semblent pas avoir une grande valeur explicative. La théorie d'Engisch soutient simplement que toute condition nécessaire antérieure est une condition *sine qua non* pour la suffisance de la condition nécessaire postérieure, ce qui à son époque était considéré comme une constatation révolutionnaire. Voir Karl Engisch, *Die Kausalität als Merkmal der Strafrechtlichen Tatbestände*, Tübingen, 1931, p. 15-16, cité dans Infantino et Zervogianni, *Causation in European Tort Law*, Cambridge University Press, 2017, p. 43.

est non seulement imputable, mais surtout blâmable. Car dire que c'est une causalité *sine qua non* est tout à fait suffisant. Il en va de même, *mutatis mutandis*, dans le droit de la responsabilité civile, où la logique du « *post hoc ergo propter hoc* » empêche souvent l'avocat de comprendre les témoignages des experts. Ces derniers témoigneront généralement que la cause n'est « pas incompatible » avec l'apparition de la conséquence critique (incriminée) ; ils parleront de la « compatibilité » de certaines conséquences avec certaines de ces conditions nécessaires. Souvent, même dans les dossiers de la CrEDH, nous voyons par exemple des avis d'experts indiquant clairement – en vertu d'une logique scientifique étrangère aux avocats– qu'une blessure spécifique sur le corps de la victime est simplement « compatible » avec l'hypothèse selon laquelle le requérant a été victime d'abus, disons au poste de police.

Il existe un malentendu permanent entre les avocats et les experts scientifiquement expérimentés au sujet de ce qu'est réellement la relation de cause à effet. Cette perplexité à propos de la causalité n'est certainement pas du côté des scientifiques. La sensibilisation insuffisante des avocats et des juges fait naître l'hypothèse que la cause de la conséquence juridique pertinente, sur laquelle la Cour doit trancher, doit en quelque sorte être évidente, manifeste, etc. Il est très difficile de dire à l'avocat qu'il n'existe tout simplement pas de lien de causalité dans ce sens fétichisé. La relation causale avec la réalité, telle qu'elle est étudiée entre autres par la science, n'est qu'une des conditions nécessaires à l'émergence de toute conséquence. Le fait est que dans toute situation où l'on parle du cours des événements qui se produisent dans le temps, il est clair que certains événements ultérieurs ne se produiraient pas sans certains événements précédents. Il est donc logique de soutenir que certains des événements précédents sont plus importants pour la survenance ultérieure de l'événement postérieur, alors que la plupart des centaines d'autres conditions nécessaires sont considérées comme allant de soi par les observateurs, comme faisant partie intégrante de la scène sur laquelle la séquence d'événements s'est d'abord produite.

2. Preuve statistique et recours collectif

En science, on dit notamment que les preuves empiriques scientifiques, par exemple en médecine, sont surtout statistiques. Il en va de même pour la psychologie, pour une grande partie de la criminologie et d'autres sciences, et même pour les sciences dures qui se rapportent à la physique, etc. La corrélation, en termes statistiques, signifie simplement que la loi des grands nombres de Quetelet, en neutralisant les idiosyncrasies des événements uniques, produit le parallélisme pertinent des séquences d'événements. Cela implique, avec une certaine probabilité, un certain niveau de détermination des événements dans une certaine suite les uns par rapport aux autres, et vice versa. Je me souviens d'une conversation avec un éminent professeur de médecine, dans laquelle il m'a dit qu'il existe une corrélation statistique entre les salles de bains disponibles et la longévité. Il a laissé entendre que le premier fait est la cause de l'autre. Cependant, le nombre de salles de bains est l'indication d'un environnement général plus sain, et la corrélation établie dans ce sens ne prouve pas grand-chose. En outre, dans de telles corrélations, la « cause » et la conséquence sont souvent facilement inversées[474].

Qu'est-ce que cela signifie ? Dans la réalité objective, deux séries d'événements parallèles coïncident. Ce parallélisme peut être statistiquement démontré, si l'on prend le nombre de cas, de manière statistique, pour calculer la corrélation entre les deux ensembles d'événements. Bien sûr, une telle logique statistique abstraite basée sur les grands nombres est généralement inutile en droit, sauf dans les recours collectifs. Aux États-Unis, à partir des années quatre-vingt, des juristes ont sérieusement tenté de rendre utile le théorème de Bayes[475] en traduisant une probabilité abstraite, comme dans les tables

---

[474] Voir, en général, Paul Arden, *Whatever you Think, Think the Opposite*, Penguin Books, New York, 2006.

[475] « *Inventé par un mathématicien anglais du* XVIII*e siècle, Thomas Bayes, il calcule les probabilités qu'un événement se produise compte tenu des probabilités d'autres événements connexes. Certains mathématiciens l'appellent simplement pensée logique, parce que le raisonnement bayésien est quelque chose que nous faisons naturellement* » : voir https://www.theguardian.com/law/2011/oct/02/formula-justice-bayes-theorem-miscarriage, consulté pour la dernière fois le 17 novembre 2017.

actuarielles, en probabilité concrète[476]. Bayes traduit la probabilité abstraite d'avoir un cancer en ajoutant mathématiquement, par sa formule, les données spécifiques, par exemple le tabagisme, l'âge, les traits génétiques hérités, etc., afin de créer un pont entre la probabilité aléatoire dans le résumé et la probabilité finale calculée après que les données supplémentaires ont été prises en compte sur le plan de la probabilité. La probabilité concrète est encore statistique, mais Bayes est le seul lien entre le témoignage scientifique de l'expert et sa pertinence dans la question spécifique du lien de causalité dans le cas d'espèce. En droit continental, on n'a jamais entendu parler de Bayes.

Là encore, on constate que la doctrine juridique européenne, en grande partie parce qu'elle ne connaît pas le recours collectif, est à la traîne. Les grands recours collectifs en matière de discrimination dans l'emploi, de santé, de responsabilité pharmaceutique, etc. permettent de présenter des preuves statistiques de manière convaincante, alors que dans les affaires individuelles, les mêmes preuves restent simplement anecdotiques.

Bien sûr, il y a toujours un lien statistique. S'il est nécessaire de déterminer si le tabagisme a été nocif pour une personne dans une affaire spécifique de dommages-intérêts, il ne peut être insignifiant que la corrélation entre le tabagisme, d'une part, et l'incidence des cancers du poumon et d'autres cancers, d'autre part, soit par ailleurs établie statistiquement. La question est donc ici, très concrètement, de savoir si un tribunal ou un jury, lorsqu'il examine une affaire spécifique, peut tenir compte du fait que la corrélation statistique est « scientifiquement établie », autrement dit, si le tabagisme de la victime réelle est une « cause » spécifique du cancer des poumons, par ailleurs statistiquement établi.

---

[476] Il y a eu jusqu'à présent environ quatre-vingts affaires américaines (et aucune en Europe continentale) dans lesquelles le théorème de Bayes a été avancé, la première étant *Plemel v. Walter*, 809 Or. 262, 735 P.zd 1209, 1219 (1987). Mais voir *McDaniel v. Brown*, 558 U.S. 120 (2009), la seule affaire jugée par la Cour suprême : *« En somme, les deux inexactitudes sur lesquelles porte la présente affaire sont un témoignage assimilant la probabilité de concordance aléatoire à la probabilité de la source (...) »*, où le premier élément est la probabilité abstraite de Bayes et le second la probabilité concrète de Bayes. Voir https://sites.google.com/site/bayeslegal/legal-cases-relevant-to-bayes, consulté pour la dernière fois le 8 novembre 2017.

Nous parlons déjà de deux conceptions relativement différentes de ce que signifie, dans la réalité objective, « causer une conséquence ». Cependant, la conséquence dans une affaire spécifique, si nous la considérons comme l'expression concrète d'une corrélation par ailleurs scientifique mais abstraite, est le lien entre l'inhalation de la fumée de tabac, d'une part, et le cancer du poumon, d'autre part. Selon les termes employés par la profession médicale et les biologistes cellulaires, etc., on peut soutenir que le tabagisme en général « cause » le cancer. Il ne fait aucun doute ici que c'est « scientifiquement prouvé » – mais c'est prouvé sur le plan statistique et non sur le plan individuel : par exemple, quand un médecin traitant, disons un pneumologue, constate qu'une personne âgée de dix-huit ans a fumé et qu'elle a contracté un cancer, peut-il légitimement témoigner que ce cancer est le résultat qui, comme le démontrent les preuves scientifiques publiées dans des revues scientifiques, confirmées par d'innombrables corrélations, etc., est la cause d'un effet donné ? Le passage d'une corrélation statistique à une causalité individuelle, comme chez Bayes, est-il légitime ? En termes de logique formelle, il s'agit de deux choses complètement différentes, et c'est là que surgit généralement le malentendu entre avocats et experts.

3. Culpabilité et imputation

Dans une situation non conflictuelle où le médecin et le patient travaillent dans la même direction et avec le même intérêt, la question de la « causalité » ne se pose pas. Le médecin peut spéculer sur le fait que la maladie a pour origine une prédisposition génétique particulière et il peut le « prouver » en recherchant le gène en question. Il le fait dans l'intérêt non pas d'une compréhension abstraite mais de proposer la thérapie et le médicament adéquats. La nature de la « causalité » n'est pas problématique ici, même si elle n'est pas correcte à cent pour cent sur le plan épistémologique. Comment se fait-il alors qu'en droit, ce même « lien de causalité » risque de déstabiliser toute l'affaire ?

En droit, la question n'est pas la causalité en tant que telle. Si c'était le cas, le raisonnement pourrait être aussi détendu et ouvert qu'en médecine. En matière de délits civils et en droit pénal, les avocats cherchent la seule « cause » qui pourrait ou non être attribuable à l'acte de l'auteur du délit ou du défendeur. La question est en litige et, dans le contexte accusatoire, chaque partie porte sa propre charge de la preuve : *ei incubit probatio qui dicit, non qui negat.*

Si la charge de la preuve n'est pas supportée, la présomption prévaudra au détriment de celui qui porte la charge de la preuve. C'est ce qu'on appelle « le risque de non-persuasion ». La discussion sur la causalité ne sera plus réaliste au sens scientifique du terme, mais fera l'objet d'une vive controverse. Soudain, les parties sont obsessionnellement sommées de prouver ou de réfuter qu'une chose « a causé » l'autre, etc.

La question n'est plus la causalité. Il s'agit de culpabilité, de responsabilité et d'imputation. Bien qu'il reste toujours impossible de « prouver » le lien de causalité, le droit doit, d'une manière ou d'une autre, imputer la cause à l'auteur du délit ou au défendeur. Le processus juridique est orienté vers la finalité de la prise de décision. Le tribunal doit prendre position sur la question de la responsabilité : oui ou non, *tertium non datur*. C'est pourquoi la solution du MPC ci-dessus est un coup de génie : elle expédie la causalité en disant simplement que la question ne peut pas être décisive, du moins pas dans les affaires criminelles. Étant donné que toute condition nécessaire peut devenir une « cause », l'attention est portée sur d'autres critères de responsabilité pénale.

Il faut aussi garder à l'esprit que le processus juridique n'est pas un instrument adéquat de recherche de la vérité. Comme indiqué précédemment, en droit, la vérité n'a qu'une valeur instrumentale. Elle sert à la résolution du conflit. Trouver la « cause » blâmable est une entreprise déontologique : le tribunal est là, en dernière analyse, afin d'imputer la responsabilité de quelque chose qui n'aurait pas dû se produire. L'un des instruments majeurs du droit de la preuve est les présomptions, réfutables ou irréfragables, et même les fictions. Ces trois catégories sont depuis le droit romain les moyens de falsifier la réalité pour que le conflit soit rapidement et définitivement tranché, résolu.

4. La réalité objective est-elle accessible ?

Ici, nous devons réexaminer la question de savoir si et, si oui, comment la réalité objective nous est accessible. Kant a soutenu que ce n'est pas le cas. Dans le langage d'aujourd'hui, nous dirions que nos perceptions et aperceptions sont toutes anthropocentriques et, en ce sens, anthropovirtuelles. La couleur bleue n'existe que dans les yeux humains.

À ce stade, la question est relativisée sur le plan épistémologique. Un scientifique ne peut faire de recherches que sur des événements non historiques répétables, qui peuvent être produits et reproduits dans le cadre d'une expérience. La réalité objective, dans la mesure où elle est accessible à tous, parle à travers la logique empirique de l'expérience.

Mais en droit, nous ne traitons pas d'événements non historiques répétables. Les événements historiques, comme en droit, sont des événements uniques perdus dans le passé et qui ne peuvent être exhumés. En droit, il ne peut y avoir d'expériences répétables pour prouver une hypothèse particulière avancée par l'une ou l'autre partie au procès. Le critère d'une approche scientifique est la falsifiabilité de Popper (c'est-à-dire la réfutabilité), car les expériences répétées peuvent montrer que l'hypothèse n'est pas correcte. En droit, parce qu'il ne traite que du passé non répétable, c'est-à-dire des événements historiques, la preuve est toujours, dans une certaine mesure, contestable.

Faisons ici un bref *excursus* dans la probabilité d'événements futurs. À la CrEDH, les affaires concernant la garde des enfants sont généralement des événements qui se réfèrent à l'intérêt supérieur *futur* de l'enfant[477]. De même, dans les affaires concernant le refus d'asile, la probabilité *future* d'une future « douleur ou souffrances aiguës, physiques ou mentales » (torture) est la question centrale qui est tranchée par la Cour [478]. En droit interne, il s'agit souvent principalement de la probabilité *future* de fuite, d'itération de

[477] *Maumousseau et Washington c. France*, requête n° 39388/05, 6 décembre 2007.
[478] Voir, par exemple, *F.G. c. Suède* [GC], requête n° 43611/11, 23 mars 2016, concernant le danger *futur* de mort ou de torture.

l'infraction et d'interférence avec les éléments de preuve dans des affaires de détention provisoire. Dans toutes ces situations, la loi est boiteuse : elle n'a pas de moyens cognitifs, si ce n'est des estimations amateurs qui permettent de savoir si le fait de renvoyer quelqu'un dans une zone plus sûre en Irak le protégera de la torture[479].

5. Fétichisation de la science

Ce n'est pas directement pertinent pour le droit, mais l'approche strictement empirique est souvent amenée à croire que ce qui n'a pas été prouvé par une expérience ou une corrélation n'existe pas. À cause de cela, la science est parfois fatalement en retard par rapport à la nécessité urgente de prendre en compte la réalité, par exemple en ce qui concerne les effets sur la santé des xénoestrogènes, des pesticides, des médicaments, des médicaments, etc.

Il est donc intéressant d'observer que les politiques pertinentes, au moins dans l'Union européenne, recourent à un dispositif juridique séculaire. À commencer par le droit romain, où le juge, obligé de résoudre le conflit d'une manière ou d'une autre – puisqu'il n'avait pas la possibilité du *non licet* – était renvoyé par le droit aux présomptions réfutables (*praesumptio iuris*). Il en résultait la charge de la preuve de démontrer que la présomption n'était pas bonne. Un excellent dispositif, comparable au précédent, est le principe de précaution, qui place chez la partie, généralement une société qui agit dans une situation incertaine, la charge de la preuve – et le risque de non-persuasion – de démontrer l'innocuité de la substance ou de la pratique potentiellement dommageable. De cette manière, l'écart entre ce qui est peut-être vrai mais qui n'est pas encore « scientifiquement prouvé » est prétendument comblé[480].

---

479 En outre, dans ces cas de faux négatifs, il n'y a pas de retour d'information finale sur ce qui sera arrivé à l'étranger après son expulsion.

480 « *Le principe de précaution (PP) est une stratégie visant à prendre en compte <u>les incertitudes scientifiques</u> dans l'évaluation et la gestion des risques, tels que ceux liés à la nanotechnologie, aux organismes génétiquement modifiés et aux insecticides systémiques. Le principe de précaution est défini comme suit : lorsque des activités humaines risquent d'aboutir à un danger moralement inacceptable, qui est scientifiquement plausible mais incertain, des mesures doivent être prises pour éviter ou diminuer ce danger. Le danger moralement inacceptable est un danger*

6. La recherche de la vérité : procédure inquisitoire et procédure contradictoire

La procédure pénale inquisitoire s'est obstinée, y compris par le recours à la torture, à rechercher la vérité concernant l'existence non prouvable d'un événement historique[481]. La recherche de la vérité était une fin en soi, car il n'y avait pas de conflit bipartite à résoudre. La prétention était que la « vérité » était d'une importance transcendante au regard de l'hérésie, de la simonie, du schisme, etc.[482]. Par conséquent, comme l'obstacle épistémologique qu'était l'impossibilité de certifier les événements historiques pesait lourdement sur le processus, les abus étaient inévitables.

La procédure inquisitoire monocentrique – c'est oui ou c'est non – aujourd'hui dépassée, n'est intéressante ici que parce qu'elle contraste fortement avec la procédure contradictoire, où il est évident que la recherche de la vérité n'est pas une fin en soi : comme je l'ai souligné, elle ne sert qu'à résoudre le conflit.

---

pour les humains ou pour l'environnement qui est : menaçant pour la vie ou la santé humaine, ou bien grave et réellement irréversible, ou bien inéquitable pour les générations présentes ou futures, ou bien imposé sans qu'aient été pris dûment en compte les droits humains de ceux qui le subissent. Le jugement de plausibilité doit se fonder sur une analyse scientifique. Celle-ci doit être permanente pour que les mesures choisies soient soumises à réexamen. L'incertitude peut porter, mais sans nécessairement s'y limiter, sur la <u>*causalité*</u> *ou sur les limites du danger possible. Les actions sont des interventions entreprises avant que le danger ne survienne et visant à éviter ou à diminuer celui-ci. Les actions choisies doivent être proportionnelles à la gravité du danger potentiel, prendre en considération leurs conséquences positives et négatives et comporter une évaluation des implications morales tant de l'action que de l'inaction. Le choix de l'action doit être le résultat d'un processus participatif »* (soulignement ajouté) : voir http://unesdoc.unesco.org/images/0013/001395/139578f.pdf, consulté pour la dernière fois le 8 novembre 2017. Voir *supra*, note 95.

481 La *Constitutio Criminalis Theresiana*, le seul code illustré comportant des gravures d'instruments de torture, promulguée par l'impératrice d'Autriche Marie-Thérèse en 1768, fut abolie dès 1787 (dix-neuf ans plus tard) par son fils Joseph II, souverain éclairé (avec Catherine la Grande de Russie, Léopold de Toscane et Frédéric II le Grand de Prusse), et remplacée par le *Josephinischen Strafgesetz*.

482 Voir, en général, à l'adresse http://catholicbridge.com/catholic/inquisition.php, consulté pour la dernière fois le 8 novembre 2017.

Il a fallu des siècles au système juridique continental pour se défaire de cette recherche monocentrique de la vérité : aujourd'hui encore en France, des éléments significatifs de la procédure inquisitoire sont encore en vie et en pratique.

7. Thomas d'Aquin : Adequatio intellectus et rei

Il existe une autre relativisation pertinente de la recherche de la vérité et de la causalité. Dans le domaine scientifique, la recherche des causes, au cœur de ses activités, est fondée sur l'hypothèse qu'il existe une réalité objective que le scientifique a l'intention de découvrir. Dans la science, l'adéquation de Thomas d'Aquin entre l'esprit et la réalité est projetée sur cette réalité encore inconnue en tant que telle.

Ce n'est pas vrai en droit. Dans la procédure inquisitoire aussi bien que dans la procédure contradictoire, la réalité d'un événement causé, il est bon de s'en souvenir, est seulement secondaire par rapport à la « réalité » de la norme qui va être appliquée. Les faits, d'une façon ou d'une autre, doivent correspondre à la prémisse majeure de la norme. Cette prémisse est la « réalité » ultime en droit, qu'il s'agisse de la common law ou du droit continental. La recherche de faits et le lien de causalité sont la variable dépendante des exigences de la norme, la prémisse majeure du jugement.

Un psychiatre, par exemple, qui témoigne du lien de causalité entre l'acte et la maladie mentale sous-jacente, peut ne pas en être pleinement conscient, mais ce lien n'est qu'un des éléments du processus d'application de la doctrine de l'excuse et de la disculpation du criminel fou, comme le Raskolnikov de *Crime et châtiment* de Dostoïevski. L'expert sera généralement limité à un seul aspect de l'affaire et sera contraint de se soumettre à la perception juridique de l'importance cruciale du lien de causalité entre la maladie et le crime.

Mais l'important est ailleurs. En droit, que quelque chose soit vrai ou non, l'adéquation ci-dessus de l'intellect et de la chose n'a littéralement rien à voir avec la réalité. Comme je l'ai déjà indiqué, la question de savoir si Raskolnikov a commis un meurtre n'a, en dernière analyse, rien à voir avec l'usurière et son cadavre. L'« adéquation » doit être adéquate au regard de la définition du meurtre dans le Code pénal et, en fin de compte, c'est la seule chose qu'il y a à imposer logiquement.

Certes, le meurtre est suffisamment réel, du moins tant que le corps du *delictum* est visible. Mais considérez un exemple absurde, où la loi interdirait de porter la raie à gauche. La question serait alors de savoir si j'ai la raie à gauche ou à droite de la naissance des cheveux. Il aurait alors été déterminé qu'en fait, la raie incriminée est du côté gauche et donc la vérité de l'infraction aurait été établie hors de tout doute raisonnable. Je n'ai pas mis le mot vérité entre guillemets parce que c'est vraiment la vérité en ce qui concerne la loi.

Il ne s'agit pas non plus d'un exemple tout à fait improbable, car le législateur peut incriminer tout ce qu'il veut[483]. Dans toutes ces situations absurdes, la vérité n'est pas seulement non pertinente, elle est absurde précisément dans la mesure où le législateur a été frappé de folie. Dans la *Lex Julia* du droit pénal romain, par exemple, cracher à proximité de la statue du *Divus Augustus* constituait une *laesio maiestatis*. Autrement dit, tant qu'il y a adéquation entre les faits et la norme, la vérité est établie. Pour ce qu'elle vaut, une telle vérité est alors recherchée comme elle l'était par l'Inquisition dans les procès de sorcellerie[484].

8. Responsabilité partagée

La relativité de la question du lien de causalité fait également surface lorsqu'il s'agit de deux ou plusieurs causes concomitantes aboutissant au même délit. Dans une affaire récente en Slovénie, des pirates informatiques ont piraté le système informatique de la banque, ce qui leur a permis de pirater le compte d'une personne, mais seulement parce que le propriétaire avait oublié de se déconnecter du site Internet de la banque. Ensuite, les pirates ont transféré les fonds sur leur propre compte et ont envoyé un tiers retirer les 200 000 euros

[483] Voir, par exemple, Christopher Zoukis, « Absurd, Abusive, and Outrageous : the Creation of Crimes and Criminals in America », *Criminal Legal News*, 16 novembre 2017, à l'adresse https://www.criminallegalnews.org/news/2017/nov/16/absurd-abusive-and-outrageous-creation-crime-and-criminals-america/, consulté pour la dernière fois le 22 février 2018.

[484] Alf Ross, « Tû-Tû », *Harvard Law Review*, vol. 70, numéro 5, mars 1957, p. 812-825. Publié à l'origine dans *Festskrift Til Henry Ussing*, O. Borum, K. Ilium (Eds.), Kobenhavn Juristforbundet, 1951.

en espèces. Le protocole de la banque exigeait que le retrait soit justifié par un acte notarié, la vente d'un bien immobilier, que les hackers ont dûment falsifié. L'agent de la banque a fait preuve d'une négligence grossière en approuvant le retrait et en ne vérifiant pas correctement le document falsifié.

Ici, nous avons trois conditions nécessaires à blâmer (le cambriolage des pirates informatiques, l'omission de déconnexion du compte et la négligence de l'agent de la banque). Comme le litige opposait le titulaire du compte piraté et la banque, le tribunal devait décider comment répartir la « responsabilité partagée ». D'une manière ridicule, le tribunal a jugé que le titulaire du compte n'avait droit qu'à un quart des 200 000 euros en question, sa responsabilité s'élevant ainsi aux trois quarts de la perte.

Quel genre de raisonnement sous-tend une telle prise de décision ? Il est clair, ici, que la considération de la causalité n'a rien à voir avec la réalité objective. Il s'agit de la répartition de la responsabilité subjective. Comme il n'y a pas de critères établis, le tribunal est libre de faire ce qu'il juge bon, c'est-à-dire que la décision est arbitraire par définition. Néanmoins, on considère qu'il s'agit d'une question de causalité, « partagée » ou autre.

9. Le jury

Dans le contexte du procès devant jury, parce qu'elle est considérée comme une *questio facti*, la question de la causalité est reléguée à la logique de la boîte noire, c'est-à-dire laissée au jury. Il peut sembler insensé de reléguer des considérations factuelles hautement sophistiquées aux membres non professionnels du jury. Pourtant, l'exemple de la banque ci-dessus montre précisément la sagesse potentielle d'une telle solution – dans la mesure où les questions de causalité sont souvent inextricablement liées aux questions de blâme, de responsabilité, etc., et où l'apport « démocratique » de pairs est plus souhaitable que la déformation professionnelle des avocats et des juges[485].

---

[485] Jugement par les pairs dans la *Magna Carta Libertatum* de 1215, 29 (39) : *« Nullus liber homo decetero capiatur vel imprisonetur aut disseisiatur de aliquo libero tenemento suo vel libertatibus vel liberis consuetudinibus suis, aut utlagetur,*

En outre, les indemnités massives accordées, par exemple dans des affaires de tabac et d'autres affaires impliquant de grandes entreprises, lorsqu'elles sont autorisées, montrent l'équité de l'apport démocratique susmentionné, ce qui ne se produirait jamais si le jury ne pouvait pas accorder de dommages-intérêts.

Compte tenu de ce qui précède, je vais présenter trois affaires portées devant la CrEDH, deux concernant l'Italie et une autre la Roumanie, et j'examinerai le fait que la Cour refuse manifestement de comprendre le lien de causalité et d'accorder des dommages-intérêts dans de nombreuses affaires dans lesquelles elle a statué en faveur du requérant individuel.

10. L'arrêt *Giuliani c. Italie* et le problème de la causalité abstraite

Un très bon exemple du problème de la « causalité abstraite » peut être trouvé dans l'arrêt *Giuliani c. Italie* (2011)[486], où la question était la responsabilité de l'État italien pour la mort du jeune Giuliani en raison de la désorganisation de la protection par les forces de sécurité à l'occasion de la réunion du G8 à Gênes, en Italie[487]. Pour moi, en tant que rapporteur dans cette affaire, la question se résumait à celle de la causalité. La question était de savoir s'il existait un lien de causalité juridiquement pertinent, tel que considéré au niveau international, entre ladite inadéquation de la désorganisation des forces de sécurité italiennes, d'une part, et le malheureux homicide involontaire du jeune Giuliani, d'autre part.

---

aut exuletur aut aliquo alio modo destruatur, nec super eum ibimus, nec super eum mittemus, nisi per legale judicium parium suorum, vel per legem terre » (sic). (« Aucun homme libre ne pourra être arrêté ou mis en prison, ni dépossédé de son franc-fief, de ses libertés ou franchises, ni mis hors la loi ou exilé, ni molesté d'aucune autre manière, si ce n'est en vertu d'une sentence légale de ses pairs ou des lois du pays »). La référence à la *« legem terrae »* (les lois du pays) est probablement la première référence au principe de légalité (*principle of legality*, *Legalitätsprinzip*), 549 ans avant le *Deli delitti e delle pene* de Cesare Beccaria (1764) et 598 ans avant le *« nullum crimen, nulla poena sine lege previa »* de Feuerbach (1813). Cette dernière disposition est la seule qui touche au droit pénal matériel dans la CEDH, article 7, paragraphe 1. Voir *supra*, note 358.

[486] *Giuliani et Gaggio c. Italie* [GC], requête n° 23458/02, 24 mars 2011.

[487] Voir mon opinion partiellement dissidente dans B.M. Zupančič, *The Owlets of Minerva*, p. 47.

Il était en effet évident que la légitime défense présumée (erronée) du jeune membre inexpérimenté de la gendarmerie italienne, qui avait accidentellement tué le jeune Giuliani, fils du requérant, était due à ce désarroi. La Cour a toutefois refusé d'aller plus avant et d'examiner ce que les tribunaux nationaux ne pouvaient manifestement pas faire, à savoir la responsabilité de l'État italien en tant que tel pour une conséquence qui serait inévitablement, dans le contexte national, considérée comme « causalement éloignée ».

Un raisonnement juridique autonome dans ce genre de contexte donnerait la solution juste recherchée par le plaignant, le père du jeune Giuliani. De son point de vue, il était clair que l'État italien était responsable. Fidèle à sa tradition, la Cour a toutefois refusé d'examiner la nouvelle modalité du lien de causalité pertinent. Elle est ainsi parvenue à un résultat injuste. L'affrontement entre l'examen formaliste – mentalement conservateur – de l'affaire et l'évaluation réaliste de la responsabilité de l'État italien est peut-être une illustration de la façon dont la jurisprudence a manqué l'occasion d'une avancée révolutionnaire.

> 7. En ce qui concerne, ensuite, le second aspect de l'obligation de protéger la vie découlant de l'article 2 de la Convention, à savoir la planification et la gestion des opérations de police, nous considérons qu'un manque d'organisation, imputable à l'État, peut être décelé. Dans l'arrêt *Halis Akın c. Turquie* (n° 30304, § 24, 13 janvier 2009), la Cour rappelle que, « [r]econnaissant l'importance de cette disposition dans une société démocratique, [elle] doit, pour se forger une opinion, examiner de façon extrêmement attentive les cas où l'on fait un usage délibéré de la force meurtrière, et prendre en considération non seulement les actes des agents de l'État ayant eu recours à la force mais également l'ensemble des circonstances de l'affaire, notamment la préparation et le contrôle des actes en question[488]. »

11. L'arrêt Mastromatteo c. Italie

Une question pratiquement identique avait été traitée quelques années plus tôt dans l'affaire *Mastromatteo c. Italie*[489]. Le protagoniste était le *giudice delle pene* italien, une sorte de « juge » de

[488] Arrêt cité *supra*, note 487, § 7 de l'opinion dissidente.
[489] *Mastromatteo c. Italie* [GC], requête n° 37703/97, 24 octobre 2002.

l'administration pénitentiaire. À l'occasion d'une sortie autorisée, la juge avait libéré plusieurs membres d'une même bande déjà condamnés et emprisonnés, ce qui était manifestement une négligence bureaucratique grave[490]. Une fois à l'extérieur de la prison, les complices avaient rapidement tenté de cambrioler une banque, tandis que le jeune Mastromatteo, innocemment assis dans sa voiture devant la banque, avait refusé de céder son véhicule aux voleurs qui tentaient de s'échapper. Un des voleurs lui avait tiré dessus à bout portant alors qu'il était assis dans la voiture. La question était de savoir si l'État italien devait être tenu responsable, en raison de la négligence évidente de l'un de ses fonctionnaires judiciaires. Tout comme dans l'arrêt *Giuliani*, la réponse a été négative, sur le fondement de la considération conservatrice et formaliste du lien de causalité.

Cela ne veut pas dire qu'en common law, le résultat aurait été inévitablement l'inverse. Pourtant, cette manière de considérer les choses illustre l'appréhension dissimulée sous le formalisme réticent, inconsciemment effrayé de répéter un raisonnement juridique autonome.

[490] En général, dans la plupart des systèmes juridiques continentaux, la « négligence grave » est requise pour que le juge soit responsable de ses erreurs. Au niveau national, dans l'affaire *Mastromateo*, cette question n'a jamais été soulevée.

T. *Ne bis in idem* (impossibilité de la double incrimination)

1. Introduction

La doctrine du *ne bis in idem* (en common law : impossibilité de la double incrimination) est le parallèle procédural de la concomitance des infractions du droit pénal matériel. Cette dernière doctrine traite du problème de logique formelle de deux ou plusieurs ensembles qui se chevauchent, comme on dit en mathématiques. Les ensembles qui se chevauchent sont ceux qui ont certains éléments en commun. Comme les définitions juridiques des crimes, par exemple, sont plus alambiquées que les définitions mathématiques ordinaires des ensembles, et puisqu'elles dépendent inexorablement des faits à subsumer à ces définitions, il est impossible de détecter ces chevauchements *in abstracto*, c'est-à-dire *de lege ferenda* ou *de lege lata*. Ils n'apparaissent que lorsque nous confrontons les définitions abstraites des crimes avec des schémas spécifiques qui seront subsumés à ces définitions.

2. Concours des infractions, idéal et réel

Lorsque cela se produit, deux situations différentes peuvent se présenter. On parle de concours idéal d'infractions quand un seul type de comportement ou de préjudice relève logiquement de deux ou plusieurs définitions différentes des infractions. On parle de concours réel d'infractions lorsque plusieurs types de comportement ou de préjudice violent une seule définition (*delictum continuum, delictum continuatum*) ou plusieurs définitions d'une infraction.

4. Il y a concours réel d'infractions lorsque l'accusé commet deux ou plusieurs infractions, soit en violant plusieurs fois le même fait incriminé, soit en violant, par des actes distincts, plusieurs faits incriminés. Il y a concours réel apparent lorsqu'une pluralité d'actes

> distincts mais étroitement liés répondent à l'ensemble des éléments constitutifs d'un fait incriminé donné, lors même qu'ils sont considérés comme une seule et même infraction quoique de caractère continu [*delictum continuum, delictum continuatum*]. Il y a concours idéal d'infractions lorsqu'un acte ou fait unique viole plusieurs faits incriminés. Il y a concours idéal apparent d'infractions lorsque le recours à des méthodes d'analyse plus poussées permet d'écarter la possibilité de concours d'infraction[491].

Le concours matériel d'infractions soulèvera, en général, la question de savoir s'il y a une situation imminente de *ne bis in idem* (double incrimination). Comme le système de common law ignore la doctrine du concours matériel, il aboutit souvent à des accusations et des condamnations cumulatives pour la même infraction, qui ne peuvent être prises en compte par la suite qu'à l'étape de la détermination de la peine. L'affaire DSK (Dominique Strauss-Kahn), dans laquelle l'accusé avait été accusé de viol ainsi que de privation illégale de liberté et d'agression sexuelle, en est un bon exemple, puisqu'il était clair que ces comportements sont dans le sens ci-dessus des ensembles qui se chevauchent. Le problème de la double incrimination ne se pose même pas dans cette situation parce que ces infractions concurrentes sont jointes dans le même procès. Ce n'est que si l'accusé est à nouveau jugé par la suite, par exemple pour privation illégale de liberté après sa condamnation ou son acquittement pour viol, qu'en tant que condamné, il pourra se défendre en faisant valoir la double incrimination. C'est probablement à cause de ces incohérences conceptuelles dans le système de common law que le cinquième amendement à la Constitution des États-Unis traite expressément du problème de la double incrimination[492].

---

[491] Opinion séparée et dissidente du juge Pavel Dolenc dans l'affaire *Le Procureur c. Laurent Semanza* ICTR-97-20-T, Tribunal pénal international pour le Rwanda, Chambre de première instance III, voir http://www.refworld.org/cases,ICTR,48abd51d0.html, 6/7/11.

[492] « *Nul ne sera tenu de répondre d'un crime capital ou infamant sans un acte de mise en accusation, spontané ou provoqué, d'un Grand Jury, sauf en cas de crimes commis pendant que l'accusé servait dans les forces terrestres ou navales, ou dans la milice en temps de guerre ou de danger public ; nul ne pourra pour le même délit être deux fois menacé dans sa vie ou dans son corps ; nul ne pourra, dans une affaire criminelle, être obligé de témoigner contre lui-même, ni être privé de sa vie, de sa liberté ou de ses biens sans procédure légale régulière ; nulle propriété privée*

3. L'impasse logique

Le principal problème du *ne bis in idem* est l'impasse logique à laquelle il mène. Cette impasse découle de la prémisse de base non divulguée, dont les avocats et les juges n'ont pas connaissance, concernant l'existence indépendante des « faits » en soi, suivie de deux qualifications juridiques dissemblables d'un seul fait prétendument criminel.

a) La dialectique des normes et des faits

Là encore, les « faits » semblent déterminer la « qualification juridique » de l'affaire et diverses « qualifications juridiques » prédéterminent également l'aperception sélective des « faits ». Le problème ne deviendra patent que dans les affaires *ne bis in idem.* Mais il est réellement présent de manière latente dans le tableau d'ensemble, c'est-à-dire dans l'ensemble de la relation générale entre les « faits » et le « droit ». Des auteurs de haut niveau comme Paul Ricœur, Glenwille Williams, Jerome Hall, etc., ont tenté de séduire cette belle dame sans merci, mais sans grand succès. Il n'est pas étonnant que la CrEDH ait également capitulé dans l'affaire *Zolotoukhine c. Russie*. Elle s'est terminée sur la même formule circulaire selon laquelle le même événement historique est le même événement historique.

En termes semi-juridiques – métaphysiques selon ses propres dires il y a quarante ans – la prémisse fausse sous-jacente a été déconstruite par Roberto M. Unger de la Harvard Law School, évoquant l'antinomie de la théorie et des faits.

En vertu de la première qualification juridique, le tribunal peut, à travers le prisme de celle-ci, considérer comme pertinente une combinaison spécifique de faits, alors qu'une poursuite ultérieure pour un même événement historique peut, à travers un prisme juridique différent, mettre en évidence un ensemble différent de faits comme déterminant le résultat et étant pertinent au départ[493]. L'exemple

---

ne pourra être réquisitionnée dans l'intérêt public sans une juste indemnité » (soulignement ajouté.)

[493] *Iura novit curia* : je dis le *« tribunal »* plutôt que le *« ministère public »* parce qu'il est clair que la qualification juridique ultime de l'affaire pénale dépend du tribunal. Ce n'est pas le cas en common law, où l'acte d'accusation (l'information)

typique est l'affaire *Maresti c. Croatie*, une affaire portée devant la CrEDH dans laquelle l'auteur avait été poursuivi pour la première fois devant un tribunal administratif local à Pazin, en Istrie (Croatie), pour un délit mineur, après quoi il avait été traduit devant un véritable tribunal pénal pour un préjudice corporel grave[494]. Dans un sens, l'affaire *Maresti* est l'inverse de l'affaire de l'ancien juge de la Cour suprême tchèque *Zdeněk Sovák*, dans la mesure où, dans l'affaire *Maresti*, la procédure relative aux délits mineurs a précédé la procédure pénale plus stricte.

4. Les faits

Mais revenons d'abord à la question philosophique fondamentale sous-jacente, qui est de savoir dans quelle mesure les faits en tant que tels – indépendamment de toute qualification juridique, etc. – existent d'abord. Il est évident que tout objet ou événement de la vie consistera en un million de facettes factuelles différentes, dont le cerveau aura la perception et l'aperception de certaines, mais en rejettera d'autres comme non pertinentes[495]. Par conséquent, lorsque nous parlons des « faits de l'affaire » *per se*, nous ne nous référons à aucun critère sélectionné concernant ce qui est pertinent et ce qui ne l'est pas. Mais c'est impossible ! Reprenons *Crime et châtiment* de Dostoïevski. L'histoire est-elle indépendante de toute qualification légale ou éthique ? L'histoire serait-elle différente dans une société où le meurtre en tant que qualification juridique – ici éthique – n'existerait pas ? L'intrigue du roman de Dostoïevski serait alors impossible parce qu'aucune valeur morale ne sous-tendrait l'histoire. Au-delà de notre

---

correspond à la qualification juridique du procureur. Cela fait partie intégrante de la philosophie de l'idéologie accusatoire – par opposition à l'idéologie encore majoritairement inquisitoriale – de la procédure pénale.

[494] *Maresti c. Croatie*, requête n° 55759/07, 25 juin 2009.

[495] Lorsqu'un enfant perçoit la « pièce d'or » dans le ciel nocturne (la Lune), il la voit comme une surface plane. Il s'agit, relativement parlant, d'une *perception*. Lorsqu'on explique à l'enfant que la Lune est une sorte de boule qui tourne autour de la Terre, il l'apercevra soudainement comme un corps sphérique. C'est une *aperception*. La distinction est kantienne et montre que le « fait » d'être sphérique n'existe pas avant : il ne fait surface qu'avec la nouvelle « qualification juridique ». Il s'agit de l'antinomie de la théorie et des faits : voir Unger, *op. cit.*, *infra*, note 556. Il s'ensuit logiquement que, selon Kant, la « réalité objective » (« les faits ») ne nous est pas directement accessible. Elle doit toujours être filtrée à travers un concept particulier, une théorie, etc., ayant un pouvoir explicatif : l'intuition sans concept est aveugle et le concept sans intuition est vide.

intérêt immédiat, la narration, où l'intrigue s'épaissit dans les moindres détails, est filtrée par le cerveau de Dostoïevski : sa perception très sélective de ce qui est intéressant et pertinent est ce qui donne tant de poids au roman. La même histoire, en ramenée à une qualification juridique, pourrait être moins intéressante : « En connaissance de cause (*dolus directus*), Raskolnikov, sans aucune justification, a commis le meurtre d'une usurière ». En fait, c'est l'absence même de justification (équilibre des maux) qui fait que l'intrigue éthique du roman se termine, étant donné la réputation du protagoniste, sur l'hypothèse de la schizophrénie de Raskolnikov (excuse).

a) Pirandello

La pièce de Luigi Pirandello, tirée d'une nouvelle et intitulée *À chacun sa vérité*, met aussi en avant et élucide la question de la « réalité », qui est essentiellement identique dans la plupart des affaires de double incrimination. La pièce était inspirée d'une affaire judiciaire réelle[496]. En d'autres termes, dans toute situation de la vie ordinaire, et cela s'applique *a fortiori* au droit, à la science, etc., la perception des faits est passée au crible à travers différents tamis cérébraux de ce qui est intéressant, pertinent, etc., par opposition à ce qui ne fait même pas l'objet d'une perception, pour ne pas dire d'une interprétation, c'est-à-dire d'une aperception dans une situation donnée. Il est donc impossible de supposer qu'il existe une « réalité objective » (les faits, l'événement, le comportement de leur auteur), qui existerait indépendamment de toute notion préconçue telle qu'appliquée par l'aperception humaine ou, plus étroitement, juridique.

---

[496] Luigi Pirandello (1867-1936), auteur italien prix Nobel de littérature en 1934. Le titre de la pièce est *Come tu mi vuoi – Dramma in tre atti*, 1930. *« È una commedia in tre atti, di cui s'ignora l'epoca della stesura, rappresentata la prima volta a Milano il 18 febbraio 1930. Ispirata a una celebre vicenda giudiziaria, quella del famoso caso Canella-Bruneri che ha tenuto gli animi sospesi sulla vera identità della persona alla quale i due nomi erano attribuiti da opposti schieramenti, senza una convincente soluzione, la commedia trasferisce la problematica sull'identità di un personaggio femminile contesa tra l'amante Cari Salter col quale vive a Berlino, e Bruno Pieri che ritrova in essa, Lucia, la sua moglie scomparsa »* (soulignement ajouté) : voir https://www.pirandelloweb.com/, consulté pour la dernière fois le 9 novembre 2017.

Le problème fondamental de la double incrimination est donc précisément l'hypothèse erronée et trompeuse que les « faits » de l'affaire (ou l'« événement ») existent en tant que tels et indépendamment de l'aperception sélective appliquée à l'événement par la personne qui perçoit l'événement : le policier, le procureur, l'avocat de la défense, le juge, etc.

Cependant, lorsque la qualification juridique est – dans le deuxième jugement du même événement – matériellement modifiée pour s'adapter à un contexte procédural différent, par exemple, le passage de la procédure pénale à la procédure disciplinaire, la question suivante se pose soudain : « Quel *est le même* événement historique ? »

Comme chez Pirandello, c'est précisément ici, parce qu'il ne reste rien du « même événement historique » sans un prisme juridique à travers lequel regarder, que l'arrêt *Zolotoukhine* n'a pas réussi, comme il l'aurait dû, à être de quelque conseil.

Répétons-le, les faits en tant que tels n'existent pas en soi, ils sont *toujours* à la fois perçus et aperçus (interprétés) par le percepteur. Pourtant, le percepteur ne perçoit pas (n'aperçoit pas) avec un esprit vide. C'est vrai de tout événement perçu par n'importe qui. C'est pourquoi Kant a affirmé que « la réalité objective » – quoi que cela signifie – n'est pas, pour le cerveau humain, directement accessible. Elle est toujours médiatisée.

5. La spécificité de l'événement historique

Lorsque les arrêts de la CrEDH se réfèrent donc, à tort, à l'« identité de l'événement historique », il est important de comprendre qu'il s'agit d'une erreur totale, qui consiste à partir d'une *tabula rasa* en guise de prémisse, selon laquelle l'événement historique en tant que tel – quel que soit le prisme juridique à travers lequel il est perçu – existe d'abord. Bref, je ne pense pas qu'une jurisprudence nationale puisse trouver une véritable orientation dans les affaires récemment publiées par la CrEDH.

6. La common law et la double incrimination

L'interprétation et la solution du problème en common law sont, à mon avis, plus sophistiquées. Elles sont réexposées de manière synthétique dans le *Model Penal Code* (MPC), publié le 24 mai 1962 par l'American Law Institute de Philadelphie (Pennsylvanie). Le MPC reprend ici la jurisprudence réelle de nombreuses juridictions des États américains et de la Fédération. Cela le rend persuasif sur le plan de la doctrine, mais surtout il repose sur des problèmes empiriques réels tels qu'ils apparaissent dans la pratique réelle des tribunaux. Malheureusement, le MPC n'est pas disponible sur Internet. C'est pourquoi les articles pertinents sont cités mot à mot pour l'utilisation comparative des autorités compétentes dans les juridictions nationales.

Les articles traitant de la double incrimination vont de l'article 107 à l'article 1.12 inclus, c'est-à-dire des pages 10 à 17 de l'édition de 1985 du MPC de l'American Law Institute. Le Commentaire en annexe est reproduit dans la note de fin de texte.

7. L'affaire *Zdeněk Sovák*

L'arrêt *Zdeněk Sovák* – Zdeněk Sovák étant juge à la Cour suprême de la République tchèque – est un jugement national erroné intéressant qui s'appuie sur l'affaire *Zolotoukhine c. Russie* dans le cadre d'une procédure disciplinaire[497]. C'est un excellent exemple de la manière dont l'absurdité de Strasbourg affecte les juridictions nationales.

Le résumé de l'affaire, tel qu'il est fourni, se réfère à l'affaire *Zolotoukhine*[498] portée devant la CrEDH parce que « la qualification juridique du fond de l'affaire n'est pas pertinente en ce qui concerne la question de l'acte identique ».

La Cour suprême tchèque considère que :

> Dans le cadre de l'article 4 du Protocole n° 7 à la Convention, la Cour s'est également référée aux arrêts *Zolotoukhine* de la CrEDH. Quant à la portée du principe *ne bis in idem*, la chambre [de la Cour suprême de la République tchèque] a jugé qu'aux fins de la

---

[497] Affaire n° 1 SKNO 10/2008, datant du 13/10/2008, devant la Cour suprême de la République tchèque.

[498] *Sergeï Zolotoukhine c. Russie* [GC], requête n° 14939/03, 10 février 2009.

procédure disciplinaire, il devait être appliqué de la même manière que dans la procédure pénale. En conséquence, l'application directe de l'article 4 du Protocole n° 7 à la Convention dépend de la question de savoir s'il y a eu ou non plusieurs arrêts rendus sur le même acte dans des procédures différentes. La chambre disciplinaire de la Cour suprême de la République tchèque a statué qu'il en était ainsi en l'espèce[499].

Le résumé en sept points de l'arrêt de la Cour suprême de la République tchèque dans l'affaire *Zdeněk Sovák* n'est pas très clair. En d'autres termes, notre position serait, mais il en va de même pour l'affaire *Zolotoukhine* de la CrEDH, que l'analyse n'est pas suffisamment nuancée, c'est-à-dire qu'elle n'est pas différenciée. En fait, c'est philosophiquement naïf.

8. Les affaires américaines pertinentes

L'affaire applicable dans la jurisprudence de common law dont il a été question précédemment pourrait être l'affaire *Albernaz v. the United States*, (1981)[500], fondée sur une autre affaire de la Cour suprême intitulée *Blockburger v. the United States*, 284 U.S. 299 (1932)[501], dans laquelle le critère applicable d'identité de l'événement est de savoir si chaque qualification juridique distincte, dans notre cas la qualification pénale et la qualification disciplinaire, exige une preuve que l'autre n'exige pas.

Dans ce contexte, il est clair que nous examinons deux ensembles conceptuels qui se chevauchent et dont le pénal possède des éléments déterminants du crime (*corpus delicti*) qui peuvent ou non être les mêmes que les éléments requis dans la procédure disciplinaire. Même dans le cas où les deux incriminations seraient complètement identiques, ce dont nous doutons totalement, l'interprétation téléologique donnerait lieu à des objectifs complètement différents des deux dispositions qui se chevauchent.

Le MPC, par exemple, à son article 1.07, interdira toute poursuite ultérieure pour le même événement à moins que la deuxième

[499] D'après la traduction anglaise par B.M.Z.
[500] *Albernaz v. the United States*, 450 U.S. 333, 101 S.Ct.1137, 67 L.Ed.2d 275 (1981).
[501] *Blockburger v. the United States*, 284 U.S. 299 (1932).

infraction, dans notre cas la procédure disciplinaire, c'est-à-dire la définition disciplinaire du problème, exige la preuve d'un fait non requis pour la première infraction (dans notre cas la procédure pénale). Cependant, dans ce contexte, il est beaucoup plus intéressant d'observer qu'une seule incrimination peut être destinée à prévenir un préjudice ou un mal différent.

Cela est clair au moment où le rejet de la procédure disciplinaire par la Cour suprême à l'encontre de l'un de ses propres membres soulève *prima facie* une suspicion de partialité en faveur de collègues. Nous avons ici la question de l'impartialité telle qu'elle a été traitée par la CrEDH, dans une situation factuelle partiellement analogue, par l'arrêt *Kyprianou c. Chypre*[502]. Comme dans l'affaire *Kyprianou*, la formule de Juvénal « *Quis custodiet ipsos custodes ?* » s'appliquerait[503].

Si l'on veut prévenir par des incriminations différentes un mal ou un préjudice complètement différent, la deuxième poursuite pour le même événement n'est pas interdite. Cependant, il est évident que le but de la pénalisation de la violation du droit d'auteur, selon Savigny, est de protéger à la fois la légitimité de ce qui est publié et les droits matériels et moraux des auteurs.

Étant donné que l'auteur du Code pénal tchèque a rendu cette infraction passible de poursuites pénales à l'initiative de la partie lésée, il faut supposer que l'intérêt privé de la partie lésée (les auteurs légitimes) manifesté dans l'initiative de poursuivre est une condition *sine qua non* de la poursuite publique de la violation du droit d'auteur.

---

[502] *Kyprianou c. Chypre* [GC], requête n° 73797/01, 15 décembre 2005.

[503] « *Quis custodiet ipsos custodes ?* » est une phrase traditionnellement attribuée au poète latin Juvénal, dans ses *Satires* (Satire VI, lignes 347-348), qui se traduit mot-à-mot par « *Qui gardera les gardes eux-mêmes ?* » Aussi parfois rendue par « *Qui surveille les gardiens ?* », la phrase a d'autres traductions idiomatiques et des adaptations telles que « *Qui gardera les gardes ?* » Dans l'usage moderne, elle est fréquemment associée à la philosophie politique de Platon et au problème de la corruption politique, mais la source originale n'a aucun lien connu avec Platon ou la théorie politique. Le contexte original traite plutôt du problème de la fidélité conjugale. On s'est également demandé si le texte de ce passage particulier faisait authentiquement partie des *Satires* de Juvénal ou s'il s'agissait d'un ajout ultérieur au manuscrit. Voir http://en.wikipedia.org/wiki/Quis_custodiet_ipsos_ipsos_custodes%3F.

Le préjudice ou le mal qui doit être évité ici se situe carrément dans le domaine privé aussi bien que public de la protection du droit d'auteur.

Cependant, cet objectif n'a rien à voir avec l'objectif de la procédure disciplinaire, en particulier contre un juge de la Cour suprême, qui est tenu à une norme éthique plus élevée. Le but de la procédure disciplinaire est de sanctionner et d'éliminer de la plus haute fonction judiciaire quiconque a fait preuve d'indignité morale. Au-delà de cela, les juges de la Cour suprême qui ont voté, s'ils l'ont fait, sur le fondement de la partialité en faveur de leur collègue ont eux-mêmes fait la preuve de leur indignité[504].

L'affaire pertinente dans la jurisprudence américaine à laquelle il est fait référence est l'affaire *Albernaz*, citée plus haut, dans laquelle les défendeurs ont participé à un seul complot visant à importer de la marihuana et à la distribuer ensuite sur le marché intérieur. Ils ont ensuite été reconnus coupables en vertu de deux dispositions législatives distinctes, le complot visant à importer de la marihuana, d'une part, et le complot visant à distribuer de la marihuana, d'autre part. Les accusés ont été condamnés à des peines consécutives pour chaque chef d'accusation. C'est dans l'arrêt *Albernaz* que la Cour suprême a renvoyé à l'affaire *Blockburger* (l'affaire de 1932) :

> La règle applicable est que lorsque le même acte ou la même transaction constitue une violation de deux dispositions législatives distinctes, le critère à appliquer pour déterminer s'il y a deux infractions ou une seule est de se demander si chaque disposition exige une preuve d'un fait que l'autre ne requiert pas[505].

Dans l'arrêt *Albernaz*, la Cour suprême des États-Unis a donc déterminé que les dispositions législatives respectaient clairement la règle *Blockburger* et a conclu que si l'on pouvait présumer quelque chose du silence du Congrès sur ce point, c'est que le Congrès était au

[504] Voir, par exemple, Robert Kegan, *The Evolving Self*, Harvard University Press, 1982, où il est expliqué que le stade post-conventionnel le plus bas du développement moral définit la différence entre ce qui est bien et ce qui est mal par référence à la matrice dite interpersonnelle. La théorie du développement moral remonte à Jean Piaget et a été reproduite par Lawrence Kohlberg. Le livre de Kegan est une très bonne reprise de la théorie de Piaget.
[505] *Albernaz v. United States*, 450 U.S. 333 (1981).

courant de la règle *Blockburger* et qu'il a légiféré en gardant cette règle à l'esprit.

Il existe une autre affaire américaine, dont je n'ai pas pu me souvenir et que je ne peux donc pas citer, dans laquelle l'ensemble de faits suivants, quelque peu similaires à l'affaire *Albernaz*, s'est produit. Le défendeur dans cette affaire était poursuivi pour avoir importé un certain médicament du Mexique aux États-Unis, puis avait été jugé et condamné pour violation simultanée du non-paiement des taxes à l'importation de ce même médicament, d'une part, ainsi que pour violation de la pharmacopée des États-Unis en référence aux dispositions pénales pharmacologiques pertinentes. Lorsque la Cour suprême, dans cette affaire, s'est demandé s'il était possible d'intenter des poursuites pour les trois aspects différents d'un même événement, elle a adopté une position claire selon laquelle cela est possible précisément pour les raisons que nous avons citées plus haut comme découlant de l'article 1.07 du MPC, qui font référence à l'intention du législateur (interprétation téléologique) et afin de sanctionner trois méfaits et maux différents[506]. Comme nous l'avons déjà souligné, les dispositions du MPC sont elles-mêmes fondées sur la jurisprudence empirique : elles découlent indirectement des problèmes et des solutions de ces problèmes tels que proposés par les tribunaux dans des affaires spécifiques.

Revenons donc à la question de l'identité ou de la distinction entre les différentes intentions des différentes incriminations juridiques.

9. Incriminations juridiques différentes

Il est clair qu'il n'est pas utile, comme cela pouvait l'être dans l'affaire *Zolotoukhine*, de se référer simplement à l'« événement historique identique » ou, comme le MPC l'appelle plus justement, à la même conduite ou au même événement. Les objectifs (téléologiques) différents des différentes dispositions incriminantes ont des effets dissuasifs différents pour différents aspects de ce qui pourrait autrement *sembler* être le même événement.

La référence dans le MPC au mal à sanctionner par l'incrimination en question (« pour prévenir un préjudice ou un mal différent ») est

---

[506] MPC, 1985, p. 12.

donc essentielle en termes pratiques, car il est manifestement dans l'intérêt du législateur et de la société dans son ensemble de punir les différentes violations commises par un seul événement. En d'autres termes, la contrebande de médicaments transportés du Mexique aux États-Unis a en fait violé trois intérêts législatifs et sociétaux protégés différents. Cela faisait qu'il était parfaitement raisonnable de les punir séparément et cumulativement. Lorsque ces trois aspects (pénal, fiscal et pharmacologique) sont punis dans le même tribunal à la même occasion, nous pourrions, dans notre tradition continentale, parler de concours idéal d'infractions, ce qui signifie que le cumul (plus clément) des peines sera appliqué par le tribunal pénal au procès principal. Toutefois, l'affaire fait référence à trois procédures différentes devant trois instances judiciaires différentes, le cumul des peines n'étant pas atténué par la doctrine du concours idéal d'infractions, qui, de toute façon, n'existe pas traditionnellement en common law.

Malgré cela, il est tout simplement logique de supposer que les intérêts déclarés par le législateur, c'est-à-dire en référence aux buts juridiques totalement différents derrière les différentes incriminations, méritent d'être justifiés cumulativement. Dans l'affaire *Sovák*, il s'agit d'une violation du droit d'auteur (plagiat), dont nous supposons qu'elle peut être poursuivie à l'initiative du tiers qui, dans l'affaire civile concernant le même événement, serait les plaignants.

En outre, le règlement de l'affaire dans la procédure pénale par le paiement par Sovák de 100 000 couronnes tchèques à la partie lésée implique qu'il n'y a pas eu d'acquittement matériel du défendeur sur la base d'une détermination réelle de sa culpabilité ou de son innocence. Dans la doctrine comme dans les affaires empiriques, l'acquittement pour des raisons qui ne constituent pas un véritable établissement de l'innocence du défendeur n'est pas considéré comme excluant le deuxième procès du « même fait », c'est-à-dire que le deuxième procès ne constitue pas une question relevant de la disposition de la double incrimination (*ne bis in idem*). Même si Sovák avait été acquitté par le tribunal pénal en raison de l'absence de preuves équivalant à quelque chose situé au-delà de tout doute raisonnable, ce qui est la charge de la preuve standard dans les affaires pénales, cela n'impliquerait pas son innocence, sauf en termes de droit pénal. Toutefois, un tel acquittement n'empêcherait manifestement pas les demandeurs dans une affaire civile, où la charge de la preuve est fondée sur la prépondérance de la preuve et non au-delà du doute raisonnable, de poursuivre le même défendeur en dommages-intérêts. L'empêchement de la double incrimination ne s'appliquerait évidemment pas. *A fortiori*, elle ne s'appliquerait pas dans la procédure disciplinaire. Il ne serait donc pas évident que le juge Sovák soit en fait « innocent » aux fins d'un procès civil pour le même événement. Comme je l'ai expliqué, c'est *a fortiori* vrai dans le cas où le procès pénal ne s'est pas terminé par un véritable acquittement sur la base de preuves insuffisantes aux fins de la preuve hors de tout doute raisonnable, mais sur un règlement (*compromissum*) entre le plaignant de droit privé et notre défendeur – puisqu'il s'est avéré que l'infraction poursuivie, la violation du droit d'auteur, ne peut être poursuivie ici qu'à l'initiative de la partie lésée dont le droit d'auteur aurait été violé.

Encore une fois, dans une telle situation, il est également patent que le but de la procédure disciplinaire contre un juge de la Cour suprême est complètement différent du but de la poursuite engagée en vertu d'un aspect de violation du droit d'auteur du droit pénal matériel. La logique du *delictum proprium* ne s'applique pas ici directement, mais il est évident que la norme éthique et morale suffisante pour la révocation d'un juge de la Cour suprême, même dans une procédure de violation du droit d'auteur, est beaucoup plus élevée que la norme valable pour une procédure pénale ordinaire.

10. La doctrine de Lon Fuller

Je pourrais ici me référer à la distinction indirectement pertinente entre la moralité du devoir (droit pénal), d'une part, et la moralité d'aspiration. Nous y reviendrons plus tard. La distinction a été élaborée par Lon L. Fuller, professeur réputé de philosophie du droit (aux États-Unis : *« jurisprudence »*) de Harvard.

La distinction de Fuller se réfère au plus petit dénominateur commun et à la norme la plus basse de ce qui est permis et de ce qui ne l'est pas dans la société. Le Code pénal est considéré à cet égard comme le code moral minimal valable dans toutes les couches de la société. La violation d'un droit d'auteur intégré au Code pénal est fort bien un acte criminel d'une part, mais elle interfère en réalité avec la moralité d'aspiration dans un aspect complètement différent de la situation. Il conviendrait d'approfondir, mais pour mon propos, il suffit de dire que la norme de conduite appliquée à tout juge, pour ne pas parler des juges de la Cour suprême, doit être beaucoup plus élevée que celle établie par le Code pénal en tant que code minimal pour la société. Il est donc tout à fait illogique de soutenir que la clôture d'une procédure pénale fondée sur un règlement entre les parties privées est une poursuite achevée dans le but de bloquer les poursuites dans le cadre d'une procédure disciplinaire. Cette dernière, aux fins de la CEDH et de ses protocoles, n'est même pas une véritable poursuite.

11. La charge de la preuve (*onus probandi*)

Je pourrais ajouter ici quelque chose concernant la question de la procédure, c'est-à-dire la différence dans les normes de preuve entre les procédures régulières, d'une part, et les procédures disciplinaires, d'autre part. L'objectif de la norme de preuve la plus élevée possible, hors de tout doute raisonnable, dans les procédures pénales est le reflet du fait que la liberté, la réputation, etc., du défendeur sont en jeu, alors que les procédures disciplinaires, qui peuvent, au pire, aboutir à la cessation d'emploi dans la fonction juridique la plus élevée de l'État, sont beaucoup plus douces. Cela devient intéressant si l'on suppose, comme je l'ai fait plus haut, que le défendeur a été acquitté en raison de l'insuffisance de preuves, qui aurait pu conduire au doute raisonnable. Si le défendeur a été acquitté pour une telle absence de preuves, serait-il logique, sans tenir compte du problème de la double incrimination, de poursuivre ce même défendeur dans le cadre d'une procédure disciplinaire ?

L'acquittement dans les procédures pénales en raison de la norme de preuve très élevée n'implique évidemment pas qu'il y aurait un acquittement similaire dans les procédures disciplinaires concernant le profil moral d'un juge de la Cour suprême. La norme de preuve dans les procédures disciplinaires est beaucoup moins élevée et il est clair qu'elle n'est pas comparable dans son objet ou dans son profil juridique à la procédure pénale. Cela tend à montrer, entre autres choses, que le but des procédures disciplinaires dans le contexte judiciaire est complètement différent de la raison d'être des procédures pénales.

12. Conclusion

Pour conclure, revenons à la thèse initiale par laquelle j'ai commencé cette analyse.

L'événement historique, les faits, le mal à prévenir, le préjudice à prévenir, etc., tous ces éléments n'existent pas *per se*, ils diffèrent selon la qualification juridique, c'est-à-dire le prisme à travers lequel les mêmes faits, événements, etc., sont perçus par le percepteur concerné.

Au risque de me répéter, rappelons encore une fois Thomas Hobbes qui, dans son *Léviathan*, dit que « là où il n'y a pas de loi civile, il n'y a pas d'infraction à la loi[507] ». Il a très bien compris, il y a quelques siècles, que les incriminations légales, dans notre cas pénales et disciplinaires, constituent les faits de l'affaire, puisque ces qualifications légales fournissent des prismes différents pour voir un événement dans la réalité objective. Si le pouvoir de l'État de Hobbes (le Léviathan) n'est pas derrière des incriminations particulières, comme l'inceste, le cannibalisme, etc., alors, simplement, de tels « événements » n'existent pas légalement.

D'un point de vue kantien, on pourrait soutenir, pour aller ici un peu plus loin, que la réalité en tant que telle n'existe pas, que la réalité objective ne nous est jamais directement accessible. Il est donc philosophiquement naïf, que ce soit pour la CrEDH ou pour la Cour suprême de la République tchèque, de supposer que les faits existent et peuvent être vus sans aucun prisme, comme s'ils étaient indépendants de la perception et de l'aperception de l'autorité en question.

[507] Hobbes, *Léviathan*, XXVII (151-152).

U. L'impartialité dans la procédure pénale

Livrons-nous à une digression épistémologique à l'occasion des affaires *Jalloh c. Allemagne* et *Gäfgen c. Allemagne*[508] devant la CrEDH.

1. Introduction

L'imposition de souffrances dans le but d'obtenir des aveux ou d'autres informations est traditionnellement considérée comme un problème en soi, un problème qui a sa propre nature et ses propres causes. Le cas échéant, les auteurs ont tendance à expliquer ses origines en termes de normes de preuve formelles, ce qui consiste à se demander combien de preuves, définies à l'avance, sont requises pour une condamnation[509]. Cependant, la source structurelle de la torture en tant qu'instrument procédural ne réside pas dans telle ou telle exigence de preuve partielle. Après tout, quelle est la cause des premières règles de preuve formelles en Europe continentale ? Pourquoi la torture ne s'est-elle jamais épanouie dans un système contradictoire ? Pourquoi la relier intuitivement au système inquisitorial ? Toutes ces questions sont laissées sans réponse ; au lieu d'en recevoir, l'étudiant est bombardé de légalismes non pertinents.

La torture est un sous-produit systémique de la procédure pénale, où le pouvoir de former et de vérifier des hypothèses est jumelé au pouvoir physique direct sur le défendeur.

---

[508] Voir *Jalloh c. Allemagne* [GC], requête n° 54810/00, 11 juillet 2006, et *Gäfgen c. Allemagne* [GC], requête n° 22978/05, 1er juin 2010.

[509] Voir J.H. Langbein, *Torture and the Law of Proof : Europe and England in the Ancien Regime*, 1977 ; M. Damaška, « The Death of Legal Torture », *Yale Law Journal*, vol. 87, n° 4, 1978, p. 860.

2. Formation de l'hypothèse (accusation)

Il est clair que la procédure pénale est un processus dans lequel une décision sur la culpabilité ou l'innocence est prise et des effets juridiques sont imposés. Pour qu'une décision soit prise, quelle que soit la rhétorique, les faits juridiques pertinents doivent être vérifiés et subsumés à la règle du droit pénal matériel. Ses *corpora delicti* (définitions des crimes), en combinaison avec les règles générales du droit pénal matériel, sont comme des moules dans lesquels entrent les modèles factuels typiques, et s'ils s'adaptent vraiment, alors une sorte de décision finale est prise. On pourrait dire que le droit pénal matériel fournit une série d'hypothèses par rapport auxquelles les schémas factuels présumés sont testés en vue d'une éventuelle incrimination. Malgré les arguments sophistiqués pour et contre le formalisme juridique, malgré la jurisprudence mécanique et la *Begriffsjurisprudenz*, c'est ce qui se passe dans la réalité.

Même si le principe de légalité joue en fait un rôle bivalent, puisqu'il décrète ce qui est criminel et, de ce fait même, ce qui ne l'est pas, il n'en demeure pas moins vrai qu'un code pénal bien organisé offre une gamme assez claire de syndromes factuels anticipés appelés « crimes ».

C'est en fonction de ces « crimes » qu'un avocat perçoit une situation de fait criminel suspectée. C'est selon les règles du droit pénal matériel qu'il distingue ce qui est essentiel de ce qui est inutile. Avant qu'il ne commence à voir, entendre, etc., des faits qui « ont un sens », il doit lui venir à l'esprit que la situation peut être un vol, une conspiration, un meurtre, etc. Une fois que cela se produit, les faits sont alors provisoirement séparés en ceux qui sont importants (juridiquement pertinents) et ceux qui ne le sont pas (juridiquement non pertinents). En d'autres termes, pour ce qui est de la qualification juridique de la situation, l'hypothèse change la perception de la situation factuelle. Comme l'a dit Paul Valéry, penser, c'est nier ce qui se trouve juste devant nous. En ce sens, la connaissance du droit influence la perception de la réalité. Il fait de la simple perception par les sens une aperception interprétative.

L'hypothèse juridique est ensuite vérifiée : l'avocat examine l'affaire et se demande si elle entrera dans le moule du *corpus delicti*.

Si ce *Denkeneksperiment* confirme l'hypothèse, l'avocat agit selon son rôle dans la procédure.

Il est essentiel pour notre discussion ici de dire que sans cette formation et cette vérification d'hypothèses, il ne peut y avoir d'activité juridique utile. Il n'y a pas de faits en soi : il y a des faits juridiquement pertinents et des faits juridiquement non pertinents. Cependant, leur pertinence ou non-pertinence dépend de l'hypothèse qui existe dans l'esprit de l'avocat. Sans cela, le fait de tuer n'est que cela, ce n'est pas un meurtre, ni un homicide.

D'autre part, une fois que l'hypothèse de la dénotation juridique d'une situation est pleinement formée dans l'esprit de l'avocat, le fait de voir, d'entendre, de toucher, etc., des faits n'est plus jamais le même. L'hypothèse transforme une perception et une observation plutôt ouvertes en une aperception moins ouverte, moins flexible, moins désintéressée. Certains canaux d'information sont coupés parce qu'ils ne sont pas pertinents, d'autres sont considérés comme moins importants et d'autres bénéficient de toute l'attention et de toute l'appréciation. C'est comme une peinture impressionniste : si on nous dit ce que le tableau représente, on commence à le voir.

Je pense qu'il ne fait aucun doute que cette formation et vérification d'hypothèse déforme la réalité dans une certaine mesure : elle met la réalité sur le lit de Procruste de l'hypothèse. L'ampleur de la distorsion dépend de l'intensité de l'engagement dans une hypothèse particulière ; néanmoins, un minimum d'engagement intellectuel est donné par la paternité même d'une hypothèse particulière.

Une réponse évidente à l'argument ci-dessus pourrait être qu'en fait, toute notre expérience de la réalité est aperceptive, que nous interprétons et déformons donc toujours ce que nous voyons, entendons, ressentons, etc. Poussé à l'extrême, un tel argument affirmerait que la réalité et les faits n'existent pas, qu'il y a simplement des projections anthropocentriques des buts. Nietzsche a défini la « vérité » comme un « mensonge qui soutient la vie », Schopenhauer a vu la réalité comme une « représentation » et Wittgenstein a abordé ce thème philosophique séculaire dans son livre

De la certitude. Même dans ce domaine philosophique, l'argument ne change pas vraiment : le but détermine l'interprétation.

Si le but détermine l'interprétation, cela signifie alors qu'un procureur verra l'affaire dans une perspective punitive, alors que l'inverse serait vrai pour l'avocat de la défense. Une procédure *contradictoire* est une bataille épistémologique de ces deux interprétations diamétralement opposées. Mais si un procès peut être contradictoire, parce qu'il existe déjà deux hypothèses antithétiques pleinement développées, une enquête ne peut pas être contradictoire.

3. Enquête

Une enquête est le processus par lequel on essaie de découvrir suffisamment de « faits » pour que l'on puisse *former* une hypothèse et *vérifier* cette hypothèse. L'enquête est nécessairement un processus unilatéral, ne serait-ce que pour la raison qu'avant qu'une hypothèse soit formée, elle ne peut être contredite dans une interaction contradictoire et bilatérale. Il peut, bien sûr, y avoir deux ou plusieurs enquêtes unilatérales. C'est plausible parce que, par exemple, dans la plupart des cas, la police enquête avec l'intention de prouver la culpabilité, alors que la défense – si elle le fait – enquête pour prouver l'innocence.

Si l'enquête est la formation d'une hypothèse, alors le jugement est son antithèse, car le jugement est une prise de décision impartiale et l'impartialité exige l'absence d'idée préconçue (hypothèse). Schématiquement, on pourrait dire que dans la phase d'investigation, deux hypothèses sont formées afin qu'elles puissent se neutraliser l'une l'autre dans la phase contradictoire / judiciaire du processus.

Une enquête n'est pas seulement partielle et partiale : son but est de créer une hypothèse plausible concernant les faits afin de persuader plus tard le juge. La balance de deux partialités dans l'arbitrage rend l'impartialité plus probable, mais cela signifie que ces deux partialités, ces deux hypothèses, ont dû être formées dans les enquêtes respectives au préalable.

L'enquête – en termes d'impartialité – est diamétralement opposée à l'arbitrage, mais un pôle exige l'autre, opposé : sans partialité, dans un cas extrême, dans l'enquête, il ne peut y avoir – dans l'autre cas extrême – absence de partialité dans l'arbitrage.

Un enquêteur n'est pas seulement tenu de découvrir ce qui s'est passé. Faire cela signifie faire plus que simplement enregistrer les faits, parce que tous les faits ne sont pas pertinents et que parmi ceux qui sont pertinents, certains sont moins pertinents que d'autres. Un détective qui se contenterait de photographier la scène du crime et d'enregistrer les récits des témoins (en supposant que les témoins eux-mêmes ne connaissent pas eux-mêmes ce qui est juridiquement pertinent) ne serait pas un enquêteur efficace. Même le cambriolage le plus simple exige que l'enquêteur décide que le fait d'entrer avec une intention criminelle est important, alors que la cravate rouge du coupable ne l'est pas. Mais pour ce faire, l'enquêteur doit considérer la situation comme un « cambriolage », et pas seulement comme un objet-événement à décrire. Et c'est déjà un préjugé à conserver. Un juge ne devrait jamais commencer par cette hypothèse. Le fait qu'il parte de l'hypothèse de l'absence de crime – la présomption d'innocence – est une tentative d'institutionnaliser une certaine forme de partialité bienveillante. Il s'agit d'une reconnaissance du fait qu'un état mental sans hypothèse est très difficile à maintenir longtemps. À cet égard, la présomption d'innocence est le choix du moindre mal.

4. Impartialité

Cela nous amène à la question de l'impartialité. Qu'est-ce que l'impartialité ? L'impartialité est l'ouverture à tout type d'information qui entre en ligne de compte ; il s'agit d'une suspension par l'arbitre de son jugement, non seulement sur l'affaire, mais aussi sur ce qui est essentiel et ce qui ne l'est pas, *le plus longtemps possible*. Il est clair qu'il doit exister des critères préconçus de ce qui est essentiel et ce qui ne l'est pas, mais il est important de savoir si ces critères sont opérationnels dans la tête du juge lui-même ou dans celle des parties[510].

Mais si le juge enquête lui-même sur l'affaire, il est forcé d'être actif dans sa recherche des faits juridiquement pertinents et, par conséquent, il doit avoir un critère lui disant ce qui est essentiel et ce

[510] Voir mon opinion séparée dans l'affaire *Kyprianou c. Chypre* [GC], requête n° 73797/01, 15 décembre 2005.

qui ne l'est pas. Cela nous amène à l'essence de notre argument : *le moment de la formation de l'hypothèse opérationnelle*.

L'enquêteur actif doit formuler son hypothèse dès le début de sa recherche des faits, sinon sa recherche ne peut être significative. Même la recherche scientifique ne peut être significative sans hypothèse : toute recherche scientifique est en fait une hypothèse, la formation d'hypothèse et la vérification de l'hypothèse. Ainsi l'étape cruciale, l'étape créative, est dans la formation de l'hypothèse. Un scientifique, par exemple, doit être suffisamment flexible pour formuler son hypothèse. Pour réussir, il doit être prêt à la changer tout au long du processus de sa recherche ; en d'autres termes, son engagement envers une réalité préconçue ne doit pas être trop précis.

Le problème, bien sûr, est de savoir si la recherche en direction d'une hypothèse préconçue ne sera pas trop limitée, trop prédéterminée pour permettre la formation d'une hypothèse alternative. Plus la recherche est longue dans une direction, plus l'engagement psychologique envers l'hypothèse sous-jacente est vraisemblablement grand, et plus le sentiment de frustration est profond s'il s'avère que l'hypothèse était inadéquate. Inversement, plus la recherche est brève, moins l'engagement est grand et moins la probabilité est forte que le scientifique aura tendance à mettre les faits sur le lit de Procruste de son hypothèse. Il est donc essentiel que l'hypothèse ne soit pas formée et exprimée trop tôt ; une fois formée, elle heurte l'ordre de l'essentialité, elle détermine les critères de perception sélective et de recherche sélective des faits. Dans la phase contradictoire de la procédure pénale, le fait que le juge tarde à former une hypothèse n'est pas seulement souhaitable, c'est aussi un gage d'impartialité.

Dans l'enquête, ce retard contrarie l'objectif de découvrir ce qui s'est passé et pourquoi. Le chercheur doit être *actif* et ne peut être exempt d'hypothèses. Comme l'enquêteur n'est jamais exempt d'hypothèses, il a une tendance (préjudiciable) toujours présente à chercher des faits qui appuient l'hypothèse (de la poursuite). Cela introduit une enquête sélective (et la seule possible) qui tend à mettre tous les faits sur le lit de Procruste de l'hypothèse de l'accusation. Nous appellerons cela une tendance procrustéenne.

Il est essentiel, dans notre argumentation, de comprendre qu'il est impossible d'être exempt d'hypothèses si l'on veut être un enquêteur actif. Ce qui est possible, cependant, c'est d'être plus ou moins flexible au changement d'hypothèses et d'explorer dans des directions différentes, c'est-à-dire d'avoir plus d'une hypothèse en même temps, d'avoir plusieurs directions de recherche. Mais il est impossible de ne pas avoir d'hypothèse si l'on veut être un enquêteur actif.

Cependant, si les deux possibilités ci-dessus d'avoir plus d'une hypothèse en cours, ou de passer d'une hypothèse à une autre avec souplesse, sont théoriquement possibles, le fait qu'elles soient probables ou non est un tout autre problème. La voie la plus facile, la ligne du moindre effort – qu'il est très humain de rechercher, en particulier dans l'administration de la justice pénale, où l'on ne peut s'attendre à un engagement intellectuel profond dans l'établissement des faits – est de s'en tenir à une hypothèse et de changer le moins possible l'orientation de la recherche des faits.

Si l'enquête et le jugement sont incompatibles, parce que l'enquête est formation d'une hypothèse tandis que le jugement consiste à éluder et retarder l'hypothèse, quelle est notre réaction à l'institution continentale du juge d'instruction ? Est-il impartial parce qu'il est avocat et qu'on l'appelle « juge », ou succombe-t-il à sa fonction d'enquêteur ?

Un juge d'instruction ne poursuit pas – ce serait une « justice de cadi ». Pour parler superficiellement, peu importe pour lui que l'accusé soit condamné ou acquitté : on attend simplement de lui qu'il découvre la vérité, qu'il forme et vérifie l'hypothèse pour que l'affaire soit prête pour le juge de première instance.

Mais même en dehors de toute cette discussion, l'enquête telle qu'elle est menée par l'enquêteur-juge ne peut jamais être une pure recherche de la vérité au sens où elle l'est, par exemple, dans le domaine scientifique. Il y a toujours un élément d'indignation, une relation spéciale entre l'enquêteur et le défendeur, et beaucoup d'autres facteurs qui obscurcissent la recherche de la vérité. L'attitude initiale de l'enquêteur est influencée par l'accusation portée par la poursuite : plus le crime est atroce, moins il y a de chances que l'attitude initiale de l'enquêteur soit impartiale. C'est ce qui explique la logique de la maxime *in atrocissimis leviores coniecturae sufficiunt et judici jura transgredi licet* : plus le crime est atroce, moins il faut de preuves pour condamner. Quant à la psychologie de l'enquête, l'indignation morale initiale soulevée par l'hypothèse de la poursuite stimule également l'empressement de l'enquêteur à trouver les faits à l'appui, en l'absence desquels il est prêt à se contenter de *leviores coniecturae* :

> Une fonction intellectuelle qui nous est inhérente exige de tous les matériaux qui se présentent à notre perception ou à notre pensée, unification, cohérence et intelligibilité ; si par suite de certaines circonstances cette fonction intellectuelle se trouve incapable de saisir des rapports corrects, elle ne craint pas d'établir des rapports nouveaux, inexacts[511].

Lorsque l'enquêteur tente de corroborer l'hypothèse qu'il a adoptée sur ce qui s'est passé, il est susceptible d'avoir des problèmes, même si l'hypothèse est correcte, parce qu'un événement passé ne peut être exploré qu'en termes de probabilités et que le défendeur n'est pas susceptible d'admettre son acte. Ce défendeur représente donc à la fois un défi et une frustration, un défi parce qu'une preuve objective peut être vérifiée malgré sa résistance personnelle, et une frustration, parce qu'il est peu probable qu'il cède. Cela tend à faire du défendeur le champ de bataille des contradictions de la preuve élaborée, même dans les meilleurs cas possibles. C'est lui « l'élément de preuve » le plus disponible et le plus manipulable. Lorsque la situation est moins claire, lorsqu'il y a des contradictions internes dans la preuve elle-même (à l'exception du témoignage du défendeur), il est d'autant plus un objet désiré d'exploration : plus l'enquête est longue, plus le dossier est épais, plus la frustration causée par le défendeur récalcitrant est grande. Si le crime est tel qu'il engendre l'indignation, il est encore plus susceptible de devenir le bouc émissaire de cette frustration et cela introduit une psychologie kafkaïenne perverse, un cercle vicieux dans lequel la suspicion produit des « preuves » et la « preuve » produit une indignation morale renforcée en quête d'un bouc émissaire, etc.

Nous ne devons pas oublier qu'une différence importante entre l'enquête scientifique impartiale et l'enquête dans une procédure

---

[511] S. Freud, *Totem et tabou* (1912), Paris, Payot, 1973, p. 111.

judiciaire consiste dans le pouvoir dont dispose l'enquêteur sur son « objet d'enquête ». Le scientifique ne peut pas forcer ses données à dire autre chose que ce qu'elles disent objectivement (il peut cependant les falsifier). L'enquêteur a le pouvoir de forcer le défendeur à parler, même pour mentir contre son propre intérêt. Il ne s'agit donc pas seulement de la tendance procrustéenne habituelle, c'est-à-dire de la tendance à « modifier » les données pour qu'elles correspondent à l'hypothèse : j'entends ici le fait que la tendance procrustéenne inhérente à toute vérification d'hypothèse est associée au pouvoir inhérent à l'enquêteur seulement, celui de forcer littéralement le défendeur à s'étendre sur le lit procrustéen pour qu'il fournisse des informations contre lui-même.

5. La tendance procrustéenne systémique

De toute évidence, cela tend à l'abus, à une certaine forme de torture. On peut dire qu'il y aura toujours une tendance à abuser du défendeur si l'enquêteur est investi d'un pouvoir sur lui, parce que par définition, il représente le défi majeur à la tendance procrustéenne impliquée dans chaque enquête. C'est vrai pour l'enquêteur dans le type idéal de processus inquisitorial, c'est vrai pour la police, parfois même pour un psychiatre ou un travailleur social. Chaque fois que nous avons l'alliance d'un pouvoir avec une enquête active concernant un être humain, il y aura une tendance à l'abus. La tendance est intégrée dans la structure de l'action et toutes les tentatives de procédure tampon, comme dans l'arrêt *Miranda* par exemple, seront contrecarrées par cette contradiction implicite[512].

Le processus contradictoire de la common law a intuitivement éludé le problème en maintenant le juge non impliqué aussi longtemps que possible. Le juge n'a pas besoin de formuler une hypothèse pour enquêter, car les parties personnifient et incarnent elles-mêmes les hypothèses respectives au sujet de l'événement passé. La passivité du juge lui permet, du moins en théorie, de rester impartial beaucoup plus longtemps, alors que le processus inquisitorial oblige littéralement l'enquêteur à être partial. Être libre de rester passif dans la recherche de la vérité préserve la possibilité d'alternance d'hypothèses parallèles pendant beaucoup plus longtemps. Mais le prix à payer dans ce

[512] *Miranda v. Arizona*, 384 U.S. 463 (1966).

système est la relativité de sa recherche de la vérité et la focalisation qui en résulte sur la résolution du conflit, ce qui rend possible des simplifications stratégiques telles que la négociation entre le procureur et l'avocat de la défense pour revoir à la baisse les chefs d'inculpation.

6. Présomption d'innocence contre présomption de culpabilité

En ce qui concerne la présomption d'innocence, par contre, on peut dire que le fait que les parties s'opposent dans le type idéal de processus contradictoire présuppose qu'elle existe. Si le problème juridique doit être traité en termes de conflit simulé entre les deux parties opposées, cela présuppose qu'elles ont des pouvoirs procéduraux égaux. Si les parties doivent être égales, cela élimine automatiquement la possibilité que le procureur ait un pouvoir spécial sur l'accusé. Cela élimine ainsi la possibilité de la tentation procrustéenne. En outre, c'est le ministère public qui est à l'origine du conflit et il a donc l'obligation de prouver son bien-fondé : *ei incubit probatio qui dicit, non qui negat*. L'accusation doit présenter ses arguments, et si elle ne dispose pas d'éléments de preuve suffisants pour les faire valoir, pourquoi a-t-elle engagé la procédure ? Ainsi, si l'accusation doit prouver ses arguments (et elle le fait parce qu'elle est la partie qui a avancé l'hypothèse incriminante), alors la présomption d'innocence est simplement l'autre face de la médaille… En d'autres termes, le fait que le juge n'ait pas lui-même d'hypothèse entraîne l'exigence que le ministère public, quant à lui, présente suffisamment de preuves pour appuyer ses allégations, son hypothèse sur l'acte et sur la participation du défendeur à celui-ci. Cela signifie, théoriquement, et parfois même dans la pratique, que le défendeur n'a rien à faire pour s'opposer à l'hypothèse du ministère public, parce qu'il y a une distance suffisante entre l'hypothèse de ce dernier et le juge qui n'a pas d'hypothèse. Il s'agit là d'une présomption d'innocence par excellence, au sens premier du terme.

Dans le système inquisitorial pur, le juge coopère en fait avec l'accusation : il enquête sur son hypothèse, il la vérifie. Cela implique que le défendeur doit essayer de convaincre le juge que l'hypothèse opérationnelle (formellement, celle du ministère public, mais en fait adoptée par le juge) est incorrecte. Ainsi la défense ne se dresse-t-elle pas contre l'accusation, mais contre le juge (justice de cadi). Alors que l'hypothèse de la culpabilité du défendeur n'est, dans la procédure contradictoire, qu'une « allégation », parce qu'elle est avancée par l'une des deux parties au conflit et non par le juge inactif, dans le système inquisitorial, cette même allégation devient une hypothèse adoptée par le juge lui-même et mérite donc l'appellation de « présomption de culpabilité ».

En d'autres termes, même s'il y a toujours dans toute procédure pénale une hypothèse incriminante – parce que c'est là l'essence même de la procédure – il importe de savoir dans les mains de qui elle devient opérationnelle. Le système inquisitorial la met entre les mains du juge lui-même, et donc l'accusé est dans une position où il se défend non pas contre l'accusation, mais contre le juge : très certainement contre le juge d'instruction et souvent contre le juge de première instance. Ce dernier est, *mutatis mutandis*, sujet à une erreur épistémologique similaire.

Dans le système contradictoire pur, le sous-produit naturel du système est la présomption d'innocence. Dans le système inquisitorial pur, la présomption de culpabilité est à la base de la procédure et une conséquence naturelle de la division du travail dans celle-ci ; la présomption d'innocence sera illogique et idéaliste, un postulat jamais réalisable, un corps toujours étranger dans la procédure.

La torture, comme nous l'avons vu, est dans une large mesure un élément naturel concomitant de la présomption de culpabilité. La tendance à mettre les faits sur le lit procrustéen de l'hypothèse de l'enquêteur fait que c'est le défendeur qui se retrouve sur le vrai lit procrustéen :

> Les lois te tourmentent parce que tu es coupable, parce que tu peux être coupable, parce que je veux que tu sois coupable[513].

La présomption de culpabilité est une conséquence directe de la demande d'enquêteur actif, parce qu'il en résulte l'association fatale du pouvoir sur le défendeur avec la tendance procrustéenne. La question de la torture devient alors une question de degré, car au moment où l'accusé fait l'objet d'une enquête, il est déjà sous l'épée de Damoclès des abus potentiels, parce que pour l'enquêteur, il

[513] Cesare Beccaria, *Des Délits et des peines*, orig. publié en 1764, chap. XVI, trad. Ph. Audegean, ENS Éditions, 2009, p. 199.

représente aussi une frustration et la tentation de lui arracher des aveux.

Cela peut être prouvé par l'observation de la police en common law, système où la recherche des faits et le pouvoir sur le défendeur sont associés. La règle générale selon laquelle les preuves recueillies par la police, où cette tendance est encore plus réelle, sont privées de pertinence juridique est présente dans toutes les procédures pénales continentales, mais la différence entre ce que fait la police et le rôle du juge d'instruction n'est qu'une question de degré. Le juge d'instruction peut être plus conscient du fait qu'après tout, il agit en tant que juge et non en tant qu'agent de la poursuite, et cette prise de conscience atténue le problème. De plus, le fait que le véritable jugement, dans la phase du procès de la procédure pénale européenne, est séparé de la période d'enquête est destiné à produire les mêmes résultats bénéfiques que la division du travail entre la police et le jugement proprement dit dans le système de common law. En fait, la procédure pénale continentale pourrait être encore plus contradictoire que la procédure de common law si le dossier était transmis à l'accusation et non au juge du procès, qui est, de plus, habilité à conduire le procès d'une manière non contradictoire. Mais cela me conduirait à une comparaison détaillée des deux procédures, alors que mon intention ici n'était que de montrer le caractère structurel naturel de l'utilisation de la torture dans le système inquisitorial.

7. La poursuite de la « vérité »

La question sous-jacente est d'avoir pourquoi, dans le type idéal de système inquisitorial, la recherche de la vérité passe pour si essentielle qu'elle a pris plus d'importance que la résolution du conflit[514]. En d'autres termes, pourquoi, sur le continent, le caractère relatif de la recherche de la vérité au moyen de la résolution du conflit n'a-t-il pas été jugé suffisant, alors que dans le système de common law, la

[514] Encore une fois, cela ne veut pas dire que le système inquisitorial ait une meilleure chance de découvrir la vérité. Dans ces conditions, il serait probablement difficile de découvrir quel type de corrélation existe entre les verdicts dans le système inquisitorial et ceux du système contradictoire, parce que l'événement que les procédures sont destinées à dévoiler est un événement passé et, par conséquent, impossible à établir autrement qu'en termes de probabilité. Par conséquent, il est impossible de dire lequel des deux systèmes a une meilleure chance de découvrir la vérité.

recherche de la vérité n'a jamais été considérée comme un postulat absolu au point que le juge la poursuive lui-même ? Est-ce dû à la persécution des hérétiques par l'Inquisition à partir de 1252, après que le pape Innocent eut ordonné l'usage obligatoire de la torture ? Est-ce dû au fait que l'Église, dans cette persécution, a pensé que la conviction était trop importante pour laisser l'autorité de juger entre les mains de quelqu'un d'autre et se borner ainsi au rôle inférieur d'une simple partie au conflit ? Est-il possible que l'importance transcendante de la question de l'hérésie ait été considérée comme trop essentielle pour être réduite à la simple résolution d'un conflit entre l'Église accusatrice et l'accusé ? Ces questions reflètent cette distinction entre la recherche relative et la recherche absolue de la vérité en la matière, mais il appartient aux historiens d'y répondre. Je peux néanmoins ajouter ici qu'avant 1252, l'Église catholique était officiellement opposée à la torture : dans les *Pseudo-Isidoriana*, incorporés plus tard au *Decretum Magistri Gratiani* (vers 1140), c.1, C.15, qu.6, la maxime était : *« omnis enim confessio, quae fit ex necessitate, fides non est »* ; en outre, le pape Nicolas Ier dans une lettre au chef bulgare, déplore le fait que les autorités bulgares torturent les voleurs. Mais lorsque l'hérésie s'est répandue comme un fléau dans toute l'Europe, l'Église, dont le pouvoir séculier dérivait de son monopole sur la sphère spirituelle, s'est sentie menacée et a décrété l'usage obligatoire de la torture contre les hérétiques en 1252. Le recours à la torture a ensuite persisté, ainsi que la nature purement inquisitoire de la procédure, de sorte que le retour à une procédure contradictoire a semblé irrationnel en termes d'efficacité.

Le système inquisitorial, par opposition au système accusatoire, se caractérise par l'accent mis sur l'investigation. Mais toute procédure pénale moderne doit comporter à la fois l'enquête et le jugement, sa phase inquisitoire et sa phase accusatoire. *L'impartialité dans cette dernière est possible précisément parce qu'elle est absente dans la première.* Les différences sont donc une question de degré et sont peut-être dues à l'attitude de chacun à l'égard de la « vérité ».

Dans le type idéal de processus contradictoire, la recherche de la vérité est *relative ;* dans le type idéal de processus inquisitorial, la poursuite de la vérité est *absolue*. Bien sûr, il existe un *continuum* de procédures réelles entre ces deux extrêmes, entre ces deux types idéaux, mais pour les besoins de la présente analyse, j'utiliserai cette séparation schématique afin de démontrer l'existence de tendances dynamiques à la présomption d'innocence ou de culpabilité, et par conséquent de tendances à une probabilité plus ou moins grande du recours à la torture.

La structure du type idéal de procédure contradictoire repose sur le fait que deux parties opposées défendent l'affaire – de leur propre initiative. L'arbitre (le juge ou le jury) n'a connaissance de l'information constituant l'affaire juridique que dans la mesure où les parties sont disposées à la produire ou en mesure de le faire. Par conséquent, l'arbitre rendra sa décision sur ce qui lui est présenté par les parties. En d'autres termes, il n'essaie pas de son propre chef de découvrir les faits. En réalité, il ne se prononce pas sur la vérité de l'affaire. Il se limite plutôt à la preuve présentée par les parties : l'accent n'est pas tant sur la vérité que sur la résolution du conflit.

L'accent est mis ici sur l'attitude subjective à l'égard de la vérifiabilité d'un événement passé[515]. Cette attitude peut être plus ou moins ambitieuse. Elle peut se rendre compte dans une plus ou moins large mesure des limites de la vérifiabilité reflétées dans la procédure pénale. En d'autres termes, elle peut être plus pratique et définir la recherche de la « vérité » en termes de but de la procédure pénale (punition), ou elle peut être plus ambitieuse, transcendante et dogmatique, moins consciente des limites pratiques, moins contrainte par le but de la procédure pénale, et donc plus encline à croire qu'il y a une « vérité » finale, ultime, discernable et vérifiable dans chaque matière.

8. Le type idéal de procédure contradictoire

Dans le type idéal de procédure contradictoire, le juge se limite à la preuve présentée par les parties. Il ne découvre pas, en d'autres termes, s'il y a eu meurtre : il décide seulement si la preuve qu'il y a eu meurtre l'a convaincu. Dans le type idéal de procédure contradictoire, le juge n'a aucun intérêt direct à découvrir ce qui s'est

[515] En ce qui concerne le caractère vérifiable d'un événement *futur*, voir mes opinions séparées dans *Scozzari et Giunta c. Italie* [GC], requêtes n°s 39221/98 et 41963/98, 13 juillet 2000, et en particulier dans *Maumousseau et Washington c. France*, requête n° 39388/05, 6 décembre 2007, et *Neulinger et Shuruk c. Suisse* [GC], requête n° 41615/07, 6 juillet 2010.

passé, il n'enquête pas sur l'événement. Au lieu de cela, il s'offre aux deux reflets probants opposés de l'événement. Notons que je ne parle pas de la question distincte et différente de savoir s'il découvre en fait ce qui s'est passé et si ce système contradictoire produit en fait de meilleures chances de découvrir ce qui s'est passé, précisément parce qu'il limite la recherche de la vérité à ce qui est pratique.

Si le juge n'a pas les moyens d'enquêter lui-même sur l'affaire, il doit se satisfaire uniquement de la preuve présentée par les parties – *da mihi factum, dabo tibi jus* – et il s'ensuit qu'en fin de compte, il devra décider de l'affaire d'une manière ou d'une autre en fonction des informations que les parties sont prêtes et aptes à divulguer. Et puisqu'il n'a pas l'alternative du *non liquet, absolutio ab instantia*, ou, en écossais, du *not proven*, il doit décider. À cet égard, il est aidé par des présomptions, comme la présomption d'innocence. En même temps, les présomptions permettent au juge de résoudre le conflit même si on ne lui présente pas suffisamment d'informations et de stimuler la charge de la preuve parce que les parties savent à l'avance dans quelle direction la décision sera prise si elles ne présentent pas suffisamment d'informations. Le juge n'enquête pas sur les faits et son rôle passif fait partie de la structure même de la procédure contradictoire. Inversement, la procédure n'est contradictoire que dans la mesure où le juge demeure passif.

Il y a deux possibilités extrêmes de comparer le type idéal de procédure contradictoire avec le type idéal de procédure inquisitoriale : ou bien le juge est entièrement passif et par conséquent entièrement limité à l'information produite par les parties, ou bien il prend sur lui de mener l'enquête. Dans la procédure contradictoire, le juge ne doit pas se lancer dans sa propre recherche des faits ; il est donc nécessairement et inévitablement limité à la résolution du conflit dans une situation d'apport limité d'information factuelle.

Si le juge décide néanmoins de découvrir lui-même ce qui s'est passé, s'il refuse d'être simplement soumis à l'information filtrée produite par les parties, alors l'apport informatif des parties est nécessairement dégradé, parce qu'il est tout naturel que l'arbitre fasse davantage confiance à ses propres yeux qu'à l'apport d'informations biaisé des parties. Même si sa propre recherche de faits n'est peut-être pas la seule source d'information, elle sera certainement – à son avis –

la source la plus digne de confiance. (Mais bien sûr, il n'y a aucune raison de croire qu'en réalité, sa propre contribution à l'information sera meilleure, plus étendue et plus rigoureuse que celle des parties qui se sont regroupées et ont un intérêt certain à ce que le juge décide dans un sens ou dans un autre).

9. Le modèle inquisitorial

Poussée à l'extrême, cette situation réduit les parties à un rôle mineur dans la procédure, limite l'importance du conflit lui-même et de sa résolution, diminue les motivations des parties à s'engager dans leur propre recherche de preuves et, dans ce sens également, rend la procédure moins contradictoire.

Il y a une distinction importante entre le juge qui perçoit la vérité à travers les parties et celui qui s'engage dans sa propre recherche des faits. Naturellement, tous deux « essaient de découvrir ce qui s'est passé », tous deux sont tenus de « chercher la vérité », tous deux ont l'impression qu'ils ont affaire à la vie réelle, pas seulement à la preuve ; mais la procédure contradictoire cantonne en fait le juge aux informations qui sont filtrées à l'avance et, en fait, il décide avant tout de la simple résolution du conflit.

Tout cela est bien illustré par la méthode de la négociation qui a lieu entre le procureur et l'avocat de la défense pour revoir à la baisse les chefs d'inculpation dans le cadre de la procédure pénale de common law. Une telle négociation peut déboucher sur un mensonge, lorsque le défendeur admet autre chose que ce qu'il a effectivement perpétré. L'entente est conclue sur la base extrinsèque de la mise en balance des atouts en matière de preuve, alors que le juge accepte l'entente et impose la peine. Il est clair que le principe de recherche de la vérité a été violé. Cette violation n'est possible que parce que la procédure de common law met principalement l'accent sur la résolution des conflits[516]. La procédure continentale, par comparaison,

---

[516] Voir L. Fuller, « The Adversary System », *Talks on American Law*, 1971. Fuller a déjà publié ce même texte dans « Report on the Joint Conference of Professional Responsibility », *American Bar Journal*, vol. 44, décembre 1958. Je suis reconnaissant au regretté professeur Berman de m'avoir fait remarquer que l'argument de Fuller fait valoir la même thèse que moi-même ici, à savoir que la tendance procrustéenne (Fuller la qualifie de *« tendance humaine naturelle à juger*

ne peut tout simplement pas tolérer ce genre de négociation, parce qu'elle est contraire à la psychologie de l'enquête dans son ensemble et au « principe de vérité matérielle ».

Dans le type idéal de procédure inquisitoire, la recherche de la vérité est plus absolue, c'est une valeur placée au-dessus de la résolution du conflit. La procédure et l'enquête sont lancées par l'accusation, mais ensuite, l'enquêteur est guidé par ce qu'on appelle l'*Instruktionsmaxime*, c'est-à-dire qu'il est censé chercher la vérité de sa propre initiative, il n'est pas limité par l'initiative des parties.

10. Conclusion

Cette recherche de la vérité absolue – assez illusoire en fait, mais puissante en tant qu'ambition – implique activement le juge dans le processus de recherche de la vérité et lui donne un intérêt à découvrir ce qui s'est passé.

La « fonction intellectuelle » de Freud est en fait une obsession visant à une sorte de sécurité intellectuelle où les paramètres de l'existence sont stables et définis – même au sujet de la réalité. Je crois que les différences culturelles dans l'intensité de cette « obsession intellectuelle » expliquent les différences dans l'importance accordée à l'enquête *ou* au jugement impartial. Dans la pratique, les deux systèmes sont très similaires – après tout, ils ont la même fonction – mais il est important de réaliser qu'ils se sont développés à partir de deux points de départ diamétralement opposés. Le point de common law est peut-être incarné dans la règle d'exclusion de la preuve obtenue illégalement, la règle continentale dans la torture. En fin de compte, il s'agit de l'individu, mais surtout de l'attitude culturelle intégrée vis-à-vis de l'autorité. Le système continental est plus autoritaire, c'est-à-dire moins démocratique.

---

trop rapidement en fonction de ce qui est familier ce qui n'est pas encore connu ») est le produit de la participation active directe du juge à la recherche de la preuve dans l'affaire dont il est saisi. Cependant, l'argument de Fuller s'arrête là. Il ne voit pas que le système contradictoire en paie le prix en mettant l'accent sur la résolution des conflits, ce qui mène à des raccourcis comme la négociation entre le procureur et l'avocat de la défense. En outre, Fuller ne va pas jusqu'à examiner la question au-delà de la stratégie procédurale générale pour assurer l'impartialité.

V. L'effondrement de l'intégration normative

1. Qu'est-ce que l'intégration normative ?

En sociologie, la notion d'« intégration normative » désigne le processus, social mais aussi subjectif/individuel, dans lequel les normes morales doivent être assimilées, statistiquement (sociologiquement) et individuellement (psychologiquement)[517].

La question a été posée d'un point de vue public : dans quelle mesure, par exemple, l'application des normes du droit pénal favorise l'intégration des coutumes morales dans la psyché individuelle, ainsi que, statistiquement, dans les interactions sociales courantes.

La désignation « intégration normative » a été utilisée principalement dans ce contexte.

2. Normes assimilées et fonctionnement sociétal

Très peu de gens comprennent que la division du travail dans la société ne dépend pas des intimidations directes découlant des sanctions pénales. En criminologie, on parle de « prévention générale », en supposant souvent que c'est la peur de la mise en œuvre des sanctions qui fait que les gens s'abstiennent de commettre des actes criminels.

Cependant, dans la grande majorité des affaires, cela n'est que partiellement vrai. La question est plutôt de savoir dans quel sens indirect l'application des sanctions pénales catalyse le respect du code

---

[517] Voir B.M. Zupančič, *Criminal Law and its Influence on Normative Integration*, Harvard Law School LL.M. Thesis, 1973, publiée dans *Acta Criminologica*, vol. 7, n° 1, p. 53-105. Voir *supra*, note 398.

moral minimal de la société. Contrairement à la moralité d'aspiration de Lon L. Fuller, nous parlons de la moralité minimale du devoir[518].

Le fonctionnement de la société dépend entièrement de l'adaptation de l'individu aux normes morales – sans référence à la loi, qui est en quelque sorte la châtiment en dernier ressort. Si l'on excepte les sociopathes, les psychopathes, les narcissiques pathologiques, etc., et que l'on considère les individus normaux, les normes précédemment assimilées (intégrées) empêchent les comportements indésirables (moralité du devoir) et rendent possible la division sociale du travail et des performances humaines exceptionnelles (moralité d'aspiration).

Le comportement qui respecte la loi ne dépend donc pas de la rétribution et de la « prévention générale ».

La preuve ? Même si l'application de la loi était soudainement supprimée, comme pendant la guerre, dans l'anarchie, etc., les attitudes respectueuses de la loi persisteraient dans la majorité de la population, et ce pour longtemps encore.

3. Sociologiquement

Le processus d'intégration normative comporte deux aspects fondamentaux. D'une part, nous avons les processus sociétaux, qui peuvent être mesurés statistiquement selon la loi des grands nombres d'Adolphe Quételet. Ces processus collectifs vivent leur propre vie et sont à la fois perceptibles et statistiquement mesurables.

Ces données sont une réalité statistique invariable (par exemple, le nombre d'infractions pour 100 000 habitants). Elles prouvent qu'il existe une réalité sociale distincte, qui vit indépendamment des particularités de crimes particuliers ; dans le contexte des grands nombres de Quételet, les idiosyncrasies se compensent les unes les autres. Par exemple, le taux d'assassinats pour 100 000 habitants de New York est relativement stable, quels que soient les motifs individuels, les modes opératoires, etc. Cela tend à prouver qu'il existe une réalité sociale distincte détectable.

---

518 Voir B.M. Zupančič, « Of Rights and of Privileges », *Boston University International Law Journal*, vol. 34, numéro 2, 2016, p. 211-232.

4. Individuellement

D'autre part, nous avons le développement moral subjectif de l'individu. Il lui permet d'adopter un discernement éthique pour distinguer le bien du mal.

a) Œdipianisation

Freud a été le premier à décrire le phénomène de l'œdipianisation. Au début, le garçon et la fille sont naturellement dans une fusion globale avec leur mère, c'est-à-dire qu'ils s'identifient totalement avec elle. À un moment donné, cependant, les garçons doivent, par peur de leur père, abandonner le désir d'épouser leur mère.

(1) Les garçons

C'est leur expérience traumatisante ; c'est ce qu'on appelle « l'Œdipe classique ». Le garçon est obligé d'abandonner sa fusion avec la mère. Ce n'est qu'une fois séparé, c'est-à-dire à la sortie de la fusion avec sa mère, que le garçon est prêt à s'identifier à son père. Dans ce processus, le garçon finira par assimiler les normes morales strictes, si elles existent, de son père[519].

Comme nous le verrons, la séparation du garçon par rapport à sa mère, ainsi que l'identification avec son père, dépendent de certains déterminants biologiques (endocriniens). Si le garçon n'est pas entièrement un garçon sur le plan biologique et mental, le traumatisme crucial de la séparation ne peut pas se résoudre de lui-même. Entre autres choses, il peut continuer à être le « fils à sa maman », comme le montre le film *Mamma Roma* de Pasolini[520].

---

[519] Une excellente présentation d'une œdipianisation réussie est à voir dans la fascinante vidéo dans laquelle un homme noir accompli, aux États-Unis, le Dr Rick Rigsby, explique comment l'abandon de son père en troisième année a été un modèle d'identification et l'origine de son succès, voir https://www.youtube.com/watch?v=UGyKmiySTv8, consulté pour la dernière fois le 5 décembre 2017.

[520] *Mamma Roma*, un film dramatique italien de 1962, écrit et réalisé par Pier Paolo Pasolini et mettant en vedette Anna Magnani et Ettore Garofolo. Voir http://www.imdb.com/title/tt0056215/, consulté pour la dernière fois le 25 décembre 2017.

(2) Les filles

Les filles passent par un processus différent appelé « complexe d'Électre », ce qui explique leur attitude différente vis-à-vis de l'éthique et de la moralité [521]. Les filles ne subissent pas le traumatisme de la dé-identification forcée avec leur mère ; elles peuvent continuer, tout au long de leur vie, à « rester proches » de leur mère. Par conséquent, comme Carol Gilligan l'a fait remarquer – bien que l'authenticité de ses recherches ait été mise en doute – en réponse au jugement de Lawrence Kohlberg selon lequel le développement moral des femmes est inférieur à celui des hommes, le discernement moral des femmes n'est pas fondé sur des principes objectifs (non flexibles). Il est plutôt fondé sur l'empathie. Lacan a suggéré que les femmes n'ont pas de « position d'exception », c'est-à-dire qu'elles ne souscrivent pas à un respect *a priori* de l'autorité[522].

b) Carole Pateman

Voici comment la féministe Carole Pateman résume le complexe d'Œdipe.

> Les petits garçons ont un passage dramatique à travers le complexe d'Œdipe. La menace de castration, dont la force est confirmée lorsque le garçon voit les organes génitaux féminins « castrés », l'incite à s'identifier à son père, de sorte que le complexe d'Œdipe est « littéralement réduit en pièces ». Le Surmoi, « héritier » du complexe d'Œdipe, commence alors son développement. Le petit garçon « assimile » l'Ego de son père au sien et intériorise ainsi toutes les contraintes incarnées par le père. Ainsi, l'enfant mâle devient un individu moral, en temps voulu un « homme », puisque la création du Surmoi l'initie à « tous les processus destinés à faire trouver à l'individu une place dans la communauté culturelle ».
>
> Pour les femmes, en revanche, le processus est très différent. Les femmes sont déjà « castrées » et lorsqu'elles font cette terrible découverte en se comparant aux petits garçons, leur complexe d'Œdipe est créé, et non détruit. C'est un long et difficile voyage à travers lequel la petite fille vient prendre son père comme objet – en

---

[521] Voir, en général, à l'adresse https://www.verywell.com/what-is-the-electra-complex-2795170.

[522] Patrick de Neuter, « Le père, le psychanalyste, le chef et l'exception », *Le Bulletin Freudien*, n° 52, août 2008, p. 37-56.

fait, elle ne surmontera peut-être jamais le complexe d'Œdipe. Le résultat est qu'elles n'ont pas de surmoi ou, au mieux, ont un surmoi beaucoup plus faible que les hommes. Freud écrit que «le niveau de ce qui est moralement normal chez la femme est autre . Son surmoi ne sera jamais si inexorable, si impersonnel, si indépendant de ses origines affectives que ce que nous exigeons de l'homme. (...) Elle fait preuve d'un moindre sens de la justice que l'homme, d'un penchant moindre à se soumettre aux grandes nécessités de l'existence, (....) elle se laisse plus souvent que lui guider dans ses décisions par ses sentiments de tendresse et d'hostilité ».

Freud soutient que la création et la dissolution du complexe d'Œdipe sont une caractéristique universelle de l'existence humaine. La différence de capacité morale entre les sexes doit donc être acceptée. Pour Rousseau, c'est un reflet social de l'ordre de la nature. Freud met l'accent sur les coûts de la création de la civilisation, mais il n'a aucune suggestion pour contenir le désordre des femmes.

Rousseau conclut toutefois que la seule façon de protéger l'État de l'impact des femmes est la ségrégation stricte. [...]. Leur désordre les conduit toujours à éloigner les hommes des vertus civiques et à se moquer de la justice. Mais la ségrégation n'est qu'une mesure préventive ; elle ne fait rien pour guérir le désordre des femmes[523].

5. L'universalité du triangle œdipien

Le triangle œdipien père-mère-fils est, comme l'ont confirmé Claude Lévi-Strauss [524] et d'autres anthropologues de renom (à l'exception de Malinowski), universel[525]. Dans toute société, donc, les fils qui quittent le traumatisme œdipien doivent atteindre, vers l'âge de quatre ou cinq ans, le stade où ils deviennent capables de

[523] Carole Pateman (féministe et théoricienne politique. Elle est connue comme critique de la démocratie libérale et est membre de l'Académie britannique depuis 2007), *The Disorder of Women*, Stanford University Press, Stanford, Californie, 1989, p. 23-24.

[524] Claude Lévi-Strauss, dans son ouvrage sur *Les Structures élémentaires de la parenté*, 1949, soutient que la prohibition de l'inceste est au fondement de toutes les cultures humaines. Pour l'approche psychanalytique, l'existence d'un tel tabou cadre parfaitement avec l'Œdipe. Voir à http://e.20-bal.com/biolog/3065/index.html?page=2, consulté pour la dernière fois le 25 février 2018.

[525] *Universalité d'Œdipe*, Prof. Gérard Pommier, Cours principal 2008/2009, Université de Strasbourg, Faculté de psychologie.

transcender leur lien libidinal avec leur mère et commencent à s'identifier (sans fusion) avec leur père.

C'est à ce stade où s'établit un « lien » avec leur père que les garçons atteignent l'aptitude au discernement moral. Le perspicace test anglais M'Naghten pour établir la folie légale était exact : nous parlons de la capacité fondamentale à distinguer le bien du mal.

En d'autres termes, comme le diraient les lacaniens, c'est le rôle du père d'introduire « la Loi » dans la famille. Si ce n'est pas le cas, le fils (et dans une moindre mesure la fille) n'aura pas de caractère moral. Or, ne pas avoir de caractère moral revient souvent à être un sociopathe ou même un psychopathe[526].

6. Aspect endocrinien

Je n'ai pas l'intention de m'attarder davantage sur cette idée bien établie. L'origine critique de la question n'est pas psychanalytique. Malheureusement, elle est endocrinienne.

Pendant des milliers d'années et dans le monde entier, l'universalité du triangle d'Œdipe a été plus ou moins suffisante pour maintenir un niveau d'intégration normative plus ou moins élevé[527]. En d'autres termes, sans l'identification réussie avec le père, la société n'a ni la moralité du devoir ni la moralité d'aspiration. Une telle condition est appelée anomie, c'est-à-dire un état d'absence de normes sociétales.

---

[526] Voir Marie-France Hirigoyen, *Stalking the Soul*, Helen Marx Books, 2000 ; Martha Stout, *The Sociopath Next-Door*, disponible *in toto* sur https://archive.org/details/TheSociopathNextDoor, consulté le 24 février 2018.

[527] Voir *supra*, note 525. J'ai enseigné en Papouasie-Nouvelle-Guinée, en Chine, en Islande, au Canada, aux États-Unis, en France, en Allemagne, en Angleterre, dans les anciennes Républiques yougoslaves, en Turquie, en République tchèque, en Russie, en Ukraine, etc. Je n'ai pas de prétentions anthropologiques, mais bien sûr, comme déjà démontré plus haut (voir *supra*, note 250), la perception de faits nus devient l'aperception des implications, observables dans ce cas, de la théorie ci-dessus sur l'intégration normative. Lorsque j'enseignais en Islande, j'ai tenté de présenter la théorie aux étudiants en droit de l'université de Reykjavik. Il m'a fallu trois jours pour la développer. À la fin, l'un des étudiants s'est exclamé : *« Selon vous, nous sommes donc des personnalités pré-œdipiennes ? »* Lorsque j'ai haussé les épaules en essayant d'esquiver la question, il a ajouté : *« Et alors ? »*

Mais aujourd'hui, on parle de l'universalité des perturbateurs endocriniens (transgenres, hormonaux). En effet, les aspects sociologiques et psychologiques ne peuvent pas être, comme nous le découvrons maintenant, séparés des aspects biologiques, biochimiques et endocriniens de l'identification nécessaire du garçon avec son père.

a) Perturbateurs hormonaux

La question remonte à la Seconde Guerre mondiale. Pendant la guerre, et surtout après la guerre, le DDT (dichlorodiphényl-trichloroéthane) a été utilisé comme insecticide[528]. Il a été distribué très largement, pratiquement partout, car on croyait naïvement que les moustiques transmettant le paludisme, par exemple, pouvaient ainsi être exterminés.

Plus tard au cours du siècle, d'autres insecticides et pesticides ont été utilisés sans tenir compte de l'impact chimique, endocrinien et combiné (« cocktail ») sur la reproduction humaine. Le problème avait été soulevé dans les milieux médicaux, mais jusqu'à présent la recherche se limitait surtout à la chute du nombre de spermatozoïdes et à d'autres aspects négatifs de la reproduction humaine. L'une des rares exceptions précoces est l'article superbe et bien connu paru en 1996 dans *The New Yorker*[529]. En France, c'est l'endocrinologue Claude Aron[530], professeur à Strasbourg, qui s'est penché sur le problème ; plus connu est le professeur Niels E. Skakkebæk[531], le chercheur danois qui, en 1992, a établi pour la première fois la chute

---

[528] Voir http://www.panna.org/resources/ddt-story, consulté pour la dernière fois le 25 décembre 2017.

[529] Lawrence Wright, « The Silent Sperm », *The New Yorker*, 15 janvier 1996, disponible *in toto* à l'adresse http://archives.newyorker.com/?i=1996-01-15#folio=CV1.

[530] Voir *La Bisexualité et l'ordre de la nature*, Odile Jacob, Paris, 1996. « *Ses recherches ont également porté sur le déterminisme du fonctionnement des glandes génitales, sur les facteurs de la formation du corps jaune, sur les facteurs neuro-humoraux de l'activité ovarienne et sur le mode d'action des œstrogènes sur le tractus génital* » : voir http://www.lactu.unistra.fr/fileadmin/upload/L_Actu/L_Actu_N__13/Personnels/ARON_Claude_deces.PdF, consulté pour la dernière fois le 24 février 2018.

[531] Voir http://sprh.dk/Portals/0/cv/niels.erik.skakkebaek.PdF, consulté pour la dernière fois le 25 décembre 2017.

libre du nombre de spermatozoïdes[532]. L'article de 1996 ci-dessus, publié dans *The New Yorker*, était une excellente introduction profane au problème[533].

En principe, le DDT, d'autres pesticides et insecticides agissent comme œstrogènes (xénoestrogènes)[534]. Ils influencent le fœtus *in utero* parce que le placenta est incapable de les reconnaître comme œstrogènes, en raison de leur nature chimique. Inversement, les œstrogènes naturels, par exemple dans le lait de vache, sont facilement reconnaissables par le placenta et n'atteignent pas le fœtus.

Ces œstrogènes artificiels pénètrent ainsi dans le placenta ; ils atteignent à la fois l'embryon et plus tard le fœtus.

b) La démasculinisation du cerveau

Si le fœtus mâle est dans sa 5e à 20e semaine de gestation et de masculinisation, quand les gonades (les testicules) commencent à produire de la testostérone et d'autres hormones mâles, l'interférence des xénoestrogènes, les perturbateurs hormonaux, inhibe le processus de différenciation sexuelle (pour différencier le mâle de la femelle). Nous savons qu'il existe en embryologie un stade spécial de développement où la masculinisation commence, la conséquence étant que le cerveau du fœtus mâle sera devenu le cerveau du mâle, plutôt que de la femelle.

Évidemment, la démasculinisation n'affecte pas seulement le cerveau.

Elle touche également d'autres caractéristiques sexuelles primaires et secondaires, telles que la répartition de la graisse sur le corps, la croissance des poils du visage, la présence de la pomme d'Adam, la longueur de certains doigts (le quotient de l'index), etc.[535].

---

[532] Voir http://www.embo.org/news/press-releases/2014/endocrine-disruptors-impair-human-sperm-function.

[533] Voir *supra*, note 530, p. 42.

[534] Voir http://www.zeroxeno.com/xenoestrogens-101.

[535] « *La croissance des poils du corps, y compris sous les aisselles, les poils abdominaux, les poils de la poitrine et les poils pubiens ; la perte de cheveux du cuir chevelu due à l'alopécie androgénique peut également se produire : masse plus*

Caractéristiquement, le test du sexe du cerveau a même été populairement disponible sur la BBC[536].

Si ces caractéristiques sexuelles secondaires masculines sont aujourd'hui dégradées de manière observable et massive (statistiquement), il est logique de supposer que le cerveau, lui aussi, n'a pas été épargné. Tout comme les pesticides eux-mêmes, il s'agit d'un phénomène mondial. Les cerveaux du fœtus mâle ne sont pas correctement masculinisés, ils sont féminisés, en raison de la prolifération mondiale inéluctable du cocktail de xénoestrogènes. De plus, la démasculinisation est, selon des découvertes scientifiques récentes de l'épigénétique, héritée. Les effets dégénératifs s'accumulent d'une génération à l'autre.

En termes anthropologiques, le phénomène est interculturel. Beaucoup d'anthropologues culturels préfèrent l'expliquer en termes psychanalytiques, mais si la question était locale, elle ne serait pas apparue simultanément dans pratiquement toutes les cultures, du Japon aux États-Unis, en Europe, en Afrique, etc. Fait significatif, cependant, le problème est beaucoup moins prononcé chez les mâles provenant de régions telles que les déserts nord-africains, où il n'y a pas d'utilisation agricole de pesticides et d'insecticides. Si, d'autre

importante des muscles de la cuisse devant le fémur, plutôt que derrière, comme c'est typique chez les femmes matures ; croissance des poils du visage ; élargissement du larynx (pomme d'Adam) et approfondissement de la voix ; augmentation de la stature ; les hommes adultes sont plus grands que les femmes adultes, en moyenne ; crâne et structure osseuse plus lourds : augmentation de la masse musculaire et de la force musculaire ; mains, pieds et nez plus grands que les femmes, les garçons prépubères et les filles. Corps plus grands ; visage carré ; petite taille, mais plus large que les femmes ; élargissement des épaules et de la poitrine ; épaules plus larges que les hanches ; sécrétions accrues d'huile et de glandes sudoripares, souvent à l'origine d'acné et d'odeurs corporelles ; grossièreté ou rigidité de la texture de la peau en raison d'une diminution de la graisse sous-cutanée. Rapport taille/hanches supérieur à celui des femmes prépubères ou adultes ou des hommes prépubères, en moyenne ; pourcentage de graisse corporelle inférieur à celui des femmes prépubères ou adultes ou des hommes prépubères, en moyenne ; agrandissement du pénis. » Voir http://medical-dictionary.thefreedictionary.com/secondary+sex+characteristic, consulté pour la dernière fois le 24 février 2018.

536 Voir http://www.bbc.co.uk/science/humanbody/mind/interactives/personality/brain_sex/brainquiz.shtml.

part, nous observons la même incidence dégénérative sur des îles comme l'Islande et Malte, cela peut s'expliquer par leurs fruits et légumes importés, par exemple de Californie...

7. Comment la démasculinisation affecte-t-elle l'intégration normative ?

C'est mon hypothèse de base. Il appartient aux sciences empiriques de confirmer ce que j'ai expliqué plus haut. Cependant, au fil du temps, de plus en plus d'études corroborent l'occurrence épidémique de la féminisation des hommes. Cela a été prouvé. Dernièrement, même le coût ultime de l'apparition massive de xénoestrogènes assimilés par l'homme dans les pays de l'Union européenne a été méticuleusement estimé[537].

a) Féminisation observable des hommes

Ma position est que l'absence de masculinisation adéquate du cerveau, *in utero*, fait que le nouveau-né n'est pas complètement masculinisé. Puisque les embryons, garçons ou filles chromosomiques, sont d'abord des femelles, et que les xénoestrogènes agissent comme des messagers hormonaux féminins, la conséquence finale est la féminisation du mâle.

En raison de l'absence de caractéristiques sexuelles secondaires, cela ne deviendra pleinement apparent qu'après la puberté. À la télévision, on peut observer de nombreux politiciens qui ne portent pas de barbe, qui sont des bébés, qui ont une distribution féminine de

[537] Rijk, Dursen et van den Berg, « Health cost that may be associated with Endocrine Disrupting Chemicals, An inventory, evaluation and way forward to assess the potential socio-economic impact of EDC-associated health effects in the EU », à l'adresse https://www.google.si/search?q=rijk_et_et_al_2016_-_report_iras_iras_-_health_cost_associated_with_edcs_3.PdF&oq=rijk_et_al_2016_-_report_iras_iras_-_health_cost_associated_with_edcs_edcs_3.PdF&aqs=chrome..69i57.1257j0j0j7&sourceid=chrome&ie=UTF-8, consulté pour la dernière fois le 25 décembre 2017.

graisse, des hanches larges, un *ratio* féminin entre l'index et l'annulaire : ratio digital (2D:4D), etc.[538].

Bien sûr, une fois qu'on a pris conscience de ces apparences dégénératives, on peut les observer dans la vie de tous les jours. L'intuition sans le concept peut être aveugle, mais une fois que la théorie est posée, il faut du temps – c'est ce que j'observe ici – pour que les faits « nouveaux » pénètrent dans l'aperception.

C'est, en fait, mon but ici.

b) Effet fatal sur l'identification avec le père

L'effet sociétal de cette féminisation massive du « mâle » se situe, à mon avis, dans le domaine de l'intégration normative.

Comme nous l'avons souligné, le traumatisme œdipien oblige le garçon de 4 à 5 ans à abandonner l'attachement à sa mère. Si tout va bien, il commencera à s'identifier à son père. Répétons que le triangle œdipien était universel et qu'il a fonctionné jusqu'à présent partout et tout au long de l'histoire de l'humanité. Sur ce point, il y a beaucoup de littérature, surtout en français. De même, l'existence même de la civilisation, la division du travail dans la société, etc., dépendent du respect des normes morales minimales. Sans l'Œdipe classique, en d'autres termes, il n'y a ni civilisation ni son maintien.

Cependant, le processus dépend de certaines caractéristiques minimales masculines du cerveau, ce qui permet au garçon de commencer une distinction proprioceptive de lui-même en tant qu'homme et, par conséquent, son identification avec son père.

Cela lui permettra de voir la différence entre lui-même et sa mère : le garçon masculin reconnaîtra la ressemblance avec son père. Le modèle de son identification ne sera plus sa mère. Il percevra la figure masculine du père et adoptera les normes de son père soulignées par Carole Pateman, comme modèle pour ses affinités présentes et futures (liens affectifs) et son identification. (Parce qu'elle n'est pas

[538] Voir https://www.sciencedirect.com/topics/neuroscience/digit-ratio, consulté le 24 février 2018.

pertinente dans mon argumentation, j'omets ici la rivalité œdipienne subséquente avec le père.)

c) Adoption de la distinction rudimentaire entre le bien et le mal

Ce faisant, le garçon percevra et adoptera plus ou moins inconsciemment le comportement moral et éthique inflexible de son père (s'il existe), sa distinction de principe entre le bien et le mal.

Au départ, la distinction entre le bien et le mal aura été rudimentaire. Au fur et à mesure que sa vie avance, le garçon, et plus tard l'homme qu'il sera devenu, différenciera ses positions sur des questions morales ou éthiques particulières. Entre parenthèses, l'autorité du père, à son tour, dépend dans une large mesure du soutien psychologique de la mère, c'est-à-dire de la figure paternelle qu'elle a elle-même.

Avec le temps, le garçon évoluera peut-être vers des étapes supérieures de l'autonomie morale de Piaget/Kohlberg[539]. Quoi qu'en ait Carol Gilligan, cependant, les filles ne passent pas par des étapes traumatisantes similaires parce que le traumatisme de la séparation initiale n'est tout simplement pas là[540].

C'est la différence essentielle « politiquement incorrecte » entre la perception masculine de ce qui est juste, éthique et moral, et le discernement relativisé féminin, comme mentionné plus haut, fondé dans une plus grande mesure sur l'empathie, et pas sur la logique de principe. On pourrait dire que les hommes sont dotés de convictions, les femmes d'opinions. Selon Lacan, le coté féminin se caractérise par le relativisme des questions éthiques, morales, etc.[541].

---

[539] J.S. Fleming, « Piaget, Kohlberg, Gilligan et autres sur le développement moral », à l'adresse https://www2.warwick.ac.uk/fac/cross_fac/iatl/activités/modules/ugmodules/ethicalbeings/theoretical_approach_intro_intro_reading.PdF.

[540] Voir Pateman, *op. cit.*, *supra*, note 524.

[541] Voir, par exemple, Litza Guttieres-Green, « Le Masculin et le Féminin chez Freud, Winnicott et les autres, Cycle de Conférences d'introduction à la psychanalyse de l'adulte », 2003, http://www.spp.asso.fr/wp/?p=5895.

d) Quel genre de moralité le garçon adoptera-t-il ?

S'il n'y a pas eu d'identification sérieuse avec le père, le garçon aura adopté (mais seulement en abrégé), le cas échéant, les normes morales relativisantes et empathiques personnalisées de Carol Gilligan[542].

La psychanalyse moderne n'a pas encore abordé cette féminisation de la moralité chez les « hommes », sauf pour mettre l'accent sur les aberrations pathologiques (Otto Kernberg, Roland Gory, Martha Stout, Marie-France Hirigoyen, etc.) du narcissisme pathologique, des conditions limites, des troubles sociopathes, de la psychopathie, etc. Cela a été dépeint dans les deux thrillers de Haneke, *Funny Games* et *Benny's Video*[543].

Cette non-différenciation du genre est en fait simplement due à l'absence d'Œdipe classique, terreau fertile pour les sociopathes, les psychopathes, etc.

En termes taoïstes, le principe masculin (Yang) et le principe féminin (Yin) ne sont plus équilibrés.

Puisque l'Œdipe classique est d'une importance critique pour le développement moral individuel de tout être masculin, l'effondrement subjectif de l'identification post-œdipienne avec le père, causé biochimiquement et globalement, a aussi inexorablement entraîné dans son sillage l'effondrement social de l'intégration normative.

---

[542] C'est une observation intuitive, mais il est facile d'observer que les réactions sociales aux différents problèmes en Europe aujourd'hui sont de plus en plus tendues, souvent parce qu'elles sont fondées – comme c'est le cas avec l'afflux d'immigrants – principalement sur l'empathie politique sans tenir compte de la réalité. Sur les campus américains, le phénomène du *« Social Justice Warrior »* (SJW) repose sur une empathie de plus en plus hypersensible, à l'exclusion de tout le reste. L'ancien équilibre entre principes et empathie (Yang et Yin, en termes taoïstes) n'existe plus. Le contrecoup et le chaos qui s'ensuit en sont les conséquences observables.

[543] Voir « *Funny Games* », http://www.imdb.com/title/tt0808279/, et « *Benny's Video* », http://www.imdb.com/title/tt0103793/. Le meilleur portrait du pouvoir manipulateur sociopathe d'un narcissique pathologique est probablement le film de Pasolini, *Théorème*, sur http://www.imdb.com/title/tt0063678/.

8. L'épidémie de la non-différenciation sexuelle

Il faut maintenant suggérer, et pas seulement aux cliniciens, que nous vivons à une époque où il y a de plus en plus d'individus « mâles » non différenciés sexuellement.

Le plus souvent, le phénomène est observable même par le profane, mais souvent aussi, il n'est pas vraiment apparent pour l'œil non formé. Cependant, la prolifération explosive de graves questions transgenres, la nécessité d'accommoder les identités intermédiaires non masculines, etc., sont une confirmation évidente, pour ceux qui sont prêts à le voir, que quelque chose dans le domaine de l'identité des genres est sérieusement en désordre.

Nous en sommes arrivés à un point tel qu'il existe aujourd'hui des affaires juridiques graves concernant les identités transgenres panachées des requérants devant la CrEDH[544]. Par exemple, les grandes universités américaines, elles aussi, permettent depuis peu aux étudiants de se déclarer ni homme ni femme, mais quelque chose « entre les deux ».

Pourquoi cela ne fait-il pas lever les sourcils ? Il y a vingt ans, cela aurait été inimaginable.

Que se passe-t-il ?

Certes, la bisexualité[545] et d'autres genres intermédiaires existaient auparavant, mais pas en nombre statistiquement (et politiquement) pertinent. Il serait absurde de ne pas tenir compte du processus de dégénérescence massive, exacerbé et cumulatif épigénétiquement à chaque génération suivante, et de l'expliquer en disant que nous venons simplement d'arriver à un stade où cette non-différenciation sexuelle peut être diffusée publiquement. Le problème est beaucoup trop généralisé, interculturel et perceptible pour être déclassé en une rationalisation politiquement correcte.

Par exemple, la fréquence toujours plus élevée des hypospadias, où le pénis est insuffisamment développé, est une indication quasi-

[544] Voir, par exemple, *Hämälainen c. Finlande* [GC], requête n° 37359/09, 16 juillet 2014.
[545] Claude Aron, *Bisexualité et l'ordre de la nature*, Odile Jacob, Paris, 1996.

hermaphrodite que les xénoestrogènes ont déjà eu sur la race humaine leur impact génétique massif. Il est vraiment étrange de voir que les sciences, et surtout la médecine, ne réagissent pas sérieusement à cet effondrement galopant.

a) Accumulation générationnelle des dégénérescences

Biologiquement, il a été prouvé que l'héritage épigénétique transgénérationnel s'accumule dans ces caractéristiques dégénératives[546]. Chaque génération suivante est donc sujette à de nouvelles exacerbations de ce processus de féminisation des hommes.

Ce qui n'était pas encore évident aux yeux des profanes en 1968, lorsque la première génération d'individus pré-œdipiens est arrivée sur la scène publique et politique, est aujourd'hui patent d'une manière inquiétante.

Cependant, en raison de la conversion générationnelle, nous avons un nouveau type d'« effet Heisenberg » socio-psychologique. Ceux qui observent ne sont plus différents, contrairement à ce qui se passait auparavant, du problème qu'ils doivent observer. La fusion de l'observateur et de l'observé empêche également la reconnaissance sociétale du problème. Cela mène à un déni massif.

9. Déni collectif et rectitude politique

Cela peut évidemment s'expliquer par le fait que la plupart des scientifiques sont déjà, eux aussi, affectés par le phénomène « transgenre » qui prévaut à l'échelle mondiale. Logiquement donc, ils sont dans le déni existentiel. Il est devenu politiquement incorrect de mentionner, et encore plus de décrire, le problème.

C'est le nouveau « normal » : les personnes touchées par la féminisation sont maintenant statistiquement prédominantes dans toutes les générations de moins de soixante ans ; elles se déplacent partout et

[546] Voir Heard et Martienssen, « Transgenerational Epigenetic Inheritance : myths and mechanisms », *HHS Public Access*, à l'adresse http://www.ncbi.nlm.nih.gov/pmc/articles/PMC4020004/.
Voir aussi https://en.wikipedia.org/wiki/Transgenerational_epigenetic_inheritance, consulté pour la dernière fois le 25 décembre 2017.

elles occupent des postes de pouvoir et d'influence. Cependant, rien qu'à observer l'absence stupéfiante des caractéristiques sexuelles secondaires, la féminisation évidente, etc., on peut se demander quelles sont les implications morales de cette transformation générationnelle.

a) Père et fils

Le film russe d'Andrey Zvyagintsev intitulé *Le Retour* (2003)[547] nous offre une splendide représentation, sans référence à ladite dégénérescence, des difficultés concernant l'absence de liens appropriés entre les fils et leur père. Le film est un archétype du problème auquel la race humaine est aujourd'hui confrontée.

Comme ce processus d'identification avec le père n'a plus cours, la conséquence collatérale est, comme nous le verrons, l'effondrement de l'intégration normative.

Il est très déconcertant de constater que culturellement et transgénérationnellement, il n'est plus possible de faire la différence entre la poule et l'œuf. Depuis 1968, les générations successives se sont efforcées de créer leur nouvelle contre-culture pré-œdipienne, « post-moderne » (et maintenant « post-vérité »). La civilisation est actuellement comme la grenouille de la fable, assise dans de l'eau toujours plus chaude et ne se rendant pas compte de l'augmentation graduelle de la température. La « culture » de la subversion et de l'irresponsabilité se rapproche insidieusement de nous. Et nous considérons cela comme allant de soi.

Nous ne pouvons plus comparer notre société à ce qu'elle était il y a soixante ans, alors qu'elle était encore génétiquement naturelle. Les anomalies endocriniennes sont devenues la nouvelle normalité statistique.

Plusieurs générations se sont écoulées et nous ne nous souvenons plus de ce que c'était d'avoir de « vrais hommes » comme membres éminents de la société. Comme la grenouille de la fable, nous avons tendance à oublier la réalité féminisée qui est en train de nous prendre par surprise. La société est maintenant inondée de « mâles » féminisés superficiellement énergiques, sans scrupules, amoraux et sans principes.

---

[547] Voir http://www.imdb.com/title/tt0376968/.

10. La « Loi » de Lacan vient maintenant des femmes

L'une des caractéristiques des « hommes » non masculinisés parce qu'ils ne sont pas capables de s'identifier à leur père est qu'ils sont au contraire restés en fusion avec leur mère, comme le sont les filles. En d'autres termes, la séparation appropriée n'est plus d'actualité.

Pour les filles, la difficile sortie du complexe d'Œdipe est leur déception face à l'incapacité du père à leur fournir un phallus – ou l'enfant, ce qui revient au même : raison de plus pour qu'elles continuent à s'identifier à leur mère qui, elle aussi, avait connu la même désillusion une génération auparavant.

Pour le garçon, la sortie normale du complexe d'Œdipe est d'accepter l'interdiction d'épouser sa mère et par conséquent d'accepter la Loi, c'est-à-dire de s'identifier avec son père, qui avait jusque-là agi comme celui qui « séparait » le garçon de sa mère. Cela ne se produit plus si, en raison de sa féminisation endocrinienne, le garçon est incapable de franchir cette étape critique. La Loi n'est donc plus assimilée.

Cette conclusion est brève et schématique, mais il suffira de souligner ici l'altération sociologique dramatique qu'entraîne le fait que pour ces individus, la Loi de Lacan ne vient plus des hommes – à commencer par leurs pères. Depuis plusieurs décennies maintenant, elle vient des femmes, à commencer par leurs mères.

Ce n'est pas là une constatation en l'air. Pour ces raisons, l'autorité elle-même, dans la société, s'est trouvée complètement transférée, à tel point que l'on peut désormais parler de matriarcat.

11. Subversion

La subversion croissante de toute autorité est un résultat concomitant, tout à fait à part de l'autonomisation légitime des femmes.

La subversion est le principal *modus operandi* des individus pré-œdipiens et prévaut aujourd'hui. Ce courant sous-marin de la subversion (de l'autorité) va saper toutes les hiérarchies, en particulier dans toutes les institutions hiérarchiques. S'agit-il de la célèbre

« longue marche par les institutions » (« *der lange Marsch durch die Institutionen* ») dont parlait Rudi Dutschke ?

Il ne s'était jamais produit auparavant que le secrétaire du pape, par exemple, divulgue les documents confidentiels du souverain pontife à la presse, apparemment pour de l'argent, mais (inconsciemment ?) avec l'intention de déstabiliser l'autorité. De nombreux lanceurs d'alerte, comme on les appelle, quelles que soient les causes qu'ils professent publiquement, agissent sur la même impulsion subversive et traîtresse.

a) Imposteurs

Dans son roman intitulé *Les Confessions du chevalier d'industrie Felix Krull* (1954), Thomas Mann a dépeint le prototype de l'imposteur pré-œdipien.

Le psychanalyste français Roland Gory, dans son ouvrage phare qu'est *La Fabrique des imposteurs*, a compris le phénomène. Mais, comme c'est souvent le cas en médecine et en psychanalyse, Gory met la charrue avant les bœufs. Il pense que la cause de l'épidémie est l'hyper-normativisme dans la culture et dans la société.

Or, ce dernier est une conséquence manifeste de la subversion qui prolifère. La propagation exaspérante de normes sur tout et rien est une réaction à l'absence épidémique d'assimilation des normes morales, comme si la microgestion normative de toutes sortes d'environnements sociétaux pouvait être l'antidote approprié à l'anomie de Durkheim. D'où l'adage chinois selon lequel, dans une civilisation moribonde, les réglementations prolifèrent. L'effondrement de l'intégration normative nécessite, compte tenu de la corruption potentielle, la surréglementation infinitésimale.

Une autre forme du syndrome de l'imposteur est le narcissisme pathologique, maintenant répandu, décrit au départ dans les années soixante-dix par Kernberg[548] et Kohut[549] : en français, le « pervers narcissique » ou simplement le « manipulateur ».

---

[548] Kernberg, *Borderline Conditions And Pathological Narcissism*, 1985.

Marie-France Hirigoyen, dans son ouvrage sur *Le Harcèlement moral : la violence perverse au quotidien*, vendu à 450 000 exemplaires en France et traduit et vendu dans 24 autres pays, décrit le fonctionnement manipulateur du narcissique pervers envers les femmes ; quant à Martha Stout, de Harvard, elle décrit plus généralement l'épidémie sociopathe dans son ouvrage intitulé *The Sociopathic Next Door*.

Le très grand succès de ces deux livres témoigne de l'expansion, sur le plan social et individuel, du syndrome de l'imposteur.

12. Anomie

En termes durkheimiens, l'effondrement de l'intégration normative équivaut à une anomie, c'est-à-dire à la hausse du taux de criminalité (pour 100 000 habitants). L'absence de normes était censée se reproduire dans la simple désobéissance vis-à-vis des normes du droit pénal et se refléter dans la montée des crimes contre les biens et d'autres formes classiques de criminalité.

L'effet de l'anomie dans l'effondrement progressif actuel de l'intégration normative est cependant une question différente.

Il convient de garder à l'esprit que ceux qui finissent malgré tout en prison, condamnés pour des crimes classiques, ne sont pas là uniquement parce qu'ils ont commis une infraction. Dans une large mesure, ceux qui sont pris sont appréhendés en raison de leur QI inférieur à la normale. J'ai fait, par exemple, il y a plusieurs années, une évaluation empirique des psychopathes de l'Institut Philippe Pinel à Montréal. J'en suis arrivé à la découverte surprenante que les psychopathes diagnostiqués avaient un QI inférieur à la moyenne. Les psychopathes et les sociopathes sont censés avoir un QI supérieur à la moyenne[550].

[549] Kohut, *The Analysis of the Self : A Systematic Approach to the Psychoanalytic Treatment of Narcissistic Personality Disorders*, 1971.
[550] B.M. Zupančič, document de recherche inédit réalisé à l'Institut de criminologie de l'Université de Montréal, 1971-1972.

Les psychopathes, sociopathes et autres individus de cette catégorie ne finiront pas en prison : ils sont suffisamment sophistiqués et manipulateurs pour éviter les poursuites pénales[551].

On faisait naguère la distinction entre la criminalité de droit commun et la criminalité en col blanc. Il était clair à l'époque que les criminels en col blanc sont plus difficiles à repérer, à poursuivre et à condamner. Étant donné leurs modes opératoires subversifs et sophistiqués, on peut s'attendre à ce que l'anomie se reflète maintenant dans ce domaine difficile à détecter de la criminalité. D'autre part, la propagation de la corruption est en soi une indication que l'anomie devient rampante.

Il faudra probablement un certain temps avant que les criminologues – le cas échéant, étant donné que tout le monde est touché maintenant par le problème – s'éveillent à cette réalité et commencent à mesurer ces taux beaucoup plus difficiles de criminalité, en dehors du domaine habituel de la criminalité.

13. Féminisme

Je me demande si les féministes (et les femmes en général) réalisent que l'encouragement matriarcal qu'elles reçoivent de ces « hommes » féministes est aberrant. Ces « hommes » soutiennent l'autonomisation des femmes pour des raisons psychologiquement pré-œdipiennes, qui n'ont rien à voir avec la sympathie normale de l'homme véritable vis-à-vis des femmes.

Le soutien à l'autonomisation des femmes est la réactivation de leur propre fusion pré-œdipienne et non transcendée avec leur mère dont ils n'ont jamais été, comme dans le conflit d'Œdipe, correctement séparés. Le processus est insidieux et multiculturel. Non seulement biologiquement, mais aussi psychologiquement, les tendances transgenres en témoignent.

Dans le bon développement de l'« Œdipe classique », la Loi de Lacan, initialement apportée par le père, venait ensuite d'hommes en

[551] Voir, en général, Cleckley, *The Mask of Sanity*, 1941, le livre est disponible en pdf à l'adresse https://cassiopaea.org/cass/sanity_1.PdF, consulté pour la dernière fois le 3 décembre 2017.

position d'autorité plutôt que des rares femmes dans une position similaire.

Encore une fois, ceux qui sont déjà touchés décriront ces constatations comme étant l'expression d'une arrogance dépassée, patriarcale, autoritaire, etc. Cependant, la question est ici de savoir si, dans des conditions patriarcales et œdipiennes, l'intégration normative était opérationnelle ou non.

Étant donné les changements tectoniques, maintenant statistiquement normaux, survenus avec la féminisation de la société, qui est un fait accompli, il semble politiquement incorrect de le dire, mais dans le passé, la Loi dérivait du principe masculin, le Yang. C'est l'empathie, même pour Carol Gilligan, qui prévalait dans la sphère d'existence et d'influence du Yin.

Même pour Lacan dans les années soixante, cela allait de soi. C'est pourquoi Deleuze et Guattarri ont réagi en 1972 avec leur attaque pré-œdipienne à grande échelle contre le processus d'œdipianisation classique, alors encore très répandu. Ils ont été les premiers idéologues de la perspective pré-œdipienne[552].

Quarante-quatre ans plus tard, il est évident qu'il n'y avait pas de message cohérent pour leur *Anti-œdipe, capitalisme et schizophrénie*[553], maintenant largement oublié. Cependant, ce n'est pas un hasard si ce livre a été, au moins à Harvard, la bible du « Critical Legal Studies Movement ». Celui-ci a causé beaucoup de dommages à l'éducation juridique américaine avant de s'effondrer *sua sponte* vingt ans après sa création.

Pour les individus pré-œdipiens, comme nous l'avons dit, l'autorité morale en tant que telle dérive de leur mère et non plus de leur père comme on s'y serait attendu. En conséquence, ils ont tendance à

[552] Voir *infra*, note 554.

[553] Voir Deleuze et Guattari, *Capitalisme et schizophrénie*, Les Éditions de Minuit, Paris, 1973, à https://books.google.co.uk/books?id=WvvQfxvGfxvGfpYC&printsec=frontcover&hl=en#v=en#v=onepage&q&f=true.

percevoir les femmes comme ayant le pouvoir, en termes psychanalytiques lacaniens, de promulguer et d'interpréter la Loi[554].

C'est parfois d'une absurdité patente, comme lors du recrutement initial des juges de la Cour pénale internationale. Un narcissiste pathologique, caractéristiquement obèse et dégénéré, « rassembleur » autoproclamé d'environ 400 ONG, a lancé le slogan « *Women on the Court !* » Son intention, bien que considérée à première vue comme « politiquement correcte », était une réaction-formation contre l'autorité parentale du père qui, à son tour, exigeait la promotion et l'autonomisation des femmes. Il est significatif que cela n'ait pas provoqué de réactions, mais la première génération de juges issus d'ONG a été, à cause de ce lobbying et de cette ingérence, sensiblement incompétente. En conséquence, la Cour pénale internationale a perdu la plus grande partie de sa crédibilité et de son élan.

C'est l'autre facette de ce que l'on appelle « l'autonomisation des femmes ». Il ne s'agit pas seulement d'un programme féministe. En fait, c'est une conséquence secondaire de l'auto-déresponsabilisation perverse de l'homme moderne en tant que mâle.

L'une des conséquences de ce déséquilibre entre le Yang et le Yin est la réduction statistiquement prouvée du niveau de bonheur chez les femmes !

14. Bruno Bettelheim et « l'expression du conflit œdipien »

C'était aussi la position initiale, apparue dans les années soixante, lorsque la première génération pré-œdipienne est arrivée sur la scène sociale et politique : d'où l'inexplicable insurrection parisienne et autres mouvements de 1968.

Le début des émeutes à Paris était dû à l'interdiction de l'accès des garçons aux internats des filles. Le général de Gaulle s'exclame :

---

554 Pour être juste, Lacan a distingué entre un côté féminin et un côté masculin. L'un ou l'autre peut déterminer les hommes biologiques aussi bien que les femmes biologiques, et il n'est donc pas complètement dépendant du sexe biologique. Néanmoins, il s'agit d'une relativisation bien pâle du genre par rapport à la féminisation biologique actuelle des hommes.

« Mais que veulent-ils ? » Il était tout simplement incompréhensible pour lui qu'un détail aussi insignifiant puisse déclencher, et pas seulement en France, l'attaque subversive collective contre toute autorité.

Cependant, Bruno Bettelheim a alors caractérisé ceux qui manifestaient alors contre la guerre du Vietnam comme « exprimant simplement leurs conflits œdipiens ». Pour la raison que c'était déjà politiquement incorrect à l'époque. Ils étaient des rebelles sans cause et ils sont devenus la contre-culture[555].

Les récentes émeutes (en 2017) des casseurs français à Paris, dans le cadre des grèves de la CGT et des manifestations de rue, témoignent du même problème. Ces émeutes, ainsi que celles qui se déroulent dans le cadre du championnat d'Europe de football, ne sont pas motivées : elles sont une fin en soi. En d'autres termes, Bruno Bettelheim avait raison.

15. Conclusion provisoire

« Provisoire », car ces anomalies massives sont en pleine progression. La féminisation des hommes et l'effondrement de l'intégration normative qui s'ensuit avancent rapidement.

Il n'est pas simpliste de soutenir que l'anomie qui en résulte est, en dernière analyse, le résultat de l'effondrement du triangle œdipien autrefois universel : père-mère-fils.

La gamme des dysfonctionnements subjectifs (individuels, sociaux, politiques, etc.) et l'irresponsabilité rampante, la corruption et la violence gratuite ne peuvent plus faire l'objet d'un déni et d'un désaveu individuel et collectif (et « politiquement correct »). Nous serons bientôt atteints, car la civilisation de plus en plus incivique devient de plus en plus dégénérée, immorale, débauchée, décadente et perverse. Néanmoins, en raison de sa normalité désormais statistiquement courante, cette situation sera proclamée « normale ».

---

[555] Voir, en général, Roszak, *The Making of a Counter Culture : Reflections on the Technocratic Society and Youthful Opposition*, 1969.

Un autre appel à la prudence s'impose, puisque l'antinomie entre la théorie et les faits jette la lumière sur la dépendance des faits nouvellement découverts par rapport à la théorie précédemment exposée[556]. Ce que j'ai esquissé plus haut, bien que brièvement, ne doit être qu'une introduction à une nouvelle *aperception* de faits jusqu'ici simplement perçus.

16. Pronostic

Pour terminer, quelques mots de pronostic me semblent indiqués.

L'accumulation générationnelle épigénétique de l'oblitération dégénérative de la différenciation homme-femme, la dégénérescence qui progresse selon une suite géométrique, etc., est appelée à s'accentuer encore, étant donné que l'environnement est pratiquement saturé de toutes sortes de perturbateurs hormonaux, qui agissent comme nous l'avons souligné, en synergie, dans un cocktail. Ce que nous voyons à l'œil nu, c'est cette explosion de signes avant-coureurs et, comme je l'ai souligné plus haut, il y a déjà des conséquences médicales coûteuses.

D'un autre côté, puisqu'il s'agit d'effondrements en cascade de l'intégration normative, sur le plan sociologique, le pronostic est encore pire.

La subversion de l'autorité sera seulement compensée par l'autonomisation des femmes. Pourtant, ce n'est pas un problème antiféministe que je signale. Malgré des sources d'autorité de plus en plus féminines, le matriarcat ne suffira pas à bloquer la subversion galopante dans toutes les institutions, notamment dans les institutions hiérarchiques [557]. Pour l'instant, le principal indicateur est

---

[556] Cette *antinomie*, c'est-à-dire la situation dans laquelle deux entités s'exigent et s'excluent simultanément, n'est pas un simple paradoxe. Ainsi, la théorie et les faits sont antinomiques dans le sens où la théorie existe en dehors des faits et où pourtant la théorie génère (la perception de) de nouveaux faits. En d'autres termes et en termes kantiens, une nouvelle théorie (telle que celle élucidée ici) est censée générer l'aperception de faits précédemment simplement perçus, c'est-à-dire qu'elle ouvre les yeux là où auparavant ils voyaient quelque chose mais étaient incapables de le comprendre. Voir, d'une manière générale, Unger, *Knowledge and Politics*, Chapitre I, p. 31 et suiv.

[557] Voir *supra*, note 524.

l'augmentation de la corruption, mais au fil du temps, d'autres problèmes vont apparaître, que nous ne pouvons même pas concevoir aujourd'hui.

La question ultime est de savoir si une civilisation dépourvue d'un niveau minimal de responsabilité individuelle peut se maintenir. Même en politique internationale, sur le plan géostratégique ou autre, on assiste maintenant à des actions complètement irresponsables qui détruisent géopolitiquement les États les uns après les autres. Le narcissisme pathologique manipulateur des dirigeants politiques se pronostique d'abord à partir de l'absence de caractéristiques sexuelles secondaires.

Sur le plan économique et pour les mêmes raisons, nous devrions être conscients que nous sommes maintenant en pleine « financiarisation », système où la productivité en termes réels n'a plus d'importance. Le profit résulte, de manière de plus en plus avide et irresponsable, sociopathe en réalité, de la spéculation financière économiquement stérile, qui en soi est capable de faire éclater le système économique.

INDEX

TABLE DES MATIÈRES

DROIT
AUX ÉDITIONS L'HARMATTAN

Dernières parutions

L'EXPLOITANT DE BANQUE ET LE DROIT AU TCHAD

Thomas Dingamgoto

De toutes les activités entrepreneuriales, le secteur bancaire est de celles qui font l'objet d'un encadrement législatif scrupuleux et d'une veille règlementaire permanente. Si l'histoire du droit bancaire tchadien est étroitement liée à celle du droit bancaire français, les textes législatifs et règlementaires des activités bancaires au Tchad ont connu des évolutions internes notables. Pour l'exploitant de banque comme pour l'ensemble des acteurs de la chaîne économique et financière, ces mutations rendent indispensables l'appropriation de ces normes nouvelles.

(Coll. Études Eurafricaines, 674 p., 49 euros)

ISBN : 978-2-343-16034-4, EAN EBOOK : 9782140104879

L'ÉGALITÉ DE L'HOMME ET DE LA FEMME DANS LE MARIAGE
Etude comparée des droits du Bénin, du Burkina Faso et du Mali

Aïssata DABO

Des États africains ont rénové leurs législations sur le mariage dans l'idée de les conformer au dispositif juridique international, qui place désormais l'égalité homme-femme au centre des débats. Toutefois, l'objectif est largement dévié par le pluralisme juridique qui demeure, en droit et en fait, un frein pour l'indifférenciation des droits des sexes. Cet ouvrage se propose de rechercher la mesure de l'égalité, en matière de mariage, réellement promue par les droits béninois, burkinabè et malien.

(Coll. Études africaines, 614 p., 49 euros)

ISBN : 978-2-343-15377-3, EAN EBOOK : 9782140105197

LA NATIONALITÉ ET L'APATRIDIE EN AFRIQUE

Charles Lasserre Yakite

Le droit à la nationalité est un droit humain fondamental reconnu par le droit international. Les apatrides ne peuvent se prévaloir de la protection de la nationalité et sont donc vulnérables à la privation de leurs droits. Les États africains doivent élaborer des cadres législatifs et mettre en place des politiques nationales pour lutter contre l'apatridie. Cet ouvrage vise à faire des recommandations à l'Union africaine et aux organisations internationales intéressées pour résoudre l'épineux problème de nationalité et de l'apatridie.

(Coll. Études africaines, 156 p., 17 euros)

ISBN : 978-2-343-15353-7, EAN EBOOK : 9782140104725

LE CONTENTIEUX DE L'ANNULATION AU CONGO

Lovane Lhakhy-Tsamby

Dans ce livre, l'auteur examine la question relative au contentieux de l'annulation, au Congo. Lorsqu'un acte administratif est entaché d'illégalité, il est susceptible d'annulation. Au Congo, l'annulation d'un acte administratif illégal relève de la compétence exclusive de la chambre administrative de la Cour suprême. La Cour constitutionnelle est exceptionnellement compétente pour annuler un acte administratif entaché d'illégalité lorsqu'il est pris dans le domaine électoral. Elle n'est pas juge de la légalité des actes administratifs au même titre que le juge administratif ordinaire.

(Coll. Harmattan Congo-Brazzaville, 120 p., 14 euros)

ISBN : 978-2-343-15430-5, EAN EBOOK : 9782140104305

PROTECTION DE LA QUALITÉ DES EAUX DOUCES AU CANADA ET DANS L'UNION EUROPÉENNE

Le partage des compétences

Claire Joachim

Cet ouvrage analyse l'organisation des rapports entre les ordres juridiques par le droit constitutionnel canadien et le droit de l'Union européenne. Cette étude est innovante car : la grille d'analyse du droit constitutionnel canadien a été appliquée à l'Union européenne. Ce qui met en évidence des mécanismes similaires dans le partage des compétences. Le domaine de la protection de la qualité des eaux douces a été choisi pour révéler les enjeux de ces relations dans une perspective globale. Ce travail fait ressortir que l'intégration européenne est accentuée par une centralisation des compétences. Ainsi, la sphère du pouvoir des états membres se vide progressivement de sa substance. Le droit entrerait donc en mutation à l'aune de la protection de l'environnement.

(Coll. Le Droit aujourd'hui, 546 p., 49 euros)

ISBN : 978-2-343-10974-9, EAN EBOOK : 9782140104541

LE BIEN-ÊTRE ANIMAL : DE LA SCIENCE AU DROIT

Sous la direction de Sophie Hild et Louis Schweitzer

Chercheurs, experts, membres de la Commission européenne ou du ministère de l'Agriculture se sont succédé pour répondre à plusieurs questions du plus haut intérêt : quelle définition scientifique donner au bien-être de l'animal ? Sur quels critères l'évaluer ? Quels droits nationaux ou internationaux le prennent-ils en compte ? Quels animaux sont concernés ? Quels obstacles s'opposent au souci d'assurer le bien-être animal ? Les réponses données conforteront les démarches à conduire en faveur de dispositions réglementaires nouvelles.

(Coll. Colloques et rencontres, 364 p., 37 euros)

ISBN : 978-2-343-15918-8, EAN EBOOK : 9782140104329

DROITS FONCIERS DES FEMMES ET DES CADETS SOCIAUX EN CÔTE D'IVOIRE

Cellule de Suivi et d'Analyse de la Mise en Oeuvre de la Loi sur le Foncier Rural

Le séminaire-atelier "Sécurisation des droits fonciers des femmes et cadets sociaux en milieu rural" tenu à Grand-Bassam en 2017 avait pour objectif d'identifier les dispositions, existantes ou à adopter, pour améliorer la sécurisation des droits fonciers des femmes et des cadets sociaux en milieu rural. Comment comprendre la nature des obstacles qui y nuisent, identifier et clarifier les dispositions qui existent dans le cadre juridique et institutionnel de la Côte d'ivoire ? les services centraux et décentralisés de l'Administration, Chambre des Chefs et Rois Traditionnels de Côte d'Ivoire, partenaires internationaux de développement, organisations professionnelles agricoles, notaires, juristes, géomètres, chercheurs, ONG, presse etc, tous sont concernés par cette problématique.

(Coll. Harmattan Côte-d'Ivoire, 192 p., 22 euros)

ISBN : 978-2-343-15394-0, EAN EBOOK : 9782140103728

L'UNIVERS CARCÉRAL, LA MÈRE DÉTENUE ET SON ENFANT

Elaine Mangin

Sur les 80 893 personnes écrouées en France au 1er février 2018, on dénombre 3103 femmes. 2482 sont détenues au sein d'un établissement pénitentiaire, exécutant une peine privative de liberté. Parmi elles, des mères de famille qui ont souvent la charge exclusive des enfants restés en milieu libre, mais aussi des femmes incarcérées avec leur bébé. Mais les efforts du droit positif et de la pratique pénitentiaire pour leur assurer le respect de la vie familiale et veiller au maintien d'un lien mère-enfant sain, des difficultés juridiques et psychologiques subsistent.

(Coll. Bibliothèques de droit, 158 p., 17,5 euros)

ISBN : 978-2-343-15834-1, EAN EBOOK : 9782140103681

Structures éditoriales du groupe L'Harmattan

L'Harmattan Italie
Via degli Artisti, 15
10124 Torino
harmattan.italia@gmail.com

L'Harmattan Hongrie
Kossuth l. u. 14-16.
1053 Budapest
harmattan@harmattan.hu

L'Harmattan Sénégal
10 VDN en face Mermoz
BP 45034 Dakar-Fann
senharmattan@gmail.com

L'Harmattan Cameroun
TSINGA/FECAFOOT
BP 11486 Yaoundé
inkoukam@gmail.com

L'Harmattan Burkina Faso
Achille Somé – tengnule@hotmail.fr

L'Harmattan Guinée
Almamya, rue KA 028 OKB Agency
BP 3470 Conakry
harmattanguinee@yahoo.fr

L'Harmattan RDC
185, avenue Nyangwe
Commune de Lingwala – Kinshasa
matangilamusadila@yahoo.fr

L'Harmattan Congo
67, boulevard Denis-Sassou-N'Guesso
BP 2874 Brazzaville
harmattan.congo@yahoo.fr

L'Harmattan Mali
Sirakoro-Meguetana V31
Bamako
syllaka@yahoo.fr

L'Harmattan Togo
Djidjole – Lomé
Maison Amela
face EPP BATOME
ddamela@aol.com

L'Harmattan Côte d'Ivoire
Résidence Karl – Cité des Arts
Abidjan-Cocody
03 BP 1588 Abidjan
espace_harmattan.ci@hotmail.fr

L'Harmattan Algérie
22, rue Moulay-Mohamed
31000 Oran
info2@harmattan-algerie.com

L'Harmattan Maroc
5, rue Ferrane-Kouicha, Talaâ-Elkbira
Chrableyine, Fès-Médine
30000 Fès
harmattan.maroc@gmail.com

Nos librairies en France

Librairie internationale
16, rue des Écoles – 75005 Paris
librairie.internationale@harmattan.fr
01 40 46 79 11
www.librairieharmattan.com

Lib. sciences humaines & histoire
21, rue des Écoles – 75005 Paris
librairie.sh@harmattan.fr
01 46 34 13 71
www.librairieharmattansh.com

Librairie l'Espace Harmattan
21 bis, rue des Écoles – 75005 Paris
librairie.espace@harmattan.fr
01 43 29 49 42

Lib. Méditerranée & Moyen-Orient
7, rue des Carmes – 75005 Paris
librairie.mediterranee@harmattan.fr
01 43 29 71 15

Librairie Le Lucernaire
53, rue Notre-Dame-des-Champs – 75006 Paris
librairie@lucernaire.fr
01 42 22 67 13

www.ingramcontent.com/pod-product-compliance
Lightning Source LLC
LaVergne TN
LVHW021150061026
849535LV00002B/412